RAVENA WOLF

Die weiße Rabin

arkana

Ravena Wolf

Die weiße Rabin

Eine schamanische Reise
zur Quelle meiner Kraft

arkana

MIX
Papier aus verantwortungsvollen Quellen
FSC® C014496

Verlagsgruppe Random House FSC® N001967
Das FSC®-zertifizierte Papier *Munken Premium Cream* für dieses Buch
liefert Arctic Paper Munkedals AB, Schweden.

Originalausgabe
Deutsche Erstausgabe

Lektorat: Diane Zilliges
Umschlaggestaltung: UNO Werbeagentur, München
Umschlagmotiv: FinePic®, München
Satz: Uhl + Massopust, Aalen
Druck und Bindung: GGP Media GmbH, Pößneck
Printed in Germany
978-3-442-34157-3

www.arkana-verlag.de

Inhalt

Von ganzem Herzen danke ich allen, die an diesem Buch mitgewirkt, mich inspiriert, ermutigt und bereichert haben. Um die Privatsphäre von Verwandten und Freunden zu schützen, habe ich alle Namen im Buch geändert. Auch die chronologische Reihenfolge der Erfahrungen ist im Hinblick auf thematische Überschneidungen leicht verändert worden.

Prolog

Wer weiß?

Nur eine einzige anders gewählte Abzweigung, und mein Leben wäre wohl ganz anders verlaufen. Wenn ich mir vorstelle, wie alles anfing, kommt mir dieses Abenteuer, das mein Leben geworden ist, immer noch fantastisch vor.

Jedes Mal, wenn ich an der hohen Mauer der Nervenheilanstalt vorbeifahre, überkommt mich ein Schaudern. Auch diese Abzweigung hätte meine werden können. Dann wäre diese weiße Schranke die Grenze meiner Welt geworden. Stattdessen überschritt ich die Grenze zu einer ganz anderen Welt, einer Welt voller Lachen und Staunen.

TEIL 1
MAGIE DES ANFANGS

Eine leere Wohnung und ein leeres Buch

Weihnachtsmarkt. Was für ein Wahnsinn! Warum gehe ich hier überhaupt noch hin? Weil ich mir so gern an einem Becher Glühwein die Finger wärme, um mir im nächsten Moment die Zunge zu verbrennen? Um in strahlende Kinderaugen zu blicken, die es kaum erwarten können, an Heiligabend in Fluten von Spielzeug zu ertrinken? Spielzeug, das am nächsten Tag schon wieder unbeachtet in der Ecke liegt? Um mich von überlasteten Arbeitsmüttern anrempeln zu lassen, für die all dies heiliger Ernst ist oder einfach noch ein Geschäft, das erledigt werden muss? Oder um die alleinerziehenden Mütter zu bedauern, die keine Chance haben, mit ihren schmalen Einkommen den geschickt manipulierten Wünschen ihrer Sprösslinge gerecht zu werden?

Mir kommt es vor, als ob ein halbes Jahr lang Weihnachten herrscht. Jedes Mal fährt mir der Schreck in die Glieder, wenn ich im Oktober die ersten Weihnachtsmänner die tristen Kaufhausfassaden hochklettern sehe – mit ihren fetten Wohlstandswänsten, die eigentlich derart sportliche Leistungen unmöglich machen sollten. Und die trotzig funkelnden Lichterketten und blinkenden Weihnachtssterne, die im Februar noch immer die Balkone zieren – die würde ich am liebsten konfiszieren, wenn ich nur so gut Fassaden klettern könnte wie die Weihnachtsmänner.

Vielleicht flüchte ich auch nur wieder einmal vor meiner leeren Wohnung, die mir angesichts dieses bunten Budenzaubers noch kahler vorkommt, als sie nach Richards Auszug ohnehin schon ist. Während ich darauf warte, dass mein Glühwein abkühlt, sehe ich einem turtelnden Paar dabei zu, wie es sich gegenseitig mit einer fettigen Bratwurst füttert. Angewidert von dem Idyll, lasse ich meinen viel zu süßen Glühwein stehen und suche mein Heil in der Flucht. Dabei brande ich gegen einen Stand mit wunderschönen Büchern. Als ich die Kostbarkeiten in die Hand nehme, blättere ich durch lauter leere Seiten. Genau wie dieses ganze glitzernde, sinnentleerte Weihnachtsgetöse, denke ich. Schöner Schein und nichts dahinter. Ich wende mich schon wieder zum Gehen, da bemerke ich, wie mich der Verkäufer amüsiert beobachtet; ein mürrischer alter Brummbär, der so tut, als wolle er nichts verkaufen. Vielleicht nervt ihn der ganze Trubel genauso wie mich. Nur hat er, im Gegensatz zu mir, wenigstens einen Grund, hier zu sein.

Ein Tagebuch ist im Grunde nur eine Ansammlung leerer weißer Seiten. Einschüchternd viele leere weiße Seiten in einem kunstvollen Einband. Es wirkt, als dürfe man nicht irgendetwas hineinkritzeln, sondern nur Wohldurchdachtes und Strukturiertes. Kein Ort für Fragmente, Träume, lose Gedanken und Erinnerungen. Und erst recht kein Ort für all das Selbstmitleid, mit dem ich, seit Richard fort ist, meine Freundinnen bis zur Erschöpfung traktiere. Andererseits: Papier ist geduldig, heißt es – ganz im Gegensatz zu mir. Geduld gehört nicht zu meinen Tugenden. Mit dem Hintergedanken, dass etwas Selbstreflexion meine Trauerarbeit beschleunigen könnte, kaufe ich eines dieser schönen hungrigen Buch-Monster. Am besten stürze ich mich gleich hinein, bevor meine Ehrfurcht davor noch größer wird.

Weihnachten. Als Kinder fieberten wir diesem Tag ungeduldig entgegen. Und doch habe ich vor allem schmerzliche Erinnerungen an dieses seltsam dunkle Lichterfest. Einmal, ich war noch nicht ganz fünf, schenkte mir meine Babysitterin ein Plüschtier. Es war in buntes Papier gewickelt und fühlte sich schon durch das Papier hindurch schön weich an. Was ich dann aber zutage förderte, war ein gepunktetes Etwas, das aussah, als hätte es die Windpocken. Es war ein rosa Häschen mit langen, rot gepunkteten Ohren und dunklen Knopfaugen. Ich sah in diese leeren Augen und schleuderte das Ding so schnell in die Ecke, dass es mich selbst überrumpelte. Eine Schrecksekunde lang starrten mich alle an, vor allem das Häschen. Es lag auf dem Bauch und warf mir seitlich aus einem seiner Knopfaugen einen vorwurfsvollen Blick zu. Plötzlich begann ich zu brüllen wie am Spieß. Keiner wusste, warum. Und es war ja auch kompliziert, so wie Gefühle eben sind, ganz besonders zu Weihnachten: Zunächst weinte ich, weil ich so grausam zu dem Plüschtierchen gewesen war. Es konnte ja nichts dafür, dass es so hässlich war. Und ich weinte, weil ich merkte, wie weh ich meiner Babysitterin getan hatte. Und ich weinte, weil ich so gern alles rückgängig gemacht hätte. Aber mein hastiges Streicheln des Häschens und der Versuch eines Lächelns halfen nichts. Mir würde nicht verziehen werden. Nie mehr.

Ein paar Jahre später schenkte ich meiner Großmutter zu Weihnachten selbstgebastelte »Schlüssel-Hütchen« aus buntem Glanzpapier als Dekoration für ihre Zimmerschlüssel. Jedes Hütchen sah anders aus, hatte seine eigene Persönlichkeit. Ihr Kommentar war: »Staubfänger«; ich fand sie wenig später im Müll. Was soll man auch mit »Schlüssel-Hütchen« anfangen, wenn man praktisch veranlagt ist. Als ich älter wurde, konnte ich sie verstehen. Überraschungen sind riskant. Alles wird in groß angelegten Geheimhaltungsaktionen auf Heiligabend hin dramatisiert, und jeder, ob er nun schenkt oder beschenkt wird, denkt nur: Hoffentlich geht das gut. Im besten Fall bekommt man Weihnachten genau das, was man sich gewünscht hat. »Das ist dann doch gar keine Überraschung mehr«, maulen die, die es beschaffen müssen, aber wenigstens kann auch nichts schiefgehen. Wenn das Wünschen allerdings zu ungenau ist, riskiert man Enttäuschung auf beiden Seiten. Der Fotoapparat mit x-fachem Zoom und tausenderlei sinnlosen Extras ist eben nicht der mit der guten Optik und wenig Firlefanz. Aber wie soll man das dem liebevollen Schenker erklären? Es ist wohl so, als tausche man mit dem Gerät auch einen Teil des anderen um. Es könnte einem das Herz brechen, wenn das umgetauschte Objekt später skeptisch begutachtet wird: »Und das ist jetzt also besser?« Weihnachten war das Erste, was ich abschaffte, als ich meinen eigenen Haushalt hatte.

Hier in meiner Wohnung ist mein weihnachtlicher Groll wieder in Melancholie umgeschlagen. Wenn ich doch nur eine neue Wohnung fände! Ich ertrage diese leeren Räume nicht mehr, hier fühle ich mich kalt und unbehaust, seit Richard auszog und seine Möbel (und mein Herz) mitnahm. Wir hatten schon damals die Wohnung voller Vorfreude auf Kinder gleich zwei Nummern zu groß gemietet. Nun sitze ich hier allein, meine wenigen Möbel reichen nicht einmal für das Wohnzimmer, und die hohe Miete bringt mich jeden Monat tiefer ins Minus.

Jede Woche studiere ich unzählige Anzeigen in Zeitungen und im Internet und habe selbst auch schon einige aufgegeben. Dabei bin ich nicht einmal besonders wählerisch. Ein Zimmer genügt mir völlig. Es muss hell sein und ruhig und so nah, dass ich mit dem Fahrrad zur Arbeit fahren kann. Außerdem muss genug Platz vor dem Fenster sein, damit ich meine Yogaübungen machen kann. Im Grunde müsste die Wohnung nicht einmal eine Küche haben. Ich koche ja sowieso nicht. Zu viele köchelnde Töpfe versetzen mich in Panik, und außerdem steht der Aufwand des Kochens aus meiner Sicht in keinem effizienten Verhältnis zum Ergebnis. In meiner Verzweiflung habe ich mein Gesuch sogar schon an den Bäumen und Laternenpfählen in meinem Vorstadtquartier ausgehängt. Die einzige Reaktion darauf war eine anonyme Drohung: Falls ich nicht schnellstens meine Zettel von den Bäumen nähme, bekäme ich eine Anzeige, sie verschandelten das ganze Viertel. Dabei ist es nicht einmal ein gutes Viertel!

Was für ein wohliges Gefühl ist doch eine Beziehung, die funktioniert wie ein gut geöltes Uhrwerk. Ich dachte immer, es sei gut, wenn ein Paar aus den anfänglichen Turbulenzen des Verliebtseins in ruhigere Gewässer navigiert. Das bedeutet mehr Sicherheit und Verlässlichkeit. Ich dachte, ich hätte in Richard den Mann gefunden, mit dem ich vollkommen im Gleichklang schwinge. Zum ersten Mal seit meiner ersten großen Verliebtheit als Teenager wagte ich, von Liebe zu sprechen. Zum ersten Mal in meinem Leben hatte ich mich entgegen meinem ausgeprägten Freiheitsdrang verlobt. Der Vorschlag war von mir gekommen. Er meinte nur: »Warum nicht?«, und wir kauften die Ringe. Ich gab meine wunderschöne Single-Wohnung auf und bezog mit ihm unser gemeinsames Nest. Hier ging es genauso perfekt weiter in unserem reibungslosen Alltag. Ich wäre nie auf die Idee gekommen, dass uns je etwas fehlen könnte.

Ironischerweise zog Richard an dem Tag aus, an dem wir heiraten wollten. Sicher, er hatte den Hochzeitstermin aus den verschiedensten, äußerst plausiblen Gründen immer wieder verschoben. Das hätte mich schon stutzig machen können. Aber schließlich waren wir ja verlobt und hatten unsere gemeinsame Wohnung gerade erst eingerichtet. Nun eröffnete er mir, dass er eine andere habe. Wie banal das Leben sein kann – und wie traurig. Erst war ich ungläubig, dann schockiert, dann wütete ich und warf ihm alles Mögliche vor; zuletzt nur noch schlechtes Timing. Er blieb ruhig, gab alles zu und zuckte mit ehrlichem Bedauern die Achseln. Ich kann ihn nicht einmal richtig hassen für das, was er mir angetan hat. Ich weiß doch aus eigener Erfahrung, wie sich das anfühlt, wenn erst die Liebe geht und dann – wenn man einfach keine andere Wahl mehr hat, will man sich nicht selbst belügen. Nur aus der Perspektive der Verlassenen kannte ich dieses Gefühl bisher noch nicht. Ich bin fassungslos. Ich fühle mich mit meinen siebenunddreißig Jahren alt, hässlich und weggeworfen. Und ich schäme mich – für meine Liebe und wohl auch für das, was ich früher anderen angetan habe.

Nun gehe ich abends, wenn ich von der Arbeit nach Hause komme, rastlos wie ein gefangenes Tier durch unsere nicht mehr gemeinsame Wohnung. Meine Schritte hallen durch die entmöbelten Räume, die zur Ruine meiner Träume geworden sind. Mein Bett fühlt sich auch dann noch kalt an, wenn ich stundenlang die Heizdecke eingeschaltet habe. Mein Kühlschrank ist immer voller Sachen, auf die ich so lange keinen Appetit habe, bis sie vergammeln. Der Enthusiasmus meiner Freundinnen, mich aufzuheitern, lässt auch allmählich nach. »Du musst wieder unter Menschen!«, sagen sie. Aber das mache ich ja – gerade heute wieder, auf dem Weihnachtsmarkt! Doch selbst wenn ich mich aufraffe und Tango tanzen gehe (es ist die einzige Musik, die melancholisch genug ist, dass ich sie ertrage), bin ich wie in einer Blase gefangen, durch die keine Fröhlichkeit von außen dringt. Als ob ich darin eine schwerere Luft atmen würde als die anderen draußen.

Vor ein paar Tagen ließ ich nach dem Tanzen versehentlich meine Hand in der Tür des Taxis, als der Fahrer sie zuwarf. Zwei Finger waren gebrochen. Es tat bestialisch weh. Die Tränen brachen wie ein Wasserfall aus mir heraus. Seitdem kann ich gar nicht wieder aufhören zu weinen. Es ist mir auch gleich, was die Kollegen denken, wenn ich mitten in einer Besprechung zu weinen anfange. Ich merke es ohnehin nur noch an der Reaktion der anderen und an dem kalten, nassen Stoff an meinem Hals. Es ist wie eine Befreiung. Hätte mir damals jemand gesagt, welches Ausmaß die Befreiung noch annehmen sollte, die mit diesem Dammbruch begann, ich hätte es nicht geglaubt.

Jetzt ist die Hand schon wieder einigermaßen verheilt. Meine Kollegen haben wahrscheinlich recht: Ich sollte Urlaub machen. Nur wo? Bloß keine Pauschalreise mit lauter glücklichen Paaren an Zweiertischen und Familien am Pool. Aber zwangsanimiert in einem Single-Club, in dem verzweifelte Torschlusspanik grassiert wie ein Virus, das ist auch keine Alternative. Nein, wenn schon, dann will ich in Ruhe meine Wunden lecken, ohne andere mit meinem Neid und meinem Selbstmitleid zu belästigen. Finnland wäre eine Möglichkeit. In der Einsamkeit dieser Landschaft würde ich mich vielleicht nicht mehr bloß wie die übrig gebliebene Hälfte eines Paares fühlen.

Auf nach Finnland

Ich habe eine kleine Hütte direkt an einem See in der Nähe des Polarkreises gebucht. Das einzige Kriterium, das ich in die Suchmaschine des Internet-Reiseveranstalters eingab: »größtmögliche Entfernung zum nächsten Nachbarn.« Und klein sollte sie sein, ein Puppenhaus für genau eine Person. Was bei meiner Suche herauskam, ist nicht nur das einsamste, sondern auch das billigste Häuschen, das zu haben war. Umso besser!

Ich beginne meine Finnlandreise mit bitter-süßem Tangokonfekt. Die Finnen, die mindestens ebenso tangoverrückt sind wie die Argentinier, haben in einem winzigen Ort namens Seinajoki ein Tangofestival, das seinesgleichen sucht. Das ganze Dorf wird zur Tanzfläche. Sogar den Sumpf legen sie mit Brettern aus. Das Durchschnittsalter der Tänzer ist hoch, und etwas anderes als finnisch wird hier nicht gesprochen, aber das mindert den Charme der Veranstaltung nicht im Geringsten. Ich tanze mir die Seele aus dem Leib, lächle in Ermangelung von Worten, bis meine Gesichtsmuskulatur schmerzt, und die Absurdität meines Hierseins lenkt mich ein paar Tage lang von meinem Kummer ab. Dann decke ich mich mit Lebensmitteln für zehn Tage ein, besteige einen Bus und noch einen und dann noch einen, bis ich mit Trekking-Rucksack und Einkaufstüten bepackt in einem Dorf aussteige, das nur aus drei Häusern und einer Tankstelle besteht. Hier werde ich von einem freundlichen älteren Herrn abgeholt. Während sein kleiner Wagen über endlose staubige Schotterwege holpert, zählt mein Gastgeber alle deutschen Fußballvereine und -spieler auf, die er kennt. Es ist eine beachtliche Anzahl. Ich kann da nicht mithalten. Aber da das seine einzigen nicht finnischen Worte sind, bleibt es unsere einzige Konversation.

Die erste Nacht ist kurz. Das liegt weniger an dem ungewohnt schmalen Bett und dem rettungslos zerschlissenen Moskitonetz als an diesem seltsamen Licht. Die Nacht besteht nur aus einer kurzen rosafarbenen Dämmerung, dann klettert die Sonne schon wieder zügig in Richtung Zenit. Seit Sonnenaufgang sitze ich auf der kleinen Holzbank auf meinem Steg. Der See ist gleich vor dem Haus. Es ist ein großer See. Man kann das gegenüberliegende, dicht bewaldete Ufer kaum erkennen. Der Steg besteht aus einer kleinen Terrasse mit Bank, Stuhl und Tisch. Darauf dampft schon der Tee, den ich mir gerade auf dem Gaskocher zubereitet habe. Das winzige Häuschen ist nach Nordosten ausgerichtet und hat auch eine kleine Sauna. Die ist den Finnen fast noch wichtiger als ihr Haus. Später wird die Sonne wohl hinter den Bäumen, die nahe am Haus eine undurchdringliche Mauer bilden, verschwinden und den Steg im Schatten lassen. Das ist wahrscheinlich auch gut so, denn schon die Morgensonne ist so heiß, dass ich nackt hier sitzen kann. Hülle um Hülle habe ich bereits fallen lassen, seit ich mich mit Anorak und Fleecehose in den rosa Morgennebel setzte. Hier also will ich zu mir finden. – Wobei: Ohne eine Portion »Bei-mir-Sein« wäre ich wohl gar nicht hier. Nun meldet sich ein Frühstückshunger; ich werde ihm nachgeben und später weiterschreiben.

Seit zwei Stunden versuche ich zu fischen. Der Steg liegt längst im Schatten, und so nahm ich mir das alte Ruderboot, das am Ufer lag, und ruderte hinaus auf den See. Eine improvisierte Angel fand ich im Schuppen neben dem Plumpsklo, und Würmer gibt es hier genug. Doch es ist wie verhext: Immer wenn ich die Leine wieder einhole, ist zwar der Wurm verschwunden, aber ein Fisch hängt nicht am Haken. Die Biester scheinen klüger zu sein, als ich dachte. So läuft das Ganze wohl auf eine kostenlose Fischspeisung hinaus, während meine Kost notgedrungen vegetarisch bleiben wird.

Immerhin: Die Sauna ist einfach zu bedienen. Ich habe schon Holz geholt und werde mir heute Abend so richtig einheizen. Nach jedem Saunagang in den dampfenden See zu steigen, darauf freue ich mich jetzt schon! Alles ist so herrlich einfach hier. Kein Strom, kein fließendes Wasser; mir wird bewusst, mit wie viel überflüssigem Luxus ich mich selbst in meiner halb leeren Wohnung noch umgebe. Ich werde zu Hause erst einmal gründlich ausmisten. Gerade hat sich ein Schmetterling auf die gegenüberliegende Seite meines Tagebuches gesetzt. – Nein, mir fehlt es hier wirklich an nichts.

Die Stille ist unbeschreiblich. Sie hüllt mich ein wie eine weich wattierte Jacke. Keine wild schlagenden Kirchturmglocken, kein Gekläffe und Gehupe, keine Rasenmäher am Samstag. Nur der See und dieses unwirkliche Licht. Mit den Mücken und den

Bremsen habe ich mich einigermaßen arrangiert. Ich bat sie, mich wenigstens an meinem Steg unbehelligt zu lassen, und sie versuchen offenbar wirklich, sich daran zu halten. Aber wehe, ich verlasse meinen Steg! Dann fallen sie umso gnadenloser über mich her. Ausflüge in den Wald zu unternehmen dürfte nahezu unmöglich sein. Abseits der staubigen Schotterstraße ist das Unterholz undurchdringlich, und die kleinen Biester saugen einen bis zum letzten Blutstropfen aus. Ich verzichte auch darauf, mein Wasser von der Quelle im Wald zu holen, die mir mein finnischer Gastgeber zeigte, und trinke stattdessen lieber direkt aus dem See. Ich lasse beim Schwimmen einfach den Mund offen.

Erstaunlicherweise lese ich hier wenig – viel weniger, als ich mir vorgenommen hatte. Aber lasse ich mich von meinen mitgebrachten Büchern unter Druck setzen? Nein, sollen sie doch ungelesen verschimmeln! Ich döse stattdessen einfach vor mich hin. Es erscheint mir unvorstellbar, dass ich mich hier langweilen könnte. Dazu ist das Licht zu prächtig, die Luft zu würzig und die Geräusche der Natur zu aufregend, wenn man die Stille erst einmal verstanden und gemerkt hat, dass sie in Wirklichkeit gar nicht so still ist. Vor allem die Nacht ist hier viel zu abwechslungsreich und schön, um sie zu verschlafen. Eine einzige lange Dämmerung ist das, voll fremdartiger Laute und ständig wechselndem Licht. Ich schlafe nur in den Mittagsstunden ein bisschen.

In dieser Nacht muss ich doch kurz eingenickt sein auf meiner Bank, und das, obwohl ich diese herrliche Vollmondnacht eigentlich auf gar keinen Fall habe versäumen wollen. Ich wache auf aus einem seltsamen, sehr lebendigen Traum. Darin begegnete ich einem großen weißen Polarwolf. Er sah mich aus seinen gelben Augen tief an und berührte sanft meine Stirn. Dann rieb er seine Schnauze an meinem Gesicht und streichelte mit der Pfote meinen Arm. Er saß so dicht hinter mir, dass ich seine warme behaarte Brust an meinem Rücken spüren konnte. Schließlich ließ ich mich fallen und kuschelte mich in sein weiches Fell. Was für ein schöner Traum! Bin ich schon so ausgehungert?

So ein unwirkliches Licht

Heute ist ein seltsamer Tag. Das milchige Licht ist verwirrend diffus, und die kleinen Blutsauger sind noch angriffslustiger als sonst. Heute halten sie sich an keine Vereinbarung. Auch die Krähen krächzen nervös. Gerade als ich mich in mein Buch vertiefen will, knackt es über mir unheilvoll. Im selben Moment schlagen fast gleichzeitig drei schwere Kiefernzapfen dicht neben mir auf dem Steg auf. Sie verfehlen mich nur um Haaresbreite. Nein, Schluss jetzt! Hier habe ich heute keine Ruhe mehr zum Dösen oder Lesen. Ich fühle mich ungeliebt und vertrieben. Erinnerungen an die Trennung von Richard kommen hoch. Keiner will mich, nicht einmal die Natur hier in dieser menschenleeren Wildnis! Den Mücken zum Trotz mache ich jetzt doch einen Spaziergang. Vielleicht wird mich das aufheitern oder wenigstens ablenken. Irgendeinen Weg durchs Unterholz werde ich mir schon bahnen. Ich nehme einfach das kleine Beil mit, das ich im Schuppen gefunden habe.

Hinter dem dichten Wäldchen kommt gleich die Straße. »Straße« ist eigentlich eine hochtrabende Bezeichnung für einen staubigen Sandweg, der nirgendwohin führt. Keine Autos, keine Menschen in dieser gottverlassenen Gegend, nur diese trübe und doch sengende Sonne und Heerscharen von Moskitos. Aber gut, das hatte ich mir so ausgesucht. Mein Ziel ist der große graue Berg vor mir, eine ferne Silhouette in diesem unwirklichen Licht.

Das ständige Summen der gierigen kleinen Vampire macht mich wahnsinnig. Auch die endlosen Lupinenfelder mit ihren leuchtenden Farben können meine Stimmung nicht aufhellen. Ich laufe immer schneller, gerade so, als könnte ich den Mücken und meiner Trauer davonlaufen. Endlich erreiche ich den Wald am Fuß des Berges. Nicht dass mir der Wald Schutz vor den kleinen Biestern böte, im Gegenteil. Ich wehre mich nur nicht länger und überlasse ihnen einfach meinen Körper. Die Stiche jucken ohnehin nur kurze Zeit. Offenbar kommen die Mücken hier mit so wenig Gift in Berührung, dass ihre Bisse schnell wieder abschwellen.

Tatsächlich finde ich einen schmalen, kaum erkennbaren Pfad durch das Walddickicht. Er führt geradewegs zum Fuß einer Felswand. Kletternd suche mir einen Pfad über Ritzen und Mulden nach oben. Die Hälfte der Strecke lege ich auf allen vieren zurück. Das konzentrierte Klettern lenkt mich tatsächlich von meinen Gedanken ab. Weiter oben gibt es keine Bäume mehr, nur noch kleine verwachsene Sträucher. Es ist nicht mehr weit bis zum Gipfel. Der Ausblick ist atemberaubend. Die einsame Seenlandschaft liegt unter mir wie eine Landkarte. Keine Anzeichen von menschlicher Besiedelung weit und breit. Zu meiner Überraschung stelle ich fest, dass ich mich auf einer Halbinsel inmitten eines riesigen Sees befinde, deren höchster Punkt der Felsen ist, auf dem ich stehe. Das Lupinenfeld mit der staubigen Straße ist die einzige Verbindung zum Festland. Direkt unter mir sehe ich tief im dichten Wald einen kleinen schwarzen Tümpel. Dieses schwarze Auge übt eine große Anziehungskraft auf mich aus. Ich weiß nicht, ob es mir gelingen wird, durch das Dickicht zu dem kleinen Moorsee vorzudringen, aber ich will es versuchen.

Mithilfe des Beils bahne ich mir einen Weg durch den von Mücken verseuchten sumpfigen Wald. Der See ist tiefschwarz, kein Grund zu sehen – nirgendwo. Ohne zu überlegen, reiße ich mir meine verschwitzten Kleider vom Leib und stürze mich ins Wasser. Es ist warm, braun und weich, ganz anders als das kalte, klare Wasser des großen Sees. Als ob es nicht dasselbe Element wäre. Ich genieße es, mich auf diesem dunklen, grundlosen Wasser treiben zu lassen.

Womit ich allerdings nicht gerechnet habe, ist, dass es zwar leicht ist, hineinzukommen in das moorige Wasser, aber nahezu unmöglich, wieder hinauszugelangen. Zunächst versuche ich, an der Stelle aus dem Wasser zu kriechen, an der meine Kleidung liegt. Doch es ist wie ein böser Traum. Je näher ich dem Ufer komme, desto tiefer versinke ich im moorigen Grund. Schwimmend sehe ich mich um. Überall sieht das Ufer gleich aus. Langsam steigt Panik in mir hoch. Soll ich etwa in diesem düsteren Moorsee ertrinken? Ich zwinge mich zu einer klaren Analyse meiner Lage und suche schwimmend das Ufer nach etwas Festem ab, das mir Halt zum Aussteigen bieten könnte. Doch das Wasser ist so trüb, dass ich kaum ein paar Zentimeter weit nach unten blicken kann. Ich beschließe, trotz meiner Erschöpfung nur noch mit der Kraft meiner Arme am Ufer entlangzuschwimmen und meine Beine dabei wie ein Lot in die Tiefe baumeln zu lassen. Endlich ertaste ich unter der Wasseroberfläche einen flachen Felsen, der mir als Ausstieg dienen könnte. Mehrmals rutsche ich von dem glitschigen Stein ab, doch dann gelingt es mir, darauf zu stehen. Und nun? Beim ersten Schritt vom Felsen ans Ufer versinke ich gleich wieder bis zu den Schenkeln im Morast. Aber dem See bin ich glücklich entronnen!

Irgendwie gelingt es mir, splitternackt durch den Schlamm robbend, die hundert Meter bis zu meinen Kleidern zurückzulegen. Als ich endlich mein T-Shirt im Gestrüpp am Ufer hängen sehe, bin ich erleichtert. Ich sehe zwar aus wie eine Moorleiche, aber ich habe es geschafft! Ich traue mich natürlich nicht mehr ins Wasser, um mich zu waschen. Also steige ich, schlammig wie ich bin, in meine Kleider. Es ist ein seltsames Gefühl, als der Schlamm auf dem Rückweg an meinen Armen und Beinen langsam zu einer dünnen Kruste trocknet. Nur an den Stellen, an denen ich schwitze, fließt er an mir herunter. Ich versuche mich damit zu trösten, dass das sicher sehr gesund ist und auch dazu beiträgt, dass meine Stiche weniger jucken.

Die Dämmerung hat längst eingesetzt, als ich endlich und sicher nicht auf dem direktesten Weg zu meiner Hütte zurückfinde. Es muss schon lange nach Mitternacht sein. Ich heize die Sauna an und reinige mich im klaren Wasser meines – wie ich nun weiß – riesigen Sees. Eigenartig, dass dieser kleine Moorsee, der mich fast als Leben gekostet hätte, unschuldig eingebettet wie ein Embryo in diesem großen See liegt. Ich bringe beides in meiner Vorstellung nicht zusammen. Es ist wie ein Traum. Der Traum entsteht in mir, kommt aus mir und hat doch etwas ganz Eigenes, Fremdes, scheinbar nicht zu mir Gehörendes – so wie dieser kleine schwarze See im großen blauen See.

Nach meinem bestandenen Abenteuer mache ich mir heute einen faulen Tag. Ein paar Seiten in meinem Buch, dann wieder dösen, Spaghetti mit Pesto und wieder dösen. Alles ist friedlich, sogar die Kiefer über mir. Selbst den Bremsen und den Mücken scheint es zu heiß zu sein. So kann ich es richtig genießen, nackt im Halbschatten auf meiner Decke zu liegen. Hier, am äußersten Ende des Stegs, fällt gerade die richtige Dosis Sonne durch die Zweige.

Ich bin schon fast eingenickt, da spüre ich einen heißen Atem an meiner Stirn. Als ich die Augen öffne, blicke ich in die gelben Augen eines Wolfs! Ich bin sofort hellwach und zu Tode erschrocken. Einem tiefen Urinstinkt folgend, denke ich nur noch an Flucht. Aber da der Wolf mir den Weg zum Haus abschneidet, bliebe mir nur der Sprung ins eiskalte Wasser des Sees, wohin er mir leicht folgen könnte. Er ist sicher ein besserer Schwimmer als ich. Während mir solche Gedanken durch den Kopf jagen, bleibe ich äußerlich regungslos wie unter Schock. Das Tier scheint lange nicht so erschrocken wie ich, weicht aber angesichts meiner verängstigten Reaktion respektvoll einige Meter zurück. Ich bin für ihn wahrscheinlich nichts als ein nacktes zitterndes Bündel Fleisch. Wir schauen uns lange in die Augen, als ob er darauf warten würde, dass ich mich endlich beruhige. Schließlich trollt sich der Wolf genauso lautlos, wie er gekommen ist. Ich bin immer noch dabei, mich von dem Schreck zu erholen. Aber dieser Blick! – Diese warmen gelben Augen!

Erst nach und nach wird mir die Kostbarkeit dieser Begegnung bewusst. Ärgerlich die Angst, mit der ich reagiert habe! Ich wünschte, der junge Wolf würde noch einmal wiederkommen, dann würde ich versuchen, anders zu reagieren. Aber er kommt nicht mehr. Was soll er auch mit mir anfangen, einem ängstlichen nackten Menschenweibchen? Er ist sicher längst weitergezogen, um sich eine hübsche Wölfin zu suchen und mit ihr ein neues Rudel zu gründen. Ich notiere: Den »bösen Wolf« muss nur fürchten, wer ein Schaf ist. Und wie zur Strafe für meine nachträgliche Aufmüpfigkeit knallt wieder ein dicker Kiefernzapfen neben mir aufs Holz. Und noch einer. Ich glaube, es ist besser, wenn ich mich erst einmal aus der Schusslinie begebe.

Ein anonymer Auftrag

In dieser Nacht träume ich wieder. Eine weibliche Stimme fordert mich auf, ein Buch über Religion zu schreiben. Absurd. Ich kann ihr nur so viel antworten: Für anonyme Aufträge jedweder Art bin ich erstens nicht zu haben. Zweitens gibt es wohl kaum etwas, mit dem ich mich weniger auskenne und für das ich mich weniger interessiere als Religion. Ich bin im unerschütterlichen Glauben an die restlose rationale Erklärbarkeit der Welt aufgewachsen. Meine Mutter war Atheistin, und mein Vater traute sich nicht zuzugeben, dass er doch an so etwas wie Gott glaubte. Weihnachten ließ meine Mutter als »Brauchtum« durchgehen. Dabei betonte sie immer, dass es eigentlich heidnischen Ursprungs sei. Meine Schwester und ich beteten heimlich vor dem Schlafengehen. Es war wie das Morsen an der Gefängniswand. Irgendetwas musste da draußen sein, was allem einen Sinn gab, gütig und gerecht war und mächtiger als unsere Eltern. Wir beneideten unsere Freundinnen heimlich um ihren Glauben an Gott. Aber Religion? Das erschien uns dogmatisch und intolerant und irgendwie unanständig.

Inzwischen gehören Yoga und Meditation zu meinem Alltag wie das Zähneputzen, aber das hat rein pragmatische Gründe, und ich betrachte es keineswegs als Religion. Meditation ist mein (zumeist) hilfloser Versuch, den mehr oder weniger fröhlichen Lärm in meinem Kopf für Augenblicke zum Schweigen zu bringen oder wenigstens zur Abwechslung mal von außen zu betrachten. Yoga war das Einzige, was mir vor Jahren half, nach einem Fahrradunfall mein Schleudertrauma in den Griff zu bekommen. Wobei »Yoga« bei mir eine kreative Mischung aus Feldenkrais, Pilates, Hatha-Yoga und einigen osteopathischen Übungen ist, die mir ein Schulmediziner nach meinem Unfall für neunzig Euro pro Viertelstunde verkauft hat. Das fand (und finde ich immer noch) unanständig, aber die Übungen helfen.

Als Kind bewunderte ich meinen Vater, weil er auf jede meiner Fragen eine Antwort hatte. Egal ob es um das Innenleben eines Ameisenhaufens ging oder um die Frage, warum die Goldfische in dem zugefrorenen kleinen Gartenteich, den wir zusammen angelegt hatten, nicht erfroren. Für alles hatte er eine Erklärung. Sein Wissen musste grenzenlos sein. Leider war es das nicht, wie sich später herausstellte, aber seine Fantasie bewundere ich heute noch. Er war ein grandioser Geschichtenerzähler, dem ich viel Inspiration und womöglich auch das »Geschichtenerzähler-Gen« (falls es so etwas gibt) verdanke. Trotzdem war es ernüchternd, als meine Freundin mithilfe ihres Kinderlexikons nachwies, dass erschreckend viel von dem, was mein Vater erzählte, nicht stimmte. Ich schämte mich vor meiner Freundin, weil ich mein vermeintliches Wissen so vehement verteidigt hatte. Aber noch schlimmer als die Scham war der Abgrund, der sich plötzlich vor mir auftat. Mir war der Boden unter den Füßen weggerutscht, denn nun musste ich ja alles überprüfen, was ich je von ihm gelernt hatte. Da half auch die Gewissheit wenig, dass mein Vater dies nicht aus Gemeinheit tat, sondern um mich nicht zu enttäuschen. Einerseits konnte ich ihm das schlecht verübeln, andererseits hatte er mir alles genommen, worauf sich mein unstillbarer Wissensdurst gestützt hatte. Das Fundament meines Weltenwissens war eingestürzt. Zum ersten Mal waren da die Zweifel.

So wurde ich zur eifrigen Lexikonleserin. Denn zusammen mit meinem Vater hatten gleich alle Erwachsenen ihre Autorität eingebüßt. Es war zwar aufwendig, alles im Lexikon nachzulesen, aber lohnend. Ich fand oft genug heraus, dass auch meine Lehrer irrten oder uns zumindest ungenaue Informationen gaben. In solchen Fällen fühlte ich mich verpflichtet, meine Mitschüler darüber aufzuklären. Das hatte zur Folge, dass ich weder bei meinen Mitschülern noch bei meinen Lehrern beliebt war. Meine Mitschüler fanden es zwar unterhaltsam, die Lehrer bloßzustellen, aber ein »Streber« war ich in ihren Augen trotzdem. Immerhin konnte mir keiner mehr etwas vormachen. Der imposante zwanzigbändige Brockhaus, der die gesamte Länge des Regals im Arbeitszimmer meines Vaters ausfüllte, wurde zu meinem Bollwerk gegen Zweifel und Unwissenheit und zum Grundstein für meine Unabhängigkeit.

Zweifel an der Unfehlbarkeit des Lexikons kamen erst später. Dass »Lehrmeinung« nicht unbedingt mit »Wahrheit« gleichzusetzen ist und »Wahrheit« überhaupt eine komplizierte Angelegenheit ist, lernte ich erst, als ich begann, mich mit Quantenphysik zu beschäftigen. Zunächst freute es mich diebisch, dass die Quantenphysik jene ungeliebte Physik, die ich in der Schule mit mäßigem Interesse verfolgt hatte, bis zur Unkenntlichkeit relativierte. Später öffnete sie mir Räume des Denkens, die für mich vorher unvorstellbar gewesen waren. Und was so außergewöhnlich für mich war: Sie öffnete diese Räume mit Fragen, anstatt sie mit Antworten zu verschließen.

»Ordnung ist das halbe Leben«, lernten wir in der Schule. Es war eines der wenigen Dinge, die ich nicht bezweifelte. Strukturen bieten nicht nur Sicherheit, sie sind auch einfach schön. Zählen lernte ich, indem ich anfing, alle Zahlen hintereinander in ein Heft zu schreiben. Dabei wechselte ich bei jeder Zahl den Filzstift, bis ich einmal durch meine Filzstiftsammlung durch war. Danach begann ich wieder von vorn. Ich kam bis 3475. Dann streikten meine Filzstifte, und dann erst glaubte ich meinem Vater, dass es ein aussichtsloses Unterfangen sei, alle Zahlen aufzuschreiben. Als ich aufgab, malte er für mich drei Punkte und eine liegende Acht unter die letzte Zahl. Damit war meine »Doktorarbeit« beendet. Vielleicht war es auch meine erste Meditation. Aber ich war unzufrieden. Ich hatte aufgegeben. Die Zahlen waren noch nicht gebannt.

Also suchte ich mir später einen Beruf, der es mir erlaubte, mein sportliches Ringen mit den Zahlen sinnstiftend fortzusetzen. Nach dem Studium fing ich in dem großen Medienunternehmen an, in dem ich schon mein Betriebspraktikum gemacht hatte. Inzwischen habe ich mich dort zur Controllerin hochgearbeitet genau wie mein Vater. Ich liebe es, den Überblick zu haben über das Große und Ganze und Überraschungen im Dienste aller nach Möglichkeit vorzubeugen. Aber Schreiben? Ich hätte nicht einmal gewusst worüber. Und nun fordert mich eine ominöse weibliche Stimme auf, ein Buch zu schreiben und das ausgerechnet über Religion?

Gerade als ich auf meinem Steg vor mich hin döse, höre ich wieder die Stimme aus meinem Traum. Sie diktiert mir ein paar Sätze. Sie klingen wie der Anfang eines längeren Textes. Die Stimme ist nur innerlich hörbar, das heißt, ich fühle die Worte mehr, als dass ich sie höre. Schwer zu beschreiben. Die Worte ergeben überraschenderweise einen Sinn und sind auf seltsame Weise schön. Ich schreibe sie auf.

Nun bekomme ich jeden Morgen einen kleinen Textabschnitt. Ich brauche nur zuzuhören. Tatsächlich geht es darin um so etwas wie Religion, aber nicht so, wie ich Religion immer verstanden habe, als etwas, das mit Kirche zu tun hat, sondern viel grundlegender: Es geht um die Liebe. Die Worte sind sehr schön und berühren mich tief.

Nun ja, ich nehme an, wenn ich morgen hier wieder abreise, wird der ganze Spuk wohl vorbei sein. Egal. Schön war es jedenfalls: der schwarze See, der Wolf, die Träume, diese innere Stimme… Ich nehme mir vor, mir auch zu Hause, im Alltag, immer wieder kurze Zeiten der Stille zu gönnen, in denen ich nichts tue, rein gar nichts, nicht einmal lesen. Ich möchte wenigstens den inneren Raum dafür zur Verfügung stellen, damit so wundersame Dinge geschehen können wie hier.

Wieder zu Hause

Ich wage es kaum, diese schrecklich große leere Wohnung so zu nennen: »zu Hause.« Aber rauszugehen unter Menschen macht mir auch keine rechte Freude. Die Stadt stumpft mich ab. Zu viele Eindrücke, die ich in dieser Fülle gar nicht verarbeiten kann. Also blende ich sie notgedrungen aus und büße so nach und nach meine Aufmerksamkeit ein. In der Natur geschieht mit mir das Gegenteil: Die Sinne werden geschärft, die Sensibilität verfeinert sich, jedes Detail wird bedeutsam und das Ganze als Komposition seiner Einzelteile spürbar. Am besten kann ich das wahrnehmen, wenn ich allein bin. Seit Finnland bin ich offenbar empfindlicher geworden. Brauchen wir Menschen den Lärm der Welt, weil die Stille uns Angst macht, uns mit unserer eigenen Grenzenlosigkeit konfrontiert?

Heute Nacht hatte ich wieder einen merkwürdigen Traum: Es umgibt mich völlige Dunkelheit. Nur ein tiefes Dröhnen ist zu hören, in das sich der Klang von Glocken mischt. Entfernt ist auch der Ruf eines Muezzins zu hören. Dann kommen tibetische Gesänge dazu und ein Hauch von Klezmer-Musik. Alles zusammen ergibt eine eigenartig vertraute, harmonische Klangmischung, deren einzelne Elemente nicht mehr auszumachen sind. Am Ende geht alles in ein gleichmäßiges tiefes Dröhnen über, oder ist es eher ein Pochen? Plötzlich herrscht vollkommene Stille, und aus der Dunkelheit fährt der Blick wie ein Zoom hinunter auf den Planeten Erde, dann weiter auf eine Stadt zu, auf ein Haus, in das Haus hinein und wieder in die Dunkelheit. Das alles geht so schnell, dass ich nicht erkennen kann, wo es ist.

Ich kann es kaum glauben, aber hier geht es einfach nahtlos weiter mit dem Text, der in Finnland begonnen hat. Jeden Tag kommt ein neues Kapitel. Ich habe schon von Büchern gehört, die »gechannelt« wurden, habe das aber immer als esoterischen Unsinn abgetan. Ich bin schließlich mit einer großen Verachtung für alles »Esoterische« aufgewachsen: »Humbug«, »Spinnerei«, etwas für gelangweilte Hausfrauen, die sich auf diese Weise etwas Aufmerksamkeit verschaffen wollen. Wer weiß, vielleicht bin ich ja selbst so eine gelangweilte, frustrierte Frau? Ich wäre nicht die Erste, die nach einer Trennung die Bodenhaftung verliert. Schon sehe ich mich in wallenden Gewändern von Guru zu Guru geistern in der vagen Hoffnung auf Erleuchtung; sehe meine Freunde, wie sie sich einer nach dem anderen von mir abwenden, weil sie mir in diese seltsamen neuen Gefilde, die sich so wenig beweisen lassen, nicht folgen können und wollen. Ich sehe meine Kollegen auf den Bürofluren die Köpfe zusammenstecken und tuscheln, wenn sie mich sehen, höre sie spotten, dass ihre Controllerin wohl langsam die Kontrolle verliert. Im Geiste sehe ich mich schon voller Schrecken immer mehr zu dem Eso-Klischee werden, über das wir uns in meinem Elternhaus so gern lustig gemacht haben …

Vielleicht ist jetzt wirklich der Moment gekommen, wo ich um meine geistige Gesundheit fürchten muss. Vielleicht sollte ich mich in Behandlung begeben, diese unheimliche Stimme einfach »wegmachen« lassen? Ich glaube ja selbst kaum, was ich da schreibe, wie soll das dann erst anderen gehen? Bin ich überspannt, überarbeitet, nervlich überreizt? Vielleicht sogar »reif für die Anstalt«? Wenn ich nicht aus eigener Erfahrung aus einem Schülerpraktikum in der Psychiatrie wüsste, wie es in solchen Anstalten zugeht, würde ich mich womöglich jetzt einliefern lassen.

Vielleicht bin ich aber auch einfach nur zu viel allein. Der Text jedenfalls klingt in seiner Einfachheit schön und gar nicht überspannt. Und diese seltsam sanfte klare Stimme, woher immer sie auch kommen mag, ob aus mir heraus oder von außen, berührt mich. Bevor ich mich also den Ärzten ausliefere, will ich abwarten, wie sich alles entwickelt und was es mit mir macht. Stellt sich dann heraus, dass ich meinen Alltag nicht mehr normal weiterleben kann, gibt es ja immer noch die Möglichkeit, mich in Behandlung zu begeben. Bis jetzt ist ja noch nichts Schlimmes passiert. Niemand, der mit Fingern auf mich zeigt, niemand, der mir empfiehlt, mich untersuchen zu lassen. Zugegeben, ich habe es auch noch nicht groß herumerzählt, aber soll ich es ausschließlich für mich behalten, nur um kein Risiko einzugehen? Das alles beunruhigt mich, aber andererseits fühle ich mich auch reich beschenkt. Ich kann gut unterscheiden, dass der Text zwar schön und in sich stimmig ist, aber so nicht von mir hätte stammen können, zumindest nicht in dem wachen Zustand, in dem ich jetzt bin. Es wäre schade, diese liebevolle Stimme jetzt »wegmachen« zu lassen, wenn das überhaupt möglich ist. Ich werde das alles genau beobachten. Es ist ja erst mal nur ein Text. Ich könnte ihn testweise meinen Freundinnen zu lesen geben und abwarten, was sie dazu sagen. Meine Yoga- und Meditationspraxis belächeln sie ja auch nicht, im Gegenteil. Einige meiner Freunde bewundern mich sogar für die Regelmäßigkeit, mit der ich meine Übungen mache. Für die meisten heute sind Yoga und Meditation, auch wenn sie sie nur gelegentlich praktizieren, inzwischen so selbstverständlich, dass sie es gar nicht mit Esoterik in Verbindung bringen.

Endlich habe ich eine neue Wohnung gefunden! Es ist ein einziges großes Zimmer; Wohn-, Schlaf- und Arbeitszimmer, alles in einem. Das Bad hat eine Badewanne (wichtig), und auch die winzige Küche (unwichtig) passt zu einer Nichtköchin wie mir. Die Wohnung liegt im zweiten Stock eines schlichten Mietshauses, einigermaßen ruhig und so klein, dass selbst die wenigen Sachen, die ich besitze, nicht alle hineinpassen. Aber es macht mir Freude, gründlich auszumisten und wirklich nur das mitzunehmen, was ich um mich haben möchte. Wenigstens diesen Vorsatz habe ich aus Finnland herübergerettet. Mit den Momenten der Stille, dem inneren Raum, den ich mir zur Verfügung stellen wollte, ist es dagegen viel schwerer. Immerzu drängen sich Gedanken in den Vordergrund, Termine, Pläne, ganz irdische Herausforderungen. Wo ist hier die beste Einkaufsmöglichkeit? Wie komme ich mit dem viel zu kleinen Briefkasten zurecht? Wie kann ich logistisch meinen Umzug bewerkstelligen, wenn ich doch nur mein Fahrrad habe? Anstatt absichtslos zu meditieren, entwerfe ich einen Schlachtplan: Ich werde in dem Möbelladen, wo ich mein neues Bett gekauft habe, den Transporter, den ich als Rabatt rausgehandelt habe, einfach für Freitagabend reservieren. Dann muss ich ihn erst am Montag zurückbringen und kann mit meinem ohnehin bescheidenen Hausstand am Wochenende im Transporter des Möbelhauses umziehen. Ein Freund hat mir für das Wochenende schon seine Hilfe zugesagt. Ja, so werde ich es machen.

Der Umzug ist geschafft. Die körperliche Arbeit tut gut. Sie erdet mich nach all den luftigen, vielleicht auch »windigen« Erfahrungen in Finnland. Ich gehe jetzt schwimmen, dann werde ich die Wohnung gründlich putzen und einen Strauß frischer Blumen kaufen. So wird aus diesen vier Wänden schon ein Zuhause werden. Ich habe hier zwar wenig Sonne, aber der schmale Alustreifen an der gegenüberliegenden Hauswand reflektiert die Morgensonne direkt in mein Zimmer hinein. Und mit Spiegeln fange ich noch mehr Licht ein, obwohl ich Spiegel im Grunde immer weniger mag. Der Blick zwischen zwei Buchdeckel ist zunehmend erfreulicher als der in den Spiegel. Dass ich älter werde, merke ich auch daran, dass ich zunehmend lieber in Bücher- als in Kleiderläden herumstöbere.

Alles in meiner Wohnung hat seinen Platz gefunden. Wenn sich etwas nicht im Schrank verstauen ließ, dann wurde es entweder ausgemustert oder so angeordnet, dass es ins Gesamtbild passt. Dabei folgte ich den vorgegebenen Linien und Geraden des Raumes. Ich finde die klaren Linien ungeheuer beruhigend. Sie spiegeln mein Leben wider: kalkulierbar und klar wie die Architektur, in der ich jetzt wohne; schnurgerade und ohne uneinsehbare Biegungen, hinter denen böse Überraschungen lauern könnten. Mir kommen diese vierzig Quadratmeter mit Loggia vor wie ein Palast. Hier kann Neues entstehen! Es ist, als ob ich mit den alten vier Wänden auch meine Trauer abgestreift hätte. Endlich! Und weil die Wohnung so klein und kuschelig ist, fühle ich mich hier auch nicht mehr so einsam.

Meine Freunde finden meine neue Wohnung süß. Sie passe zu mir und zu meiner jetzigen Situation, auch wenn sie ihnen selbst viel zu klein wäre. Ihre Reaktionen auf den Text sind dagegen eher gemischt. Einige finden ihn seltsam, andere »hübsch«, was sich für mich eher abwertend oder wenigstens ausweichend anhört. »Hübsch«, das klingt so, als ob man das alles nicht zu ernst nehmen sollte, ein Schon-Adjektiv, um sich nicht wirklich damit auseinandersetzen zu müssen. Meine beste Freundin Ursula ist wenigstens ehrlich. Sie meint, es sei zwar keine »Erbauungsliteratur«, wie sie befürchtet hatte, aber schon irgendwie »außerirdisch« und nicht ganz zu mir passend. Heinrich, ihr Mann, macht sich ohnehin schon liebevoll über mich lustig. Ich sei so salbungsvoll, seit ich aus Finnland zurück bin. Oje, das klingt beunruhigend und gar nicht nach mir. Andererseits hält Ursula seit ihrem Nahtoderlebnis viel mehr für möglich als früher.

Nur eine Freundin, Fiona, die ich sehr mag, aber bisher nie so ganz ernst nehmen konnte, zeigt echte Begeisterung für den Text und meine Erlebnisse in Finnland. Weil mich meine neuen Erfahrungen, die Stimmen und Bilder, so verunsichern, rät sie mir zu einem Seminar über praktische Medialität. Fiona ist ein wenig älter als ich und viel vertrauter mit nicht ganz rationalen Perspektiven. Sie hatte mir bei unserer ersten Begegnung Dinge über mich gesagt, die an Hellseherei grenzen. Allein aufgrund meiner Sprache hatte sie erkannt, in welchen Ländern ich wann als Kind gelebt hatte. Dann hatte sie noch völlig zutreffend zurückverfolgt, dass meine Ahnen vor Generationen weit aus dem Osten gekommen waren. Sie konnte sogar die genaue Gegend benennen. Als Erklärung für all dies gab sie zunächst nur an, sie sei Sprachwissenschaftlerin. Später erzählte sie mir allerdings, sie hätte in meiner Aura gelesen – was immer das auch heißen mochte – und mich unbedingt ansprechen wollen.

Fiona meint, nach allem, was ich gerade erlebt habe, würde mir dieses Seminar in England guttun. Ich habe nicht wirklich eine Vorstellung, was mich da erwartet. Die Beschreibung im Internet klingt sehr abgehoben und eher abschreckend. Fiona hat mir nur so viel versprochen: dass ich danach meine Erfahrungen besser einordnen und mich damit weniger allein fühlen würde. Das möchte ich unbedingt. Also auf nach England!

Unter Einhörnern

Hier geht es nicht mit rechten Dingen zu. Schon der Seminarort Stansted Hall ist nicht von dieser Welt: ein geradezu absurd romantisches elisabethanisches Herrenhaus mit einem weitläufigen Park, in dem weiße Pferde mit langen Mähnen und Schweifen frei herumspringen. Mit etwas Fantasie kann man sich sogar ein großes Horn auf ihrer Stirn dazudenken. Am Abend finde ich mich mit circa fünfzig anderen Seminarteilnehmern in der großen Halle ein. Zu etwa zehn von ihnen fühle ich mich spontan hingezogen. Ebenso zu Martha, einer fülligen alten Dame, die ihr falsches Blond mit großer Nonchalance und viel Humor trägt. Martha leitet diese seltsame Veranstaltung.

Sie teilt uns in vier Gruppen ein, die von ihr und ihren drei Assistenten angeleitet werden. Ich bin sprachlos: Nicht nur sind genau die zehn Personen in meiner Gruppe, die mir zuvor aufgefallen sind, wir gehen auch genau in den Raum, den ich für mich als den schönsten im ganzen Schloss auserkoren habe. Martha wird uns nun fünf Tage lang betreuen. Da ich immer alles hinterfragen muss, will ich von Martha wissen, nach welchen Kriterien sie uns für ihre Gruppe ausgewählt hat. Sie lacht: »Ganz einfach: Ich arbeite am liebsten mit Menschen, die ihren Mond im Krebs haben.« Keine Ahnung, was das bedeutet. Als Martha fragt, weiß ich nichts von »meinen Mond«. Zum Glück bin ich da nicht die Einzige. Für mich und zwei andere rechnet Martha aus, wo aufgrund von Geburtsort und -zeit unser Mond steht. Die anderen wissen es bereits. Und tatsächlich: Bis auf zwei, deren Mond im Skorpion steht, haben wir alle unseren Mond im Sternzeichen Krebs. Und das ist erst der Anfang.

Als erste Übung, zum Warmwerden sozusagen, sollen wir uns paarweise gegenübersetzen und uns aus der Vergangenheit erzählen – aus der unseres Gegenübers, nicht aus der eigenen. Ich muss grinsen. Alles ist hier ohnehin schon so surreal, dass es jetzt darauf auch nicht mehr ankommt. Also lege ich einfach los. Eva nickt, korrigiert hin und wieder eine Kleinigkeit, aber im Großen und Ganzen scheint alles zu stimmen. Ich bin fassungslos. Wie kann das sein? Es überrascht mich nun auch nicht mehr wirklich, dass auch Eva sich gut in meiner Vergangenheit auskennt.

Die nächste Übung betrifft unsere Zukunft. Eva sieht meine Verbindung zu uralten schamanischen Wurzeln, sieht mich darüber erzählen und Bücher schreiben. Nun ja, das alles ist ja nicht nachprüfbar und damit nicht ganz so unheimlich wie ihre

Aussagen über meine Vergangenheit. Dennoch spüre ich, wie mein ganzer Körper dazu in Resonanz geht, und nur darauf, so Martha, komme es an: dass es sich wahr anfühlt. Unsere intuitive Körperreaktion sei unser Wegweiser durch mediale Aussagen und Prophezeiungen.

Als Eva und ich uns noch einmal in die Augen schauen, sehe ich plötzlich Bilder aus einer anderen Zeit, einer schrecklichen Zeit. Es ist die Zeit der Kreuzzüge. Wir sind zwei Bauernburschen, unterwegs mit einer Horde anderer Burschen, die, wie wir, fünfzehn oder sechzehn Jahre alt sein mögen. Im Gefolge der Kreuzritter ziehen wir durch entvölkertes, zum Teil verwüstetes Land. Wir müssen Jerusalem von den Ungläubigen befreien und das Gelobte Land für den Herrn zurückerobern. Wir haben Schwerter bekommen, die wir kaum heben können. Aber wir fühlen uns unbesiegbar. Die Dörfer, durch die wir ziehen, sind bereits erobert. Hier ist kein Leben mehr. Ungeduldig warten wir auf unsere erste Schlacht. Stattdessen: nur immer mehr verlassene, verwüstete Dörfer und hier und da verstreut entleibte Heiden, überwiegend Alte, Frauen und Kinder. Mein Freund neben mir wird allmählich unruhig. Er ist etwas jünger als ich und ganz offensichtlich nicht so hart im Nehmen. Daher fühle ich mich ihm überlegen. Er bezweifelt, dass das, was wir hier tun, im Sinne des Herrn ist. Ich beschimpfe ihn als Verräter an der heiligen Sache. An Feiglingen wie ihm wird das christliche Abendland zugrunde gehen! Er solle seine Sachen packen und nach Hause gehen! Er sieht mich mit einer Mischung aus Wut und Trauer an und geht wortlos davon.

Mit den anderen Burschen ziehe ich weiter von Dorf zu Dorf. Schließlich kommen wir in der Dämmerung an einen Ort, an dem die Kreuzritter besonders gründlich gearbeitet haben. Alle Leichen, fast nur Frauen und Kinder, sind zu einem großen Haufen aufgeschichtet, und auf die Spitze haben sie ein

Holzkreuz gepflanzt. Der Gestank von Fäulnis ist unerträglich. Das alles ist selbst für einen harten Burschen wie mich zu viel. Schlagartig wird mir klar: Der Herr hat sich von uns abgewendet, und wir werden bitter für das büßen, was wir hier angerichtet haben.

Die anderen sind unterdessen schweigend weitergezogen. In meiner grenzenlosen Einsamkeit und Verzweiflung ramme ich mein Schwert verkehrt herum in den Leichenberg und stürze mich in die Klinge. Dabei verfehle ich mein Herz und verblute langsam. Währenddessen zieht noch einmal mein ganzes elendes Leben an mir vorüber. Die Kindheit in dem kleinen Dorf, die rauen Spiele und Kämpfe, die Mädchen, denen ich vergeblich nachblicke. Keines werde ich je besessen haben. Wie plötzlich der Schlachtruf »Nach Jerusalem!« ertönt und ich mit Heerscharen anderer junger Burschen Richtung Osten ziehe, immer der Morgensonne entgegen. Und nun verendet einer nach dem anderen hier im Gelobten Land, zu dessen Befreiung wir aufgebrochen waren. Was für ein Betrug!

Ich erzähle Eva von meinen Bildern. Sie nickt und sagt, dass ihr meine Geschichte vertraut vorkommt. Nach einer langen Weile, in der auch sie in meinen Augen zu lesen scheint, ergänzt sie den Teil, den wir nicht mehr gemeinsam erlebt haben. Auch sie hatte nach ihrer Umkehr die Heimat nicht mehr erreicht, sondern war unterwegs von der Cholera dahingerafft worden wie so viele andere, die vor dem Grauen geflüchtet waren. Was uns beiden bis in dieses Leben hinein geblieben ist, ist unsere tiefe Abneigung gegen religiöse Dogmen und jede Form von Gewalt. Nun haben wir eine Ahnung, woher sie stammt.

Aufgeregt erzählen wir Martha von unserem gemeinsamen Erlebnis. Die Geschichte selbst findet sie interessant. Die Tatsache, dass wir uns beide zum ersten Mal an ein früheres Leben erinnert haben, erstaunt sie. Für sie ist es etwas ganz Alltägliches – wie übrigens für die Mehrheit der Erdbevölkerung, fügt sie hinzu, und uns wird bewusst, wie relativ der westliche Anspruch auf die zivilisatorische Führungsrolle ist.

Heute die Ernüchterung: Wir sollen üben, die physische Präsenz von Geistern zu spüren. Diese Übung wird von einer großen alten Dame angeleitet, die schon äußerlich wie ein Dragoner wirkt. Als ich zwei Minuten zu spät in den Raum komme, fange ich mir eine Rüge ein. Ich werde, noch stehend, gefragt, ob ich die Geister sehe. Nein, ich sehe keine Geister, glaube überdies auch nicht an ihre Existenz, antworte ich. Warum ich dann überhaupt hier sei, will sie wissen. Weil ich inzwischen grundsätzlich alles für möglich halte?

Auch bei den Energiefeld-Übungen spüre ich wenig, wohl auch weil ich so kalte Hände habe. Ich kassiere sofort wieder eine Rüge: Ich sei nicht hier, um die Skeptikerin rauszukehren, sondern um mich zu öffnen. Ich finde das ungerecht, und auch einige andere verteidigen mich. Eva nimmt mich beiseite und sagt, ich solle das doch einfach als Spiel ansehen. Mich beginnt dieser ganze Hokuspokus eher zu nerven.

Genug Kaffeesatz-Leserei! Ich merke, dass durch Einfühlung medial vieles möglich ist, vor allem dann, wenn keine Absicht und erst recht kein Leistungsdruck dahinterstehen. Es ist wohl das Ego, das alle Kanäle verschließt, sei es in Gestalt von Angst oder von Stolz. Das zumindest habe ich hier gelernt. Und tatsächlich fühle ich mich mit meinen Wahrnehmungen nicht mehr so allein. Vielleicht ist es unsere Kultur, die es uns so schwer macht, an unsere medialen Fähigkeiten zu glauben. Ich denke, in anderen Kulturen ist das viel einfacher und selbstverständlicher. Ich wäre gern schon als Kind in dieser Richtung ermutigt worden. Dann hätte ich es jetzt vielleicht nicht so schwer. Sicher, Skepsis erdet, und der Zweifel ist ein wichtiges Korrektiv. Aber wenn er alles Übersinnliche, alle natürliche mediale Kompetenz im Keim erstickt, dann ist er wie eine überbehütende Mutter, die ihr Kind an der Entfaltung hindert. Mit solchen Gedanken nehme ich Abschied von den »Einhörnern« und vergewissere mich mit Genugtuung, dass es einfach nur weiße Pferde sind. Gern reise ich weiter nach Norwich, um einen Studienfreund zu treffen und gemeinsam alte Erinnerungen aufzufrischen.

Julian of Norwich

In Norwich zieht es mich in eine kleine Kirche am Stadtrand, die mir früher nie aufgefallen war, schließlich gibt es über fünfzig Kirchen in Norwich. Sie liegt eher unromantisch am Rande einer Großbaustelle. In einem Nebenraum ist eine kleine Kapelle für Julian of Norwich eingerichtet worden, die hier im 14. Jahrhundert gelebt haben soll. Der Raum ist recht lieblos renoviert und hergerichtet und lädt nicht zum Verweilen ein. Ich weiß eigentlich gar nicht, was ich hier soll.

Als ich gerade wieder gehen will, höre ich eine weibliche Stimme hinter mir. Reflexartig drehe ich mich um, doch außer mir ist niemand im Raum. Dann erkenne ich die Stimme wieder: Es ist dieselbe, die mir vor ein paar Monaten in Finnland den Text diktiert hat! Diesmal brauche ich die Worte nicht erst innerlich zu »übersetzen«. Die Stimme sagt deutlich vernehmbar: »Ich bin so glücklich, dass du gekommen bist. Du wirst meine Arbeit fortführen. Ich weiß, dass sie bei dir in guten Händen ist.« Es liegt so viel Freude und Erleichterung in dieser Stimme! Dann war es also Julian, die mir den Text diktiert hat, Julian of Norwich! Ich bleibe noch, bis ein Mann die Kapelle betritt und sich zum Beten niederlässt. Mit gemischten Gefühlen verlasse ich diesen seltsamen Ort. Nun habe ich quasi die Autorin meines schönen kleinen Textes kennengelernt, der portionsweise über einen Zeitraum von zwei Wochen kam und dann ganz organisch endete. Wie gern hätte ich ein Gesicht zu dieser warmen, feinen Stimme. Wie gern würde ich Julian in die Augen sehen! Dann überfallen mich wieder die üblichen Zweifel, ob das alles überhaupt sein kann oder ob ich mir das nur einbilde. Aber langsam kommen mir diese Zweifel wie zahnlose Tiger vor, die mich nur noch routinemäßig und ohne große Überzeugung anfallen, weil sie wissen, dass sie zunehmend an Boden verlieren.

Ich trau mich nicht, meinem Studienfreund von diesem Erlebnis zu erzählen. Der würde mich sicher für heillos überspannt halten. Vielleicht bin ich das ja auch. Ich werde trotzdem alles aufschreiben, denn ich habe das Gefühl, dass dies erst der Anfang ist. Wer weiß, ob ich später selbst noch glaube, was mir gerade passiert ist. Auf jeden Fall will ich mehr über diese Julian wissen. Ich werde alles lesen, was sie geschrieben hat und was über sie geschrieben wurde. Ich möchte wissen, mit wem ich es zu tun habe!

Julian hat im 14. Jahrhundert als Nonne in Norwich gelebt. Sie wurde in der Mitte ihres Lebens schwer krank und fieberte dem Tod buchstäblich als Erlösung entgegen, erholte sich aber wieder und wurde für damalige Verhältnisse sogar recht alt. Ihre Bücher erfüllen mich mit einer Mischung aus Begeisterung und Abscheu. Was sie über die Liebe schreibt, spricht mir vollkommen aus der Seele. Es muss zu ihrer Zeit geradezu revolutionär gewesen sein und nicht ungefährlich, von einer Liebe zu sprechen, die in jedem einzelnen von uns wohnt, und damit im Grunde Gott zu meinen. Aber die Schilderungen ihrer Verehrung für den Gekreuzigten stoßen mich ab. Mit dieser Mischung aus Blutrausch und Todessehnsucht kann ich wenig anfangen. Was mich am meisten berührt, ist der schlichte Satz: »All shall be well, and all shall be well, and all manner of things shall be well.« Was für ein tiefes Gottvertrauen sie trotz ihrer schweren Krankheit gehabt haben muss!

»Julian, liebe Julian! Was machst du bloß mit mir?« Vielleicht spinn ich jetzt völlig, aber gerade hörte ich wieder ihre Stimme. Nach einer missglückten Morgenmeditation in meiner kleinen B&B-Pension, in der ich erst immerzu an meine kalten Füße denken musste und mich dann darüber ärgerte, dass ich nur an meine kalten Füße dachte, versuchte ich mich mit dynamischen Yogaübungen aufzuwärmen. Da höre ich wieder ihre Stimme: »Das habe ich in meiner Zelle auch immer gemacht.« Ich fahre herum, und da ist sie. Ich sehe sie nicht so klar und dreidimensional wie einen Menschen aus Fleisch und Blut, eher verschwommen und in Umrissen, mal mehr, mal weniger deutlich – als ob sich meine Augen erst an diese Art des Sehens gewöhnen müssten. Aber dafür sehe ich sie sehr viel bunter als einen »realen« Menschen. Sie sieht ganz anders aus, als ich sie mir vorgestellt habe: Sportlich und modern wirkt sie, trotz ihrer Nonnentracht. Und klein. Sie reicht mir kaum bis zur Schulter. Unglaublich temperamentvoll und lebendig ist sie und von einer rosafarbenen Aura mit weißem Kern umgeben. Kaum zu glauben, dass sie schon sechshundert Jahre tot ist.

Sie versucht sich gerade an einer meiner Yogaübungen und lacht, weil es ihr nicht gelingen will. Die Situation wirkt so unwirklich und real zugleich, dass ich nicht groß darüber nachdenke, sondern gleich herausplatze: »Das kannst du gar nicht kennen! Das ist Yoga und kommt aus Indien, und du bist eine mittelalterliche Nonne.« – »Stimmt«, lacht sie verschmitzt, »aber die Übungen sind doch sehr ähnlich.« Und was sie mir nun zeigt, hat tatsächlich viel mit meinen Yogaübungen gemeinsam.

»Ich freue mich so, dass du zu mir gekommen bist. Ich konnte einfach nicht länger nur zuschauen. Als du mich in meiner Zelle besucht hast, musste ich mich dir einfach zu erkennen geben. Ich hoffe, du bist mir deswegen nicht böse«, sagt sie. »Wirst du meine Arbeit fortführen?« – »Was meinst du denn mit deiner Arbeit? Weißt du, ich habe solche Probleme mit den *Showings*, die du geschrieben hast. Die ganze Christus-Verehrung und dein Wunsch zu leiden, das kann ich nicht nachvollziehen, es stößt mich ab. So sehr, dass ich dein Buch nicht mehr bei mir behalten wollte und es verschenkt habe. Ich hoffe, dafür bist du mir nicht böse.« – »Das verstehe ich gut. Und ich verstehe auch, dass dir dieser Teil fremd ist. Aber es genügt völlig, sich auf die Liebe zu konzentrieren. Das war auch für mich immer das Wesentliche. Du musst verstehen, unter welchen Umständen ich damals gelebt und geschrieben habe. Die Christus-Verehrung war für Mystiker damals sehr wichtig. Und für Mystikerinnen erst recht, wollte man nicht den Verdacht der Ketzerei erregen. Und ich wollte die Menschen ja auch erreichen mit dem, was ich sah und aufschrieb. Wie hättest du denn an meiner Stelle gehandelt? Zu meiner Zeit war es für eine Frau nicht üblich, allein zu leben und einfach zu tun, was ihr gefällt, so wie du heute. Und die Männer waren entweder Priester und Mönche, oder sie waren spirituell im tiefsten Mittelalter.«

Über ihren letzten Satz mussten wir beide lachen. »Heiraten kam für mich nicht infrage. Ich hätte es mit keinem dieser Männer ausgehalten. Das wäre nur körperliche und geistige Sklaverei gewesen. Also kämpfte ich darum, Nonne werden zu dürfen. Aber dann? Ich hatte doch auch meine Wünsche, Träume und Sehnsüchte. Lieber einen Seelenpartner, den ich mit vielen teilen muss, Jesus Christus, als überhaupt keinen. Vielleicht kannst du wirklich nicht verstehen, wie sinnlich – du würdest sagen ›erotisch‹ – die Passionsvorstellungen für mich waren. Und die Todessehnsucht, die dich so befremdet. – Weißt du, der Tod war für uns früher ganz normal. Er hatte für uns keinen Schrecken so wie für euch. Oft war er als ersehntes Ende eines beschwerlichen Lebens sogar willkommen. Aber ich war so von unserer Aufgabe und Vision überzeugt (sie spricht immer von »unserer« Aufgabe), dass ich am Ende meine Krankheit überwand und im Leben blieb. Ich wurde sogar recht alt, wie du weißt. Ich wollte immer, dass die Menschen die göttliche Liebe spüren und untereinander leben. Dass sie getröstet werden durch sie und auch dass das Leben hier drüben ein bisschen besser wird.« Das verstehe ich.

Natürlich erzähle ich Fiona gleich von meinen Erfahrungen in England. Sie lacht nur über meine Überlegungen, mich in eine Klinik einweisen zu lassen. »Klar bist du verrückt, aber das ist doch noch lange kein Grund, sich in die Hände der Schulmediziner zu begeben. Die sind doch noch viel verrückter als du.« Fiona ist begeistert von meinen Erlebnissen. Als ich ihr jedoch allzu schwärmerisch von Julian erzähle und wie sehr ich ihr schon jetzt vertraue, bremst sie mich ein wenig und sagt: »Julian magst du wohl vertrauen können. Doch in dem Maße, wie deine spirituelle Kraft zunimmt, wirst du auch andere Wesen anziehen, die nicht nur dein Bestes wollen – das heißt, sie wollen schon dein Bestes, aber nicht unbedingt für dich. Sei also auf der Hut und bring deinen kritischen Verstand nicht ganz zum Schweigen.«

Ein kühler Oktobermorgen in den Bergen. Hierhin habe ich mich für ein verlängertes Wochenende zurückgezogen, um das Erlebte zu verarbeiten. Heute Nacht habe ich so intensiv von Schnee geträumt, dass ich überrascht bin, draußen keinen zu erblicken. Nur ockerfarbenes Gras auf den steilen felsigen Hängen und Nebelschwaden bis tief ins Tal. Das wird mich aber nicht davon abhalten, heute noch weiter hinaufzuwandern in die Berge.

Hier oben, jenseits der Baumgrenze, herrscht eine seltsame

Atmosphäre. Das letzte Grün ist schroffem grauem Fels gewichen, und noch immer erlauben herumirrende Nebelschwaden nur für kurze Momente einen Blick in die majestätische Bergarena. Überall liegt hier tatsächlich frischer Schnee, der die feuerroten Moose und Flechten noch besser zur Geltung bringt. Jetzt reißt der Nebel auf und gibt den gegenüberliegenden Berghang frei. So etwas habe ich noch nie gesehen: So weit das Auge reicht, sind die Berghänge drüben in bunte Farben getaucht. Es sind die Spektralfarben des Regenbogens. Erst jetzt sehe ich, dass ich selbst am anderen Ende des Regenbogens stehe! Wie ist so etwas physikalisch möglich? Ich dachte immer, dass man so weit laufen kann, wie man will, den Regenbogen wird man nie erreichen. Und nun stehe ich am einen Ende eines Regenbogens und schaue in ihn hinein! Zudem habe ich das Gefühl, hier oben nicht allein zu sein. Ich fühle plötzlich eine kleine warme Hand in meiner Linken. In Umrissen sehe ich einen kleinen Jungen neben mir, der vertrauensvoll zu mir hochblickt. Dies alles ist so schön und so unglaublich, dass ich weinen muss. Erst jetzt mit dem Schreiben wird mir bewusst, wie gruselig es auch ist. Will ich all dies wirklich erleben?

Heute bekam ich in meiner Meditation Besuch. Gerade als ich mich zu meinem »Danke, dass alles so ist, wie es ist«, mit dem ich jede Meditation beginne und beende, verbeuge, spüre ich, wie etwas meinen Hinterkopf streift. Es ist ein Rabe. Ich weiß natürlich, dass es kein wirkliches Tier aus Fleisch und Blut ist. Aber ich spüre deutlich, wie er seine Schwingen ausbreitet und mich an beiden Schultern berührt. Obwohl sich die Berührung sehr sanft, fast zärtlich anfühlt, ist mir nicht wohl dabei. Hat mich Fiona nicht gewarnt, dass mir nicht alle Wesen, die mir jetzt begegnen, wohlgesinnt seien? Und der Rabe hat in unserer Kultur nicht gerade einen guten Ruf. Andererseits hat das der Wolf auch nicht, und der hat mich nicht verschlungen, sondern mir geholfen, mein Herz zu öffnen. Noch bin ich unsicher.

Im Traum nehme ich an einem Seminar teil, das in der Wüste stattfindet. Der Seminarleiter teilt uns in zwei Gruppen ein. Ich bin querschnittsgelähmt und mit zwei anderen Behinderten in der kleineren Gruppe. Ich komme früher als alle anderen in den morgendlichen Seminarraum gefahren. Dort sitzt ein Rabe, als ob er auf mich gewartet hätte. Er hüpft auf meinen Schoß und lässt sich von mir streicheln. Später spricht mich der Seminarleiter auf den Raben an und bittet mich eindringlich, mit ihm an den Fluss hinunterzugehen. Ich soll trotz meiner Behinderung in das Wasser des wilden Flusses steigen. Um mich zu überreden, schwärmt er mir von der Unterwasserwelt des Flusses vor. Er verschweigt aber auch nicht, wie tückisch die Strömungen sind, und zeigt mir eine detaillierte Karte des Flusslaufes. Trotz meiner Angst entscheide ich mich hineinzugehen. Damit ist der Traum zu Ende.

Er erinnert mich an meine Kindheit: Als ich noch klein war, tat ich mich schwer, schwimmen zu lernen. Mit unendlicher Geduld versuchten meine Eltern, mich davon zu überzeugen, dass mich das Wasser trägt, wenn ich nur ein paar kleine Bewegungen mache. Ich aber hatte panische Angst davor, die Sicherheit des Beckenrandes und meiner Schwimmflügel gegen das große Unbekannte einzutauschen. Als ich mich dann endlich überwunden hatte, war das so wunderschön, dass ich überhaupt nicht mehr aus dem Wasser wollte und meine Mutter gelegentlich nachsah, ob mir schon Schwimmhäute gewachsen seien. Ganz ähnlich fühle ich mich heute – ich lerne zum zweiten Mal schwimmen … und der Rabe erscheint mir, nach der freundlichen Wiederbegegnung im Traum, nicht mehr ganz so unheimlich.

In fünfzehn Minuten um die Welt

Ich habe mich entschieden. Ich werde hineingehen und mich, wie in meinem Traum, dieser anderen Welt stellen. Ich habe mich für einen Grundkurs in Schamanismus angemeldet – ausgerechnet ich, die noch vor so kurzer Zeit nichts als Verachtung für alles Esoterische übrighatte. Nun bin ich hier in den Bergen, in Österreich, in einer Gruppe von circa dreißig Menschen, deren Motivation, hier zu sein, sehr unterschiedlich ist. Einige kommen aus Neugier, andere, um die Leere in ihrem Leben auszufüllen, und manche, weil sie Erfahrungen gemacht haben, die sie nicht einordnen können und die ihnen Angst machen – so wie ich. Für unsere Kursleiterin ist alles reine Routine. Wir fangen ohne lange Erklärungen gleich mit dem schamanischen Reisen an. »Kaum einer schafft es nicht«, beruhigt sie unsere Versagensängste. »Vor zwanzig Jahren, als ich anfing, war das anders. Da war es für die Menschen nicht so einfach, die Schwelle zur anderen Welt zu überschreiten.«

Und wirklich: Nur zwei von uns spüren während der ersten Reise wenig oder nichts. Unsere Kursleiterin macht nicht viel Aufhebens um das Reisen. Nur eine Augenbinde für die, die meinen, sie zu brauchen, eine kurze Anleitung, wie wir vorgehen sollen, und schon geht es los. Zum monotonen Klang der Trommel legen wir uns auf den Boden. Jeder stellt sich einen Kraftplatz in der Natur vor, den er kennt und liebt. Dort beginnt die Reise.

Zunächst sollen wir uns in der »unteren Welt« auf die Suche nach einem Krafttier machen. Dazu suchen wir uns einen Eingang in diese Welt, ein Loch im Boden, einen See oder Teich, eine Ritze zwischen Steinen, was immer uns geeignet erscheint. Dort hinein kriechen wir und finden uns in einem Tunnel, durch den wir mehr oder weniger lange hindurchreisen. Von der Landschaft, die sich vor uns dann öffnet, dürfen wir uns überraschen lassen. Wir sollen aber keine Zeit verlieren, uns nach unserem Krafttier umzusehen. Zeigt es sich, sollen wir um Erlaubnis bitten, es einfangen und mitnehmen zu dürfen. Begegnen wir verschiedenen Tieren, so entscheiden wir uns für dasjenige, das auch Kontakt zu uns sucht. Dann nehmen wir es durch den Kanal, durch den wir gekommen sind, wieder mit nach oben. Dort erwarten wir das Rückholsignal: viermal acht Trommelschläge gefolgt von schnellem Trommeln und wieder viermal acht Trommelschlägen. Spätestens bei den ersten acht Trommelschlägen soll sich jeder Reisende wieder auf den Rückweg begeben.

Ganz ähnlich geht das Reisen in die »obere Welt«, erklärt sie uns, nur dass man sich hier kein Loch im Boden sucht, sondern etwas, das nach oben führt, eine Leiter oder einen Lichtstrahl vielleicht. Oft wird man auch von seinem Kraftplatz abgeholt. In der oberen Welt sind die geistigen Lehrer zu finden. Sie erscheinen in Menschengestalt, und wenn man Glück hat, reden sie mit einem. Was nicht heißt, dass nicht auch Krafttiere reden oder in die obere Welt mitkommen können, denn grundsätzlich ist alles möglich. So weit die theoretische Einführung.

Nachdem sich alle auf dem Boden eingerichtet haben, erfüllt nur noch der monotone Klang der Trommeln den Raum. Jetzt ist jeder von uns mit seiner Angst und seiner gespannten Erwartung allein. Wir sollen immer mit einer klaren Absicht reisen (in diesem Fall: ein Krafttier für uns zu finden), aber ohne Erwartung. Wie soll das gehen? Natürlich habe ich Erwartungen, ich bin ganz voll davon – und auch voll von Angst, vor allem vor dem Versagen. Werde ich hier, quasi auf Kommando, etwas spüren können? Bislang habe ich noch nie den Zeitpunkt meiner Erlebnisse selbst bestimmt. Sie passierten einfach. Oder werde ich alle Grenzen überschreiten, mich verlieren und beängstigende Dinge erleben? Wem werde ich begegnen? Womöglich einer Maus? Oder einer Spinne? Wie enttäuscht wäre ich da! – Wieso enttäuscht? Wäre das etwa nicht gut genug für mich? ... So schießen mir tausenderlei Gedanken durch den Kopf. Während mir klar wird, wie sehr ich noch mit anderem beschäftigt bin, erinnert mich der unerbittliche Klang der Trommel daran, dass die Zeit verrinnt. Nur eine Viertelstunde haben wir für unsere Reise. Ist die Zeit womöglich schon um? Und ich habe noch nicht einmal einen Kraftplatz, geschweige denn ein Krafttier gefunden. Ein Platz ist schnell klar: der Steg in Finnland, wo mir der Wolf begegnete. Und schon ist wieder eine neue Erwartung da: Der Wolf, natürlich, ein Wolf muss her! Würde ich nun noch offen sein für ein anderes Tier?

Um in die untere Welt zu gelangen, tauche ich vom Steg aus in den See. Der dunkle Tunnel erscheint mir schier endlos. Zu meiner Überraschung tauche ich schließlich in dem anderen, viel kleineren See wieder auf. Genau wie in Finnland ist er dunkel und von dichtem Wald umgeben. Doch kein Tier weit und breit. Schließlich sehe ich eine kleine, schwarz-weiß gestreifte Schlange, die sich dicht unter der Wasseroberfläche schlängelt. Ich versuche sie anzusprechen, doch das Tier nimmt keine Notiz von mir. Ich bin schon ganz verzweifelt, da höre ich über mir ein tiefes Krächzen. Der Rabe, natürlich! Er war ja schon einmal in meiner Meditation gekommen und wenig später auch im Traum. Noch ehe ich ihn um Erlaubnis fragen kann, ist er schon an meiner Seite. Als ich zusammen mit dem Raben wieder an meinem Steg angekommen bin, ertönen gerade die ersten acht schnelleren Schläge der Trommel. Meine Reise hat insgesamt also nicht einmal fünfzehn Minuten gedauert, wobei ich die ganze erste Zeit innerlich mit mir gekämpft habe. Erstaunlich, wie einem dort unten jedes Zeitgefühl abhandenkommt.

In die obere Welt nimmt mich nun der Rabe mit. Es geht darum, einen geistigen Gefährten in Menschengestalt zu finden.

Der Rabe ist einfach da, bevor ich mich noch auf meine Absicht konzentrieren kann. Auf Rabenschwingen darf ich nach oben in Richtung Mitternachtssonne reisen. Die finnische Seenlandschaft sieht von oben wunderschön aus mit ihren tiefen schwarzen Wäldern und glitzernden Seen. Dann durchbrechen wir eine dünne Schicht, wie einen Wolkenschleier. Darüber erscheint alles diffus, keine klare Landschaft wie in der unteren Welt. Alles ist in warmes Licht getaucht. Sonst sehe ich auf dieser Reise nichts. Ich kann jedoch etwas Männliches ganz nah an meiner Seite spüren. Ich fühle, wie sich mir eine Hand auf die Schulter legt. Dann höre ich eine tiefe männliche Stimme. Sie sagt, ich solle den eingeschlagenen Weg ruhig und voller Vertrauen weitergehen, dann sei er leicht und voller Freude. Nur Ungeduld und Erwartung seien meine Hindernisse. Ich soll mich immer dem anvertrauen, was ich vorfinde, nichts hinzuerfinden und nichts hineindeuten. Mehr Regeln gibt es nicht. Nun fühle ich auch Julian an meiner Seite und frage sie, ob es gut sei, mich dieser Stimme anzuvertrauen. Sie sagt: »Ja, das ist Hor. Ihm kannst du vertrauen.«

Die Absicht unserer dritten Reise ist es herauszufinden, was unsere Aufgabe in der spirituellen Welt ist. Mein Rabe ist bei mir und kommt mir seltsam erregt vor. Durch einen hohen schmalen Spalt im Fels betrete ich eine Grabkammer. Meine Augen müssen sich erst an die Dunkelheit gewöhnen. Dann erkenne ich die Silhouette eines großen, schlanken Mannes im Priestergewand. Er ist dabei, eine Leiche einzubalsamieren. Die stickige Luft in der Grabkammer ist erfüllt von einer Mischung aus wohlriechenden Salben und Tod. Ich würde am liebsten gleich wieder gehen. Da höre ich wieder die tiefe Stimme von der vorherigen Reise und weiß, es ist Hor. In die Dunkelheit hinein sagt er: »Bleib. Du gewöhnst dich daran. Warte, bis ich fertig bin.«

Nach der Einbalsamierung wohne ich einer Zeremonie bei, bei der die Seele des Verstorbenen ins Jenseits begleitet wird. Das geschieht mit seltsamen Gesängen, geheimnisvollen Gesten und Momenten der Stille, die sich abwechseln. Mich berührt das tief. Als ich frage, was das alles mit mir zu tun habe, sagt Hor: »Du wirst die Sterbenden auf ihre letzte Reise vorbereiten und ihre Seelen hinübergeleiten ans andere Ufer.« Ich erschaudere und spüre doch zugleich, dass es wahr sein könnte. »Warum ich? Warum ausgerechnet so eine Aufgabe?« – »Es ist die schwerste und heiligste aller Aufgaben. Aber hab keine Angst«, sagt Hor, »diese Aufgabe kommt für dich erst sehr viel später. Dann werde ich da sein, um dich einzuweisen.« Dann war es wohl auch kein Zufall, dass sich der Rabe, der Totenvogel, zu mir gesellt hat. Ich beginne zu ahnen, was da auf mich zukommt: Wie gut muss eine Begleiterin der Sterbenden den Tod kennen? »Keine Angst. Vertraue!«, mahnt Julian sanft. Vertrauen scheint ein zentrales Element dieser Arbeit zu sein. Vertrauen setzt Mut voraus; sich trauen. Habe ich diesen Mut?

Auf einer weiteren Reise in die obere Welt sehe ich an einem Gebirgsbach eine alte Indianerin sitzen. Sie scheint mit dem Wasser zu sprechen. Ich beobachte sie lange aus respektvoller Distanz. Zu versunken wirkt sie, als dass ich sie stören wollte. Dann überwinde ich mich, sie anzusprechen, und frage, was sie da mache. Sie sieht mich genauso konzentriert an wie zuvor den Bach. Ein warmer aufmerksamer Blick ist das. Dann erzählt sie mir, dass sie mit den Steinen spreche und ihren Geschichten lausche. Wieder schaut sie mich lange an. »Auch du bist eine Steine-Erzählerin«, sagt sie schließlich. »Das ist deine Aufgabe im Reich der Kristalle: Lass zunächst die Edelsteine und die Halbedelsteine, die sind noch nichts für dich. Geh zu den gewöhnlichen Kieseln und Feldsteinen. Die sammelst du doch so gern. Sie warten schon darauf, dir ihre Geschichten anzuvertrauen. Du wirst zuhören und aufschreiben, was sie zu sagen haben. Du darfst sie auch mitnehmen, wenn du sie vorher um Erlaubnis fragst. Danke, dass du gekommen bist.« – »Halt, darf ich dir noch eine Frage stellen?« Sie lächelt, was ich als Zustimmung interpretiere. »Ich habe zu Hause einige Steine, über die ich mir nicht im Klaren bin. Kannst du mir sagen, welcher von ihnen gut für mich ist und welcher nicht?« Und tatsächlich sagt sie mir genau, welche Steine ich behalten und welche ich lieber nicht bei mir behalten solle. »Du solltest die Steine aber nicht verschenken. Versenke sie liebevoll im Bach unterhalb der Brücke nahe deiner Wohnung.« Das will ich tun.

»Und der schwarze Stein? Der scheint mir etwas Besonderes zu sein. Ist er gut für mich?« – »Sehr! Dieser Stein wollte so unbedingt zu dir, dass er dich in die Stadt gelockt hat und in den Laden, wo du ihn unter den Abfallsteinen fandst. Sie wird für die nächsten Jahre deine Partnerin sein. Sie hat dir viel zu sagen. Und der Bergkristall, den du ihr zugesellt hast, gibt ihr noch mehr Kraft. Das hast du gut erkannt. Halte die beiden zusammen, solange sie bei dir bleiben wollen.« – »Sie? Wieso ›sie‹? Sind Steine etwa weiblich oder männlich so wie wir Menschen?« – »So ist es.« – »Und was meinst du mit ›bei dir bleiben wollen‹? Steine können doch nicht weglaufen!« – »Oh doch, das können sie, das wirst du noch sehen.« Ich bin sprachlos. Da höre ich von fern die Trommel rufen. Bevor ich zurückreise, will ich noch den Namen der Alten erfahren. »Intschi«, sagt sie. »Danke, Intschi!« – »Ich danke dir auch. Du kannst jederzeit wiederkommen«, sagt sie zum Abschied. Kaum zu glauben, dass auch diese Reise nicht länger als eine Viertelstunde gedauert hat!

Nachdem wir das ganze Wochenende mit Reisen verbracht haben, unterbrochen nur von gelegentlichen Tänzen und kleineren Ritualen, stelle ich fest, dass mich das Trommeln eher vom Reisen ablenkt. Ich frage die Kursleiterin, ob es absolut notwendig sei für das Reisen. Sie sagt: »Ja, ohne Trommeln ist kein schamanisches Reisen vorstellbar.« Es ist weniger die Feststellung als ihr Absolutheitsanspruch, der mich abstößt. Nun weiß ich, dass sie nicht die richtige Lehrerin für mich ist. In meinen Augen verträgt sich die schamanische Arbeit nicht mit festgefügten Regeln und Dogmen. Der Kontakt mit der geistigen Welt lebt von der geistigen Freiheit derjenigen, die ihn praktizieren – bei allem Respekt für die Traditionen.

Allerdings reise ich, wenn möglich, inzwischen selbst auch zur Trommel. Meist lege ich dazu einfach eine schamanische Trommel-CD ein, auf der auch die Zeitspanne vorgegeben ist. Der Klang der Trommel fördert das Loslassen vom Alltag und erleichtert das Hinübergleiten in den Trancezustand. Vor allem aber ist es ratsam, die Welten voneinander zu trennen und sie nicht zu vermischen. Das Rückholen durch die Trommel dient einer solchen Trennung. Wenn sich die Grenzen zwischen den Welten verwischen, besteht potenziell die Gefahr einer Psychose. Ein Kranker hat keine Kontrolle mehr darüber, in welcher Welt er sich befindet und wer er gerade ist. Krankheit ist vor allem eine Störung, eine grobe Beeinträchtigung des Lebens. Schamanische Erfahrungen sind dagegen heilsam, solange man verantwortungsvoll mit sich selbst und anderen umgeht und den Rahmen des Rituals achtet.

Denn auch das Reisen ist ein Ritual. Und auch hierfür gibt es nur wenige Wegweisungen, denn ein Ritual ist immer anders, neu und überraschend. Der, der es praktiziert, sollte vor allem offen sein für alles, was sich im Rahmen des Rituals zeigen und ausgedrückt werden will. Es erfordert große Flexibilität und Kreativität und eine starke Anbindung an das, was einen im Augenblick führt. Damit man sich aber diesem Fluss ganz anvertrauen kann, bedarf es eines klaren Rahmens. Das Ritual braucht einen geschützten Ort, einen klaren Anfang und ein klares Ende, auch wenn dies nicht im Voraus definiert werden muss. Außerdem braucht es eine klare Absicht, damit sich die ganze Kraft des Rituals auf das gewünschte Resultat fokussieren kann. Und als Letztes braucht es eine klare Haltung, die anerkennt, dass alles, was im Rahmen des Rituals geschieht, bedeutsam und »heilig« ist, also der Heilung dient. Diese schamanische Grundhaltung bedeutet »Ermächtigung«.

Ein weiser Schamane wird das ganze irdische Leben als Ritual ansehen – mit Anfang und Ende (Geburt und Tod), geschütztem Ort (wo immer er gerade ist), der schamanischen Grundhaltung von Ehrfurcht und Achtsamkeit dem gegenüber, was sich gerade ausdrücken will, und einer klaren Absicht, einem Lebenssinn, den jeder für sich suchen und finden wird, und wenn es das Sein an sich und die pure Freude daran ist. Ritualgegenstände braucht es im Grunde nicht. Allerdings können sie helfen, eine Anbindung herzustellen an das, was einen führt. Und später können sie, ein Stein zum Beispiel, als »Anker« dienen, um die Kraft des Rituals mit der ihm zugrunde liegenden Absicht wieder heraufzubeschwören und bei sich zu behalten.

Bei den Ahnen

Seit ich dieses wunderbare Tor zur anderen Welt kennengelernt habe, reise ich fast jeden Tag. Ich reise mit den kleinsten und scheinbar nichtigsten Anliegen. Und wenn mir gar nichts einfällt, so bitte ich meine Lehrer und Tiere, mir etwas zu sagen oder zu zeigen, was gerade wichtig für mich ist, oder ich reise einfach nur, um meine Gefährten zu begrüßen und in die Arme zu schließen. Längst hat sich auch der Wolf zu mir gesellt. Eines Morgens war er einfach da. Seitdem weicht er nicht mehr von meiner Seite. Selbst wenn ich nicht reise, spüre ich ihn oft neben mir. Das erlebe ich sonst nur bei Julian und manchmal beim Raben, der sich inzwischen als Weibchen zu erkennen gegeben hat. Dann setzt sie sich auf meine linke Schulter und schmiegt ihr Rabenköpfchen mit dem unhandlich großen Schnabel an meine Wange. Und der Wolf kommt von rechts und legt seinen Kopf in meinen Schoß. Er liebt es, gestreichelt zu werden. Sie sind so liebevoll und verschmust, als hätten sie mich lange, lange vermisst.

Mein Versuch, meine geistigen Führer als Orakel zu missbrauchen, scheitert dagegen kläglich. »Frage nicht, was sein wird«, sagt Hor, »sondern nur, was du tun kannst.« – »Oder lassen«, fügt Intschi mit einem verschmitzten Lächeln hinzu. »Oder glaubst du etwa, dass du dem Schicksal willenlos ausgeliefert bist?«, fährt Hor fort. »So ist es nicht. Du bist hier, um deine Wirklichkeit selbst zu gestalten. Vertraue deiner inneren Führung und handle danach. Mehr brauchst du nicht zu wissen. Also frag uns nicht mehr, was sein wird.« – »Und was soll ich heute tun?« – Meine Rabin nimmt mich mit hoch zur Mitternachtssonne. Dort wartet Hor schon auf mich: »Tu nichts, wenn du es nicht aus Liebe tust. Du musst nichts tun. Nichts tun ist völlig in Ordnung.« – »Hor, darf ich dich noch etwas fragen? – Ich möchte gerne wissen: Seid ihr Wesen außerhalb von mir, oder seid ihr ein Teil von mir?« – »Wir sind außerhalb von dir, und zugleich sind wir ein Teil von dir. Aber genauso bist du ein Teil von uns.« – »Kannst du mir das erklären?« – »Wir sind alle aus der Kraft. Wir sind Manifestationen der Kraft. Und wenn wir es zulassen, sind wir zusammen noch kraftvoller als jeder für sich allein. Das gilt für euch Menschen ebenso wie für uns geistige Wesen. Wir brauchen euch genauso wie ihr uns. Wir können nur durch euch wirken. Deshalb sind wir so glücklich, wenn ihr uns wahrnehmt und uns vertraut.« – Ganz habe ich das noch nicht verstanden, aber meine Gefährten signalisieren mir, dass ich sie für heute genug ausgefragt habe. Also bedanke ich mich bei allen und beende meine Reise.

Ich kann es kaum noch erwarten zu fasten. Ich warte nur noch auf die ersten warmeren Tage, weil ich beim Fasten immer so friere. Ich freue mich schon darauf, Tag für Tag ein bisschen mehr aus meinem dicken Winterpelz zu schlüpfen und Stück für Stück neugeboren zu werden – wie der Schmetterling aus seiner dicken Larve. Nicht nur der Körper wird durchgeputzt, auch die Seele. Alle Kanäle wieder auf Empfang stellen, alle Antennen auf Glück justieren. Ich will die ganze Schokolade, die mich an den langen Wintertagen über Wasser gehalten hat (danke, liebe Schokolade), aus allen Poren fasten. Ja, ich werde mit Sonnenenergie betrieben und mit Schokolade. Und mit Liebe, falls verfügbar – dann laufe ich sogar zu Höchstform auf.

Nur eine Sache möchte ich vor dem Fasten noch wissen. Die Frage beschäftigt mich schon lange, und nichts liegt näher, als sie meinen Gefährten zu stellen. Also trommle ich ein bisschen zur Einstimmung. Dann begebe mich an meinen finnischen Steg, wo meine Gefährten schon auf mich warten, und stelle meine Frage:

»Woher kommt meine völlig unangemessene Angst vor dem Verhungern, und was kann ich dagegen tun?« Nicht nur der Wolf und die Rabin kommen diesmal an meinen Steg, sondern auch Julian und Hor. Sie nehmen mich mit auf eine ungewöhnliche Reise. Es geht weder in die obere noch in die untere Welt, sondern auf einem horizontalen Strahl in eine andere Epoche. Wir befinden uns im Innern eines dunklen Kerkers. Es riecht faulig, und das einzige Geräusch ist das Tropfen des Wassers von den Steinen. Als sich meine Augen an die Dunkelheit gewöhnt haben, erkenne ich in eine Ecke gekauert einen spindeldürren bärtigen Mann, der mich mit stumpfem Blick fixiert. Ich erschrecke bis ins Mark, denn ich kenne diesen Mann und diesen

Blick. Er ist mir schon mehrfach im Traum begegnet. Nach jedem dieser Träume fühlte ich mich ausgesaugt und kraftlos. Ich habe Angst vor diesem Mann. Nur die Gegenwart von Julian und Hor und den beiden Tieren gibt mir den Mut, auszuharren und ihn anzusprechen. »Wer bist du?«, frage ich. – »Mein Name ist Nathan. Du kennst mich«, antwortet er mit erstaunlich klarer, kraftvoller Stimme. »Ich bin dein Ahn.« – »Was ist mit dir passiert?« – »Man hat mich gefoltert, in diesen Kerker geworfen und vergessen. Außer mir ist keiner mehr da. Nicht das langsame Verhungern ist schlimm. Das Vergessenwerden ist es. Das lässt mir keine Ruhe. Das Wasser, das von den Steinen tropft, hält mich am Leben – und du. Denn du kennst das Vergessenwerden.« Dieser letzte Satz lässt mich erschaudern. Er hat recht, ich kenne das Gefühl. Als Säugling wurde ich, wenn ich geschrien habe, oft weggesperrt. Meine Eltern konnten sich wohl einfach nicht vorstellen, dass ich schon wieder Hunger hatte. Meine ältere Schwester war so ganz anders gewesen. Ich dachte, dass sie mich einfach vergessen hätten und ich nun verhungern müsste.

Ich begreife, dass sich Nathan an mir festklammern und nicht loslassen wird, bis ich uns beide erlöse. Ich will nur noch fort aus diesem Kerker. Aber was kann ich tun, damit wir beide unseren Frieden finden? – »Du wirst ein Totenritual für euch beide zelebrieren – zu gegebener Zeit. Nun zu deiner zweiten Frage«, ich schaue Hor fragend an, noch ganz gefangen von dem Erlebten. »Du weißt nun, dass deine Angst vor dem Verhungern eine uralte Angst ist. Todesangst ist nur mit Todesangst zu besiegen. Gleiches wird mit Gleichem geheilt.« – »Du machst mir Angst«, sage ich. »Keine Angst, du hast hier noch eine Aufgabe. Und denke immer daran, wir sind bei dir – viel mehr, als du jetzt ahnen kannst …«

Und schon geht es weiter den Zeitstrahl entlang in eine weite Steppenlandschaft. Ein alter Bauer kommt mir lächelnd entgegen. Er zeigt mir seine winzige Hütte, in der er mit seiner Frau und seinem Vieh, Schafe und ein paar Hühnern, lebt. Die Epoche ist ebenso schwer zu bestimmen wie zuvor beim Kerker. »Das Leben ist einfach, wenn der Zar weit ist«, lacht der Bauer, als er sieht, wie mein Blick über seinen armseligen Besitz wandert. – »Was hast du mir zu sagen?« – »Du brauchst nur zu lieben«, und während er das sagt, fasst er seine Frau so kräftig um die Hüften, dass sie aufschreit, »zu singen und dich um deine Tiere zu kümmern. Alles Weitere findet sich.« Was für eine Botschaft!

Weiter geht es auf dem Zeitstrahl zurück in die Urzeit des Menschseins. Eine junge Frau mit uralten Augen sitzt am Feuer und stillt ihr Kind. An der Form des Kontinents erkenne ich beim Anflug, dass es dort sein muss, wo sich heute die Sahara ausbreitet, doch zu einer Zeit, als die Wüste noch grün war. Die Frau singt vor ihrer Höhle, und ihre Botschaft an mich ist: »Singe die heiligen, heilenden Gesänge für die Lebenden und die Toten, für Mensch und Tier.« Ich weiß zwar jetzt noch nichts von diesen Gesängen, aber ich weiß, dass ich sie zu gegebener Zeit bekommen und singen werde. Erschöpft, glücklich und dankbar lande ich wieder auf meinem Steg. Was für ein Ausflug!

Die Sicherung

Nach genauer Analyse meiner Situation traue ich mich nun festzustellen, dass sich die neuen Erfahrungen und Erlebnisse, die Stimmen, die ich höre, und die Wesen, die ich sehe, nicht als Beeinträchtigung in meinem Alltag auswirken. Im Gegenteil: Ich spüre immer besser, wann an meinem Arbeitsplatz eine kleine Korrektur notwendig ist oder gar eine neue Weichenstellung ansteht. Und ich kann meinen Vorgesetzten auch immer besser von meinen Ideen überzeugen, zumal wenn er sie dann der Geschäftsführung gegenüber als seine eigenen ausgeben darf. Seit mein Ego anderweitig beschäftigt ist, bereitet mir so etwas keine allzu großen Kopfschmerzen mehr. Der Frieden ist mir wichtiger, und wenn die Ideen umgesetzt werden, ist das für mich Anerkennung genug. Alles scheint so viel leichter geworden zu sein. Der Erfolg kommt nun fast ohne Anstrengung und ermöglicht mir neben wachsendem Ansehen auch größere Freiheiten. Die wiederum kann ich nutzen, um dem Anderen, dem Neuen, den gebührenden Raum zu geben. Meine Gefährten helfen mir, meine Arbeit schneller, erfolgreicher und mit größerer Freude und Leichtigkeit zu verrichten. Überraschenderweise tun sie dies vor allem durch Zärtlichkeit und Humor. Wenn ich mir aus ihrer Perspektive anschauen darf, wie durchsichtig und zugleich unwichtig all die kleinen Eitelkeiten und Machtspiele im Grunde sind. Oder wenn sie mich einladen, in die Haut meines Vorgesetzten zu schlüpfen, seine Versagensängste zu spüren, seine Sehnsucht nach Sicherheit und Anerkennung, dann erkenne ich darin beschämt mich selbst wieder und werde weicher und nachsichtiger, ihm und mir selbst gegenüber. Immer wieder laden sie mich ein, liebevoll über mich zu lachen und mich mit all meinen Schwächen so zärtlich anzunehmen, wie sie es tun.

Dafür öffne ich mich ihnen immer mehr und schreibe auf, was ich von ihnen empfange. Es ist ein Geben und Nehmen und eine große Bereicherung! Auch habe ich seit der Begegnung mit dem Wolf immer das Gefühl, zur richtigen Zeit am richtigen Ort zu sein. Es kommen zufällig immer die richtigen Bücher und Hinweise, die ich gerade im Moment benötige. Vielleicht weil alles endlich eine Richtung bekommen hat, die mit meiner Seele übereinstimmt. Ich glaube, ich weiß jetzt, was Glück ist, zumindest wie es sich anfühlt: Ich erlebe dann die

Welt als eine warme Fruchtblase, in der ich schwerelos schwebe, und ich weiß, dass alles genauso gut ist, wie es ist.

Ich reise nun täglich, selbst wenn ich kein Anliegen habe. Heute wollte ich einfach nur meine geistigen Lehrer und Tiere begrüßen und ihnen danken. Sie freuen sich so, wenn ich komme. Als Erstes kommt meistens der Wolf lautlos von hinten an meinen Steg. Er legt seine Schnauze auf mein Knie und lässt sich genussvoll das Nackenfell kraulen. Dann kommt die Rabin und lässt sich auf meiner Schulter oder neben meinem linken Arm nieder. Und schließlich sehe ich auch Julian, Hor und Intschi. Sie stehen im Halbkreis vor mir.

Heute frage ich sie, was sie von mir brauchen. »Vertrauen«, ist die Antwort. Dann nehmen sie mich mit in die untere Welt. Wir tauchen an einem tropischen Strand wieder auf. Ich sehe lauter kleine Riffhaie nahe am Ufer. Dann entdecke ich unter ihnen auch einen größeren grauen Hai. Er kommt direkt auf mich zu, fast bis ans Ufer, und sieht mich an. Ich frage ihn, was er von mir wolle. »Ich bin da, um dich Vertrauen zu lehren. Steig auf und komm mit mir. Ich zeige dir, was du nicht sehen willst.« Ich verspüre wenig Lust, mich ausgerechnet einem Haifisch anzuvertrauen. Aber Julian und Hor nicken mir ermutigend zu. Es kommen eben nicht nur die Tiere, die man mag, sondern die, die man gerade braucht.

Also setze ich mich auf den Rücken des Hais und tauche mit ihm ab in die Tiefen des Ozeans. Ich spüre dort nicht nur meine eigene Angst, sondern auch die der anderen Tiere, die uns angstvoll ausweichen, ob vor mir oder vor dem Hai, ist schwer zu sagen. Es geht mitten hinein in die Angst, und ich lerne hier, an die raue Haut des Hais geschmiegt, dass aus dem, wovor ich die größte Angst habe, der eiskalten Dunkelheit, meine größte Kraft erwächst. Vielleicht sind es ja nur die verborgenen Ängste, die uns lähmen und Kraft kosten. Treten sie an die Oberfläche des Bewusstseins, können wir ihnen ins Auge blicken, und das gibt eine ungeheure Kraft – wie der Ritt auf dem Hai.

Ein ganz ähnliches Geschenk hat mir meine Rabin gemacht. Ihre Vettern, die Krähen, waren mir immer unangenehm. Kündigten sie doch mit ihrem unmelodischen Krächzen den Winter an. Nun höre ich sie gern. Sie sind es, die bleiben, wenn die anderen Vögel längst davongezogen sind. Sie stellen sich dem Winter, der Kälte und der Dunkelheit. Das macht Mut, es ihnen gleichzutun.

»Was kann ich tun, um die alten Ängste endlich hinter mir zu lassen?«, frage ich auf einer nächsten Reise meine Berater. Ich spüre ihr tiefes Mitgefühl angesichts meiner Frage. Zum ersten Mal zögern sie mit ihrer Antwort. Schließlich tritt Hor vor, doch Julian versucht ihn zurückzuhalten. Auch das ist noch nie vorgekommen. Die beiden wechseln einen Blick, dann nimmt mich Hor mit in die obere Welt. Ich erwarte, dort strahlendes Licht zu sehen. Stattdessen wird es immer dunkler und kälter. Die Finsternis ist undurchdringlich. Ich meine, weit über mir den Hai zu spüren, doch ich bin mir nicht sicher. Erst als eine seltsam leuchtende Qualle an mir vorüberzieht, ist mir klar: Ich bin weit unter der Wasseroberfläche in der dunkelsten Tiefsee, dort, wo auch der Hai nicht mehr leben kann. Mir ist kalt, und diesmal habe ich wirklich Angst. Ich frage Hor, was es hier für mich gibt. Die Qualle kann es nicht sein. Es gibt hier einfach nichts. Langsam begreife ich, dass es gerade um dieses Nichts geht. Ich friere innerlich so sehr, dass ich es kaum noch ertrage.

»Noch ein bisschen länger«, ermutigt mich Hor. Ich kann ihn nur hören, sehen kann ich ihn nicht. Ich versuche durchzuhalten, es gelingt mir aber nicht. Wir müssen abbrechen. Gemeinsam tauchen wir wieder zur Oberfläche auf. Auf dem Steg angekommen, gratulieren mir meine Lehrer zu meinem Erfolg. Aber wieso? Ich habe doch die Reise abgebrochen! Es sei trotzdem sehr mutig gewesen und nicht mit einem Mal zu bewältigen. Ich müsse Geduld haben. Hor wird mich zu gegebener Zeit wieder mitnehmen in das kalte schwarze Nichts. Mir graut jetzt schon davor. Und doch weiß ich, dass es notwendig ist. Es ist der Abgrund, dem ich, seit ich denken kann, zu entkommen versuche, der Grund, warum ich nur eines suche: Licht, Licht, Licht. Jetzt, wo ich die Reise niederschreibe, fröstle ich noch immer. Ich ziehe die Decke fester um meine Schultern und frage mich, worauf ich mich da eingelassen habe.

Heute kommt mir alles so dunkel und leer vor. Schon beim Aufwachen lud das wolkenverhangene Zwielicht nicht dazu ein, den Tag zu beginnen. Auch am Geschrei der Krähen kann ich mich nicht erfreuen. Es klingt nach Streit. Ich bin mir fast sicher, dass ich das nur hineininterpretiere, und entschuldige mich bei den Krähen. Ich spüre förmlich die geballte Ladung Negativität, die ich ausstrahle. Ich will dennoch versuchen zu reisen. Es fällt mir unendlich schwer, mich zu konzentrieren. In meinem Kopf geht es zu wie in einem Irrenhaus.

Plötzlich spüre ich, wie mir schwarze Federn langsam und gleichmäßig über das Gesicht streichen. Ah, meine Rabin hilft mir, mich zu konzentrieren. Schließlich bin ich so weit. Die Rabin holt mich ab und will mich in die obere Welt mitnehmen. Doch mitten im schwarzen Tunnel bekomme ich Angst und bestehe darauf umzukehren. Schon wieder breche ich eine Reise ab. Ich habe momentan einfach kein Vertrauen. Am besten lege ich mich jetzt in die Badewanne und lese ein einfaches Buch. Doch auch hier ärgere ich mich über das Licht, das mir grell ins Gesicht scheint und doch, wegen des Einfallwinkels, nicht wirklich zum Lesen geeignet ist. Kaum dass ich diesen Gedanken zu Ende gedacht habe, erlischt das Licht, und ich sitze im Dunkeln. Ich koche vor Wut, muss ich mich doch nun im Dunkeln abtrocknen und anziehen und in der Küche nach Kerzen suchen. Und das Lesen kann ich nun auch vergessen. Die Sicherung kann es nicht sein, denn die elektrische Zahnbürste geht noch. Wutentbrannt montiere ich die Badezimmerlampe ab, nehme sie auseinander, überprüfe die Anschlüsse und schraube sie wieder an. Es bleibt dunkel. Was nun? Wenn ich durch meine negative Energie die Lampe dazu gebracht habe auszugehen, so muss es mir auch gelingen, sie durch entsprechend positive Energieeinwirkung wieder zum Brennen zu bringen, oder?

Mit diesem Anliegen reise ich. Meine Rabin begleitet mich nach oben, wo ich zunächst gar nichts sehe. Dann höre ich eine tiefe Stimme hinter mir und weiß sofort: Das ist ein neuer Lehrer. Er tritt vor mich hin und stellt sich als Mahinda vor. Ich bin etwas enttäuscht, als ich ihn sehe, denn seine Erscheinung passt so gar nicht zu seiner attraktiven Stimme. Mahinda ist ein dicker kahlköpfiger kleiner Mann im orangefarbenen Mönchsornat. Aber seine lachenden Augen mag ich auf Anhieb. Ich frage ihn: »Wie kann ich mein Vertrauen stärken, und wie kann ich kraft meiner Energie die Lampe wieder zum Leuchten bringen?« Ganz gut, dass ich heute kein so wichtiges Anliegen habe, denn ich weiß ja noch nicht, ob ich diesem neuen Lehrer auch vertrauen kann. »Die Lampe ist dein Lehrer«, sagt Mahinda, »sie wird dich lehren, Geduld und Beharrlichkeit zu üben und zu vertrauen. Aber du musst wissen: Sie kann erst wieder brennen, wenn du nicht mehr willst, dass sie brennt und dein Ego nicht mehr über den Erfolg triumphiert. Du bist schon sehr gut, aber zwei Dinge machen dir das Leben schwer: deine Ungeduld und deine Selbstherrlichkeit. Selbstherrlichkeit ist das Zerrbild von Selbstvertrauen. Sie ist ein Ersatz, eine Maske. Selbstherrlichkeit kommt vom Ego, Selbstvertrauen aus der Seele, vom Urvertrauen. Lerne, dies zu unterscheiden, und lerne Geduld.« – »Woran genau erkenne ich den Unterschied?« – »Selbstherrlichkeit braucht immer neue Beweise. Ihr kann es nie genug sein. Selbstvertrauen braucht das nicht. Daran erkennst du den Unterschied.«

Ich sehe, wie Julian, Intschi und Hor im Halbkreis für den Neuankömmling Platz machen. Daran erkenne ich wohl, dass ich auch ihm vertrauen kann. Ich werde also Mahindas Rat befolgen und es ausprobieren. Ich betrachte es als meine erste schamanische Aufgabe in der praktischen Welt. Mal sehen, ob ich mich als Zauberlehrling bewähre. Ich werde all mein Vertrauen und meinen Glauben zusammennehmen und so lange vor der Lampe meditieren, bis sie wieder brennt.

Die letzten Tage habe ich immer wieder Sitzungen vor meiner Badezimmerlampe abgehalten, um sie energetisch davon zu überzeugen, wieder zu leuchten. Nein, falsch. Ich habe versucht, mich selbst davon zu überzeugen, dass es mir nicht wichtig ist, ob die Lampe wieder brennt oder nicht. Ich habe versucht, der Lampe in absichtsloser Liebe zu begegnen. Aber ich habe mich noch nicht getraut, den Schalter zu betätigen und es auszuprobieren – aus Angst vor einer Niederlage. Gleichzeitig habe ich mich von außen betrachtet und war froh, dass mir niemand zuschaut und am Ende doch noch an meiner geistigen Gesundheit zweifelt.

Jetzt ist der große Moment gekommen: die Betätigung des Lichtschalters. Nichts passiert. Es bleibt dunkel. Was soll das? Meine Lehrer haben mich doch darin bestärkt, es so zu machen. Ich fühle mich verraten, nicht nur von der Lampe, sondern auch von meinen Lehrern, vor allem von diesem neuen Mahinda. Er hat mir das eingebrockt! Ich finde es pädagogisch äußerst ungeschickt, mich gleich an meiner ersten Aufgabe scheitern zu lassen. Und ungerecht finde ich es auch. Ich hätte es mir doch wirklich verdient nach allem, was ich schon versucht habe. Zur Strafe werde ich jetzt ganz unschamanisch einen Elektriker rufen. Und siehe da: Der tauscht einfach die

Glühbirne aus, dreht die Sicherung wieder ein, und schon brennt sie wieder. So einfach ist das.

Lehrmeister Ego

Auf dieser Reise habe ich ein Anliegen! »Was sollte das Ganze?!« Julian, Hor und Intschi sind da, und auch Mahinda ist gekommen. Alle vier können kaum noch an sich halten vor Lachen. »Wieso ärgerst du dich? Du hast das doch wunderbar gelöst«, sagt Mahinda, »die Lampe brennt doch wieder.« – »Schon, aber was ist mit meiner schamanischen Aufgabe?« – »Auch die hast du wunderbar gelöst. Du hast es immer wieder geduldig probiert.« – »Aber ohne Erfolg!« – »Im Gegenteil. Mit großem Erfolg. Die Lampe brennt und du auch!« – »Dann war alles nur eine Übung in Geduld und Demut?« – »Du bist wirklich eine gute Schülerin.« Mahinda ist nun wieder völlig ernst. »Hochmut, Angst und Zweifel sind die größten Herausforderungen. Sie entmachten dich augenblicklich. Doch gerade das macht sie zu großen Lehrmeistern. Das Ego ist dein größter Lehrmeister. Danke ihm dafür.«

Das ist leichter gesagt als getan. Ich weiß nicht, worüber ich mich mehr ärgere: über meine Gefährten, die sich auf meine Kosten amüsieren, oder über mein hochmütiges und zweifellos auch etwas dummes Ego. Ich glaube über Letzteres. »Was kann ich nur gegen meine Wut und die schlechte Laune machen?« ist das Anliegen, mit dem ich heute reise. Julian nimmt sich meiner Frage an: »Du sollst sie liebevoll zulassen, ohne sie zu dramatisieren und ohne sie auszuagieren. Du weißt ja jetzt, was für Folgen es hat, wenn du deine immer machtvoller werdende Energie ausagierst. Wenn schon eine einfache Lampe so auf dich reagiert, was sollen dann erst die Menschen in deiner

Umgebung tun?« Hier unterdrückt Julian ein Kichern. – »Aber was kann ich denn dagegen tun?«, insistiere ich. – »Tu einfach das Nächstliegende: Hausarbeit, Lesen, was gerade anliegt. Und kämpfe nicht gegen die Wut. Das gibt ihr immer nur neue Nahrung. Lass sie einfach zu. Du musst langsam anfangen zu lernen, deine neue, gebündelte Kraft besser zu dosieren, zu fokussieren und zum Wohle aller einzusetzen.« – »Und nutze die Kraft deiner Steine. Sie warten nur darauf!«, fügt Intschi hinzu, deren Anwesenheit ich vorher gar nicht bemerkt habe. »Danke, Intschi, danke, Julian!« Dann sehe ich im lichten Buchenwald ein Tier. Es ist ein Hirsch. Doch ich vertraue der Erscheinung zu wenig, um das Tier anzusprechen.

Ein wichtiger Grund für meine Wut ist Machtlosigkeit. Immer wenn ich mich machtlos fühle, steigt hilflose Wut in mir hoch. Da ist eine gefühlsneutrale Badezimmerlampe, der beim besten Willen keine böse Absicht zu unterstellen ist, noch die leichteste Übung. Eine wesentlich anspruchsvollere Herausforderung ist dagegen mein Vorgesetzter. Er tyrannisiert mit seinen Launen die ganze Abteilung und behindert damit unsere Arbeit, weil wir dann nur noch mit unserem Ärger beschäftigt sind, anstatt unsere Energie in wirklich Wichtiges stecken zu können. Es geht dabei gar nicht so sehr um die großen Entscheidungen, da vertraut er mir inzwischen meistens. Es geht um kleine Gemeinheiten wie die Rüge, wenn ich zehn Minuten zu spät im Büro bin oder »schon wieder« Urlaub nehmen will, obwohl er mir doch zusteht.

Ich reise mit der Frage zu meinen geistigen Gefährten: »Wie begegne ich einem Menschen, der so viel Negativität ausstrahlt? Ich fühle mich seiner Willkür so hilflos ausgeliefert!« Kaum ist mein Anliegen formuliert, spüre ich auch schon die Gegenwart des Hais. Zärtlich stupst er mich mit seiner großen grauen Nase an und bedeutet mir, mit ihm auf Tauchgang zu gehen.

Wir tauchen weg von der Küste in die unendliche blaue Tiefe. Ich habe immer noch Angst, wenn auch nicht mehr so stark wie beim letzten Mal. Weniger vor dem Ertrinken, ich weiß ja, dass mein Geistkörper so wenig ertrinken kann, wie er beim Fliegen abstürzen kann. Nein, es sind die große blaue Tiefe und Dunkelheit, die mir Angst machen, dieses grenzenlos offene Nichts. »... aber deine Angst ist nichts gegen die Angst der anderen vor uns«, höre ich den Hai sagen, und ich spüre, dass es stimmt. »Genauso ist es mit dem Menschen, den du meinst. Er hat viel mehr Angst vor dir als du vor ihm.« – »Ist das so?«, frage ich erstaunt nach. »Doch wie kann ich ihm dann begegnen?« – »Arbeite nicht an deiner Angst, sondern an seiner. Da ihr euch spiegelt, ist es gleich, wo du anfängst. Gegen Angst hilft Vertrauen. Du kannst ihn nicht zwingen, dir zu vertrauen, aber du kannst ihm Vertrauen entgegenbringen. Ganz gleich, was er tut, er hat seine Gründe, auch wenn du sie nicht verstehst oder nicht ernst nimmst. Dein Vertrauen stärkt sein Selbstvertrauen, und das wirkt sich nicht nur auf sein Verhalten aus, sondern auch auf die Qualität seiner Entscheidungen. Du wirst sehen. Und es wirkt auf dich zurück. Begegne ihm vertrauensvoll, und er wird verwandelt. Angst entsteht aus mangelndem Selbstvertrauen, das sich als sein Zerrbild zeigt: Selbstherrlichkeit. Gegen Angst hilft Vertrauen. Und gegen Wut hilft Liebe.« – »Und gegen Zweifel hilft Glauben, ich weiß«, füge ich hinzu. Ich danke dem Hai, dem Herrn der Angst, und lasse mich von ihm zurück ans Ufer bringen.

Es klingt alles so logisch und einfach, was ich in der anderen Welt erfahre, aber in meiner alltäglichen Wirklichkeit erscheint mir die Umsetzung dann nicht mehr so leicht. So schnell lasse ich mich von meinem Vorgesetzten provozieren und bin dann wieder in der Opferhaltung, anstatt in ihm (wie in jedem anderen) einen Lehrer und Spiegel zu sehen. Es ist nicht so leicht, in der konkreten Konfliktsituation alles aus der Distanz zu betrachten und echtes Mitgefühl (für ihn und für mich) zu entwickeln. Denn das fühlt sich völlig anders an als ein arrogantes »Sich-Drüberstellen«, weil ich spirituell ja ach so weit bin. Letzteres ist nur eine Schutzmaske, unter der man nichts mehr fühlen muss, nicht sich selbst und nicht den Schmerz der eigenen Machtlosigkeit. Das Gefühl spiritueller »Überlegenheit« ist bloß ein scheinbares Machtgefühl. Echte Macht kommt durch echtes Mitgefühl. Und das erfordert, seine eigene Verwundbarkeit zuzulassen und aus dem Herzen zu handeln.

Das ist zwar an sich eine schöne Erkenntnis, aber meine Wut auf diesen Menschen ist einfach zu groß. Er hat so viel Macht, und er missbraucht sie nur, um seinem Ego zu dienen. Nochmals bitte ich meine Lehrer um Hilfe. Es ist Mahinda, der sich diesmal meines Anliegens annimmt. Wie immer analysiert er die Situation messerscharf. »Schau dir genau an, was dich so wütend macht«, sagt er. »Der Mensch, auf den du so wütend bist, verlangt von dir, dass du dich bei ihm für etwas entschuldigst, das aus deiner Sicht er zu verantworten hat. Er droht damit, andernfalls deine Kompetenzen einzuschränken, wozu er zweifellos die Macht hat. Ist es nicht so?« – »Genauso ist es.« – »Also ist es einfach«, fährt Mahinda fort. »Es liegt in deiner Macht, deinen Wirkungskreis und damit auch deine Wirksamkeit im Dienste des Größeren zu erhalten. Du musst dazu nur dein eigenes Ego überwinden. Geh also hin und entschuldige dich bei ihm.« Als Mahinda sieht, wie ich unter der Aussicht auf diese Ungerechtigkeit leide, lächelt er mitfühlend und sagt: »Ich weiß, das ist für dich nicht leicht. Darum höre diese Geschichte:

Ein Mönch, der tief in seine Meditation versunken war, wurde von einem Floh gebissen. Er wusste zwar: Der Floh ist klein im Vergleich zu ihm, aber es half nichts, denn der Biss juckte fürchterlich und störte ihn in seiner Meditation. Er war machtlos gegen diesen Floh und wütend über seine eigene

Machtlosigkeit. Erst ärgerte er sich über den Biss, dann über seine Machtlosigkeit und schließlich darüber, dass er sich ärgerte und in seiner Meditation stören ließ. Aber es war nun einmal so, auch wenn der Floh und der Anlass klein waren. Der Mönch meditierte nun darüber, warum ihn das so ärgerte und ablenkte, und erkannte, wo er in seiner Entwicklung stand. Nun war er wütend darüber, dass er offensichtlich noch nicht so weit war, wie er dachte. Seine Wut richtete sich gegen sich selbst. Das half ihm aber nicht weiter, sondern schmerzte viel mehr als der Biss. Erst als er seine Wut anerkannte und nicht mehr wütend dagegen zu meditieren versuchte, verwandelte sich die Wut in Trauer und die Trauer in Schmerz. Den Schmerz aber erkannte er wieder. Es war der gleiche Schmerz, den er früher empfunden hatte, als er noch losgelöst und scheinbar abgetrennt vom Ganzen gelebt hatte. Der Schmerz, das war die Sehnsucht nach dem Eins-Sein. Der Mönch erkannte sich im Spiegel seiner Menschlichkeit und lachte. Er war wieder er selbst und liebte sich in seiner Menschlichkeit, die ihn mit allem anderen verband, auch mit dem Floh. Und so war es leicht für ihn, auch den Floh zu lieben und ihm zu danken für seinen Biss – seine Lektion. Schließlich erkannte er, dass er, der Mönch, und der Floh eins waren. So fand er zu sich selbst zurück und konnte dem Vorfall die Bedeutung beimessen, die er hatte: eine kleine Sache, die zu großer Selbsterkenntnis führt.«

»Danke, Mahinda. Ich glaube nun zu wissen, was an der Situation, in der ich gerade bin, so wehtut. Es ist nicht die Demütigung, sondern die Selbsterkenntnis, dass dieser Mensch und ich uns in unserem Ego gleichen und in Wahrheit eins sind.« – »Und das tut weh?«, staunt Mahinda. Ich dagegen bin über seine Frage verblüfft. »Ja, natürlich tut das weh! Ich bin doch überhaupt nicht so wie er!« – »Sondern so unendlich viel ›weiter‹, nicht wahr?« Mahinda spricht meine Gedanken aus, und ich stelle zu meiner Überraschung fest, dass meine Wut nun der

Scham weicht; Scham über meinen eigenen Hochmut, der dem Ego meines Widersachers tatsächlich nicht unähnlich ist. Mahinda hat recht. Wut wird nicht umsonst mit Außer-sich-Sein umschrieben. Es geht darum, vom kleinsten Anlass im außen zu sich selbst zurückzufinden und zum Gefühl des »Eins-Seins in allem«. Könnte man dieses Gefühl doch nur konservieren! Aber so einfach ist es eben nicht. Auf die Erkenntnis folgt nicht automatisch die Lösung, zumindest wenn man innerlich noch nicht dazu bereit ist.

Am nächsten Tag kann ich mich wieder kaum auf meine Meditation konzentrieren, so aufgebracht bin ich. Wieder geht es um meinen Vorgesetzten und das Thema Macht und Willkür. Ich bewundere die Geduld, mit der sich meine Lehrer meiner annehmen. Julian erklärt mir: »Macht und Machtlosigkeit gehören so untrennbar zueinander wie Licht und Schatten. Niemand, kein Papst oder Kaiser, hat so viel Macht, dass er das Gefühl der Machtlosigkeit nicht kennen würde, und wäre es nur noch die Machtlosigkeit angesichts des Todes. Er ist der große Gleichmacher. Er lehrt selbst die Mächtigsten Demut. Zu jedem Machtrausch gehört untrennbar das Gefühl der Machtlosigkeit. Sie sind wie Zwillinge: die gleiche Erregung, das gleiche Besitzergreifen des Verstandes, des Gefühls, des ganzen Menschen. Es ist das Toben des Ego, vor dem niemand gefeit ist. Macht nährt das Ego, bläht es auf, bis es irgendwann platzt. Es hilft, sich bewusst zu machen, dass alles, wirklich alles, einer höheren Absicht dient. Wenn zwei Kontrahenten aufeinander losgehen, so mögen sie es nicht ahnen, doch sie dienen in Wahrheit einander – einer dient dem anderen als Spiegel. Es kommt nicht darauf an, wer recht hat, und schon gar nicht, wer gewinnt. Es kommt darauf an, die Ebene der Bewusstheit zu wechseln und sein Ego im Spiegel des anderen zu erkennen. Sei also dem, der dir diesen Spiegel vorhält, dankbar. Dabei geht es nicht darum, dem Kampf um jeden Preis auszuweichen. Sich dem Kampf nicht zu stellen kann ebenso hochmütig sein, wie über einen errungenen Sieg zu triumphieren. Dein Ziel sollte es sein, mit Liebe und Demut zu kämpfen. Nimm den Auftrag in Demut an und beobachte, was er mit dir macht.« – »Danke, Julian!« Ich will mich schon abwenden, da sagt Julian noch beiläufig: »Die größte Prüfung steht dir übrigens noch bevor. Und sie hat nichts mit deinem Vorgesetzten zu tun.«

Ein Teil vom Ganzen

Heute war ich in meiner Meditation Licht. Einfach nur Licht. Das war herrlich. Nun reise ich mit der Frage, was Meditation und Reisen miteinander zu tun haben. Julian nimmt mich vom Steg mit auf ein benachbartes Grundstück. Also weder in die obere noch in die untere Welt, sondern einfach nur nach nebenan. Sie setzt sich mir gegenüber und nimmt meine Hände in die ihren. Sie lächelt und sagt: »Meditation und Reisen ergänzen sich. Denke nicht, dass das Reisen die Meditation ersetzt. Sie ist wichtig, um dich zu erden und dich zugleich mit der oberen Welt zu verbinden. Yoga und Meditation waren eine günstige Voraussetzung für dich, dass du dich uns öffnen konntest. Nimm nun das Licht, das du warst, aus deiner heutigen Meditation mit und behalte es in deinem Herzen.« – »Julian, noch eine Frage: Darf ich zu anderen offen über meine Reisen sprechen?« – »Grundsätzlich, ja. Du sollst sie auch anderen gegenüber als die Realität behandeln, die sie sind. Es ist jedoch wie mit deiner Kraft. Du musst mit deinem Wissen ebenso behutsam umgehen wie mit deiner Kraft. Nicht wegen des Wissens, das nimmt keinen Schaden. Und wir schon gar nicht. Sondern wegen der Menschen. Du könntest sie vor den Kopf stoßen. Schlimmstenfalls könntest du jemanden entmutigen oder verschrecken, der eigentlich schon dabei ist, sich zu öffnen. Aber keine Angst: Die Menschen, die zu dir kommen, sind so ausgewählt, dass es für sie und für dich richtig ist. Du solltest dich nur nicht zu sehr von deiner Begeisterung davontragen lassen und darüber deine Sensibilität vergessen. Du könntest sonst das Selbstvertrauen jener angreifen, die gerade erst beginnen.« – »Danke, Julian, ich will alles gleich aufschreiben, damit ich es nicht vergesse.« – »Ja, es ist gut, alles immer gleich aufzuschreiben und es nicht bloß der Erinnerung anzuvertrauen. Erinnerung ist Mythenbildung. Viel wird dabei nachträglich umgeformt und dazugedichtet. Aber sei beruhigt: Selbst wenn du dir nicht alles merken kannst, was auf deinen Reisen geschieht oder gesagt wird; das wirklich Wichtige kommt wieder. Bleib noch einen Moment, ich will dir etwas zeigen«, sagt sie. Ich wende mich ihr erwartungsvoll zu. »Auf deine Neugier ist wirklich Verlass«, lacht Julian.

»Hör zu!«, fordert sie mich auf. Ich lausche, kann aber nichts hören. »Hör genau hin!« Dann meine ich, ein leises unregelmäßiges Summen zu vernehmen. Es kommt näher. Da sehe ich, wie sich eine kleine Biene zart und liebevoll auf meine Hand setzt. »Bist du ein neues Krafttier?«, frage ich die Biene erstaunt. »Nein«, antwortet Julian statt ihrer, »aber sieh sie dir genau an. Was, meinst du, hat sie dir zu sagen?« – Ratlos blicke ich erst die Biene, dann Julian an. »Sie ist Teil von etwas Größerem, einem Stock. Sie ist allein gar nicht denkbar. Aber auch der Stock wäre ohne sie nicht denkbar. Sie ist der Stock!« – »Und doch ist sie ein eigenes Wesen mit Körper und Seele«, wende ich ein. Dann beginne ich zu verstehen: »Ich bin genauso Teil von etwas Größerem. Nur eingebettet in das Ganze lebensfähig. Zwischen mir und dem Ganzen besteht kein Unterschied. Ich bin Teil des Ganzen, und das Ganze ist Teil von mir!« – »Gut«, strahlt Julian, »und weiter?« – »Wie weiter?« – »Sie existiert, weil sie wichtig für den Stock ist.« Julian schaut mich erwartungsvoll an. »Willst du damit sagen: Auch ich bin wichtig für das Ganze? Auch ich habe hier eine Aufgabe?« – »Genau das will dir die Biene sagen! Du wirst sehen: Deine Aufgabe wird jetzt immer klarer werden. Und sie wird die Quelle deines Glücks, verlass dich darauf!« Ich bin wirklich ganz beglückt von dieser Reise. Eine kleine Biene wird mich also in Zukunft immer an meine Aufgabe erinnern, was immer es auch sein mag.

Nicht all meine Freunde können mit meinen neuen Erfahrungen etwas anfangen. Für manche, besonders für jene, die mich schon lange kennen, ist das alles sehr befremdlich. Ich muss aufpassen, was ich ihnen erzähle, und auf die richtige Dosierung achten. Dass ich von meinen Gefährten spreche wie von Freunden irritiert besonders die Freunde, die mir gern näher wären. Als ob sie eifersüchtig wären auf etwas, das für sie nicht greifbar ist. Andere machen sich Sorgen, dass ich mich zu sehr auf den Rat meiner Gefährten verlasse, als befürchteten sie, dass ich von einer fremden Macht ferngesteuert werde. Dann versichere ich ihnen, dass ja ich es bin, aus der dieser Rat kommt, aber sicher bin ich mir da selbst nicht, ob er wirklich aus mir und nicht doch von außen kommt. Ich weiß nur, dass mir die Stimmen noch nicht ein einziges Mal geschadet haben.

Insgesamt kann ich meine Freunde gut verstehen: Für mich ist das alles ja ebenso neu wie für sie. War ich nicht immer diejenige, die gegen alles räsoniert hat, was nicht wissenschaftlich beweisbar ist, und all jene belächelt hat, die andere Quellen für ihr Wissen nutzen, ihren Glauben zum Beispiel? Es berührt mich tief, wie sich ausgerechnet Peter, der eingefleischteste Wissenschaftler überhaupt, um eine ernsthafte Auseinandersetzung mit meinen neuen Erfahrungen bemüht. Wir hatten ein sehr interessantes Gespräch über Wahrnehmung und versuchten gemeinsam, Kriterien dafür zu finden, wann etwas als wahr gelten kann und wann nicht. Schließlich schaltete sich seine

Frau Carla in das Gespräch ein und meinte: »Wahr-Nehmung« sei doch nichts anderes, als etwas für »wahr zu nehmen«, es sei also etwas Aktives, Absichtsvolles. Es sei daher müßig, darüber zu streiten, ob etwas objektiv wahr sei. Es komme allein darauf an, wofür wir es nehmen. Was für ein schöner Gedanke! Ja, die andere Welt ist immer da. Es geht nur darum, sie irgendwann zu entdecken und annehmen zu können. Darauf konnte sich sogar Peter einlassen. Er ist ein wunderbarer Freund, und ein Tag zusammen mit dieser Familie ist Balsam für meine Seele.

Ich kann wohl nicht verhindern, dass sich auch Menschen von mir abwenden, auch wenn das bislang zum Glück noch nicht passiert ist. Ich muss dann einfach akzeptieren, dass es für sie (und wahrscheinlich auch für mich) das Beste ist. Ich kann nur versuchen, sie in einem solchen Fall ohne Groll gehen zu lassen. Ich spüre jedenfalls, dass dieser Weg unumkehrbar ist, was die Kosten dafür auch seien. Denn was ich dazugewinne, wiegt die Verluste in jedem Fall auf. Da ist sie wieder, die Controllerin. Fast beruhigend, dass sich diese vertraute Seite von mir so gar nicht unterkriegen lässt. Es beruhigt auch immer wieder jene Freunde, die um meine Bodenhaftung besorgt sind, dass ich meinen Pragmatismus keineswegs den neuen Erfahrungen geopfert habe. Wenn sie wüssten, wie pragmatisch erst meine geistigen Gefährten sind, sie wären womöglich sogar begeistert! Mein Gefühl (vielleicht ist es auch bloß eine Hoffnung) ist, dass immer mehr Menschen in dieser Richtung unterwegs sind. Die Sehnsucht spüre ich jedenfalls überall.

Heute reise ich zum ersten Mal seit dem Seminar für eine andere Person. Carla hat mich gebeten zu fragen, was es mit dem Tod ihrer Schwester auf sich habe und ob dies hinter dem Gefühl des Mangels stehe, das Carla empfindet. Sofort nachdem ich meine Frage formuliert habe, erscheint auch schon meine Rabin. Carla scheint eine besondere Beziehung zu ihr zu haben.

Sie meinte sogar bei unserem letzten Gespräch, einen Rabenvogel schemenhaft auf meiner Schulter erkennen zu können. Im Zögern meiner Rabin meine ich dann aber einen inneren Widerstreit zu spüren. Sonst antwortet sie doch immer sofort. Schließlich teilt sie mir mit, dass sie mir diese Frage jetzt nicht beantworten könne. Mein Vertrauen in die Arbeit für andere sei noch nicht groß genug. Das brauche noch etwas Zeit.

Es ist mein Ego, das sofort gekränkt reagiert angesichts dieser Abfuhr. Aber tief drinnen spüre ich, dass es wahr ist und dass ich mich der Arbeit für andere überhaupt noch nicht gewachsen fühle. Erst muss mein Selbstvertrauen noch weiter wachsen. Solange ich selbst noch kaum glauben kann, was mir da geschieht, wie soll ich mich da in die Angelegenheiten anderer einmischen? Selbst wenn sie mir vertrauen, und das tut Carla offensichtlich, muss ich mir erst selbst vertrauen, und davon bin ich noch weit entfernt. Ich bin immer noch eine Novizin im schamanischen Arbeiten.

Ich bitte meine Rabin eindringlich, mich trotzdem nicht mit leeren Händen zu entlassen und mir wenigstens eine Idee für ein kleines Geburtstagsgeschenk für Carla mitzugeben. Die Rabin legt daraufhin schelmisch ihren Kopf zur Seite und blickt mit ihren schwarzen Knopfaugen direkt an mir vorbei. Ich verstehe erst nicht, was sie meint. Doch dann höre ich ein fröhliches Wiehern hinter mir. Ich drehe mich um und sehe ein wunderschönes braunes Pferd mit wehender Mähne auf mich zugaloppieren. Als es vor mir stehen bleibt, frage ich es, ob es zu mir oder zu Carla gekommen sei. Es dreht sich einfach um, schaut aber, ob ich ihm auch folge. Dann sehe ich vor meinem inneren Auge das Bild eines kleinen Bronzepferdes, das ich vor einigen Monaten erworben hatte, weil ich es schön fand, dann aber nicht recht wusste, wo ich es hinstellen sollte. Es hatte sich einfach kein Platz in der Wohnung dafür gefunden, und ich war ganz traurig gewesen zu spüren, dass es wieder wegwill.

Nun weiß ich, warum es zu mir gekommen ist, und ich bin ihm dankbar dafür. Dieses kleine Pferdchen als Symbol für Carlas Krafttier schenke ich ihr zum Geburtstag!

Bald bekomme ich Post von Carla. Sie hat mein Päckchen erhalten. Darin schrieb ich ihr auch von meiner Reise und dass ich nichts über ihre Schwester herausfinden konnte, aber ein Krafttier für sie gefunden hätte. Nun schreibt sie, dass sie sehr glücklich sei über das Bronzepferdchen. Sie hatte immer schon einen besonderen Bezug zu Pferden, obwohl sie nie reiten gelernt hat. Ein braunes Pferd mit langer dunkler Mähne hatte sie sich schon als Kind gewünscht. Das kleine Bronzepferd soll einen Ehrenplatz bekommen und sie immer an ihr Krafttier erinnern. Wie mich das freut! Ich bitte meine Rabin, ihr Grüße zu überbringen – von Mensch zu Rabe zu Pferd zu Mensch sozusagen. Meine Rabin erwidert schelmisch, sie sei doch keine Brieftaube, verspricht aber, die Grüße zu übermitteln. »Danke, liebe Rabin. Ich verspreche, dich nicht zu oft um solche Dienste zu bitten.«

Über das Fliegen

Ich bin nun schon oft auf meinen schamanischen Reisen mit meiner Rabin geflogen. Aber was jetzt passiert, ist neu: Als ich es mir gerade auf ihren schwarzen Schwingen bequem machen will, sagt sie: »Warte! Heute sollst du dich in mich verwandeln. Du sollst nicht mit mir fliegen, sondern als ich.« – »Wie soll das gehen?«, frage ich verwirrt. – »Versuch es einfach.«

Und wirklich: Es ist viel leichter, als ich dachte. Ich fühle mich an meine ersten Schwimmversuche erinnert. Ich spüre, wie mein Mund hart wird und sich zu einem Schnabel formt. Dann verwandeln sich meine beiden Arme in große schwarze

Schwingen und die Finger in sehr bewegliche Federn. Und meine Beine und Füße schrumpfen zu gelben Krallen. Damit hocke ich auf einem stabilen Ast nicht zu weit oben in einer großen Fichte. Nach einem Moment des Zögerns breite ich meine Schwingen aus und lasse den Ast los. Und tatsächlich: Die Luft trägt mich wie ein Kissen! Es ist atemberaubend, so leicht dahinzugleiten und die Wälder und Wiesen mal näher und mal weiter unter sich zu sehen. Ich spüre nun auch, dass die Luft an einem lauen Sommertag durchaus nicht so gleichmäßig ist, wie man es sich als Fußgänger vorstellt. Kleine Wirbel in der warmen Luft erfordern es, die äußeren Federn der Strömung anzupassen. Ich brauche noch etwas Übung, aber es ist herrlich! Ich mag gar nicht wieder aufhören zu fliegen.

»Wie kann das sein?«, frage ich meine Rabin begeistert, als ich wieder gelandet und in meine menschliche Form zurückgekehrt bin. »Ganz einfach: Du hattest den Mut, mehr an dich selbst zu glauben als an die Schwerkraft.« Ich bin perplex. So einfach ist das? Und werde ich das womöglich irgendwann auch mal im »richtigen Leben« können? »Wenn du unter ›richtigem Leben‹ eure kollektive Illusion verstehst, dann eher nein.« – »Warum?«, frage ich enttäuscht. »Ist dir gar nicht aufgefallen, dass du Zuschauer hattest bei deinen Flugversuchen?« – »Zuschauer?« – »Ja, die hast du dir wohl dazugedacht.« – Tatsächlich hatte ich von oben aus der Luft Menschen unten auf der Wiese stehen sehen, die staunend ihre Köpfe zu mir hochreckten, und ich war sogar ein kleines bisschen stolz darauf gewesen. – »Zuschauer sind immer ein Indiz für die Anwesenheit des Ego. Mit dem Ego aber kann man nicht fliegen. Es ist zu schwer.« – »Zu schwer?« – »Ja, das Ego ersetzt das federleichte Urvertrauen, das sich als echtes Selbstvertrauen zeigt, durch das viel schwerere, aber falsche Selbstbewusstsein. Und das gehorcht den Gesetzen und Übereinkünften der Gesellschaft. Eines davon ist die Schwerkraft.« – »Aber das ist doch ein Naturgesetz und keine gesellschaftliche Übereinkunft! Es ist doch wissenschaftlich erwiesen ...« – »Vielleicht ...«

Ich muss jetzt unbedingt herausfinden, was es mit meiner Rabin, mit Raben allgemein, auf sich hat. Es scheinen so wunderbare Vögel zu sein, dass ich einfach mehr über sie wissen möchte: Über *Corvus corax*, den Kolkraben, finde ich heraus, dass er trotz seines eher unmelodischen Krächzens den Singvögeln zugerechnet wird. Raben sind Allesfresser, genau wie die Menschen. Und wie wir sind sie anpassungsfähig: Man findet sie von der Arktis bis zur Wüste. Raben paaren sich fürs ganze Leben. Eine solche »Ehe« muss jedoch nicht harmonisch verlaufen. Es wird von heftigen Streitereien, besonders in der Nestbauphase, berichtet. Die jugendlichen Raben rotten sich gern zu Banden zusammen und können dann auch schon mal Futterautomaten überfallen oder einem kranken Schaf gefährlich werden. Vor allem deshalb haben sie sich bei den Bauern unbeliebt gemacht. Auch dass sie sich gern an Galgenplätzen aufhielten, um sich über die Gehenkten herzumachen, hat nicht zu ihrer Beliebtheit beigetragen. »Galgenvögel« wurden sie genannt und mit dem Tod in Verbindung gebracht. Sie wurden gejagt und waren in unseren Breiten schon fast ausgerottet. Erst allmählich beginnen sie auch bei uns wieder heimisch zu werden. Sie sind neugierig und einfallsreich, können Vorräte anlegen und diese auch wiederfinden. Und sie jagen sogar manchmal zusammen mit Bären und Wölfen! Dabei sind sie es, die aus der Luft ein krankes Wild ausmachen und durch lautes Krächzen die Wölfe und Bären anlocken. Haben diese dann das Wild gestellt und ihre Mahlzeit beendet, können sich die Raben, die das Wild allein nicht öffnen können, von dem Aas ernähren.

In der Mythologie stehen Raben für Magie und Initiation. Sie sind die Begleiter der Eremiten und Verbindungsglied zwischen Leben und Tod. Die Tower-Raben in London beschützen

Festung und Land. Der alttestamentarische Prophet Elia soll während seines Aufenthalts im Tal Kerith von Raben ernährt worden sein. Und Odin hatte zwei Raben, Hugin und Munin, die er sehr liebte. Ich weiß zwar nicht, wie meine Rabin heißt, aber auch ich liebe sie.

Heute will ich für eine Freundin reisen, die krank daheim im Bett liegt. Mahinda holt mich von meinem Steg ab und fordert mich auf, mit ihm über das Wasser zu gehen. Mir ist das nicht geheuer. Ich ziehe es vor, mich wieder in meine Rabin zu verwandeln. »Ich weiß schon, du fliegst gern«, lacht Mahinda. »Wie machst du das bloß? Über Wasser zu laufen?«, frage ich ihn. Mein Mönch setzt eine ernste Miene auf und sagt mit tiefer Stimme: »Ich kann das, ich bin schließlich ein Geist!« Dabei wirft er seine dicken Ärmchen in die Luft und tut so, als sei er ein Gespenst. Die Grimasse, die er dazu schneidet, bringt mich vollends zum Lachen. »Nein, im Ernst«, sagt er, als wir uns beide wieder beruhigt haben. »Über Wasser zu gehen ist nicht schwieriger als fliegen. Es ist alles nur eine Sache des Vertrauens.« Das ist innerhalb der Gesetze dieser »anderen« Welt durchaus logisch, aber aus meiner menschlichen Perspektive eben leider nur dort.

Gemeinsam geht es nun über das Wasser – er gehend, ich fliegend –, bis wir ein großes Gebirge erreichen. Ich erkenne die Stelle wieder, wo ich im Oktober am Ende des Regenbogens gestanden hatte. Sie hat jedoch ihren Zauber von damals verloren. Vor mir türmt sich eine gewöhnliche graue Felswand auf. Vom Regenbogen keine Spur. Genauso nüchtern ist Mahindas Frage an mich: »Hat dich deine Freundin um diese Reise gebeten?« – »Nein«, sage ich, »aber sie möchte doch sicher wieder gesund werden.« – »Woher weißt du das?« Ich schüttele irritiert den Kopf. Mahinda erklärt mir: »Krankheit ist kein Gegner, den es zu besiegen gilt. Sie ist eine Verbündete, die genau die Botschaft bringt, die man gerade benötigt. Ihre Botschaft ist immer sehr direkt und leicht verständlich. Denk an deine Finger damals, die du dir in der Taxitür eingeklemmt hattest.« Ja, danach hatte ich endlich weinen können. Und was für eine Befreiung war das gewesen! »Deine Freundin ist gerade im Ofen der Transformation. Für uns gibt es hier nichts zu tun.« Also wieder so eine Übung in Demut. Wie behutsam man doch vorgehen muss, wenn man für andere arbeiten will. Ich habe wirklich noch viel zu lernen. »Danke, Mahinda.«

Meiner Freundin geht es Gott sei Dank ein paar Tage später schon wieder besser. Nun will ich, bevor ich zur Arbeit gehe, noch schnell zu meinen geistigen Freunden. Ohne ein spezielles Anliegen, einfach nur Hallo sagen. Mein Wolf begrüßt mich noch zärtlicher als sonst. Er legt beide Pfoten in meinen Schoß und schaut mich auffordernd an. Es ist der gleiche Blick wie damals in Finnland. Ich soll mich in ihn verwandeln und als Wolf reisen. Blitzschnell geht die Verwandlung diesmal. Es ist ein wunderbares Gefühl, so einen kraftvollen, geschmeidigen Körper zu haben. An meine um ein Vielfaches gesteigerte Sinneswahrnehmung muss ich mich erst gewöhnen. Vor allem das Riechen ist ungewohnt, und auch die vielen feinen Geräusche irritieren zunächst. Und es ist seltsam, die weiche, leicht vibrierende Erde unter allen vier Pfoten zu spüren.

Mit einem kraftvollen Satz springe ich in den Boden hinein, der sich in dem Moment vor mir öffnet. Am Ende des Tunnels erwartet mich eine Steppenlandschaft. Während ich über die Steppe trabe, spreche ich innerlich mit meiner Wolfsseele und lasse mir die Geschichte von Mensch und Wolf erzählen.

Früher gab es einen Pakt zwischen den Menschen und den Wölfen – einen Pakt friedlicher Koexistenz. Die Wölfe halfen den Menschen beim Jagen, und umgekehrt wurde schon mal ein verwaistes Wolfsjunges von den Menschen großgezogen. Aus Sicht der Wölfe beinhaltete dieser Pakt, dass man sich die frei umherziehenden Tiere, die man zum Überleben brauchte, teilte. Sie gehörten der Erde, nicht den Menschen oder den Wölfen. Doch das sahen die Menschen bald anders. Sie begannen, die Tiere zu zähmen, zu züchten und einzuzäunen. Die Wölfe mussten sich gelegentlich ein solches Tier holen, um zu überleben. So kam es, dass die Menschen die Wölfe als Konkurrenten zu betrachten begannen und sie jagten. Aus den ihnen anvertrauten Wolfsjungen aber züchteten sie verschiedene Hunderassen, die sie sogar dazu benutzten, die Wölfe von »ihrem Land« zu vertreiben. Die Wölfe zogen sich daraufhin von den Menschen zurück und zeigten sich kaum noch. Sie besiedelten das Land, das die Menschen nicht haben wollten, und jagten dort. Trotzdem hat nie ein gesunder Wolf grundlos einen Menschen angegriffen. Nur ein krankes, in die Enge getriebenes Tier oder eine verwilderte Mischung aus Hund und Wolf würde von sich aus einen Menschen anfallen. Ein gesunder Wolf zeigt sich einem Menschen nur noch dann, wenn er eine geistige Verbindung zu ihm spürt. Dann ist er es, der die Begegnung sucht …

Plötzlich bin ich wieder an meinem Steg in Finnland und durchlebe die Begegnung zwischen Wolf und Frau noch einmal – nur diesmal aus der Wolfsperspektive. Ich habe Angst vor diesem fremdartigen Wesen, das zwar schutzlos aussieht, von dem ich aber doch instinktiv weiß, wie gefährlich es werden kann. Ich bin auf der Hut, doch meine Neugier und das Gefühl der Verbundenheit sind stärker. Ich versuche, durch meinen Blick und meine friedliche Haltung dem zitternden Bündel Mensch seine Angst vor mir zu nehmen. Doch die Kluft zwischen uns ist unüberbrückbar. So mag ich mich ihm nicht länger zumuten und lasse es allein.

Die Bilder werden allmählich schwächer, bis ich schließlich

eine Wahrnehmungspause erlebe – ähnlich einer Ohnmacht. Als ich daraus erwache, liege ich in wieder meinem Bett, so wie ich mich zum Reisen hingelegt hatte. Ich überprüfe meinen Körper und stelle erleichtert fest, dass sich alles daran menschlich anfühlt. So eindrucksvoll sind diese Reisen, dass ich mich einer derartigen Prüfung unterziehe!

In die Wüste

Heute kann ich mich zu gar nichts aufraffen. Draußen ist so eine seltsame Lichtstimmung, dass ich immer nur zuschauen möchte. Alles ist in ein unwirkliches rotes Licht getaucht, und ein warmer Wind weht von Süden her. So etwas habe ich noch nie gesehen.

Da ich mich gerade wieder so dick und hässlich fühle und mir als Trost nichts Besseres einfällt als immer noch mehr Schokolade, mache ich dies zu meinem nächsten Anliegen: Wie kann ich mich selbst besser annehmen, sodass ich nicht mehr so viel tröstende Schokolade brauche? Meine Rabin holt mich vom Steg ab. Wir fliegen, diesmal wieder zusammen, in eine orientalische Stadt am Rande der großen Wüste. Wir finden uns inmitten einer Gruppe bunt gekleideter, teils verschleierter Frauen wieder, die mich mitnehmen in ein Badehaus. Als wir uns entkleiden, sehe ich zu meinem Entzücken, dass all diese Frauen mindestens ebenso üppig sind wie ich. Sie zelebrieren ihre Körper mit so großer Sinnlichkeit, dass es eine wahre Freude ist, ihnen dabei zuzusehen. »Das ist wahre Schönheit«, sagt die Rabin. »Es gehört Mut dazu, das zu begreifen. Du musst glauben und wissen, dass du schön bist, damit dich der Gedanke an deine äußere Erscheinung nicht von Wichtigerem ablenkt. In der Wüste wirst du viel Wichtigerem begegnen. Dann wird dich diese Frage nicht mehr beschäftigen.« – Wieso in der Wüste?

Im Radio höre ich, dass die sonderbare Lichtstimmung heute Morgen auf einen Höhensturm zurückzuführen gewesen sei, der feinen rötlichen Sand aus der Sahara Tausende von Kilometern über das Meer und über die Berge zu uns wehte. Viele Hörer berichteten davon, dass sie am Morgen eine feine rote Staubschicht auf ihren Autos vorgefunden hätten.

Und dann kommt doch tatsächlich eine E-Mail von Fiona, in der ein dreiwöchiges Wüstentrekking unter der Leitung einer südamerikanischen Schamanin angeboten wird. Sie empfiehlt mir dringend mitzureisen. Nun ja, ich kann ja mal anrufen, ob überhaupt noch ein Platz frei wäre. Ich hoffe fast, dass es nicht so ist. Aber es soll wohl sein: Denn gerade als ich anrief, hatte eine andere Teilnehmerin abgesagt; ich könnte ihren Platz haben. – »Julian, soll ich in die Wüste?« – Die Antwort ist Ja.

Es widerstrebt mir, meinen Vorgesetzten schon wieder um Urlaub zu bitten, und das auch noch so kurzfristig. Es ist jedes Mal ein Kampf mit ihm, weil er Urlaub (außer für sich selbst) für völlig unnötig hält. Aber jetzt muss es einfach sein. Schließlich kann ich nicht mehr Urlaub nehmen als jeder andere in der Firma, und ich bin auch nicht (genauso wenig wie er) bereit, ihn verfallen zu lassen. Zudem bereite ich immer alles so gut vor, dass während meiner Abwesenheit niemand mit unangenehmen Überraschungen rechnen muss.

Ich werde mich dieser Auseinandersetzung stellen. Denn die Reise ist mir einfach wichtig. Im Zentrum steht eine »Visionssuche«: vier Tage und Nächte, die jeder fastend für sich allein in der Wüste verbringt. Da kann es nicht schaden, mit dem Fasten schon vor der Reise zu beginnen, denke ich mir, denn hier zu Hause, in meiner gewohnten Umgebung, habe ich alle zum Fasten notwendigen Dinge um mich. Später, nach ein bis zwei

Wochen, ist es nicht mehr unbedingt notwendig, Einläufe zu machen, die ich mir in der Wüste eher schwierig vorstelle.

Die Abreise rückt rasch näher, und ich möchte wissen, was ich tun kann, wenn ich so verzweifelt bin, so verängstigt und ohne Selbstvertrauen, dass ich nicht einmal mehr zu meinen Gefährten reisen kann – ja, dass ich womöglich einfach nicht mehr daran glaube, dass es sie gibt. Genau das war mir vor nicht allzu langer Zeit passiert. Da waren meine Zweifel an »diesem irrealen Eso-Zeug« so übermächtig geworden, dass es mir lächerlich vorgekommen war, mich auch nur zum Reisen hinzulegen. Das war dann so ein kalter, einsamer Tag geworden, wie ich lange schon keinen mehr erlebt hatte. Plötzlich war da aus dem Nichts wieder dieses Gefühl der Einsamkeit, das ich, seit ich regelmäßig reise, so nicht mehr empfunden hatte. Plötzlich schien allein ein Traumprinz die Lösung aller Probleme zu verheißen – eine Sehnsucht, die ich schon länger nicht mehr gefühlt hatte. Nur ein Mann, so schien es mir, könnte mir das Gefühl geben, etwas wert zu sein, und meinem Leben ein Sinn geben, gerade so, als sei Liebe allein an Zweisamkeit gebunden.

Zum Glück bin ich pragmatisch genug, in so einem Fall präzise zu analysieren, welche Parameter sich verändert haben. Das mache ich ja in meinem Job Tag für Tag. Und so musste ich mir eingestehen, dass das schamanische Reisen weggefallen war. Nur das hatte ich an meiner Alltagsroutine verändert, sonst nichts. Nun war meine wissenschaftliche Neugier geweckt: Ich musste wissen, ob es tatsächlich das Reisen war, was einen solchen Unterschied im Hinblick auf mein Wohlbefinden bedeutete. Und siehe da, die Freude und das Vertrauen kehrten sofort zurück, als ich meine liebevollen Gefährten wieder um mich spürte. Und sie? Sie waren noch viel erleichterter als ich! Hatten sie doch schon befürchtet, den Kontakt zu mir verloren zu haben.

Am nächsten Morgen schämte ich mich meiner Zweifel so

sehr, dass ich noch nicht einmal darüber schreiben mochte. Ich suchte gleich wieder meine Gefährten auf, die mich liebevoll in Empfang nahmen und einfach nur für mich da waren. Kein Grund zur Scham, meinten sie, meine Zweifel seien ganz natürlich und sogar ein wertvolles Korrektiv. Nur dürfe ich mich ihnen nicht vollkommen unterordnen, weil sie mich sonst von dem Reichtum abschneiden, der in mir (wie in jedem) ist.

Kaum habe ich mich zum Reisen niedergelegt, taucht schon der Hirsch aus dem Nichts auf, den ich schon einmal von Weitem gesehen hatte, den ich mich aber nicht getraut hatte anzusprechen. Er lädt mich durch ein Kopfnicken ein, auf seinem Rücken Platz zu nehmen. Dann nimmt er mich mit in die untere Welt. Wir reisen eine Ewigkeit – so will es mir wenigstens scheinen. Während dieser Zeit male ich mir aus, wie wir in einer Waldlandschaft ankommen werden, so wie sie zu einem Hirschen passt. Zu meiner Überraschung landen wir jedoch in einer Eiswüste ohne irgendwelche Anzeichen von Leben. Wir befinden uns auf einer großen Eisscholle und sind vollkommen vom Festland abgeschnitten. Überall um uns kracht und knirscht das Eis, und das schwarze Wasser gurgelt unheimlich unter uns. Es ist eine beängstigend lebensfeindliche Landschaft.

Ich frage den Hirschen, warum er mich hierhergeführt hat. Anstatt zu antworten, überlässt er mich der Angst, die immer mehr Besitz von mir ergreift. Hier wartet nur eines auf mich: der sichere Tod durch Erfrieren oder Verdursten. Daran kann kein Zweifel bestehen. Doch dann fühle ich die Antwort auf meine Frage in mir hochsteigen. Es ist eine nüchterne Antwort. Wenn alles hoffnungslos erscheint, dann soll ich dem Schlimmsten ins Auge sehen: dem Tod in Einsamkeit. Es ist wohl der Kern aller menschlichen Urängste – der Tod ohne Freunde und Verwandte, ohne ein Wesen um sich. Mich fröstelt es bei dieser Vorstellung bis ins Mark. Aber die Schlussfolgerung scheint klar. Selbst wenn ich dem Schlimmsten gegenüberstehe, habe ich dennoch eine Wahl. Ich kann meine Gefährten und meine Tiere rufen, die immer und überall um mich sind, und so wenigstens der Einsamkeit entgehen. Aus der lähmenden Angst heraus führt also der Weg über die Konfrontation mit dem Tod, dem Kern meiner Angst, ja vielleicht dem Kern aller Ängste, direkt zu meinen geistigen Gefährten. Und im Kontakt mit ihnen, aus meinem Vertrauen heraus, könnte ein Wunder geschehen, und ich erkenne, dass meine Eiswüste ebenso eine Projektion ist wie alles andere; nur eine Realitätsebene von vielen. Ebenso wie der Tod. Dass jedes Ende ein Anfang ist und jeder Anfang ein Ende. Ich habe jedenfalls nichts zu verlieren, wenn ich in einer Situation größter Verzweiflung meine Gefährten rufe.

Als wir wieder am Steg angekommen sind, erwartet mich zu meiner großen Freude schon Julian. Sie umarmt mich herzlich und gratuliert mir zu meiner Erfahrung. Ich möchte von ihr wissen, nach welchen Kriterien sich welcher meiner Lehrer oder Krafttiere meines Anliegens annimmt. Sie durchschaut sofort meine Absicht, sie in ein System einordnen zu wollen, und lacht: »Du kannst uns nicht in Schubladen stecken. Keiner von uns ist nur für etwas Bestimmtes zuständig. Wir sind lebendige Wesen, genau wie du. Derjenige von uns, der zuerst den Wunsch hat, sich deines Anliegens anzunehmen, tut es. Jeder von uns kann jede deiner Fragen beantworten oder dir zeigen, was du brauchst. Jeder macht es auf seine Weise, aber genau so, wie du es in diesem Augenblick nehmen kannst. Nicht alles von dem, was wir dir mitgeben, ist objektivierbar oder verallgemeinerbar. Das ist für uns nicht wichtig. Sondern nur, dass du es jetzt von uns gut annehmen und damit weiterarbeiten kannst. Es gibt keine Regeln, nur einen inneren Kompass, den du immer wieder nehmen kannst und der dir hilft, deine Entscheidungen zu treffen. Alles ist gleich gut und gleich gültig, solange du deinem inneren Kompass folgst.« – »Danke, Julian, ich liebe euren Pragmatismus!«

Ich fühle mich so reich beschenkt, dass ich heute einfach nur zu meinen geistigen Freunden reisen will, um ihnen zu danken. Alle sind gekommen. Ich drücke ihnen stumm meine Dankbarkeit aus und frage sie, ob es etwas gebe, was ich für sie tun kann. »Indem du zu uns kommst, beschenkst auch du uns. Du tust uns etwas Gutes, wenn du dir selbst etwas Gutes tust. Und das tust du, indem du den eingeschlagenen Weg unbeirrt weitergehst. Ein größeres Geschenk kannst du uns nicht machen.« Es ist wieder Julian, die so spricht.

Langsam überkommt mich Panik angesichts dessen, was bis zu meiner Abreise noch alles zu erledigen ist: Mit dem Fasten habe ich schon begonnen. Es lässt sich gut an, auch weil dieses Frühjahr ungewöhnlich warm ist. Nun muss ich mich noch um Impfungen kümmern und die Ausrüstungsgegenstände besorgen, die mir fehlen. Auch ein kleines Reisetagebuch soll mit. Weil die Reise so kurzfristig ist, gibt es auch im Büro noch viel vorzubereiten, damit ich beruhigt fahren kann und kein anderer meinetwegen zusätzliche Arbeit hat.

Also heißt mein heutiges Anliegen: »Wie soll ich das alles nur vor meiner Abreise schaffen?« Die Antworten schwirren nur so im Raum. Doch sie scheinen sich im Kreis zu drehen. Die Vorschläge, die kommen, sind unbefriedigend und fördern nichts wirklich Neues zutage. Endlich halte ich inne. »Mit wem spreche ich eigentlich gerade?«, frage ich verunsichert in die Runde. »Mit dir selbst«, sagt Julian lachend. »Wir hatten keine Chance dazwischenzukommen.« – »Entschuldigt bitte«, sage ich, »jetzt bin ich bereit.«

Julian nimmt mich mit auf die Blumenwiese mit spielenden Kindern, auf der ich schon einmal war. Damals war es um das

Thema Essen gegangen, und die Kinder hatten mir gezeigt, in welcher Fülle ich lebe. »Zeitmangel«, sagt Julian, »ist auch so eine Illusion wie jeder Mangel, den du empfindest. Genieße die Fülle. Präge dir das Bild der Blumenwiese mit den spielenden Kindern gut ein, sodass du es abrufen kannst, wenn dich wieder ein Gefühl des Mangels überkommt. Wisse: Es ist immer genug von allem da, auch von der Zeit. Sie ist letztlich nur eine Illusion.« – »Danke, Julian.« Ohnehin ist mir seit meinem unfreiwilligen Experiment mit dem Nicht-Reisen deutlich geworden, wie groß die Fülle ist, die ich durch meine wunderbaren Gefährten erfahre, und wie kalt und leer sich mein Leben ohne sie anfühlt.

Tatsächlich habe ich nach dieser Einsicht objektiv nicht mehr Zeit und auch nicht weniger vorzubereiten. Aber das Gefühl der Fülle ist so stark, dass ich mit Leichtigkeit Wesentliches von Unwesentlichem unterscheiden und ruhig und überlegt nacheinander alles nach Priorität abarbeiten kann. Meiner netten Kollegin überlasse ich im Büro nur das Allernotwendigste an Arbeit, alles andere kann warten, bis ich wieder da bin. Und die Impfungen, für die ich zu spät dran bin, kann ich eben nicht mehr machen. Ich werde auch so gut auf mich aufpassen. Ich muss mich aus dem Gefühl des Vertrauens und der Fülle heraus von jedem Perfektionismus verabschieden, vor allem aber von dem Gedanken völliger Sicherheit, denn die gibt es ohnehin nicht.

»Nur eines musst du noch wissen, wenn du in die Wüste gehst«, antwortet Mahinda auf meine Frage, was er mir für mein Wüstenabenteuer mitgeben möchte. »Es geht immer weiter. Auch wenn du glaubst, es geht nicht mehr, und du kannst einfach nicht mehr. Geh hindurch. Du wirst sehen, es ist jedes Mal ein Sieg und eine Verwandlung. Denk an die Krisen in deinem Leben, die dich am schönsten verwandelt haben. Es gehören Mut und Kraft dazu hindurchzugehen. Beides hast du. Es geht immer weiter.« Dann sehe ich vor mir einen majestätischen Berg. Viele Pilger sind dort unterwegs, darunter auch alte und kranke und solche, die sich kaum noch auf allen vieren vorwärtsschleppen können. Sie denken nicht ans Aufgeben. »Danke, Mahinda!« – »Nimm deinen schwarzen Stein mit«, meldet sich Intschi zu Wort. »Und den Bergkristall.« Das werde ich tun, auch wenn ich jetzt noch nicht verstehe, warum.

Es ist alles gepackt, im Büro ist alles Wesentliche erledigt oder übergeben. Auch meine Wohnung habe ich in einen ordentlichen Zustand gebracht, und Pflanzen und Fische werden in meiner Abwesenheit versorgt. Wie viel mehr Mühe und Planung doch das Reisen in der Alltagswirklichkeit erfordert als das geistige Reisen mit meinen Gefährten! Aber am Ende hat sich auf wundersame Weise alles fast wie von selbst erledigt. Mehr noch als bei einer Urlaubsreise ist es mir jetzt wichtig, alles in einem ordentlichen Zustand zurückzulassen. Bei dieser Reise geht es viel mehr ums Loslassen als bei einer Urlaubsreise, so will es mir scheinen. Und jede Form von zurückgelassener Unordnung erschwert das Loslassen. Ich lasse also die Tür ins Schloss fallen und fahre zum Flughafen.

In der letzten Nacht vor der Abreise habe ich noch einen Traum: Ich lebe mit anderen Menschen auf engstem Raum in einem tristen Betonbau. Das Treppenhaus ist eng und grau, und die Stiegen sind ohne Geländer, wie bei einem Rohbau – oder einer Ruine. Der Raum, in dem wir hausen, ist klein und kahl. Außer ein paar verdreckten alten Matratzen gibt es hier nichts. Wir liegen zu zwölft auf vier Matratzen, die im Viereck wie um ein imaginäres Lagerfeuer angeordnet sind. Sich zum Schlafen auszustrecken wäre nur möglich, wenn sich alle Füße sternförmig in der Mitte berühren. Aber stattdessen versucht jeder von uns, der Länge nach so viel Matratze abzubekommen, wie er kann. Trotz der Enge und Armut ist die Stimmung aber sorglos und ausgelassen. Es wird viel gelacht und herumgealbert. Es gibt kein Trinkwasser und nur einen wenig Vertrauen erweckenden Stromkasten. Einer der Männer versucht immer wieder gefährlich aussehende Experimente mit diesem Teil. Alle schauen ihm gebannt dabei zu. Wir wissen, dass wir vor irgendeiner gemeinsamen Prüfung stehen. Wer diese Prüfung überlebt, wird bald weiterziehen, heißt es. Ich wache auf, bevor es zu dieser Prüfung kommt.

Eine steinzeitliche Erfahrung

Warum kenne ich die anderen alle schon? Wie kann es sein, dass ich schon bei meiner Ankunft am Flughafen von Weitem genau weiß, wer zu unserer Reisegruppe gehört und wer nicht? Dass mir jeder einzelne von ihnen vertraut vorkommt? Diese Frage beschäftigt mich seit unserer Abreise, und so nutze ich die erste Gelegenheit, sie meinen Gefährten zu stellen. Alles beginnt mit einem rasanten Flug durch einen Sternentunnel. Obwohl ich inzwischen weiß, dass so ein Flug nur wenige Sekunden Realzeit in Anspruch nimmt, kommt mir dieser hier endlos lang vor. Schließlich landen wir vor einer schrägen hohen Wand. Es ist die Rückwand einer großen Höhle. Als Erstes nehme ich eine Frau wahr, die die Felswand mit Zeichen bemalt, Zeichen und Tieren. Sie trägt eine schlichte, grob genähte Ledertunika. Ich erkenne in ihr Sabine wieder, die Künstlerin und Fotografin aus unserer Reisegruppe. Dann sehe ich auch Ana, unsere schamanische Führerin. Hier ist sie offenbar die Heilerin einer kleinen Steinzeitsippe, der auch ich angehöre. Ich habe hier einen kleinen Bruder. Er trommelt lieber rhythmisch mit Knochen herum, als mit den anderen jungen Männern zum Jagen zu gehen. In ihm erkenne ich Tobias aus unserer Gruppe wieder. Dann ist da noch Anja. Hier ist sie unsere »weltliche« Reiseleiterin. Sie kennt die Wüste gut, und auch die Tuareg, die uns begleiten, kennt sie von früheren Reisen. Schwer zu erkennen zunächst, ist sie die Älteste in der Steinzeitsippe. Sie sitzt nah beim Feuer und bearbeitet geduldig einen runden Stein mit einem steinernen Keil, bis sich langsam eine Mulde abzeichnet. Völlig versunken ist sie in ihre Arbeit. Anja hat genau so einen Stein heute in der Nähe unseres Lagerplatzes gefunden. Und wir hatten beide den Eindruck gehabt, dass er bearbeitet worden sei!

Nach und nach tritt jeder einzelne aus unserer Reisegruppe vor mein geistiges Auge in der Gestalt und Funktion, die er damals in der Sippe innehatte. Ich sehe aber noch mehr Menschen, vor allem weitere Männer. Unsere Sippe muss damals größer gewesen sein als unsere kleine dreizehnköpfige Reisegruppe heute. Ich sehe eine Gruppe Männer von der Jagd zurückkommen, doch es ist keiner darunter, den ich in unserer Reisegruppe wiedererkenne. Doch: einer – er ist ihr Anführer und wohl auch der Anführer der ganzen Sippe, und er ist heute wieder unter uns. Piet ist ein ruhiger, fast schüchterner Student aus Rotterdam. Er wirkt kein bisschen wie ein Anführer auf mich. Aber so etwas kann täuschen … Meine Aufgabe in der Sippe bestand darin, mit den Tieren zu kommunizieren, um das Jagen zu erleichtern und das Lager zu schützen. Seltsam, denn in meinem heutigen Leben bin ich keine große Tierfreundin und käme nicht auf die Idee, außer für meine Zierfische, noch für andere Haustiere Verantwortung zu übernehmen.

Haben wir längere Zeit hier in dieser Gegend gelebt? Ausgerechnet hier, mitten in der Wüste? Die Antwort erhalte ich, als ich von meiner schamanischen Reise zurückgekehrt bin. Mit einem Mal sehe ich, wie auf einem doppelt belichteten Foto, direkt hinter unserem jetzigen Lagerplatz den Eingang zu der Höhle, die uns damals Schutz bot. Diese doppelte Wahrnehmung dauert bei vollem Wachbewusstsein so lange, dass ich den anderen unterdessen von meinen Eindrücken berichten kann. Ich drehe mich um meine eigene Achse und sehe, dass rund um die Höhle alles grün ist. Diese grüne Landschaft wirkt wie eine Diaprojektion über der heutigen felsigen Landschaft. Die anderen sehen zwar nicht, was ich sehe, aber Piet, der mit Feuerholz im Arm hinzugekommen ist, antwortet wie zufällig auf meine unausgesprochene Frage: »Die Wüste soll ja früher fruchtbar gewesen sein. Davon merkt man hier leider nichts mehr. Hoffentlich haben wir genug Wasser dabei.«

Als ich meinen Mitreisenden von der steinzeitliche Sippe erzähle und in welcher Rolle ich jeden von ihnen wahrnahm, ernte ich zunächst nur ungläubiges Staunen und verhaltene Skepsis. Was habe ich denn auch erwartet? Später jedoch kommen einige zu mir und sagen, wie sehr sie das Erzählte berührt hat – wie ein Widerhall tief vom Grund ihrer Seele, ohne dass sie es sich erklären können. Ich bin nicht die Einzige, die von Anfang an diese Vertrautheit zu den anderen gespürt hat. Ana, unsere Schamanin, lächelt zu alledem nur wissend. Abgesehen von ihren abendlichen Gesprächsrunden spricht sie nicht viel.

Ich habe Anja von meiner Vorliebe für Raben erzählt und sie gefragt, ob es hier wohl welche gebe. Sie selbst hat noch keinen gesehen, aber die einheimischen Tuareg-Führer schon. Heute Morgen, als wir alle beim Frühstück beisammensitzen, gestikuliert Anja aufgeregt, ich solle mich umdrehen, aber ganz vorsichtig. Und wirklich: Einige Meter von mir entfernt sitzt ein großer Rabe. Er fixiert mich mit schräg gelegtem Kopf aus seinen schwarzen Knopfaugen und rührt sich auch dann nicht vom Fleck, als ich mich ihm langsam nähere. Schließlich hüpft er einige Meter zur Seite, fliegt aber nicht weg und lässt mich keine Sekunde aus den Augen. Er scheint allein unterwegs zu sein, was ungewöhnlich ist. Ich bin überglücklich über diese Begegnung. Vor allem bin ich auch erleichtert darüber, dass meine Wahrnehmung endlich auch einmal von anderen geteilt wird.

Von nun an kommt der Rabe jeden Morgen zu uns. Mit dem ersten Tageslicht fliegt er schon über unser Camp. Es wurmt mich ein bisschen, dass nie ich es bin, die ihn als Erste entdeckt. Immer ist es jemand anders aus der Gruppe, der seinen Anflug beobachtet und mich auf ihn aufmerksam macht. Der Rabe setzt sich dann meist hinter mich, und da habe ich schließlich keine Augen. Er lässt mich auch nie näher als drei Meter an sich herankommen. Aber er gibt mir ein Gefühl der Geborgenheit. Unter seinem Schutz kann uns nichts passieren. Das empfindet auch die Gruppe so. Und selbst unsere Tuareg-Begleiter freuen sich über das Tier. Der Rabe begrüßt uns jeden Morgen, begleitet uns am Vormittag, um dann am Nachmittag schon vorauszufliegen zu unserem neuen Lager – geradeso, als ob er unseren Lagerplatz schon kennen würde. Oder lassen sich die Tuareg etwa von dem Raben zu einem guten Platz führen? Ich traue mich nicht, sie das zu fragen, um sie nicht zu beleidigen. Ich bin einfach nur glücklich, dass sich durch diesen besonderen Vogel beide Welten so harmonisch verbinden. Und in dieser Umgebung und in Anas Gegenwart erscheint dieses schöne Spiel mit dem Raben auch keinem anderen aus der Gruppe abwegig. Wir erwarten ja geradezu das Unerwartbare. Also warum nicht einen Raben, der es leid ist, bloß unsichtbar als Krafttier zu dienen, wenn er unser aller Bewunderung auf sich ziehen und uns ganz real durch die Wüste führen kann?

Mir geht es gut mit dem Fasten. Es passt so gut hierher in diese karge Landschaft und schwächt mich nicht im Geringsten. Nur manchmal packt mich der Futterneid, wenn unsere blau gewandeten Tuareg-Begleiter uns ihre liebevoll zubereiteten vegetarischen Speisen servieren. Dazu breiten sie als Tischtücher glänzende blaue Satindecken auf dem Sandboden aus. Für uns zum Sitzen oder Liegen gibt es Wolldecken. Auf ihnen halten wir auch nach dem Essen im Schatten der Akazien oder Tamarisken Mittagsruhe und ziehen erst weiter, wenn die Hitze des Nachmittags vorüber ist. Der Rabe ist dann längst vorausgeflogen. Es gibt immer Tee am Nachmittag, aber er ist zu süß für mich, und ohne Zucker wäre er ungenießbar. Aber ab und zu sauge ich wegen der Vitamine an einem Orangenschnitz. Einfach köstlich!

Nach der Siesta bepacken die Tuareg mit größter Ruhe und Genauigkeit ihre Dromedare. Wer will, kann auch eines reiten. Es sind eigenwillige Tiere; alles junge Männchen, denn die Weibchen sind Basis für den Wohlstand ihrer Besitzer und somit zu kostbar für diese Art von Arbeit. Mit der Zeit lernen wir, die Tiere auseinanderzuhalten und ihre unterschiedlichen Charaktere zu würdigen. Nicht alle lassen es zu, geritten zu werden.

Ich genieße es, in den Morgenstunden barfuß durch den noch kühlen Sand zu laufen und später, wenn der Sand zu heiß geworden ist, ein Dromedar zu besteigen. Das Kamelreiten ist eine körperliche und spirituelle Übung besonderer Art. Wenn man nicht will, dass einem nach so einem Ritt das Kreuz schmerzt, muss man sich ganz dem Fluss der Bewegung hingeben. Es ist wie ein rhythmisches Kreisen, eine Welle, die vom Becken die Wirbelsäule hoch zum Kopf geht und dann wieder unten am Becken ansetzt. Gelingt es einem, sich ganz dieser Welle zu überlassen, so ist das wie eine wohltuende Massage. Und es kann einem leicht passieren, dass man durch diesen Rhythmus in eine Art Trance fällt. Gelingt es aber nicht, die eigene Verspanntheit und das Kontrollbedürfnis zu überwinden, büßt man dies mit Rückenschmerzen und einem wunden Gesäß. Wir alle haben diese Erfahrung schon gemacht.

Die anderen sitzen unter den Bäumen im lauen Wind beim Essen, während ich mich zum Schreiben zurückgezogen habe. Die »Ahs« und »Ohs« angesichts des köstlichen Mahls dringen zu mir herüber. Das irritiert mich ein wenig, stört mich aber nicht allzu sehr, denn ich habe mir gerade ein köstliches kaltes Orangen-Gurken-Süppchen gegönnt, dünn genug, um es als Getränk durchgehen zu lassen (ich will auch beim Fasten nicht zu dogmatisch sein …). Das Laufen oder Reiten in der Hitze ist anstrengend, aber schön. Eben sprang ein Stück Rinde von einer Akazie ab und fiel direkt auf mein kleines schwarzes Reisetagebuch. Es trägt das gleiche augenförmige Zeichen wie der Stein, den ich heute Vormittag fand. Er zog mit Macht meine Aufmerksamkeit auf sich. Nachdem ich ihn aufgehoben hatte, sah ich noch einen zweiten Stein, der wie eine kleine Burg aus zusammengebackenen Kieseln aussah. Auch ihn musste ich mitnehmen, obwohl ich ihn eigentlich hässlich fand und zudem viel zu groß zum Mitnehmen. Aber die beiden gehören offenbar zusammen.

Wir laufen hier allein, zu zweit oder in Grüppchen. Es wird auch viel gesungen. Besonders hoch oben im Sattel der Dromedare singt es sich gut – und abends am Lagerfeuer zusammen mit den Tuareg. Von ihnen kann man ein ganz neues Zeitgefühl lernen. Allein wie sie das Brot für uns backen, ist eine Meditation. Stundenlang, so kommt es einem vor, kneten sie auf einem Geschirrtuch den Teig. Derweil brennt das Feuer fast herunter. Der Teig wird im mitgebrachten »Ofen«, einer übergroßen Blechbüchse, so lange auf die Glut gelegt, bis das Brot innen weich und außen knusprig gebacken ist. Nach dieser mehrere Stunden andauernden Prozedur können es alle kaum noch erwarten, das frisch gebackene Brot zu kosten. Es muss herrlich schmecken! Zwischendurch wird immer wieder gesungen und getanzt, es werden Geschichten erzählt. Und der Mond hängt wie eine große reife Frucht am Himmel. Nur noch wenige Tage bis zum Vollmond.

Ana

Ana ist eine besondere Erscheinung – voller Gegensätze. Klein und schmal ist sie, zugleich aber sehnig und muskulös. Ihr zierliches Gesicht scheint fast in der schwarzen Haarflut zu ertrinken. Auf den ersten Blick wirkt sie dadurch mädchenhaft. Aber die sonnengegerbte Haut ihrer Hände und ihres Gesichts lassen ihr wahres Alter erahnen. Und natürlich ihre Augen – Augen, die schon viel gesehen haben und die manchmal so dunkel sind, dass sich nichts mehr in ihnen spiegelt. Wenn Ana isst, dann pickt sie in den Speisen herum wie ein kleines Vögelchen. Sie scheint nie wirklich Hunger zu haben, dafür aber eine Art neugierigen Appetit. Am irritierendsten ist ihr Gang. Einmal hüpft sie wie eine junge Geiß über die Felsen, ein anderes Mal schleppt sie sich dahin, als ob sie Bleikugeln an den Füßen hätte. Genauso ihre Sprache: Einmal spricht sie so flüssig englisch, als ob sie damit groß geworden sei, ein anderes Mal bereitet ihr die fremde Sprache große Mühe, und sie stützt sich schwer auf die Übersetzerin. Sie scheint dann nicht mehr dieselbe zu sein.

Ana hält sich immer ein wenig abseits. Gestern aber sprach sie mich am Lagerfeuer an. Sie sagte, es sei gut, dass ich faste. Während der Visionssuche nächste Woche würden alle fasten. Es würde mir dann leichter fallen als den anderen, da ich jetzt schon daran gewöhnt sei. Ich sei dadurch auch offener für die Dinge, die passieren würden. Sie sagte auch noch, dass sie meine Erzählung von unserer steinzeitlichen Vergangenheit sehr aufmerksam verfolgt habe. Meine Bilder und Erinnerungen stimmten mit ihren Bildern überein.

Und dann sprach sie aus, was ich gesehen, aber mich nicht getraut hatte, vor den anderen auszusprechen: nämlich dass wir Schwestern gewesen waren, damals, in der Steinzeitsippe. Und nicht nur das, fügte sie hinzu: Auch in diesem Leben seien wir schamanische Schwestern, das habe sie bereits am Flughafen bemerkt. Ich hatte das Gefühl, als wollte sie noch mehr sagen, aber sie beließ es dabei. Ich fragte, was sie damit meine, doch sie wich mir aus. Stattdessen wollte sie wissen, was mich hierhergeführt habe. Ich erzählte ihr von meinen Erfahrungen in Finnland, von Julian und dem Buch. Ana hörte aufmerksam zu. Nichts von dem, was ich ihr erzählte, schien sie zu überraschen.

Ich fühlte eine Mischung aus Freude, Stolz und Neugier angesichts dieser außergewöhnlichen Begegnung. Doch ganz im Hintergrund lauerte auch ein »Zauberlehrlingsgefühl«. Ob ich den Geistern, die ich rief, wohl gewachsen sein werde?

Für die heutige Vollmondnacht habe ich mir einen besonderen Schlafplatz ausgesucht. Er liegt oben auf der Kuppe einer abgeflachten Düne. Alle Dünen hier haben eine gleichmäßig runde Kuppe, nur diese nicht. Insofern ist sie ideal zum Schlafen geeignet. Eigenartigerweise liegt oben überall trockenes Holz, obwohl es weit und breit keine Bäume oder Büsche gibt. Und jetzt erst sehe ich, dass zwischen dem Holz auch Knochen liegen. Sogar ein kleiner Tierschädel und seltsam große Eierschalen. Ohne viel darüber nachzudenken, nehme ich einen Hüftknochen und lege eine fast unversehrt gebliebene Eierschale in die Knochenrundung, die einmal das Gelenk enthielt. Es sieht zusammen wunderschön aus.

»Geburt und Tod«, sagt Ana, die von mir unbemerkt hinzugekommen ist. »Meine Hoffnung hat mich nicht getäuscht. Du bist eine uralte Schamanin!«, sagt sie. »Kaum zu glauben, dass sich dir diese Tür erst vor wenigen Wochen geöffnet hat. So alt – so jung. Was für ein Geschenk! Vier Jahre reise ich nun schon durch die Welt auf der Suche nach jemandem, der meine Nachfolge antreten könnte. Nun bin ich endlich angekommen!«, sagt sie feierlich. Ana hat Tränen in den Augen und umarmt mich fest. »Du kannst dir nicht vorstellen, wie glücklich du mich machst. Ich werde mein Leben lang für dich da sein, auch über den Tod hinaus, und selbst dann, wenn wir uns in diesem Leben nie mehr wiedersehen. Was ich allerdings nicht hoffe!«, fügte sie lächelnd hinzu.

Mir schwirrt der Kopf. Das ist alles zu viel für mich und zu groß. Ich würde mich am liebsten in ein Mauseloch verkriechen, und zugleich fühle ich mich unendlich geschmeichelt. Im nächsten Moment wird mir bewusst, wie unpassend und lächerlich das ist, und ich schäme mich dafür. Als ich mich gefangen habe, spüre ich nur noch die unmittelbare Bedrohung, die in ihren Worten mitschwingt. Ich will sie doch nicht gleich wieder verlieren! »Das klingt, als ob du diese Welt verlassen wolltest«, frage ich ungläubig.

»So ist es. Nur mein Ego hängt noch am Leben. Das gute alte Ego.« Und wieder ist da diese Müdigkeit, die ich schon am Flughafen bei ihr gespürt habe. »Du bist viel besser für diese Aufgabe gerüstet als ich«, sagt sie. »Ich habe dich schon einmal im Traum gesehen. Da hast du ganz in Weiß gekleidet vor einer riesigen Menschenmenge gesprochen. Das Sprechen, und auch das Schreiben, fällt dir leichter als mir. Du bist viel vertrauter mit der Welt der Worte und kannst so viel mehr Menschen erreichen. Du musst sofort anfangen. Warte nicht, meine große, kleine schamanische Schwester.« Mit diesen Worten schaut sie mich prüfend an, umarmt mich noch einmal und überlässt mich meinem Gefühlschaos.

Schreibend versuche ich am nächsten Morgen, nach einer wild durchträumten Nacht, Ordnung in meine Gefühle und Gedanken zu bringen. Ich spüre Überforderung angesichts des

Drucks, den Ana mir macht, wenn sie sagt, ich solle sofort anfangen. Mit was eigentlich? Das werde ich wohl noch erfahren. Dann ist da die Angst, Ana als Lehrerin gleich wieder zu verlieren, bevor sie mich auf meine Aufgabe vorbereitet hat. Und doch jubiliert das Ego über die unerwartete Aussicht auf Ruhm und Bedeutung – immer sofort gefolgt von Scham, dass ich mich so von meiner Eitelkeit hinreißen lasse, und das, ohne auch nur das Geringste geleistet zu haben.

Ich merke, wenn ich nicht gedrängt werde, kann ich mich von meiner Intuition leiten lassen und verspüre dabei Freude und Sicherheit so wie beim Suchen, Finden und Schmücken meines Schlafplatzes gestern Nacht. Aber wenn da Druck ist, eine Erwartung von außen, dann ist nur noch Leere in meinem Kopf und meinem Herzen wie die Schockstarre angesichts des Wolfs auf meinem Steg in Finnland. Nein, ich bin noch lange nicht so weit, Anas Nachfolge anzutreten. Aber ich könnte sofort mit dem Lernen anfangen. Damit hat sie recht, und dazu drängt es mich tatsächlich. Was sie in mir zu erkennen meint, motiviert mich sehr!

Ich traue mich nicht, mit jemandem aus der Gruppe über all dies zu sprechen. Ich glaube auch nicht, dass es Ana recht wäre. Ich genieße es, mit Anja, Sabine oder Piet zu singen, über Alltägliches zu sprechen oder einfach nur gemeinsam die Schönheit der Wüste zu genießen. Besonders Sabine, unsere Künstlerin und Fotografin, hat einen besonderen Blick für Details und ungewöhnliche Lichtstimmungen. Wir laufen gern einfach nur nebeneinanderher und hören dem Sand zu, wenn er sich anschleicht oder faucht oder einfach nur leise rieselt. Wir reden nicht viel, Sabine und ich, aber wir wollen uns wiedersehen, wenn wir wieder zu Hause sind.

Heute ist Vollmond, und Ana erzählt uns von den vielen Bedeutungen des Vollmondes, besonders für Frauen. Sie erzählt von den Kräften des auf- und des absteigenden Mondes und von seiner manchmal zerstörerischen Kraft. Ich wage zu fragen, ob sie heute Nacht mit mir ein Vollmondritual machen würde. Sie überlegt lange, bevor sie einwilligt. Dann schlägt sie vor, ein Ritual zu meinem Essverhalten zu machen. Mein Essverhalten?! Aber ich faste doch! Ana kennt mich gar nicht anders als fastend. Wie kann sie dann wissen …?

»Ich habe dich beobachtet«, sagt sie und fügt angesichts meines fragenden Blicks hinzu: »die Art, wie du nicht isst. Das Fasten ist für dich eine Insel, auf der du glücklich bist, weil du meinst, hier deiner Gier zu entkommen. Aber so entkommst du ihr nicht.« Ich spüre, wie mein Kopf heiß wird vor Scham und wie meine Schläfen anfangen zu pochen. Was erlaubt sie sich da? Ich schlucke meinen ersten Impuls, die Wut, hinunter, füge mich der Macht ihres tieferen Wissens und frage sie einfach, ob sie mir helfen könne. »Ich weiß es nicht. Wir werden sehen.« Sie sagt, ich solle mich jetzt zurückziehen, meditieren und bei Einbruch der Dunkelheit ein Feuer entzünden. Wenn das Feuer brennt, wird sie zu mir kommen. Gut, dass ich mir den einzigen Platz ausgesucht habe, an dem es Feuerholz gibt.

Mein Feuer brennt schon lange, als Ana endlich kommt. Mit einer kleinen Geste verbindet sie sich zuerst mit den vier Himmelsrichtungen, den vier Elementen und als Letztes mit dem Mond. Dann wendet sie sich mir zu. Sie reicht mir Reste des Abendessens, die sie für mich mitgebracht hat. Es ist allerdings nicht für mich zum Essen gedacht, sondern um sie dem Feuer zu übergeben. In dem langen Schweigen, das auf dieses kleine Ritual folgt, geschieht etwas Seltsames. In dem Maße, indem ich mich in den Anblick des Feuers vertiefe, werden wir eins. Ich bin dieses Feuer, das gierig das mitgebrachte Essen verschlingt und sich dabei selbst verzehrt. Nicht im Traum würde mir/dem Feuer einfallen, etwas von dem Essen übrig zu lassen. Ich bin es, die wärmen kann und wehtun, erhalten und vernichten – weit ab von moralischen Kategorien.

Ana bedeutet mir, mich hinzulegen. Während sie einen leisen Singsang anstimmt und mit einem Kräuterbüschel langsam über meinen Körper streicht, überläuft es mich abwechselnd heiß und kalt. Ich sehe das Feuer links und den Mond rechts und in der Mitte dazwischen Anas dunklen Kopf mit den blicklosen Augen. Lautlos beginnt mir das Wasser aus den Augen zu stürzen – ohne Schluchzen, so als ob das alles nichts mit mir zu tun hätte. Ich fühle mich so leer, dass der Wind durch mich hindurchpfeift wie durch einen hohlen Knochen. Nach einer Weile hilft mir Ana hoch und weist mich an, den Rest der Suppe den vier Himmelsrichtungen und dem Mond zu opfern. Ana sagt, das Feuer liebe mich, aber es brauche noch etwas von mir, ein Erlebnis oder eine Erinnerung – etwas, das weit zurückliegt, lange vor meiner Zeit hier in diesem Leben. Um mich ganz zu heilen, muss ich diese Erinnerung hervorholen und dem Feuer opfern. Tatsächlich war mir heute im Traum auf meinem seltsamen Schlafplatz zwischen Knochen und Eierschalen am ausgebrannten Feuer Nathan erschienen, mein vergessener verhungerter Ahn. Und ich weiß nun, was zu tun ist. Das Bestattungsritual für ihn wird ein Feuerritual sein. Doch der Zeitpunkt dafür ist noch nicht gekommen. Ana ist mehr als zufrieden über meinen Vorschlag und schlägt die bevorstehende Visionssuche als den angemessenen Rahmen für dieses Ritual vor.

Sandkörner

Ich bitte meine Gefährten um Rat für die Tage und Nächte, die nun kommen werden: die Visionssuche. Julian holt mich ab, und gemeinsam mit ihr geht es mit rasender Geschwindigkeit durchs All bis zu jenem Punkt, auf den das ganze Universum zuläuft, an dem es sich zu einem Energieknoten verdichtet, hell und klar wie ein Kristall. In diesem Kristall sind nicht nur alle Farben, alles ist in ihm enthalten. Er ist zugleich Stille und Lärm, Ruhe und Bewegung, Dunkelheit und strahlendes Licht. Alles an ihm ist in wunderbarer Balance. Hier endet jedes Gefühl, sogar die Liebe.

»Wie kann das sein?«, frage ich Julian, »ich dachte immer, das Letzte, das bleibt, das Eigentliche, das sei die Liebe.« – »Nun siehst du, dass es nicht so ist«, sagt Julian, »das Letzte, das Eigentliche, wie du es nennst, ist nicht die Liebe, sondern das Sein an sich. Es ist so pur, dass es sogar ohne Liebe ist. Wenn es alle Gegensätze vereint, kann es keiner von zwei Polen sein.« Die Liebe ist also nur ein Weg und nicht das Ziel. Aber es ist mein Weg, so viel scheint mir sicher!

»Siehst du das?«, fragt Julian in meine Gedanken hinein und zeigt auf einen pulsierenden Lichtstrahl, der von dem Kristall ausgeht. »Das ist Liebe, der sichtbare Teil des Gegensatzpaares.« – »Und was ist mit dem anderen, dem unsichtbaren Teil?« – »Du wirst ihm noch begegnen.«

Ich frage Julian, warum sie hier bei mir sei und nicht dort in dem Kristall, wenn doch, wie sie sagt, von dort alles kommt und dorthin alles zurückkehrt. Ihre Antwort berührt mich tief: »Als ich zum letzten Mal starb, kehrte ich dorthin zurück und wurde gefragt: ›Möchtest du das ewige Licht, oder möchtest du zurück auf die Erde und ein Sandkorn sein?‹ Ohne zu überlegen, wählte ich das Sandkorn.« – »Ein Sandkorn?«, frage ich ungläubig. »Ja, nicht ein wirkliches Sandkorn, wie du es gerade durch deine Finger rieseln lässt, aber so unbedeutend wie ein Sandkorn, das jedenfalls wurde mir gezeigt. Ich könne zurück unter der Bedingung, dass ich eine oder mehrere Seelen auf ihrem irdischen Weg begleite. Ich bin dabei aber nicht ihr einziger Begleiter, sondern nur einer unter vielen. Ich müsse mir auch im

Klaren darüber sein, dass ich diese Seele nicht ›retten‹ könne. Mit großer Wahrscheinlichkeit könne ich sie nicht einmal erreichen, sondern bliebe von ihr vollkommen unbemerkt. Kannst du nun verstehen, wie glücklich ich war, als du mich bemerktest, meine Stimme vernahmst und mich sogar sehen konntest? Ein größeres Glück gibt es nicht für uns. Mein Wirken hängt nur von deinem Bewusstsein ab. Ich danke dir dafür.«

Ich bin sprachlos. »Du wolltest also lieber ein Sandkorn sein und mich begleiten, als zum Ursprung zurückzukehren? Wie soll mein Ego nur mit alledem fertigwerden?« – »Das ist eine große Herausforderung für dich«, lacht Julian, und ich habe fast den Verdacht, dass dies aus ihrer Sicht nur ein kleines Problem ist.

Eines interessiert mich noch: »War die Nonne Julian, als die du mir erscheinst, deine letzte Inkarnation?« Sie nickt. »Ist das immer so, dass man einem Menschen in der Form der letzten Inkarnation erscheint?« – »Meistens. Aber manche wählen auch eine andere. Es ist übrigens vollkommen gleichgültig, wie du uns wahrnimmst. Unsere Erscheinungsform ist nur eine Art geistiger Materialisation, um dir die Wahrnehmung zu erleichtern. In Wahrheit haben wir keine Form.« Ich bin vollkommen überwältigt und voller Dankbarkeit. So viel Demut! So viel reines Geben!

Ich bin auch dankbar für die Dosierung. Ich bekomme immer gerade so viel, wie ich verarbeiten kann, nicht weniger und auch nicht mehr. Nicht umsonst habe ich auf meinen letzten schamanischen Reisen nicht viel mehr bekommen als Ermutigungen für meinen Weg. Der gestrige Traum, die heutige Reise, das ist wahrlich genug. Ich lerne ja auch viel aus den Gesprächen mit den anderen aus der Gruppe. Vor allem lerne ich, jeden Weg, den jeder Einzelne geht, zu würdigen. Auch das ist viel.

»Bisher beschränkt sich meine Botschaft auf zwei Dinge«, sage ich zu Ana, als wir ins Gespräch vertieft Seite an Seite durch die Wüste laufen. »Worum es geht, ist die Liebe, und was es braucht, ist Vertrauen.« Sie nickt langsam. »Ja, genauso ist es. Aber das ist für die Menschen zu einfach, das können sie nicht begreifen.« – »Zu einfach, um es zu begreifen?«, frage ich ungläubig.

»Der Schlüssel ist das Geben«, sagt sie, ohne weiter auf meine Nachfrage einzugehen. »Gib; und alles, was du brauchst, kommt von selbst. Es ist wie mit dem Atem. Wenn du vollkommen ausgeatmet hast, saugt sich deine Lunge ganz von selbst wieder voll mit Luft. Du brauchst nichts dazu zu tun. Gib; und was dann zu dir kommt, ist genau das, was du brauchst, und nicht das, was dein Ego meint zu brauchen. Gib; und mach so Platz für das, wonach sich deine Seele sehnt und wofür sonst kein Platz ist vor lauter Festhalten am Alten.«

Heute Morgen gab Ana nach den Atemübungen jedem eine individuell auf ihn abgestimmte Aufgabe. Ich freute mich sehr, denn ich sollte singen. Bisher hatte ich mich morgens noch nicht getraut zu singen, weil ich die anderen nicht in ihrem Schlaf oder ihren Meditationen stören wollte. Jetzt ist das anders. Ich soll für Großväterchen Feuer singen. Hier, auf dieser etwas höher gelegenen Düne, will ich es tun – auf die Sonne ausgerichtet, die für mich hier das Feuer repräsentiert. Wie schön das ist! Ich singe eine Melodie, die irgendwann einmal zu mir fand, zu der ich aber keine Worte habe. Dann, plötzlich, während des Singens, kommen die Worte. Es ist eine Sprache, die ich nicht verstehe. Aber die Worte klingen schön, und ich spüre den Sinn, den sie ergeben. Wie schade, dass ich sie nicht aufschreiben kann! Da ich nicht verstehe, was ich singe, kann ich es mir auch nicht merken und später aufschreiben. So wird dieses Lied leider mit diesem Text nur einmal gesungen werden. Als die letzte Strophe verklungen ist, höre ich wieder

Worte. Diesmal verstehe ich ihren Sinn. Es ist der Dank des Feuers, der Sonne für meinen Gesang. Doch das ist nicht alles. Der hier spricht, kennt mich offenbar sehr gut:

»Du bist kraftvoll und von reiner Energie, wie ich. Du bist sehr alt so wie ich, das älteste der vier Elemente. Warum glaubst du, darauf angewiesen zu sein, dass du Energie von außen bekommst, in Form von Nahrung, Liebe, Anerkennung? Schau mich an. Ich habe so viel Energie, wie niemand sie mir von außen jemals zuführen könnte. Sie kommt von innen aus mir, und ich kann sie großzügig und im Übermaß verschenken, ohne weniger zu werden. So gebe ich diesem Sonnensystem Leben. Schau dich an. Du fastest, und all deine Energie kommt aus dir. Schau dich an, als du ein Baby warst, allein gelassen in deiner Wiege im dunklen Zimmer, hungrig und voller Angst. Selbst dort hast du alle Energie, die du zum Überleben brauchtest, aus dir selbst geschöpft und überlebt. Du brauchst sehr viel Energie, genau wie ich. Und du hast sie in dir, alles, was du brauchst. Du kannst deine Energie verschenken, meinetwegen auch verschwenden. Du kannst darauf vertrauen, dass sie für dich immer im Überfluss vorhanden sein wird. Denn du bist an das Größere angeschlossen. Je mehr du gibst, desto mehr kann durch dich hindurch nachfließen.«

Nun weiß ich, warum ich schon immer eine so innige Beziehung zur Sonne hatte. Zum Element Feuer überhaupt. Es ist für mich wie ein Lebenselixier. Ich bin glücklich darüber, hier so viel Weisheit zu begegnen. Mir kommt es vor, als ob dies der Anfang einer innigen, vertrauensvollen Beziehung zu den Elementen sei, aus denen das Universum besteht. Ich fühle mich reich beschenkt und gesegnet! Danke!

Folgende Worte kamen heute in der Morgenmeditation:

Die Erde trägt mich, und ich trage sie.
Die Luft durchströmt mich, und ich durchströme sie.
Das Wasser durchfließt mich, und ich durchfließe es.
Das Feuer brennt in mir, und ich brenne in ihm.
Ich bin Erde, Luft, Wasser, Feuer.
Ich bin.

Nach den heutigen Atemübungen bekam wieder jeder seinen Auftrag. Ich soll mir einen Stein suchen und zählen, aus wie vielen Sandkörnern er besteht. Ich vermute: eine Demutsübung. Sehr notwendig! Also los.

Der Stein, der mich anspricht, ist auf den ersten Blick hässlich und rau und zudem so leicht, als sei er aus Plastik. Warum ausgerechnet der? Aber jetzt, da ich genauer hinsehe, erkenne ich auf diesem kleinen Stein unseren ganzen Planeten: Berge, Meere, Flüsse und Wüsten sind auf ihm abgebildet. Und zwar genau so, wie ich es von meinem Schulatlas her kenne: Die Berge sind braun, die Meere und Flüsse blau und die Wüsten gelb. In der Wüste kann ich sogar einzelne Dünenstrukturen erkennen, ein Muster, wie ich es vom Flugzeug aus gesehen habe. Den Stein in meiner Hand sitze ich auf einer Düne inmitten der Wüste und stelle mir vor, dass ich mich vom Universum aus beobachte. Von dort aus sehe ich mich klein wie ein Sandkorn auf meiner Düne sitzen, einen kleinen Stein in meiner Hand. Und auf diesem Stein findet sich die gleiche Wüste, die gleiche Düne, auf der ich sitze. Ich fühle die einzelnen Sandkörner, aus denen der Stein besteht, und kann nur vermuten, dass auch sie das Universum in sich tragen – die Erde, die Wüste, die Düne, mich, den Stein, die Sandkörner, aus denen er besteht, die Atome, Elektronen, die Wellen, Schwingungen. Reine Energie. So rein wie der Kristall, den ich gestern auf meiner Reise sah, Anfang und Ende. Mir schwirrt der Kopf. Ich versuche, mich nur noch auf die Rauheit des

Steins in meiner Hand zu konzentrieren, und komme langsam wieder zu mir.

Als Ana mich abholt und ich ihr von den Schwingungen erzähle, die in dem Sandkorn sind, nimmt sie mich in die Arme und sagt: »Das ist es! Hundert Prozent«, und ich bin glücklich. Alles, was ich hier erlebe, ist so neu! Und zugleich ist es mir auch so vertraut. Es scheint, als hätte ich all dieses Wissen schon lange in mir. Es ist wie ein Sicherinnern nach langer, langer Zeit wie das mühsame Freilegen eines Schatzes, der Jahrhunderte in der Erde verborgen lag. Ich bin eine Archäologin, eine »Jägerin des verlorenen Schatzes«.

Während ich dies schreibe, überrascht uns ein winziger Regenschauer. Er ist der Vorbote eines Sandsturms, den wir schon von fern über die Sanddünen herankommen sahen. Er hüllt alles in rötlich graue Dunkelheit. Dann prasselt der Sand mit unbarmherziger Gewalt auf uns ein. Obwohl wir uns fast völlig in unsere Decken und Turbane gehüllt haben, kriecht der Sand doch in jede Öffnung und schmirgelt die Gesichtshaut wie ein Peeling. Nach wenigen Minuten ist alles vorbei. – Oder waren es Jahrhunderte? Die Zeitwahrnehmung wird immer schwieriger und ungenauer hier in der Wüste. Das geht den anderen in der Gruppe nicht anders. Anja sagt, das sei das Besondere an der Wüste, dass Raum und Zeit sich immer mehr auflösen. Deshalb komme sie auch so gern hierher. Anja ist schon häufiger mit Ana gereist. In letzter Zeit mache sie sich aber Sorgen um Ana, weil sie oft so müde und erschöpft wirke. Das hätte ich auch schon beobachtet, erwidere ich. Ob ich mit Ana darüber gesprochen hätte, will Anja wissen, wir redeten doch so viel miteinander. Ich weiche einer Antwort aus und lenke das Gespräch auf ihre Erfahrungen mit den Tuareg.

Wo ist mein Platz?

Der heiße Wind fegt noch immer durch das staubtrockene Wadi und bildet hier und da kleine Wirbel wie flüchtige Sandgeister. Unter der Tamariske ist es einigermaßen schattig. Die anderen sind beim Essen, Ana auch. Gerade noch haben wir hier zusammen auf der Decke gesessen, ein Bild aus Steinen und Zweigen gelegt und miteinander gesprochen. Zum ersten Mal hat sie von sich erzählt, von ihrer langen schweren Krankheit als Kind, die sie sehr geprägt hat, von ihren Freuden, ihrer Familie und ihren Überzeugungen. Ana ernährt sich ausschließlich vegetarisch. Sie vermeidet so konsequent alles, was den Tod eines Tieres zur Ursache hat, dass sie nicht einmal Lederschuhe trägt, sondern nur Schuhe aus Stoff oder Gummi.

Das kann ich mir für mich nicht vorstellen. Ich liebe Leder und Pelz, und vor allem esse ich sehr gern Fleisch und Fisch. Das hat Ana bereits vermutet. Sie findet es zwar schade, dass wir hierin nicht übereinstimmen, aber als Schamanin stünde ich damit nicht allein. Für viele Schamanen sei dies sogar eine besondere Art, sich mit den Seelen der Tiere zu verbinden, indem sie sich ihr Fleisch einverleiben und ihre Haut tragen. Sie selbst sei sogar mit einem solchen Schamanen aus Peru befreundet. Überhaupt solle ich meinen eigenen Weg als Schamanin finden. Ich muss nicht in allem so denken und handeln wie sie, um ihre Nachfolgerin werden zu können.

Da ist es wieder: das Damoklesschwert ihrer Nachfolge, die für mich Ehre und Bürde zugleich ist. Und nun macht sie es mir auch noch leichter (oder schwerer, wie man es nimmt), indem sie mich ausdrücklich auffordert, eigene Wege zu gehen. Allerdings ahne ich jetzt schon, dass mir ihre glühenden Anhänger möglicherweise weniger tolerant begegnen würden als Ana selbst, wenn ich Dinge ganz anders sehe und mache als sie.

Ich zeige Ana den schwarzen Stein, den Intschi mich bat mitzunehmen. Ich erzähle ihr, dass ich den Stein in einem Wühlkorb voll billiger Halbedelsteine in einem Mineraliengeschäft in meiner Heimatstadt gefunden habe. Ana besieht sich den Stein genau und befindet, es sei ein Stein voller Geschichten und Geheimnisse. Außerdem würde er mich lehren, mit den Steinen zu sprechen und ihnen zuzuhören. Der Bergkristall sei allenfalls gut als Ergänzung zum schwarzen Stein. Er hätte selbst keine Bedeutung für mich, es sei jedoch gut, dass ich auch ihn mitgenommen hätte. Damit bestätigt sie genau, was ich bereits von Intschi erfahren habe. Ich warte nur noch auf die Visionssuche, sage ich zu Ana, dann werde ich mich mit dem Stein befassen. Dann habe ich ja viel Zeit, denn Bücher, auch Tagebücher, dürfen wir nicht mitnehmen auf unseren Platz.

Ich möchte diese Tage und Nächte ohne Kleidung zubringen. Ana sagt, das würde gut zu mir passen und das Ritual sicher noch kraftvoller machen. Sie würde dafür sorgen, dass ich vollkommen ungestört bliebe. Beschützt sei ich sowieso, schon durch meine kraftvollen Steine und meine wunderbaren Gefährten. Sie will mir noch ein paar Übungen zeigen, wie ich mit dem Sand und der Sonne umgehen kann, denen man hier nur schwer entkommt. Ich freue mich schon auf diese stillen Tage, obwohl natürlich auch etwas bange Erwartung dabei ist. Ana meint, mein Weg sei, wie ihrer, sehr einfach (im Sinne von schlicht) und pur. Ich solle nur auch weiterhin alles Überflüssige weglassen. Ich brauche keine Amulette. Und auch meine Rituale solle ich schlicht halten. Denn auch ich würde nach purer Essenz, nach dem Wesen der Dinge streben. Es ginge eine außergewöhnliche Klarheit von mir aus im Denken, Fühlen und Handeln und eine große innere wie äußere Schönheit. Genauso empfinde ich auch sie.

Wir haben den Ort unserer Visionssuche erreicht – eine Dünenlandschaft mit vereinzelten Bäumen und Büschen. Heute Abend wird sich hier jeder seinen Platz suchen, seine Kuhle oder Baumgruppe, seinen Hügel oder Busch. Wir nehmen nichts mit außer einer Decke, unseren Schlafsack gegen die nächtliche Kälte und etwas Wasser. Auch Kraftobjekte – in meinem Fall Steine – sind erlaubt sowie etwas Holz, um ein kleines rituelles Feuer anzuzünden, sollten wir das wollen. Die vier Tage und vier Nächte verbringen wir in einem Schutzkreis, der den Durchmesser unserer Körperlänge hat, sodass wir uns gerade darin ausstrecken können. Wir verlassen den Kreis nicht. Das heißt, auch unsere hygienischen Verrichtungen finden innerhalb des Kreises statt. Das ist eine besondere Herausforderung, weil ich gerade meine Blutung bekommen habe. Fast alle Frauen der Gruppe haben jetzt vor der Visionssuche ihre Blutung, gleich, ob jede rechnerisch dran war oder nicht. Nur die älteste und die jüngste nicht. Wir sollen auf die handelsüblichen Hygieneartikel verzichten und es einfach fließen lassen, sagt Ana. Das sei ungleich kraftvoller. Sie zeigt uns besondere Blätter, die wir verwenden können, um unseren Schutzkreis einigermaßen sauber zu halten.

Da wir auch kein Papier und keinen Stift mitnehmen dürfen, kann ich nur später aus der Erinnerung aufschreiben, was mir in den nächsten Tagen widerfahren wird. Jeder in der Gruppe hat Angst. Man merkt es an den Nachfragen: Keine Tampons? Kein Schreibzeug? Wirklich gar nichts essen? Wird Ana nach uns schauen? Werden die Beduinen uns schützen oder uns zu nahe kommen? Wir alle sind mit alten Ängsten konfrontiert, jeder auf seine Weise. Aber wir sprechen in der Gruppe kaum darüber, so als ob sich jeder schon nach innen ausrichte.

Das erste Morgenlicht ist gerade hell genug zum Schreiben. Ja, ich schreibe. Denn es hat sich gestern Abend kein Platz für mich gefunden. Der Ort, den ich mir ausgesucht hatte, war viel zu weit vom Lager entfernt, sodass die Beduinen mich zurückholten, und alle anderen Orte, die noch für mich infrage gekommen wären, waren zu diesem Zeitpunkt schon belegt. So irrte ich umher, bis es zu dunkel war, um noch weiterzusuchen. Ana, die mich bei meiner Suche begleitet hatte, wies mir schließlich einen provisorischen Platz unter einem Dornbusch unweit des Lagers zu. Morgen beim ersten Tageslicht würden wir es noch einmal versuchen. Sie sagte, all dies sei schon Teil meiner Visionssuche. Ich solle mich fragen, was es mit mir zu tun habe.

Ich weiß genau, was es mit mir zu tun hat, und es macht mich traurig. Seit ich denken kann, scheint es keinen Platz für mich zu geben. Schon als kleines Kind fühlte ich mich in meiner Familie nicht willkommen. Lange tröstete ich mich damit zu denken: Bald kommen meine richtigen Eltern und holen mich hier ab. Doch niemand kam. Als ich älter wurde, suchte ich mir unbewusst die Männer danach aus, ob sie eine heile Familie hatten und eventuell Aussicht darauf bestand, von ihrer Familie »adoptiert« zu werden. Da das kein wirklich viel versprechendes Kriterium für die Partnerwahl ist, gingen meine Beziehungen allesamt in die Brüche. Noch mit Richard war es so gewesen, dass mich seine wunderbare Familie mit offenen Armen empfangen hatte. Ich war erfüllt gewesen von dem fantastischen Gefühl der Zugehörigkeit – bis ich ersetzt wurde und eine andere an meine Stelle trat. Was blieb, war die Gewissheit, ganz auf mich gestellt zu sein.

Immerhin hatte ich in dieser Nacht unterm Dornbusch einen Traum: Ich bin auf einem Fest am Fuße eines Berges. Es gibt viel zu essen. Vor allem die goldfarbenen duftenden Krapfen habe ich noch in Erinnerung. Der gesamte Bergrücken ist mit Blumen und Tüchern bunt geschmückt, die, wie Felder ausgelegt, kleine Parzellen ergeben. Ich bin als Einzige ganz in

Weiß gekleidet. Das Fest scheint mir zu Ehren stattzufinden. Ich fühle mich wie eine Braut, aber dies ist keine Hochzeit. Ich werde in einer feierlichen Prozession den Berg hinaufgeführt. Man singt und spielt auf allerlei Instrumenten. Oben angekommen, werde ich an einen winzigen Bergsee gebracht, der mir ungewöhnlich tief und dunkel vorkommt – wie die schwarze Pupille in der schillernden Iris aus bunten Tüchern. Die, die mich gebracht haben, weichen einige Meter von mir zurück. In diesem Augenblick weiß ich, dass ich geopfert werden soll. Von den Trommeln gerufen kommt die große Wasserschlange, die im See lebt, ans Ufer. Langsam schlingt sie sich um meine Beine, bis ich den Halt verliere und ins Wasser rutsche. Sie beißt mir sanft in den Nacken. Ich spüre, wie sich ihr Gift langsam in meinem Körper ausbreitet und mich lähmt. Kein Kampf, kein Schmerz, es ist ein friedvolles Ende. Mein Tod fällt mit dem Erwachen zusammen.

Ana weicht von der schamanischen Praxis ihres Volkes ab, was das Träumen betrifft. Eigentlich muss der Schutzkreis so eng gezogen sein, dass man nur darin sitzen kann. Unserer ist aber groß genug zum Liegen, und wir dürfen, ja sollen, auch darin schlafen. Denn in den nächtlichen Träumen sieht Ana eine wichtige Quelle der Kraft und der Erkenntnis. Daher meint sie, dass diese Nacht bereits Teil meiner Visionssuche war.

Am Morgen mache ich mich noch einmal auf die Suche nach einem Platz für meine Visionssuche. Ich finde ihn schließlich unter einer kleinen verwachsenen Tamariske. Ich lege mich an ihre Westseite, wo sie eine kleine Höhle bildet. Hier markiere ich meinen Schutzkreis mit den mitgebrachten Steinen und verbringe den Nachmittag damit, mich innerlich auf die nächsten Tage vorzubereiten. Meine unzähligen Gedanken versuche ich wenigstens zu sortieren, wenn ich sie schon nicht abschalten kann. Ungeduldig warte ich auf die Nacht. Anstatt jedoch zu schlafen oder gar zu träumen, liege ich nur zitternd und frierend in meinem Schlafsack und warte nun wieder ungeduldig auf den Morgen und die Sonne. Die kommt aber erst am Nachmittag auf die Westseite der Tamariske. Dann wird es binnen Minuten dort unerträglich heiß.

Ana kommt am Abend vorbei und sieht mein Elend. Sie erlaubt mir, noch einmal umzuziehen – auf die andere Seite des Baumes. Doch solle ich den Umzug achtsam wie ein Ritual vollziehen. Ana verspricht, jeden Tag einmal vorbeizukommen, um zu schauen, wie es mir geht. Sie sagt, diejenigen, mit denen es die Geister gut meinen, hätten es besonders schwer am Anfang. Das tröstet mich ein wenig.

Hier an der Ostseite des Baumes kann ich nun endlich bleiben. Die Morgensonne wärmt mich nach der kalten Nacht, und die Tamariske bietet gerade genug Schatten, um der stechenden Nachmittagssonne zu entgehen. Als Nächstes muss ich mich mit meinen Ausscheidungen auseinandersetzen. Da ich so lange gefastet habe, habe ich es zum Glück nur noch mit Blut und Urin zu tun. Das Blut stört mich nicht. Ich vergrabe es einfach unter mir im Sand. Der Urin stört schon mehr, wegen seines Geruchs. Auch ihn vergrabe ich am Rande meines Kreises im Sand. Zu allem Überfluss hat Ana uns auch noch empfohlen, jeden Morgen einen Becher unseres Urins zu trinken. Zum Initiationsritual ihres Inkavolkes gehört es nicht nur, fastend in einem Kreis auszuharren, sondern auch ohne Wasser auszukommen. Wir dagegen müssen wenigstens nur auf Nahrung verzichten, nicht auf Wasser. Sie empfiehlt uns trotzdem, unseren Urin wenigstens einmal zu probieren, da dies angeblich eine autoimmunisierende Wirkung habe.

In meiner Vorstellung ist der Urin das, was der Körper nicht verwerten kann und deshalb ausscheidet. Deshalb und natürlich wegen des Geruchs ist mein Widerwille groß. Ich beschließe, es trotzdem zu probieren. Und es ist gar nicht so schlimm, wie ich es mir vorgestellt habe. Es scheint gar nicht der Geruch an sich meinen Widerwillen zu erregen, sondern die damit verbundenen Assoziationen von verdreckten öffentlichen Urinalen und Toiletten. Ich versuche also, diese Bilder beiseitezuschieben und mich mit dem Geruch anzufreunden. Und allmählich erscheint er mir ganz natürlich und neutral. Schließlich genieße ich es sogar, in den kalten Morgenstunden etwas Warmes trinken zu können.

Ans Nacktsein ist gar nicht zu denken. Dazu ist es im Wechsel erst zu kalt und dann zu heiß. Und der Sand und die Fliegen sind schon im bekleideten Zustand lästig genug. Gegen den Sand bietet der Baum nur wenig Schutz, da er zur anderen Seite geneigt ist. Die tagelangen Sandstürme setzen mir zu. Sie schmirgeln mich regelrecht ab. Zuerst singe ich noch wütend gegen den Sturm an. Doch der verschluckt einfach meinen Gesang, und der Sand verstopft mir Mund und Nase. Ich brauche lange, bis ich aufhöre zu kämpfen, aber das Singen hat wirklich keinen Sinn. Schließlich lassen die Sandstürme nach, und die Natur zeigt sich milder gestimmt. Leider sind auch die Fliegen entzückt von der Wetterbesserung, und so löst eine Plage die andere ab.

Am ersten Morgen versuche ich noch, meiner gewohnten Yoga- und Meditationspraxis nachzugehen. So will ich den endlosen Tagen hier wenigstens ein bisschen Struktur geben. Ich rolle meinen Schlafsack zu einem Meditationskissen zusammen, das ich dann später als Kopfkissen verwende. Später lasse ich nach und nach jede Aktivität fallen. Ich begnüge mich, damit zuzusehen, wie die Zeit vergeht und die Natur sich dabei unmerklich verändert. Meine Augen verfolgen den Lauf der Sonne, wie sie aufgeht, langsam über den Zenit wandert, kurz alles in ein goldenes Abendlicht taucht und schließlich hinter mir, durch die Zweige des Baumes gefiltert, tieforange untergeht. Ich beobachte, wie die Schatten langsam von hinten angekrochen kommen, um mich schließlich ganz zuzudecken. Ich verfolge fasziniert, wie der feine Sand vor meinen Augen zu immer neuen Mustern und Wellen verweht, zu kleinen Kunstwerken, die nur einen kurzen Augenblick Bestand haben. Zentimeter für Zentimeter kommt die hohe Düne, die fast mein ganzes Blickfeld füllt, auf mich zu. Bliebe ich noch ein paar Tage länger, würde sie mich verschlucken.

Sterben lernen

Ich fühle mich elend, einsam und ausgesetzt und denke viel an zu Hause. Ich bin mir nicht so sicher, ob ich es vier Tage und Nächte lang aushalten werde. Ich beginne auch den Sinn des Ganzen zu bezweifeln, vegetiere ich doch offensichtlich nur stumpfsinnig vor mich hin. Die Zweifel, die mich attackieren, sind noch viel schlimmer als die Fliegen. Ich zweifle an allem, vor allem an dem, was Ana in mir sieht. Es ist pure Illusion. Ich bin nur eine aufgeblasene Blenderin. Mein Ego wird hier einfach zu Staub zerrieben. Ein Sandkorn bin ich, nichts weiter. Ein Sandkorn, das sich einbildet, eine Schamanin zu sein.

Ana lacht herzlich, als sie diesen Schwall von Selbstzerfleischung hört. Dann wird sie ernst. »Mit dem Sandkorn hast du natürlich recht«, sagt sie, »aber dieses Sandkorn ist dennoch eine Schamanin. Das ist keine Einbildung. Und du tätest gut daran, es langsam zu glauben.« Ana rät mir, am Abend ein kleines Feuer zu entzünden. Dafür hat sie mir etwas Holz mitgebracht. Ich soll am besten gleich damit beginnen, bevor der Abendwind kommt. Ein guter Rat, denn so bin ich abgelenkt, und die Beschäftigung hilft mir, meine Selbstzweifel wenigstens zeitweilig zu vergessen. Es macht mir auch nichts aus, dass das

Feuer misslingt. Der Wind ist einfach zu stark. Es wäre ohnehin viel zu klein, um sich daran zu wärmen. Als ich endlich aufgebe, ist es schon Nacht, und ich lege mich schlafen, dankbar dafür, auch diesen Tag überstanden zu haben.

Am Abend des nächsten Tages probiere ich noch einmal, ein kleines Feuer zu entfachen, denn der Wind hat ein wenig nachgelassen. Ich will Nathan, dem Ahnen, der so elendig und von allen vergessen in seinem Kerker umkam, die letzte Ehre erweisen. Es ist wohl der richtige Moment für das Ritual gekommen, denn diesmal gelingt das Feuer. Ich nehme einen kleinen Stein, der Nathan symbolisieren soll, und bitte ihn um sein Einverständnis für dieses Ritual. Dann lege ich den Stein ins Feuer und bedecke ihn ganz mit Zweigen. Währenddessen bitte ich darum, dass Nathans Seele Frieden finden möge. Es ist mein erstes Ritual. Ana ist berührt, als ich ihr davon erzähle, und freut sich sehr. Und ich habe das Gefühl, durch dieses einfache kleine Ritual selbst auch mehr Frieden gefunden zu haben.

Am nächsten Morgen widme ich mich der zweiten Aufgabe, die ich mir für die Visionssuche vorgenommen habe: den Steinen zuzuhören. Ana hat ja, ebenso wie meine geistige Lehrerin Intschi, gemeint, dass insbesondere der schwarze Stein mir viel zu sagen hätte. Also beschließe ich, mit diesem Stein zu beginnen. Ich rechne damit, dass ich viel Geduld werde aufbringen müssen, bis etwas geschieht, was auch nur im Entferntesten als Kommunikation zu bezeichnen wäre. Ich lege den länglichen, glatten schwarzen Stein vor mich auf die Decke und richte mich auf eine längere Meditation ein. Ich versuche, alle Gedanken zu verscheuchen und mich ganz auf das Horchen zu konzentrieren. Doch worauf horche ich eigentlich? Hoffe ich im Ernst, der Stein werde in einer mir verständlichen Sprache zu mir sprechen? Ich komme mir plötzlich sehr lächerlich vor. Nur gut, dass mich niemand bei diesem irrsinnigen Treiben beobachtet! Oder horche ich vielleicht doch eher auf eine innere Stimme? Noch bevor ich mich wieder ans Verscheuchen der Gedanken machen kann, höre ich eine helle Stimme schnell, aber deutlich zu mir sprechen:

»Danke, dass du gekommen bist! Danke, dass du mich gefunden und mitgenommen hast! Ich bin Pan-Terra. Nein, nicht von Pantera, die Raubkatze, weil ich so schwarz bin, sondern von *pan terra*, ›ganze Erde‹. Ich komme aus Brasilien, wo ich von einem kleinen Jungen aus einem Urwaldfluss geholt wurde. Der übergab mich seinem Vater. Der Vater lobte den Sohn und warf mich in einen Sack zusammen mit anderen Steinen. Er brachte es nicht übers Herz, seinem Jungen zu sagen, dass ich vollkommen wertlos für ihn sei. Das war ein Glück, denn sonst hätte er mich gleich zurück in den Fluss geworfen. Er verkaufte mich zusammen mit den anderen Steinen an einen Händler, dem es keine Mühe wert war, den Inhalt des Sackes zu prüfen. Der verkaufte den Sack zusammen mit vielen anderen Säcken an einen anderen Händler, der alles auf ein Schiff verladen ließ. Das Schiff war viele Wochen unterwegs, bis wir in einem großen Hafen landeten. In dem Hafen kaufte wieder ein neuer Händler den Sack und brachte ihn in sein Geschäft. Dieser Händler besah und sortierte uns genau. Wer ihm wertlos erschien, den warf er in ein Körbchen, das auf dem Tresen direkt neben seiner Registrierkasse stand. Hier fandst du mich, und glaub mir, es hat mich Mühe gekostet, dich auf mich aufmerksam zu machen!«

All dies sprudelt aus ihr heraus, so als ob sie voller Ungeduld nur darauf gewartet habe, dass ich mich ihr endlich widme, und als ob sie jetzt Angst davor habe, dass der Kontakt gleich wieder abreißt. Sie erzählt noch, dass sie mich dazu gebracht hat, ihr den Bergkristall als Gefährten zu geben und sie beide gemeinsam in einem kleinen Säckchen mit in die Wüste zu nehmen. Auf Bitten des Bergkristalls hat sie mich ebenfalls dazu gebracht, diesen regelmäßig zu spülen.

Der Bergkristall seinerseits ist eher einsilbig. Pan-Terra aber ist glücklich, dass wir endlich miteinander sprechen. Sie bittet mich, sie an mein Herz zu legen, und als ich es tue, muss ich tief seufzen. Jedes Mal muss ich nun seufzen, wenn ich sie ans Herz lege, und das fühlt sich an wie eine Seelenreinigung. Ich verbringe den restlichen Abend mit ihr und bin zum ersten Mal hier auf meinem Platz glücklich und auch ein wenig stolz, diese scheinbar unlösbare Aufgabe bewältigt zu haben.

In der Nacht habe ich einen Traum: Ich bin in einem Unterwasserwald und beobachte voller Ruhe die Fische. Der Dunkelheit nach zu urteilen, ist die Oberfläche weit entfernt. Dann schwimmt ein großer Krake auf mich zu und sieht mich liebevoll mit seinen großen Augen an. Bevor er in wellenförmigen Bewegungen davonschwimmt, schenkt er mir noch eine kleine Tintenwolke. Ich fühle mich glücklich dort unten, aber auch ein wenig einsam.

Anfangs mache ich mir noch Sorgen wegen der Tiere. Doch auch das gebe ich bald auf. Und wie zum Beweis, dass sie auf mich achten, finde ich eines Morgens die Spur einer Schlange. Sie ist in der Nacht auf mein Ohr zugekrochen, hat einen Bogen um meinen Kopf gemacht und ist auf Höhe des anderen Ohres wieder davongekrochen. Ihre Spur sieht aus wie ein Omega. Auch mit einem Skorpion verbringe ich eine Nacht. Er kroch unbemerkt in meinen Schlafsack, machte es sich neben mir bequem und stiefelte am nächsten Morgen hoch erhobenen Stachels furchtlos davon. Mir dagegen fährt noch im Nachhinein der Schreck in die Glieder. Ich muss, im Gegensatz zu meiner sonstigen Gewohnheit, diesmal sehr ruhig geschlafen haben.

Meistens ist auch der Rabe in der Nähe. Von ihm fühle ich mich beschützt. Aber wir wurden auf unserer Visionssuche noch von ganz anderen, größeren Tieren beschützt, und das ist für mich das größte Wunder. Später erzählen die Tuareg ungewöhnlich lebhaft davon: Den Spuren im Sand nach zu urteilen, hatte im weiten Umkreis um unser Lager und um unsere Kraftplätze ein Rudel Schakale Wache gehalten – die Wölfe der Wüste.

In der zweiten Nacht meiner Visionssuche hatte ich vom Ende meines Fastens geträumt. Nach dreißig Tagen Fasten allein auf einem hohen Berg steige ich die steile Bergflanke hinunter, um in mein Dorf zu gelangen. Es ist ein kleines Dorf, hoch oben in den Bergen, das nur wenige Wochen im Jahr ohne Schnee ist. Die schneefreie Zeit ist hier ein einziges großes Fest. Es ist der Tag, an dem die durch eine Lawine verschüttete Straße nach vielen Monaten wieder freigeräumt und der Kontakt des Dorfes zur Außenwelt wiederhergestellt ist. Und es ist mein Hochzeitstag. Die Frauen des Dorfes – es sind darunter wiedererkennbar auch einige Frauen aus unserer Gruppe – waschen mich, kleiden mich an und geben mir zu essen. Auch mein Bräutigam, der mittlere von drei Brüdern, bereitet sich auf die Hochzeit vor. Es wird ein großes Fest gefeiert. Das ganze Dorf tanzt und singt. In der Priesterin, die uns verbindet, erkenne ich eine der Frauen unserer Gruppe wieder. Vielleicht werde ich ihr davon erzählen. An mehr kann ich mich nicht erinnern, nur dass das Gefühl der Gemeinschaft und Zugehörigkeit auch im Traum guttat.

Am Morgen des dritten Tages, es ist der Ostersonntag, machte ich kurz nach Sonnenaufgang eine schamanische Reise. Ohne Vorwarnung, noch bevor ich überhaupt ein Anliegen formulieren kann, fallen Wolf und Rabe über mich her. Sorgfältig trennt der Wolf das Fleisch von meinen Knochen, legt die Eingeweide frei, und die Rabin reinigt mit dem Schnabel die offenen Wunden. Dann hackt sie mir geradezu zärtlich meine beiden Augen aus. Schließlich beißt mir der Wolf den Kopf ab. Am Ende lassen sie den Kadaver, der ich gewesen bin, in der Sonne liegen. So können die kleineren Tiere, die Ameisen, Fliegen und Käfer auch ihren Anteil bekommen. Bevor sie mich allein lassen, sagt die Rabin, sie würden binnen vierundzwanzig Stunden wiederkommen. Ich denke, diese seltsam martialische schamanische Reise ist nun zu Ende, und will aufstehen. Da stelle ich fest, dass ich mich nicht mehr rühren kann. Nicht einmal einen Finger kann ich heben, um mich zu kratzen, geschweige denn den Kopf, um zu schauen, was von mir noch übrig ist. Auch die Augen kann ich nicht öffnen. So verbringe ich den ganzen langen Tag reglos, gefangen in meinem Schlafsack. Ich spüre weder Hitze noch Kälte, keinen Durst, keinen Druck auf der Blase – all dies bei glasklarem Bewusstsein.

Die Angst kommt in Wellen, die mich überfluten. Dann wieder fühle ich tiefes Vertrauen in das, was gerade mit mir geschieht. Nichts und niemand hätte mich auf dieses Erlebnis vorbereiten können. Und so weiß ich hinter all der Angst mit großer Klarheit, dass alles gut ist, was hier mit mir geschieht. Und dass sie ihr Versprechen halten und bald wiederkommen werden.

Wer schließlich kommt, ist Ana. Ich höre nur ihre Stimme, ohne zu verstehen, was sie sagt. Ihre Worte sind für mich wie in einer fremden, mir unverständlichen Sprache gesprochen. Aber ich spüre Freude, ja Entzücken in ihrer Stimme. Ich kann ihr keinerlei Hinweis geben, dass ich sie bemerkt habe. Sie muss wohl eine ganze Weile an meiner Seite gewacht haben, denn ich höre nur noch, wie sie wieder geht. Nach einer Zeit, die mir wie eine Ewigkeit vorkommt, höre ich dicht über mir meinen Raben krächzen. Allmählich beginne ich wieder, meinen

Körper zu spüren, und merke, wie Wolf und Rabe an mir arbeiten. Stück für Stück setzen sie mich wieder zusammen. Sie tun es genauso liebevoll und sorgfältig, wie sie mich auseinandergenommen haben. Zum Schluss sagt die Rabin, dass ich nun, anstelle der alten zwei neue Augen bekommen werde. Und sie sind wirklich neu, diese Augen! Als ich mich endlich wieder in meinem Schlafsack aufrichten und die Augen öffnen kann, sehe ich vor mir, wie das Meer ans Ufer meines Kreises brandet, sehe kleine Lichtreflexe auf der Wasseroberfläche, einen Stern, der sich im Wasser spiegelt und sich dabei verdoppelt, und kleine Echsen, die um mich herumspringen. Dabei fühle ich mich leicht, friedvoll und innerlich wie äußerlich gereinigt. Gleichzeitig bin ich geerdet und sehe alles mit großer Klarheit – innen wie außen. Ich bin vollkommen glücklich. So schwer und so leicht ist hier alles – und von bezaubernder Einfachheit.

Die vier Elemente wurden mir auf dieser Visionssuche auch vertrauter. Jedes hat an diesen vier Tagen eine Botschaft für mich, die ich nicht nur höre, sondern durchlebe und durchleide. Am ersten Tag setzt mir das Feuer zu, indem ich erst jämmerlich friere, um dann schutzlos der Nachmittagsglut ausgeliefert zu sein. »Alles ist in dir. Du brauchst nichts von außen«, so die Botschaft des Feuers. Am zweiten Tag fordert mich die Luft in Gestalt des Sandsturms heraus. »Zieh dich an und respektiere das sittliche Empfinden der Menschen hier.« Und ich habe gehorcht. »Alles ist gleich-gültig«, die Botschaft der Luft. Am dritten Tag bin ich völlig an die Erde gefesselt. Sie fordert: »Sei wahrhaftig, immer und bedingungslos. Lass nichts weg und dichte nichts dazu. Wahrheit und Wahrhaftigkeit, Bescheidenheit und Demut«, ist die Botschaft der Erde. Am vierten Tag werde ich mit der Vision eines Meeres konfrontiert, das an meinen Schutzkreis brandet. Das Wasser fordert mich auf: »Komm, fließe mit mir! Widersetze dich nicht und erzwinge auch keine Einsicht. Loslassen und fließen, Vertrauen und Hingabe«, das ist die Botschaft des Wassers.

Immer wieder höre ich, wie sie mich rufen, die vier Elemente. »Conue« haben sie mich getauft, Tochter der vier Elemente. Sie schenkten mir auch ein Lied mit einer wunderschönen Melodie und einem einfachen Text: »Conue, alles ist in dir!« (Feuer), »Gib dein ganzes Herz!« (Luft), »Sei immer aufrichtig!« (Erde), »Komm, fließ mit mir!« (Wasser). Inzwischen sang ich das Lied schon einige Male, und Ana meint, es sei ein größeres Geschenk für die Menschen als viele dicke Bücher.

Vor wenigen Tagen noch hatte ich keinen Platz gefunden und unter dem Dornbusch übernachtet. Dort hatte ich mich so klein und unwürdig gefühlt, so überfordert mit der Aufgabe, die mir Ana zugedacht hat. Jetzt, nach der Visionssuche, scheint mir nichts mehr unmöglich. Ana sagt, was ich dort erlebt habe, sei eine uralte Form der Initiation gewesen. Man nennt es »dismembering« (Zerstückelung). Es sei die große Erfahrung, vor der alle Schamanen Angst haben und sich doch auch danach sehnen. Das berührt mich und wird mich sicher noch lange beschäftigten. Was jedoch nun geschieht, habe ich nicht erwartet. Ana bedankt sich feierlich mit einem Ritual vor der ganzen Gruppe bei den Geistern und bei mir und sagt, ihre Mission sei nun vollendet. In der Stille, die auf diese Ankündigung folgt, fühle ich die ungläubigen, betroffenen Blicke auf mir ruhen. Ich bin stolz und zugleich voller Scham, weil mir mein Stolz so unangebracht erscheint. Ich komme mir immer noch wie eine Hochstaplerin vor.

Sofort wird Ana mit Fragen bedrängt, ob sie denn alles aufgeben und womöglich diese Erde verlassen wolle. Sie aber hält sich mit ihren Antworten zurück und bleibt vage. Und ich bleibe allein mit meinen widerstreitenden Gefühlen. Nun werde ich es in der Gruppe wohl noch schwerer haben, war ich doch vorher schon durch mein Fasten im Abseits und weil mir Ana von Anfang an besondere Aufmerksamkeit schenkte. Andererseits kann ich nun endlich über all das sprechen, was mich seit dem Vollmondritual so sehr bewegt. Nur bin ich mir immer noch unsicher, was ich erzählen darf und was nicht.

Mit dem Ego scheint es so zu sein: Wenn es tanzt und sich gebärdet, werden wir zurück auf die Erde geholt, auf den »Boden der Tatsachen«. Wenn wir uns aber klein und unwürdig fühlen, werden wir erhoben, uns wird Mut gemacht. Alles, damit wir im Gleichgewicht bleiben und unsere Aufgabe erfüllen können. Ich darf von mir keine Perfektion erwarten. Ich bin ein Mensch mit Fehlern, verwundbar, ein Sandkorn. Aber eines, das wie jedes Sandkorn eine Aufgabe hat.

Wasser!

Die Visionssuche ist vorüber. Bin ich noch dieselbe? Die kalten Nächte und die glutheißen Tage haben mich erschöpft. Aber ich bin glücklich und erfüllt. Mit dem Essen habe ich nun wieder begonnen. Zuvor bat ich meine Tiere und meine geistigen Führer um Unterstützung für diesen schwierigsten Teil des Fastens. Ich habe Angst davor, wieder in meine alten Muster zu verfallen – das Zu-schnell-Essen und das Alles-aufessen-Müssen, die mich angesichts eines reich gedeckten Büfetts jedes Mal vor eine unlösbare Aufgabe stellten. Ich frage, ob es etwas gebe, das sie mir mit auf den Weg geben können.

Julian nimmt mich mit auf eine Reise in den Rosengarten meiner Kindheit. Ich genieße die Farbenpracht und den Duft der Rosen so wie damals als Kind. Julian lächelt und sagt: »So wie du damals die Rosen genossen hast, so sollst du jetzt das Essen genießen. Stille deinen wahren Hunger an der Schönheit und Farbenpracht und dem Duft der Speisen. Dann erst koste davon, so wie du als Kind von den Rosenblättern gekostet hast.« Ich muss unwillkürlich an Ana denken, die nur wie ein Vögelchen von all den köstlichen Speisen kostet. Ich danke Julian von ganzem Herzen und will die Reise schon beenden, da hält sie mich zurück: »Halt, nicht so schnell! Du bist immer so ungeduldig. Ich will dir noch etwas zeigen oder vielmehr in Erinnerung rufen.« In dem Moment durchströmt mich ein warmes Gefühl des Vertrauens und der Geborgenheit. Genauso hat es sich damals im Rosengarten angefühlt. Ich spüre die Liebe dieses Ortes noch einmal, auch die Liebe meiner Eltern und meiner Schwester, die ich damals nicht in Zweifel zog, auch wenn ich mich dieser Familie nicht zugehörig fühlte. Dieses Erlebnis berührt mich tief. Ich weiß nun, ich werde geliebt und bin immer geliebt worden. Mit dieser Gewissheit im Herzen werde ich vielleicht nicht mehr so viel äußere Nahrung brauchen. Jedenfalls brauche ich sie nicht mehr als Ersatz für die Liebe, nach der ich mich sehnte. Mit diesem Bild vor Augen macht mir das Essen keine Angst mehr.

Ein Krächzen. Der Rabe begrüßt uns wie jeden Morgen. Diesmal ist es Sabine, die mich auf ihn aufmerksam macht. Wieder legt er seinen Kopf schief, tut so, als ob er mit irgendeinem Stein beschäftigt sei, und beobachtet mich dabei doch die ganze Zeit aus dem Augenwinkel. Der Rabe, die Schakale, ist all das Teil der »alltäglichen« Wirklichkeit? Oder nur ein Traum? Nichts ist hier alltäglich. Und doch auch kein Traum. Sind Träume womöglich wirklicher als die »alltägliche« Wirklichkeit, der unverstellte, direkte Zugang zu unserem wahren Kern? Und was, wenn ich mit dieser Einstellung, dass nichts »alltäglich« ist, auch meinen Alltag zu Hause leben würde? Wäre das nicht einfach »traumhaft«?

Wenn ich ehrlich bin, ist mir die Antwort auf meine Fragen

vollkommen gleichgültig. Ich weiß die Gleich-Gültigkeit inzwischen zu schätzen, seit jener Reise, auf der ich erfuhr, dass das Letztendliche nicht die Liebe, sondern das bloße Sein ist, »rein« im Sinne von »neutral«, sich jeglicher wertenden Einordnung entziehend. Auch wenn die Liebe vielleicht die einzige uns Menschen gemäße Ausdrucksform dieser Energie ist. Einem wahrhaft Liebenden ist es gleichgültig, was vom Geliebten kommt, alles ist gleichermaßen gültig. Ein sympathischer Mensch spiegelt das von mir wider, was ich an mir mag. Ein unsympathischer das, was ich nicht an mir mag. Beides ist gleichermaßen wertvoll. Schatten und Licht. Nacht und Tag. Einatmen und Ausatmen.

Der nächste Morgen fühlt sich einsam und traurig an. Der Druck dieser übergroßen Aufgabe, die Ana mir aufgebürdet hat, lastet schwer auf mir. Ich bin allein mit meinen Erfahrungen. Denn zu allem Überfluss hat Ana mich gerade zurechtgewiesen, weil ich einen kleinen Teil meiner Erfahrungen mit Sabine geteilt habe. Ich erzählte ihr von der Zerstückelung und der Angst, die ich dabei gehabt hatte. Sabine reagierte so verstört darauf, dass Ana sich genötigt sah, mit ihr darüber zu sprechen. »Du musst deine tiefsten Erfahrungen für dich behalten können«, sagt sie, »um dich zu schützen und die anderen. Du kannst nicht jederzeit jedem alles erzählen. Du musst über das Wesentliche, über die Wahrheit schweigen können. Wäge ab und übernimm Verantwortung für dich und für die Wahrheit, denn sie kann Schaden nehmen und auch Schaden anrichten, wie du gesehen hast. Du hast nun Verantwortung übernommen für das uralte Wissen. Du musst es schützen, weil es als gefährlich empfunden und bekämpft werden könnte. Und mit dem Wissen auch der Überbringer.« Ist das wirklich so? Auch heute noch? Ich bin mir nicht sicher.

Was ist heute wichtig? Mit diesem Anliegen reise ich. Mahinda zeigt mir seinen Berg und sagt, ich solle heute für mich bleiben und mich körperlich mehr fordern. Das heißt wohl: mehr laufen und weniger reiten. Dann führt er mich über einen schmalen Grat, der direkt auf den Gipfel zuläuft. Der Anblick ist herrlich. Er gibt mir folgende Gedanken, gebunden an das Bild des Grates, über den wir laufen, mit auf den Weg: »Fordere dich ruhig ein wenig mehr, als du es tust. Du brauchst keine Angst mehr zu haben. Du hast ja uns, um auf dem schmalen Grat die Balance zu halten. Humor und Lebensfreude sind, was dich sicher über den Grat balancieren lässt. Stelle dir Wolf und Rabe an deiner linken und deiner rechten Seite vor. Erzwinge nichts und geh den Herausforderungen nicht aus Bequemlichkeit aus dem Weg.« Ja, zu dieser Bequemlichkeit neige ich, da hat er schon recht, mein lieber dicker, immer schelmischer Mahinda. Lassen ist nicht Laissez-faire, sondern Loslassen, Zulassen und liebende Aufmerksamkeit in jedem Augenblick. Danke, Mahinda!

Am Mittag sieht die Welt dann schon wieder anders aus. Wie ein Paradiesgarten kommt mir unser Rastplatz vor, ein kuscheliges Nest aus liegenden Tamarisken, ein Wohnzimmer in der Wüste. Sabine liegt wie immer neben mir, und Anja hat uns gerade ein paar Zeilen aus der »*Kleine Prinz*« vorgelesen. Ein grenzenloses Gefühl der Geborgenheit nach dem einsamen Morgen. Neben uns wird schon das Mittagessen zubereitet. Danach wird es Mohammeds wunderbaren süßen Tee geben, der die ganze Weisheit der Wüste enthält: Der erste Schluck ist »bitter wie das Leben«, der zweite »süß wie die Liebe« und der dritte Schluck »sanft wie der Tod«, so sagen die Tuareg. Ich bin glücklich! Trotz entzündeter Augen, gesprungener Lippen und Fußsohlen, verfilzter Haare und heftigen Durchfalls. »Jallah, jallah!«, ertönt es, und die Karawane zieht weiter.

Kann es eine größere Vorfreude auf ein Bad geben als nach einer dreiwöchigen Wüstenreise? Endlich sind wir in der Oase angekommen. Sie ist winzig und besteht fast nur aus Zelten. Die einzigen beiden festen Gebäude sind ein Café und ein Hamam. Dieses unscheinbare Badehaus übt eine magische Anziehung auf uns aus. Am liebsten würden wir gleich alles von uns werfen und unsere müden, staubigen Körper im warmen Wasser reinigen. Doch zuvor werden wir zum obligatorischen Tee in das kleine Café gebeten.

Die Oase ist nicht so grün, wie wir es erwartet hatten. Es hat schon so lange nicht mehr geregnet, dass selbst die Oasen verdorren. Angesichts dieser Dürre beschließt Ana, mit uns allen ein uraltes Ritual durchzuführen. Es ist ein Regentanz. Noch während wir selbstvergessen tanzen und mehr an den Spaß als an das Ergebnis glauben, überziehen graue Wolken den Himmel, und ein tiefes Grollen lässt uns aufhorchen. Wenig später regnet es tatsächlich wie aus Kübeln. Die Bewohner der Oase können es kaum fassen. Sie danken Ana überschwänglich und tanzen begeistert mit. Und wir? Uns wundert inzwischen schon gar nichts mehr!

Nach dem Tanz gehen wir endlich alle zusammen in den Hamam. Er besteht aus vier weiß gekachelten Räumen: einem Vorraum, einem Umkleideraum, einem kühleren und einem heißeren Dampfraum. Was für eine Freude! Schicht um Schicht schälen wir uns aus unserer staubigen Kleidung. Im Dampfbad übergießen wir uns abwechselnd mit heißem und kaltem Wasser und kratzen uns gegenseitig die drei Wochen alten Krusten aus Staub und Schweiß vom Körper. Als ich »Amazing Grace« anstimme, fallen alle nach und nach mit ein, und wir singen dieses eine Lied wohl über eine Stunde in an- und abschwellendem Gesang. Als wir schließlich nach zweistündigem Bad und einem ausgiebigen Abendessen todmüde in unsere Schlafsäcke kriechen wollen, hat der Regen die Zelte und damit auch unsere

Schlafsäcke durchweicht. So wird es für uns eine feuchte, kalte Nacht werden. Aber was ist das alles gegen die wundersame Rückkehr des Regens nach langen Jahren der Dürre! Und was sind unsere Mühen auf dieser Reise gegen die Rückkehr der Erinnerung nach Jahren der seelischen Dürre …

Was ist es denn eigentlich, woran ich mich erinnere? Vielleicht das: In unserer Quelle sind wir alle gleich. Jeder trägt das tiefe uralte Wissen in sich. Durch unsere untrennbare Verbindung zur Natur, dem Urgrund der göttlichen Kraft. Diese Verbindung kann nie ganz zerstört werden. Nur das Wissen darum kann vergessen und verschüttet sein. Bestenfalls zeigt es sich dann noch in kurzen Augenblicken des Glücks, einer flüchtigen Einheitserfahrung etwa, die unseren göttlichen Ursprung für kurze Zeit erahnbar macht. Ist das die eigentliche Aufgabe der Schamanen: in den Herzen der Menschen die Erinnerung an das uralte Wissen zu wecken – oder wenigstens die Sehnsucht danach? Wie ein Dornenvogel reißt sich der Schamane in Dürrezeiten in Gegenwart Durstiger die Brust auf, um sie in den Spiegel seiner Seele blicken zu lassen. Er öffnet sich ganz, zeigt sein Innerstes und macht sich verwundbar, sodass sich der andere darin wiedererkennt und die Quelle in sich entdeckt, die jeder in sich trägt. Der Schamane stellt sich als Spiegel zur Verfügung. Der Moment der Spiegelung, des Erkennens, bringt etwas zum Fließen. Der Mensch, der in diesen Spiegel schaut, ist berührt und fühlt die Liebe, die ihn an seine eigene tiefste Wahrheit erinnert. Es ist wie der Blick in das klare Wasser eines tiefen Sees.

Dabei ist der Schamanismus nur ein Weg von vielen. Viele Wege führen zurück zur Quelle, der sie ursprünglich entstammen. Nicht nur die liebevolle Spiegelung in einem Schamanen, auch das tiefe Erfahren der Natur, die Erfahrung der Leere in der Meditation, der Umgang mit Kunst und Musik, alles, was diese uralte Sehnsucht in uns weckt und stillt, uns berührt und uns wieder zum Fließen bringt.

Anas Lektionen sind nie bloße Vorlesungen. Außer in ihren Gesprächsrunden, in denen sie unsere Fragen beantwortet, spricht sie wenig. Wenn sie mit mir arbeitet, so wie gerade eben, setzt sie sich vor mich hin und sieht mir ruhig in die Augen. Wie durch ein Übertragungsphänomen spreche ich dann Gedanken wie die eben geäußerten aus, während sie nur lächelt und nickt. So weiß ich nie, ob es meine eigenen Gedanken sind oder Einflüsterungen Anas. Der Lerneffekt ist ungleich größer als bei einem Vortrag. Aber werde ich je, wie Ana, Regen machen können? Oder fliegen wie die alten Schamanen? Ich meine, wirklich fliegen?

Jetzt verliere ich mich schon wieder in der Frage, was wirklich »wirklich« ist. Ob ich wohl jemals eine Antwort darauf haben werde? Oder wird die Frage einfach irgendwann unwichtig? Und gibt es tatsächlich Wissen, das geheim bleiben muss? Und wenn, welches? Und warum? Und wie dosiere ich so, dass ich Spiegel bin, ohne mich zur Unzeit aufzudrängen? Fragen über Fragen. Mehr Fragen als Antworten auf dieser Reise. Und keine Regeln. Der Schamanismus kennt keine Regeln. Er entsteht im Augenblick; wird genährt von der Kraft des Augenblicks. Ein wahrer Schamane vollzieht ein und dasselbe Ritual niemals zweimal, sagt Ana. Er passt sein Tun intuitiv dem Augenblick an und lässt sich führen. So kann der Schamanismus auch nie veralten, weil er in jedem Augenblick neu erfunden wird. Als Kompass dienen nur die eigene Menschlichkeit und die wunderbaren geistigen Führer – ob sie nun aus dem eigenen Innern kommen oder von außen, falls es diesen Unterschied zwischen innen und außen überhaupt gibt, woran ich immer mehr zweifle. Und vielleicht ist das der erste konstruktive Zweifel …

Dies ist das Ende unserer Wüstentour. Von hier aus wird uns ein Bus zum Flughafen nach Quarzazate bringen. Ich werde

Ana vermissen. Und auch die anderen in unserer Gruppe werde ich vermissen – unsere steinzeitliche Familie. Was genau ist es nun, das ich in der Wüste gelernt habe? Lässt es sich zusammenfassen? Kaum. Wenn ich versuche, mich von außen heranzutasten, dann würde ich sagen, ich habe gelernt, die eigene Fassade als solche zu erkennen, in die Leere dahinter zu blicken, das Erschrecken darüber zu überwinden und in die Wüste hineinzuwandern, das Leben darin zu erkennen und zu würdigen, die (Licht-)Spiegelungen »wahr« zu nehmen und als Geschenk zu betrachten.

TEIL 2
MAGIE DES ALLTAGS

Welle und Teilchen

Es fällt mir nicht leicht, nach dieser Reise wieder zu Hause anzukommen. Ich bin immer noch von zu vielen Dingen umgeben, habe das Bedürfnis, gründlich aufzuräumen und sauber zu machen. Unglaublich, wie viel Unnötiges mich noch immer umgibt! Und ständig habe ich das Bedürfnis, alle Fenster und Türen weit zu öffnen. Ich kann gar nicht genug Licht und Luft hereinlassen. Alles erscheint mir eng und zugestellt. Oder bin ich es, die noch immer eng und zugestellt ist? Und ich lasse an meiner armen kleinen Wohnung das aus, was eigentlich mir gebührt, nur weil ich zu dem eigentlichen Schritt noch nicht fähig bin?

Ich vermisse meine steinzeitliche Familie. Und vor allem vermisse ich Ana. Als wir uns voneinander verabschiedeten, versprach sie, mich zu besuchen. »Schon bald«, fügte sie hinzu. Sie wolle doch wissen, wie ich lebe. Vielleicht setzt mich das innerlich so unter Druck? Wenn sie kommt, möchte ich doch nichts Überflüssiges mehr um mich haben, nichts, das mich verraten könnte in meinem schier unausrottbaren Materialismus.

Seit ich aus der Wüste zurück bin, habe ich Durchfall. Zuerst habe ich das nicht weiter ernst genommen, aber langsam werde ich immer schwächer. Ich esse zwar viel, behalte aber kaum etwas bei mir. Trotzdem nehme ich immer mehr zu. Ich komme mir schon vor wie eine Tonne. Im Tropeninstitut habe ich ein Blutbild machen lassen, und das sieht nicht gut aus. Irgendetwas ist in meinem Körper, aber sie können nicht sagen, was es ist. Sie könnten mich daher nur sehr unspezifisch behandeln, und das will ich nicht. Ich habe dem Arzt vorgeschlagen zu fasten. Er war skeptisch angesichts der Belastung für meinen Kreislauf, stimmte aber zu, als er hörte, dass ich Erfahrung mit dem Fasten habe. Die Idee stammt von Julian. Es war ihre Antwort auf meine Frage, was ich tun könne, um wieder zu Kräften zu kommen. Das Bild, das ich bekam, war mein Körper als Wirt, der vorübergehend Betriebsferien macht. Der ungebetene Gast würde so einfach ausgehungert. Das leuchtet mir ein. Ich will es also versuchen, auch wenn es mich Überwindung kostet.

Inzwischen bin ich schon so schwach geworden, dass ich nicht mehr ins Büro gehen kann. Die ersten zwei Wochen nach meiner Rückkehr habe ich noch irgendwie durchgehalten, aber nun hat mich der Arzt erst einmal für die zwei nächsten Wochen krankgeschrieben, auch weil nicht klar ist, ob ich anstekkend bin oder nicht. Ich vermisse meine Arbeit und hoffe, dass ich schon früher wieder ins Büro kann. Zwar ist es um diese Jahreszeit etwas ruhiger als sonst, und die Routinearbeiten kann auch meine Kollegin übernehmen. Das hat sie während meiner Wüstenreise ganz wunderbar gemacht und sogar gern, wie sie beteuert. Aber die Veränderungsprozesse in der Firma, die ich angeregt habe, muss ich selbst weiterverfolgen, sonst bleibt einfach alles beim Alten. Ich darf mir gar nicht ausmalen, was mein Vorgesetzter zu meiner Krankschreibung sagen wird. Aber das muss ich jetzt bei ihm lassen. Ich werde noch früh genug erfahren, was er darüber denkt. Im Moment scheint es in meinem Leben um Wichtigeres zu gehen, einen Wandel, der Körper *und* Geist betrifft und jetzt einfach Vorrang haben muss.

Vollmond ist genau der richtige Zeitpunkt, um erneut mit dem Fasten zu beginnen. Doch zunächst will ich reisen. Es geht um meine Ängste, die ich immer habe, wenn ich anfange zu fasten, die dieses Mal aber besonders ausgeprägt sind. »Ist es wirklich richtig, meinen ohnehin schon geschwächten Körper durch Fasten noch weiter zu schwächen?«, frage ich. Ich muss nicht lange warten, da erscheint vor meinem geistigen Auge das Bild einer Welle. Ich spüre, wie ich mit dieser Welle nach unten gesogen, aber gleich wieder nach oben getragen werde. Dann sehe ich mich auf einem Sprungbrett stehen. Ich hole mit den Armen nach unten aus, gehe dabei in die Knie und hole so Schwung für den Absprung. Auch dieser Bewegungsablauf ähnelt einer Welle. Ja, mehr Bilder braucht es nicht. Ich verstehe, was sie mir damit sagen wollen. Erst muss ich noch tiefer hinunter, um gewissermaßen Anlauf zu nehmen für meine Genesung.

Voller Ungeduld will ich diese Reise schon wieder beenden, da meldet sich Mahinda. Er nimmt sich ungefragt jene Angst vor, die ebenfalls bei jedem Fasten mitschwingt: Werde ich nach dem Fasten womöglich noch mehr zunehmen als vorher? Mahinda tritt vor, zeigt auf seinen runden Bauch und meint, der habe es so gewollt. Sein Körper habe so rund sein wollen. Aber im Unterschied zu mir habe er das akzeptiert und Essen, auch Süßes, das er genauso liebe wie ich, wirklich genossen, jeden Bissen davon. Warum genieße ich nicht einfach, anstatt heimlich wie ein Dieb zu naschen? Ich würde merken, dass ich viel weniger brauche, wenn ich offen und genussvoll nasche.

Und dann sehe ich meinen liegenden Körper vor mir. Plötzlich fügt sich jedes Detail, an dem ich mich so störe, der runde Rücken, das Hohlkreuz, die weiblichen Hüften, zu einem harmonischen Ganzen: Es ist eine Welle! »Die Welle ist in allem«, sagt Mahinda, »sie ist Symbol für das Leben. Dein Körper will Ausdruck dieser Lebenskraft sein.« Es sei im Übrigen gut, das genussvolle Essen immer wieder durch Fasten zu ergänzen, das habe er auch immer so gemacht. Askese und Genuss. Sie wechseln sich ab wie in einer Wellenbewegung. Ich werde also fasten, um den ungebetenen Gast zum Verlassen meines Körpers zu bewegen. Und danach, wenn ich wieder gesund bin, werde ich lustvoll essen, genau so, wie mein Körper es verlangt.

Lesen! Was für ein willkommener Nebeneffekt meiner Krankheit! Wieder nehme ich mir Hans-Peter Dürr und seine Quantenphysiker-Kollegen vor. Sie ergänzen das Teilchen, den elementarsten Baustein der klassischen Physik, durch die Welle; sagen, dass je nach Betrachtung beides wesentlich sein kann. Vielleicht ist diese Sichtweise die größte Revolution unserer Zeit. Das Teilchen steht für das Abgetrennt-Sein, denn es definiert sich über die Abgrenzung zum Nachbarteilchen. Wo ein Teilchen ist, kann das andere nicht sein. Anders die Welle: Sie ist zugleich alles andere. *Die Welle ist das Meer.* Das ist der Titel eines Buches von Willigis Jäger, das mich ebenfalls anspricht und schon als Nächstes neben meinem Bett auf mich wartet.

Ich weiß, eigentlich sollte ich Ruhe geben. Aber mich ermüdet das viele Liegen, doch sogar das Lesen strengt mich auf Dauer an. Vor allem aber habe ich das Fasten jetzt schon satt. Ständig gaukelt mir meine Fantasie leckere Speisen vor. Gerade habe ich ein winziges Bröckchen Schokolade gegessen, aber das half nur kurz. Jetzt geht es mir dafür umso schlechter. Ich bin so unzufrieden mit mir! Ich faste nun schon den neunten Tag und nehme einfach nicht ab. Zwar hat der Durchfall aufgehört, da der Nachschub ausbleibt, aber ich werde immer schwächer, und das herrliche Gefühl geistiger Klarheit, das sich sonst beim Fasten einstellt, lässt auf sich warten. Wenn ich ehrlich bin, gibt es mindestens eine Sache, in der ich mich selbst belüge: die Motivation für mein Fasten. Ich leugne beharrlich meinen Abnehmwunsch, will mir einfach nicht eingestehen, dass ich mich dick und hässlich finde, egal was Mahinda sagt. Stattdessen mache ich mir vor, alles nur zur Reinigung zu tun und zur Heilung. Ich werde das Fasten jetzt abbrechen und Berge von Schokolade essen. Das ist wenigstens ehrlich!

Zum Glück bremst mich mein gesunder Menschenverstand. Um ein Haar hätten mich Wut und Trotz dazu gebracht, diese unsinnigen Gedanken in die Tat umzusetzen. Stattdessen greife ich zum Stift, um diese Lektion zu notieren. Gerade geht ein heftiges Gewitter nieder, und schlagartig ist es dunkel geworden. Meine Salzkristalllampe flackert nur noch einmal kurz auf und erlischt. Natürlich habe ich wieder alle möglichen Reserveglühbirnen im Haus, nur diese nicht. Meditieren werde ich sicher vor keiner kaputten Lampe mehr! Also werde ich jetzt in den Supermarkt gehen, um eine neue Birne zu kaufen, auch wenn das vollkommen ineffizient ist und ich diesen Ort beim Fasten eher meide.

Es ist wie verhext! Im Supermarkt haben sie alle Birnentypen, nur diese nicht. Um nicht unverrichteter Dinge wieder abziehen zu müssen, habe ich stattdessen die Glühlampe mit der nächsthöheren Wattstärke gekauft. Nun knie ich vor meiner Lieblingslampe und weiß, dass die fragile Plastikfassung dieser Birne nicht standhalten wird. Schweren Herzens gebe ich auf. Ich fühle mich wie eine geschlagene Kriegerin. Andererseits, je mehr ich darüber nachdenke, muss ich dieses zweimalige Innehalten wohl als Erfolg verbuchen. Zweimal hat die Vernunft über die Wut gesiegt. Wenn ich es so betrachte, hat es doch auch etwas Tröstliches.

Noch nie ist mir das Fasten so schwergefallen. Heute, am zwölften Fastentag, bin ich so geschwächt, dass ich kaum noch aufstehen und zur Toilette gehen kann. Auch das Lesen fällt mir immer schwerer. Ich könnte immerzu nur schlafen. Aber es ist kein tiefer, erholsamer Schlaf, sondern ein unruhiges, traumreiches Umherwälzen. Und da ich tagsüber so viel schlafe, liege ich in der Nacht oft wach. Ich mache mir Sorgen, wie lange das noch so gehen kann. Aber wer weiß schon, wofür Körper, Geist und Seele diese Auszeit brauchen?

Mir wird nun auch noch ausgerichtet, dass mein Vorgesetzter sich über die vielen Krankheitstage beschwert hat. Das ärgert mich maßlos, vor allem die darin verborgene Unterstellung, dass ich mich bloß vor der Arbeit drücken wolle. Dass ich mich allerdings so darüber ärgern kann, zeigt mir, dass meine Lebensgeister wohl doch noch recht lebendig sind.

Gerade war Ursula da. Sie brachte mir Blumen mit und ein paar Lebensmittel, mit denen sie mich locken will, wieder etwas zu essen. Sie ist nicht die Einzige, die skeptisch ist, ob Fasten jetzt wirklich das Richtige für mich ist. Meine Freunde machen es mir im Moment wirklich nicht leicht. Einerseits rührt mich ihre Fürsorge, und ohne sie wäre ich auch wirklich etwas isoliert. Andererseits kämpfe ich ja so schon genug mit meinen Zweifeln, ob ich das Fasten beenden soll. Ich warte im Grunde nur noch auf ein Zeichen von meinen Gefährten oder irgendetwas, das mir sagt: Jetzt ist es genug.

Auf meiner heutigen Reise begeht Mahinda mit mir wieder den schmalen Berggrat. Er macht mich darauf aufmerksam, dass jeder einzelne Schritt von Bedeutung sei. Während wir schier endlos diesen Grat entlanggehen, gerate ich in einen tranceähnlichen Dämmerzustand. Ich habe fast den Verdacht, dass sie mich dorthin haben wollen, damit ich endlich Ruhe gebe und mich wirklich für sie öffne. In diesem Zustand beobachte ich ein Glas, das von einer lebendigen Karaffe mit Wasser gefüllt wird. Ich nehme es als Warnung, während des Fastens unbedingt genug zu trinken.

Im Traum klettere ich immer höher und höher in einen hohen Holzturm. Ich weiß, dass ich das alles nie wieder zurückklettern kann, weil schon hochzuklettern so schwierig ist. Mir bleibt also nur der Sprung in den Abgrund. Oben angekommen, springe ich, ohne zu zögern. Ich erinnere mich noch genau an das Gefühl des Fliegens. Dann höre ich, wie mein Genick beim Aufprall laut knackt. Übergangslos sitze ich mit anderen Toten an einer Tafel. Sie erzählen fröhlich von ihren Absprüngen. Ein älterer Mann macht mir ein Kompliment wegen meiner schönen roten Flecken am gebrochenen Hals. Es ist eine surreale, aber sehr friedvolle Atmosphäre, und ich bereue nicht, gesprungen zu sein. Trotz der fast heiteren Stimmung, die dieser Traum bei mir hinterlässt, macht er mir Angst. Noch nie zuvor habe ich meinen eigenen Tod geträumt. Sonst bin ich immer unmittelbar vorher aufgewacht. Vielleicht ist seit der Wüste und der Zerstückelungserfahrung wirklich etwas anders geworden.

Ich werde immer schwächer – wie ein Licht, das langsam verlischt. Es ist beängstigend. Der rationale Teil in mir ist in Panik, weil mir die konventionelle Medizin ja nicht helfen konnte. Alles, was ich noch habe, ist mein Vertrauen in das, was ist und was sein soll. Jeden Tag reise ich immer mit derselben Frage zu meinen geistigen Gefährten: »Wie lange noch?« Und immer ist die Antwort die gleiche: »Noch ein wenig.«

Aber die heutige Reise ist anders, das spüre ich gleich, und es macht mir Angst. Ich versinke in eine tiefe Trance. Vor mir steht der Hirsch. Ich würde am liebsten auf der Stelle umkehren, bedeutet doch der Hirsch nach meiner bisherigen Erfahrung immer eine Grenzerfahrung. Und so ist es auch diesmal. Er lässt mich auf seinem Rücken Platz nehmen und verschwindet mit mir in den schwarzen Weiten des Universums. Dort ist es einsam, dunkel und kalt. Zugleich fühlt es sich eigenartig vertraut an und sehr anziehend, vor allem die Stille und dieser unendliche Frieden. Der Hirsch sagt, dass er mich nun zum Totenreich bringen werde, an dessen Schwelle ich stehe, auch wenn mir das noch nicht bewusst ist. Ich erschrecke über diesen Satz, denn so in Todesnähe habe ich mich tatsächlich nicht gefühlt. Er sagt, ich solle mich jetzt entscheiden, ob ich leben oder sterben will. Es sei allein meine Entscheidung. Doch müsse ich mich ganz entscheiden. Wenn ich mich für das Leben entscheide, dann dürfe ich nicht länger mit dem Tod kokettieren.

Kokettieren? Ich kokettiere doch nicht mit dem Tod! Dann aber spüre ich, wie sehr ich tatsächlich hin- und hergerissen bin, so unendlich vertraut erscheint mir diese tiefe Stille, an die mich der Hirsch herangeführt hat, so friedvoll und voller neuer Möglichkeiten …

Schließlich reiße ich mich zusammen und rufe in die Stille: »Ich will leben!« Doch der Hirsch scheint noch nicht zufrieden. Er führt mich noch näher an das Tor. Es ist dasselbe Tor, an dem sich Julian entscheiden musste, ob sie wieder mit dem großen All verschmelzen oder ob sie zurückkehren und einem menschlichen Wesen als geistige Gefährtin dienen wollte. »Zurück!«, rufe ich, ohne zu überlegen. Damit ist es entschieden. In rasender Geschwindigkeit geht es auf dem Rücken des Hirsches zurück durch die Nacht. Erschöpft und erleichtert gelange ich auf meinen finnischen Steg, den Ausgangspunkt meiner Reise. Ich komme langsam wieder zu mir. Es ist wie das Erwachen aus einer tiefen Ohnmacht. Mir ist, stärker noch als bei früheren Reisen, jegliches Gefühl für Raum und Zeit abhandengekommen. Tatsächlich hat auch diese Reise nicht länger als fünfzehn Minuten gedauert.

»Wir sind glücklich über dich und das, was du geschafft hast«, begrüßen mich meine Gefährten, als ich am nächsten Tag erneut reise. »Der Schritt, den du jetzt gemacht hast, ist die Basis für alles Weitere.« Ich freue mich über ihr Lob, aber etwas fühlt sich anders an als sonst. Ich merke, dass da noch jemand ist, ganz weich und nah bei mir. Es ist eine große braune Bärin, und ich bin wie ein Baby in ihrem Schoß geborgen. Dann fühle ich, wie ich mich in die Bärin verwandle. Ich durchstreife das Unterholz auf der Suche nach Heilkräutern. Ich bin zugleich die Bärin und ihr Junges, für das sie die Kräuter sucht, bin die Kranke und zugleich die Heilerin.

Es ist wie ein Wunder: Heute bin ich aufgestanden, als ob nie etwas gewesen wäre. Ich habe mit Appetit einen halben Apfel gegessen und damit mein Fasten gebrochen. Und ich habe sogar schon wieder einige leichte Yogaübungen gemacht. Ich fühle mich wie neugeboren! Zwar etwas zart noch, aber hellwach und quicklebendig. Ich bin mir sicher, dass mein »Mitbewohner«, wer immer er auch gewesen sein mag, aufgegeben hat und endlich ausgezogen ist. Ich will gar nicht mehr wissen, wer er war. Nur gut, dass ich so lange durchgehalten habe! Hätte ich nicht inzwischen dieses große Vertrauen in meine geistigen Gefährten und auch in meinen Körper, ich hätte vielleicht schon aufgegeben! Ich bin stolz darauf, es geschafft zu haben!

Aber ich schäme mich auch für meinen Stolz. Das genau ist doch der Unterschied: Die Welle fließt über vor Dankbarkeit allem gegenüber, mit dem sie eins und verbunden ist. Und das Teilchen? Das Teilchen ist stolz.

Die Kunst des langsamen Gehens

Meine Arbeit hat mich wieder fest im Griff. Ich funktioniere wie ein gut geöltes Uhrwerk, aber zu mir selbst komme ich dabei nicht. Ich habe einmal mehr das Gefühl, gelebt zu werden, anstatt zu leben. An den schönen Veränderungsprozess, den ich vor meiner Reise angestoßen habe, ist im Moment gar nicht zu denken. Die Routine überflutet mich, obwohl meine Kollegin weggearbeitet hat, was irgendwie ging, wofür ich ihr sehr dankbar bin. Sie war es auch, die mir von meinem Vorgesetzten erzählt und sich über seine Anmaßung genauso geärgert hat wie ich. Nun sitze ich, noch lange nachdem alle anderen gegangen sind, im Büro, weil es so schön ruhig ist und ich doppelt so effektiv bin wie tagsüber. Zum Glück ist es jetzt so lange hell, dass ich abends nicht im Dunkeln nach Hause radeln muss. Von meinen Wüstenerfahrungen erzähle ich im Büro nichts. Das muss noch in mir reifen, und Anas Ermahnung zu mehr Zurückhaltung ist mir noch gut im Ohr.

Allerdings: Keiner meiner Vorsätze aus Finnland und der Wüste scheint sich in meinem Alltag verwirklichen zu lassen, vor allem nicht der, die notwendigen Zwischenräume zu schaffen, jene Räume, in denen Unvorhergesehenes geschehen kann. Atemlos fliege ich von einer Unternehmung zur nächsten, ohne die erste recht beendet zu haben. Es gibt schließlich so viel aufzuholen und nachzuarbeiten aus der Zeit, in der ich krank war. »Stress« nennt sich das, als ob nicht mehr Zeit wäre als für diese eine harte Silbe. Ich möchte doch all die Bücher lesen, die wie geheimnisvolle Versprechen neben meinem Bett stehen! Ich möchte all die Filme anschauen, die ich mühevoll aufgezeichnet und archiviert habe! Ich möchte mehr Zeit mit meinen Freunden verbringen! Und doch habe ich den Verdacht, dass es um all das nicht geht.

Heute will ich endlich wieder eine schamanische Reise machen. Ich hatte letztens kaum noch Zeit dafür gefunden. Theoretisch weiß ich natürlich schon, dass es nichts Unsinnigeres gibt als die Feststellung »Ich habe keine Zeit«, weil es immer eine Frage der Prioritäten ist und Zeit, aus schamanischer Sicht, sowieso etwas ganz anderes ist. Letztlich bin ich es selbst, die sich seit Wochen schon jeden Morgen gegen das Reisen entschieden hat, um noch eine Viertelstunde früher im Büro zu sein. Wie eine

Getriebene. Geradeso als ob von dieser Viertelstunde meine Leistungsbereitschaft abhinge.

»Zeitdruck«; was für ein schreckliches, in sich widersinniges Wort! Immerhin halte ich nun inne und reise mit der Frage: »Was hindert mich am Reisen? Was kann ich tun?« Ich möchte Klarheit. Ich beginne meine Reise am finnischen Steg. Alle Gefährten sind um mich versammelt, auch die Bärin ist wieder da. Schon während ich alle begrüße und meine Bitte vortrage, merke ich, wie Julian mich nach links zieht. Heute soll ich nicht fliegen, sondern laufen. Schlichtes Laufen über Berg und Tal. Während ich so dahintrabe und mit meiner Ungeduld ringe, ahne ich, was damit gemeint sein könnte. Es geht für mich wohl vor allem darum, langsam und bewusst einen Fuß vor den anderen zu setzen, einen kleinen Schritt nach dem anderen zu tun. Es geht nicht um das Ziel, auch nicht um den Weg, ja nicht einmal um die Richtung, sondern nur um diese kleinen, bewusst gesetzten Schritte. Es geht um Erdung. Ich brauche diese bewusste Verbindung zur Erde, Vertrauen in den Boden unter meinen Füßen.

Und es ist rührend, wie sie alle mitwandern: Mahinda, Hor, Intschi, die Bärin, der Wolf. Sogar meine Rabin läuft tapfer neben mir her. Sie fliegt nicht und hüpft nicht, sondern setzt brav einen Fuß vor den anderen. Ich muss lachen, wie unbeholfen das aussieht. Sie torkelt, als hätte sie, wie Wilhelm Buschs Rabe, ihren Schnabel zu tief ins Weinglas gesteckt. Wie gern ich sie alle habe!

Gerade stand ich wieder vor meinem vollen Kleiderschrank und hatte nichts anzuziehen. Ein sicheres Zeichen, dass auch in meinem Kopf Überfüllung herrscht. Es ist einfach alles zu viel. Es gibt da immer diese innere Stimme in mir, die bereit ist, die unbequeme Wahrheit zu sagen. Sie unhörbar zu machen ist das Ziel der Zerstreuung. Sie zu hören und ihr zu folgen braucht Mut. Ich werde mir wieder mehr Zeit nehmen fürs Reisen; ab heute wieder jeden Morgen.

Ich frage meine Gefährten, wie ich das, was ich alles noch zu erledigen habe, bloß schaffen solle. Ich kann mich erinnern, dass genau diese Frage schon einmal, vor der Wüstenreise, mein Anliegen gewesen war. Damals hatte mir Julian die Fülle vor Augen geführt, die immer da ist, ganz real, und den »Zeitmangel« dagegen als Illusion aufgedeckt. Meine heutige Frage enthält wieder eine Anklage, aber an wen eigentlich? Wer sonst wäre für diese Illusion verantwortlich als ich selbst? Es fällt mir schwer, mich zu konzentrieren. Alle möglichen Planungen und Sorgen durchkreuzen immer wieder meinen Versuch, zur Ruhe zu kommen. Wie damals vor der Abreise schwirren die Antworten auf meine Frage nur so im Raum – allesamt unbefriedigend und banal. Aha, ich führe also gerade wieder Selbstgespräche.

Schließlich gelingt es mir, das Bild wahrzunehmen, das die ganze Zeit schon klar vor mir liegt: eine endlose Schneefläche. Ich laufe auf ein Licht zu, das wie eine Sichel über dem gekrümmten Horizont liegt. Es wird immer heller, und im gleichen Maße werde ich schneller, so als könnte ich das Hellerwerden durch mein Rennen beschleunigen. Dann merke ich, dass meine Beschleunigung gar keinen Einfluss auf das Licht hat und mich ihm auch nicht näher bringt. Also setze ich mich einfach hin. Nun kann ich die Lichtwerdung aufmerksam verfolgen und sogar genießen.

Das ist also die einfache Antwort auf meine Frage, wie ich das alles schaffen solle. Meine Beschleunigung bewirkt nicht, dass die Dinge schneller passieren. Es geschieht sowieso. Als ich mich aber hinsetze, um mich ganz dem Anblick des Lichts hinzugeben, passiert etwas Erstaunliches: Raum und Zeit lösen sich auf, und die Dinge geschehen wie von Geisterhand. In der absoluten Verlangsamung, dem Stillstand, vollzieht sich die Wandlung.

Mein Versuch, das auch im Alltag umzusetzen, scheitert zunächst kläglich. Wie eine Marionette an den Fäden meiner Aufgaben lasse ich mich hin und her jagen, bis ich ganz erschöpft bin. In meiner Verzweiflung räume ich radikal alles vom Schreibtisch bis auf Bildschirm und Tastatur, das Telefon und einen Stift. Dann nehme ich mir nur das, woran ich als Nächstes arbeiten will, aus dem Schrank, lege es vor mich hin und halte kurz inne. Mit einem Mal kehrt eine innere Ruhe ein, die mich erstaunt und sogar entfernt an das Erlebnis der Lichtwerdung erinnert. Tatsächlich kommt neben der Ruhe auch eine lichte Klarheit, die mich den Vorgang leicht, schnell und gründlich erledigen lässt. Beseelt von dem Erlebten, hole ich mir gleich das nächste Vorhaben und genieße, während ich aufstehe, um an den Schrank zu gehen, das Erfolgserlebnis des Erledigthabens. Erstaunlicherweise spüre ich dabei sogar Vorfreude auf den nächsten Vorgang. Früher habe ich immer auf einmal all das gesehen, was noch zu erledigen war, und mich davon unter Druck setzen lassen. Nun blicke ich auf das Geschaffte und zelebriere es. So macht Arbeiten Spaß! Ich beschließe, zukünftig aus jedem Vorgang ein Ritual zu machen und meinen Schreibtisch nie mehr vollzurümpeln.

Ana empfahl mir zum Abschied ein Buch: *Shaman of Tibet* ist die Lebensgeschichte des berühmten Mönchs Milarepa. Schon der Untertitel des Buches gefällt mir: *Aus der Wut zur Erleuchtung.* Die ersten Seiten des *Shaman of Tibet* sprechen mich dagegen nicht so an. Ein sturer Heiliger scheint mir dieser Milarepa zu sein. Auch so einer, der immer gegen die gleiche Wand läuft, anstatt die Tür zu benutzen. Aber eines zeigt sich schon beim Lesen des Anfangs: Es genügt nicht, den Schatten nur kurz anzuschauen, um sich gleich wieder dem Licht zuzuwenden. Das Licht ist ohne den Schatten nicht zu haben, und der Schatten verschwindet auch nach gründlicher Betrachtung nicht. Auch

Milarepa lernte unter Qualen Langsamkeit – zu Fuß zu gehen, anstatt zu fliegen. Könnte der Mönch, den ich Mahinda nenne, womöglich Milarepa sein? Was liegt näher, als ihn auf einer meiner Reisen direkt danach zu fragen: »Mahinda, bist du in Wahrheit Milarepa?« – »Du kannst mich gern so nennen«, lacht er und fügt leiser und ernster hinzu: »Ich werde mich bemühen.« Was meint er wohl damit? Jedenfalls ist er für mich nun Milarepa.

Milarepa nimmt mich also mit in die Stratosphäre, wo wir zwischen den Wolkenschichten dahinfliegen. Wir kommen an eine große turmhohe Gewitterwolke und fliegen direkt hinein. Ich frage ihn, ob das nicht gefährlich sei. Milarepa sagt, es seien ja nur unsere Geistkörper, die fliegen. Mein Materiekörper liege immer noch auf meinem Bett. Um uns und sogar durch uns hindurch zucken die Blitze. Ich kann mit verfolgen, wie einer unten auf der Erde einschlägt. Langsam beginnt mir das Ganze Spaß zu machen. Schließlich sind es ja nur unsere Geistkörper. »Siehst du«, sagt er, »wie unendlich die Energie des Kosmos ist? Es ist immer genug davon da. Genauso ist es mit deiner Energie. Sie ist unerschöpflich. Dein Wille ist wie ein Blitz: konzentrierte Energie und ebenso zerstörerisch – möglicherweise.« Ich muss an den jungen Milarepa aus dem Buch denken. Aus Rache für den Tod seiner Familie entfesselt er die Kräfte des Himmels über seinem Dorf und zerstört es vollständig. Mein Gefährte weiß also, wovon er spricht.

Dann ziehen schemenhafte Bilder von Menschen an mir vorüber, die ich mit meiner unkontrollierten Energie streife: einen kleinen Jungen, der völlig benommen in der Ecke kauert, nachdem ich ihn gescholten habe. Und eine Frau auf einem Fahrrad, die mir ausweichen muss und dabei stürzt. Das alles sehe ich wie aus dem Augenwinkel. »Lerne deine Kraft, die du jetzt so machtvoll entfaltest, zu kontrollieren und zu transformieren, damit du anderen nützt, anstatt ihnen zu schaden!«

Doch mit der Wut ist es nicht so einfach. Diesmal sind meine Nachbarn der Anlass. Allabendlich kocht die irakische Großfamilie unter mir ganze Hammelköpfe aus. Das stinkt dann noch die halbe Nacht, vom Lärm ganz zu schweigen. Im Sommer findet ihr Leben auf dem Balkon statt, auch das Kochen. Natürlich, ihre Wohnung ist ja auch viel zu klein für eine Großfamilie. Dabei sind die vierzig Quadratmeter, die ich allein bewohne, wahrscheinlich für sie der reine Luxus. Und ich rege mich noch über sie auf. Aber ich leide darunter, selbst im heißesten Sommer die Fenster nicht öffnen zu können und mit Duftlampe und Räucherstäbchen gegen den Gestank ankämpfen zu müssen.

»Was mache ich nur mit meiner Wut, Milarepa?« Noch klingt der Name fremd in meinen Ohren. »Du verstehst so viel von der Wut. Ich will so gern meine Wut zähmen und in Liebe verwandeln. Aber wie stelle ich das an?« – »Deine größten Herausforderungen hängen eng zusammen: deine Wut und dein Umgang mit Nahrung. Solange du die Wut in deinem Bauch nicht artikulieren kannst, so lange frisst du sie in dich hinein.« Das leuchtet einerseits ein. »Aber sie auszuagieren geht doch auch nicht. Du selbst hast mich doch vor den Folgen unkontrollierter Energieausbrüche gewarnt.« – »Ja, du musst erst herausfinden, was hinter deiner Wut steckt.« – »Das wüsste ich nur zu gern«, gebe ich ratlos zurück.

»Denk nach: Wut und Nahrung. Was hast du als vor Hunger schreiender Säugling gefühlt?« – »Todesangst.« – »Todesangst, ja. Und genau sie ist die Wurzel deiner Wut. Wut ist immer Angst. Bei dir äußert sie sich als Angst zu verhungern und davor, ausgeliefert zu sein. Aber du weißt doch: Es wird dir nur widerfahren, was jetzt richtig für dich ist. Und es ist immer ›jetzt‹. Also ist es immer richtig für dich. Und wenn es dein Tod ist. Dann ist eben der Tod für dich der nächste Schritt. Und wenn es ein gewaltsamer Tod ist, so ist dein Mörder derjenige, der dir zu diesem Schritt verhilft. Täter und Opfer sind eins. Ihr seid einander Schüler und Lehrer, Aufgabe und Lösung zugleich. Ihr braucht einander. Geben und Nehmen sind eins, denn alles ist Liebe.« Das ist radikal. Mir ist es im Moment noch zu radikal. Wie würde das Opfer eines Gewaltverbrechens auf diese Aussage reagieren?

Erkenntnis ist ein Weg aus der Angst und zudem vielleicht meine einzige Waffe gegen die Wut. Hinschauen und sich mit der Wahrheit hinter den eigenen Lügen und Beschönigungen konfrontieren. Hinschauen ist die Grundlage der Erkenntnis. Ich muss alles tun, um Licht ins Dunkel zu bringen, inneres Licht in mein inneres Dunkel. Meditation, Kontemplation, sich Zeit dafür nehmen, sich dem stellen.

Der Traum der kommenden Nacht passt gut dazu: Ich laufe durch die Gänge einer Katakombe, angstvoll, aber entschlossen, mich und meine kleine Tochter (die ich in Wirklichkeit nicht habe) zu schützen. Sie trägt ein rotes Kleid und denkt, alles sei ein Spiel. Wir laufen weg vor jenen, die sich entschlossen haben, den Tod ohne Gegenwehr zu akzeptieren. Ich aber will leben, und ich will, dass meine Tochter lebt. Um zu überleben, bin ich zu allem bereit. Ich werde vor den Augen meiner Tochter von denen, die uns wieder eingefangen haben, vergewaltigt und gefoltert. Nun weiß auch sie, dass dies kein Spiel mehr ist. Aber sie ist tapfer und bleibt ruhig. – Alles ist Liebe? Wirklich alles, Milarepa?

Ich will von Milarepa wissen, woher die Bilder, die ich da geträumt habe, kommen. Aus einem früheren Leben? Oder wieder von einem meiner Ahnen? »Das ist nicht wichtig«, antwortet er. »Willkür und Gewalt kennst du von deinen Vorfahren und aus früheren Leben. Es ist die Quelle deines Schmerzes ebenso wie deiner Kraft. Nie warst du deinem Ziel näher, die Angst und mit ihr auch deine Wut zu überwinden und in Liebe zu verwandeln.« – »Aber wie? Sag mir: Wie soll ich zum

Beispiel am Montag meinem Vorgesetzen begegnen, auf den ich so wütend bin?« – »Jede Demütigung ist eine Lektion in Demut«, sagt Milarepa. »Es ist gleich, von wem die Demütigung kommt. Selbst der, den du am meisten verachtest, ist dir gleich. In seinem Schatten kannst du deinen Schatten erkennen. Sei ihm dankbar dafür. Ihr seid Lehrer füreinander. Ihr bringt einander Erfahrung und Wissen. Jeder Konflikt ist ein Erfahrungsaustausch, ein Energieaustausch, eine Verschmelzung scheinbarer Gegensätze. Denn in Wahrheit gibt es keine Gegensätze, nur Aspekte ein und desselben. In Wahrheit gibt es kein Licht und keinen Schatten; kein Gut und kein Böse. Gut ist böse, und Licht ist Schatten. Hass ist verzerrte Liebe, und Schwarz ist Weiß – die Verschmelzung aller Farben.«

Ich bin dabei, meine Schätze an die Oberfläche zu tragen. Doch hier ist es, als ob mir alles durch die Finger rönne. Was Milarepa gesagt hat, mag wahr sein, aber es ist alles so theoretisch, so wenig greifbar. Und ich weiß noch immer nicht, wie ich in der Praxis, im Alltag, mit meiner Wut umgehen soll. Mahinda war mir irgendwie sympathischer.

Es hilft nichts. Heute erbitte ich konkret Rat für ein Gespräch mit meinem Vorgesetzten. Ich hatte ihn gestern um einen Tag Urlaub gebeten, worauf er erwidert hatte, dass ich ohnehin viel zu viel Urlaub mache. »Ich habe doch nicht mehr Urlaub als jeder andere auch«, erwiderte ich überrascht. »Aber Sie waren dieses Jahr schon einundzwanzig Tage krank. Ist Ihnen das eigentlich klar?« Jetzt kam er also tatsächlich raus damit. Und obwohl ich ja nicht unvorbereitet war, fühlte ich mich wie vor den Kopf gestoßen und stammelte irgendeine Entschuldigung. Ich sei doch sonst kaum krank, mache meine Arbeit zuverlässig und gut ... Erst als ich sein Büro verlassen hatte, brach die Wut aus mir heraus. Mir war ganz schlecht vor Zorn. Was unterstellte er mir? Wie konnte er so unverschämt sein? Vor allem fühlte ich mich elend, dass ich mich so klein hatte machen lassen.

Heute habe ich wieder einen Termin bei ihm. Ich richte am Morgen also meine Bitte um Rat nicht nur an Milarepa, sondern allgemein an die Runde meiner Gefährten. Der Wolf kommt als Erster und erteilt mir eine Lektion in Sachen Rudelleben. Er ermahnt mich, Hierarchien zu respektieren, auch wenn sich alles in mir dagegen sträubt. Ich müsse anerkennen, was ist und dass jemand recht bekommt, einfach nur weil er in der Rangordnung höhersteht. Und schließlich müsse ich auch in Betracht ziehen, dass der andere tatsächlich recht haben könnte, fügt Julian hinzu. Anstatt mir immer wieder die Stirn an derselben Wand wund zu schlagen, könnte ich zurücktreten und das Ganze mit etwas Abstand betrachten. Das wäre nicht einmal ein Zeichen von Demut, sondern schlicht ein Akt der Vernunft.

Ich erinnere mich an die Weisheit der vier Elemente: Demut und Wahrhaftigkeit (Erde), Vertrauen und Hingabe (Wasser), Respekt, da alles gleich gültig ist (Luft), und Kraft (Feuer). Da die Kraft des Feuers in mir ist, brauche ich weder zu betteln noch zu kämpfen oder zu manipulieren, im Gegenteil: Je mehr ich gebe, desto mehr bin ich im Fluss, desto mehr Raum ist in mir für die universelle Kraft.

Ich sehe über mir die Rabin fliegen. Sie kreist hoch oben wie ein Raubvogel auf Beutefang. Auf einmal weiß ich, wie ich heute das Gespräch führen muss. Ich werde uns aus der Vogelperspektive betrachten, auch meine Wut. Dann brauche ich nur zuzuhören und abzuwarten. Ich werde versuchen, meinen Vorgesetzten als Lehrer zu betrachten, der mir neue Erfahrungen schenkt wie ich ihm. Danke, ihr vier Elemente, danke, Wolf, und danke, Rabin! Danke, allen, die mich so weise führen.

Von dem Moment an, als ich das Büro meines Vorgesetzen betrete, bin ich zugleich auch die Rabin über mir und innerlich ganz ruhig. Ich kann uns beide aufmerksam und neutral von oben beobachten. Ich höre ihm einfach zu, und es ist, als ob er sich plötzlich an keinen Vorwurf mehr erinnern könne. Er fragt sogar teilnahmsvoll, ob es mir inzwischen wieder besser gehe, und sagt, er habe sich ja nur Sorgen gemacht, weil ich doch sonst so wenig krank sei. Hat er vielleicht seit unserer letzten Auseinandersetzung eingesehen, dass er mich zu Unrecht beschuldigt hat? Oder kann er sich wirklich an nichts mehr erinnern? Habe ich mir womöglich alles nur eingebildet? Nein, das kann nicht sein. Für mich grenzt dies alles an Zauberei. Doch selbst wenn es Manipulation wäre, so profitieren wir doch beide davon.

Ana kommt

Gestern erhielt ich Nachricht aus Brasilien. Ana kommt, und schon nächste Woche. Was für eine Freude! Begleitet wird sie von ihrer Tochter, einer Freundin und ihrer Übersetzerin. Anlass ihrer Reise ist eine Taufe. Dieses Ereignis will sie mit einigen Vorträgen und einem Besuch bei mir verbinden. Plötzlich geht alles so schnell, viel schneller, als ich erwartet hatte.

Wieder muss ich meinen Vorgesetzten um einen freien Tag bitten, denn ich möchte mich ganz auf Ana einschwingen. Aber das macht mir keine Angst mehr. Tatsächlich erhebt er, trotz der Kurzfristigkeit, keinerlei Einwände. Er kommt sogar hinunter in mein Büro, um mir das mitzuteilen und mich gleichzeitig persönlich um meine Einschätzung zu einem Vorgang zu bitten. Das ist noch nie vorgekommen!

Allerdings bemerkt er bei diesem Besuch in meinem Büro zum ersten Mal meinen leeren Schreibtisch, denn seit dem Erlebnis mit der Lichtwerdung halte ich mich an das, was ich mir vorgenommen habe: Auf meinem Schreibtisch liegt immer nur das, was ich gerade bearbeite, und das zelebriere ich durch das Holen und das Wegbringen, wenn es erledigt ist, wie ein Ritual. Mein Vorgesetzter ist völlig verblüfft, sieht doch sein Schreibtisch immer so aus, als habe dort gerade eine Bombe eingeschlagen. Dass er das für einen Beweis seiner Leistung hält, merke ich, als er reflexartig sagt, ich hätte wohl offensichtlich nicht genug zu tun. Ich muss spontan lachen, denn tatsächlich bin ich durch diese Arbeitsweise noch effektiver geworden, und das weiß er auch. Er hat es mir selbst vor ein paar Tagen anerkennend gesagt. Mein Lachen und der leere Schreibtisch aber bringen ihn nun vollends aus dem Konzept, und er flüchtet aus meinem Büro. Da kann ich mir ein Schmunzeln nicht verkneifen und danke meinen wunderbaren Gefährten.

Schon ist der Nachmittag da, an dem die vier Frauen mich besuchen werden. Alles ist vorbereitet. Ich habe sogar frische Blumen gekauft und tropisches Obst, damit sie sich bei mir wie zu Hause fühlen. Das Abendessen habe ich so gut vorbereitet, dass ich so wenig wie möglich von unserer kostbaren gemeinsamen Zeit in der Küche verbringen muss. Nun sitze ich hier und warte ungeduldig auf die Türglocke. Das Schreiben ist wohl vor allem ein Ventil für meine innere Unruhe.

Was für ein perfekter Sommernachmittag! So liebevoll betrachtet Ana auf unserem langen Spaziergang durchs Moor jeden Stein und jedes noch so kleine Pflänzchen. In Zukunft will auch ich meinen Spaziergängen hier ganz andere Aufmerksamkeit schenken. Ich werde versuchen, alles mit ihren Augen zu sehen. Und sie begeistert sich an der Schlichtheit und Klarheit meiner Wohnung. »So viel Schönheit!«, ruft sie aus. Also hat sich all das Aufräumen und Ausmisten doch gelohnt!

Eine Frage beschäftigt mich, seit ich Ana in der Wüste kennengelernt habe: Lebt Ana immer, in jedem Augenblick, im

Hier und Jetzt? Sie bejaht dies. Allerdings definiert sie den Augenblick so, dass er durchaus die Vergangenheit und die Zukunft beinhalten kann. »Wenn ich jetzt an die Zukunft denke, dann ist jetzt die Zukunft«, meint Ana. Genauso erlebe ich es auch. Vorfreude war für mich schon als Kind immer Teil der Gegenwart; eine Fantasie, die mir die Gegenwart versüßt. Damit ist diese Fantasie auch einigermaßen unabhängig von letztendlicher Erfüllung. Sie hat sich ja schon als Vorfreude im Jetzt erfüllt. Ebenso die Vergangenheit. Sie wird Teil der Gegenwart, indem ich sie im Hinblick auf das Jetzt betrachte. So lebe ich in Anas Sinne sehr viel mehr im Augenblick, als ich bisher annahm. Sie hatte mich immer ermahnt, nicht dauernd in der Zukunft zu sein, sondern mehr in der Gegenwart. Ich hatte erwidert, dass meine Planungen und die damit verbundene Vorfreude Teil meiner Gegenwart seien. Nun bestätigt sie mir diese Sichtweise, was mich freut.

Ich sprach mit ihr auch über das Idealbild, das ich anstrebe: »Ich möchte ein klarer Bergsee sein, in dem sich die Seele meines Gegenübers in ihrer reinsten Form spiegeln kann. Der andere kann in diesem Spiegel mehr erkennen als in jedem Vortrag oder Gespräch. Mit dem Herzen zuhören und die eigene Seele als Spiegel zur Verfügung stellen. Das ist mein Ziel.« Indem ich dies ausspreche, merke ich, dass Ana genauso ein klarer Bergsee für mich ist. Um so zu sein, muss man selbst erst so klar und rein sein. Da dürfen nichts Falsches und kein Ego mehr durchscheinen.

Wir sprechen lange über das Ego – vielmehr bin ich es, die spricht, in ihren klaren Bergsee hinein: »Wenn man seinen Widerstand aufgibt und wieder eins wird mit allem, mit dem Augenblick ebenso verschmilzt wie mit jedem Menschen, jedem Tier oder jeder Pflanze, dann verschwinden doch auch alle Angst und alles Leid. Denn ist nicht alle Angst letztlich nur Angst vor dem Tod? Aber den braucht man ja dann nicht mehr zu fürchten! Er ist lediglich die letzte, ultimative Verschmelzung! Es ist doch nur unser Ego, das uns in eine so paradoxe Situation bringt: Wir haben einerseits Angst davor, abgetrennt zu sein – wobei wir das Abgetrennt-Sein als gesellschaftliches Abseits definieren. Auf der anderen Seite haben wir aber auch Angst davor, mit der Masse zu verschmelzen, darin aufzugehen und dabei unsere Individualität zu verlieren. So zerren wir gleichzeitig in gegensätzliche Richtungen. Dabei wäre doch alles so einfach! Und es ist bloß diese Angst und Verwirrung, die immer aufs Neue Aggression und Gewalt erzeugt.« Ana nickt nur und lächelt. Schwer zu sagen, ob dies Zustimmung bedeutet oder ob sie einfach nur anerkennt, was gerade ist.

Ich habe Anas Vortrag besucht. Sie sprach in einem großen Saal in der Innenstadt vor etwa hundert Zuhörern, vorwiegend Frauen. Der Raum war mit Blumen geschmückt und Anas Sessel mit einem glänzenden Stoff überzogen. Für mich war es das erste Mal, dass ich an einer solchen Veranstaltung teilnahm. Von Anfang an berührte mich etwas daran unangenehm. War es die kitschig-sakrale Dekoration? Oder die allzu offensichtliche Hierarchie, die mich ebenfalls an Kirche erinnerte: Vorn sitzt jemand, der es weiß, und belehrt die, die es nicht wissen? Oder war es vielleicht die Unmöglichkeit, all das, was Ana repräsentiert, in Worten auszudrücken – erst recht, da ja alles erst übersetzt werden musste?

Ich weiß es nicht. Ich weiß nur, dass mein Unmut mit jeder Frage, die gestellt wurde, wuchs. Immer wieder begannen die Fragenden mit überschwänglichem Dank an Ana oder mit der verzweifelten Feststellung, sie seien so froh, dass Ana wieder da sei, denn sie wüssten nicht, wie sie ohne sie leben sollten. Einige weinten sogar. Mir liefen dabei kalte Schauer über den Rücken. Ich hatte erwartet, dass Ana auch für diese Fragenden ein klarer Bergsee sein würde, in dem sich jeder selbst erkennen könne.

Aber die Heilserwartung an Ana war so groß, dass nur wenige zu versuchen schienen, allein zu denken und ihre eigenen Gedanken zu formulieren. Sie wollten Antworten von ihr und nur von ihr, die sie dann empfingen wie das Evangelium. Und Ana spielte dieses Spiel mit, auch wenn sie oft vage blieb und ihr anzumerken war, wie sehr sie das Ganze anstrengte.

Oder bin vielleicht ich diejenige, die ihre Chance verspielt, Antworten von Ana zu bekommen, und stattdessen meint, selbst schon alles zu wissen? Hätte ich, als sie bei mir war, vielleicht besser Fragen gestellt und zugehört, anstatt so viel zu sprechen und ihr meine Gedanken darzulegen? Ich weiß plötzlich nicht mehr, was ich von alledem halten soll. Und vor allem weiß ich nicht mehr, wo ich selbst stehe. Bin ich vielleicht, ohne es bemerkt zu haben, selbst schon in der gleichen geistigen und emotionalen Abhängigkeit von Ana wie die, über die ich mich gerade erhebe? Und was ist mit Anas Nachfolge? Selbst wenn ich mich im Entferntesten bereit dazu fühlte, würde ich all dies überhaupt wollen? Derart gespenstische Veranstaltungen? Eine solche Anhängerschaft? Nur eines erscheint mir sicher: Ich verstehe nun besser, warum Ana dies alles hinter sich lassen und sich zurückziehen will. Aber könnte man nicht auch anders auf die Menschen zugehen? Oder ist allein dieser Gedanke schon wieder Ausdruck von Hochmut?

Fiona hat mir ein Buch geschenkt. Es sind Gedichte von Rumi, dem großen Sufi-Poeten, dessen Worte ich weise und tröstlich finde. Jetzt lese ich jeden Morgen vor meiner Meditation ein Gedicht. Rumi sagt so schöne Dinge wie: »Schließe beide Augen und schaue mit dem dritten.«

Ich träume, dass ich mit einer Gruppe Menschen in einem Schwimmbad bin. Wir tragen alle Taucheranzüge. Im Becken schwimmt ein Delfin, mit dem alle schwimmen wollen. Als der

Delfin zu mir kommt und ich mit ihm spiele, spüre ich, wie ich selbst immer mehr zum Delfin werde. Äußerlich bleibe ich ein Mensch, aber eigenartigerweise nehmen mich auch die anderen als Delfin wahr. Selbst als ich zwischendurch duschen gehe, warten einige schon ungeduldig vor der Dusche auf ihren Delfin. Ich habe das Gefühl, dass ich sie täusche, aber dann auch wieder nicht. Denn auch der Delfin im Becken sieht in mir seinesgleichen und sucht meine Nähe. Das Gefühl lustvoller Schwerelosigkeit, wenn wir miteinander spielen, ist unbeschreiblich schön.

Auf meiner morgendlichen Reise frage ich nach der Bedeutung dieses Traums. Hor sagt, ich müsse meine Träume nicht immer deuten und verstehen, ich solle sie einfach wirken und ihren heilsamen Dienst für mich tun lassen. Also versuche ich, mich nur in meine Reise fallen zu lassen.

Ich finde mich in flachem Küstenwasser wieder. Meine Gefährten sind in der Nähe. Das spüre ich, sehe sie aber nicht. Da erscheint der Delfin und fordert mich auf, mich in einen Delfin zu verwandeln – wie in meinem Traum. Wir schwimmen eine Weile nebeneinanderher. Ich will nicht wahrhaben, dass ich auch als Delfin regelmäßig zum Luftholen an die Wasseroberfläche muss. Allmählich gewöhne ich mich an den langsameren Atemrhythmus. Gemeinsam zelebrieren wir jedes Luftholen mit Sprüngen und Pirouetten über dem Wasser. So wird jeder Atemzug zum Ausdruck purer Lebensfreude. Nun ist mir auch die Bedeutung des Traums klar, zumindest der Teil, den ich jetzt erkennen kann: Meine heutige Lektion besteht darin, jeden Atemzug wie ein Fest zu feiern. Das ist Bewusstsein: pure Freude. Es macht mich traurig, wenn ich mir vorstelle, wie flach und kaum wahrnehmbar ich oft atme, wenn ich mir wieder einmal einbilde, keine Zeit zu haben, oder wenn ich Angst habe. Wenn ich nur lernen könnte, jeden Atemzug so zu feiern wie ein Delfin!

In dieser Nacht war noch ein Traum, an den ich mich plötzlich erinnern kann: Ich stehe an einem Bach, auf dem zwei Holzschiffchen schwimmen. Ich fische eines heraus, in dem Geld liegt. Obwohl es wertlose alte Lire-Scheine sind, entnehme ich sie dem Schiffchen, anstatt sie den umstehenden Kindern zu überlassen. Als ich das Schiffchen wieder zurück aufs Wasser setze, kentert es und schwimmt kopfüber weiter. Das zweite Schiffchen ist gröber als das erste, wie von Kinderhand geschnitzt. Aber es ist besonders widerstandsfähig. Der Schwerpunkt des Schiffchens ist so gesetzt, dass es nicht so leicht kentern kann wie das erste. Ich bin die Mutter des Jungen, der das zweite Schiffchen gebaut hat. Ungeduldig nehme ich es ihm aus der Hand, um es zu bearbeiten und zu vollenden. Der Junge ist hin- und hergerissen zwischen seiner Freude über das gelungene Ergebnis und seiner Trauer darüber, dass nicht er es war, der es zu Ende gebracht hat. Ich fühle mit ihm und schäme mich meiner Ungeduld. So ist es wohl mit dem Verstand. Er mischt sich in alles ein wie ein Erwachsener, der dem Kind (der Seele) keinen Raum zur Entfaltung lässt. Dabei wäre das Ergebnis, wenn man das Kind nur ließe, vielleicht viel schöner und einfacher, widerstandsfähiger und weniger leicht zum Kentern zu bringen. So war das kindliche Schiffchen viel individueller als das nach festgefügten und übernommenen Vorstellungen gebaute Schiffchen der Mutter. Aber das Kind hat keine Chance, sich gegen die Mutter durchzusetzen.

Ich will von meinen Gefährten wissen, was die Funktion von Träumen ist. Julian antwortet: »Träume sind ein Fenster zur Seele, zur eigenen Quelle. Und für uns Helfer und Lehrer sind sie der einzige Weg, eine Seele zu erreichen, die weder meditiert noch reist.« – »Aber die meisten Menschen können sich doch an ihre Träume kaum noch erinnern«, wende ich ein. »Darauf kommt es nicht an. Im Gegenteil, wenn sie sich erinnern, macht sich der Verstand gleich daran zu interpretieren. Das kann die Traumkraft sogar schwächen. Bleibt der Traum jedoch im Unbewussten, kann er viel direkter wirken. Wenn du zum Beispiel von überfüllten Orten, drangvoller Enge und Zeitnot träumst, so wirst du unbewusst, selbst wenn du dich nicht an deinen Traum erinnern kannst, mit dem Bedürfnis nach Ruhe erwachen und versuchen, diesem Bedürfnis in deinem Tag Ausdruck zu verleihen. Und wenn es dir gelingt, die Stille in deinem Alltag immer mehr zu verwirklichen, werden auch diese Träume weniger.«

Ich will Geduld, und zwar sofort!

Es gibt Tage, an denen man schon morgens weiß, dass man besser im Bett geblieben wäre. Aber es nützt nichts, auch so ein Tag muss gelebt werden. Da fällt einem gleich nach dem Aufstehen schon der volle Zahnputzbecher auf die Füße, und vielleicht zieht man aus der miesen Stimmung heraus dann den Rest einfach an wie ein Magnet, der auf Ärger programmiert ist. Irgendwann kann man nur noch staunen, mit welcher Zwangsläufigkeit und Präzision sich das alles abspielt.

Heute war so ein Tag der chaplinesken Grausamkeit. Er begann mit Zahnschmerzen, die sich wie ein Hintergrundrauschen durch den ganzen Tag zogen. Sie machten mich noch hektischer und ungeduldiger, als ich eh schon war, gerade so, als könnte ich vor dem bohrenden Schmerz davonlaufen. Und er begann mit Regen, der den ganzen Tag anhielt. Ausgerechnet heute hatte ich zwei Auswärtstermine. Zuerst ein Mittagessen mit einem Geschäftspartner, der nicht erschien. Ich wartete zwei Stunden vergebens im lauten Restaurant, das nach nassen, verschwitzten Mänteln roch. Schließlich nahm ich die Straßenbahn zum nächsten Termin, doch die fuhr nur eine Station, dann gab es wegen Bauarbeiten einen Ersatzbus, der aber nicht kam. Langsam wurde die Zeit knapp, sodass ich ein Taxi heranwinkte. Das stellte sich als Rauchertaxi heraus, sodass ich gleich wieder ausstieg. Beim Versuch, ein anderes Taxi anzuhalten, duschte mich ein vorbeifahrender LKW mit einer Ladung Schmutzwasser. Inzwischen hatte ich mir in meinen Stiefeln, die mir jahrelang beschwerdefrei gedient hatten, eine Blase gelaufen. Wie, das bleibt ihr Geheimnis.

»Was für ein SCH…TAG!«, schrie ich hinaus in den strömenden Regen. Niemand nahm es auch nur zur Kenntnis. Mein Versuch, im Büro Bescheid zu geben, dass ich höchstwahrscheinlich zu spät zur nächsten Besprechung käme, scheiterte am leeren Akku meines Handys. Ich erreichte den Termin zwar gerade noch rechtzeitig, er verlief aber derart fruchtlos, dass ich mir den ganzen Ausflug genauso gut hätte sparen können.

Am Abend wollte ich mich wenigstens mit einem Besuch im Schwimmbad entschädigen, doch das Wasser schien mir deutlich kühler als sonst. Die Sauna war dafür umso heißer. Doch die ersehnte Entspannung blieb auch hier aus. Zwei Herren unterhielten sich angeregt über die Vorzüge ihrer neuen Automobile und klagten, dass man die neuen Plastikautos heute kaum noch selbst reparieren könne – eine Information, die mir gerade noch gefehlt hatte. Ich flüchtete vorzeitig aus dem Bad in die Umkleide, wo eine Frau in dem ansonsten leeren Raum den Schrank gleich neben meinem hatte. Ihr Versuch, meine Tasche vorsichtig zur Seite zu stellen, endete damit, dass sie den gesamten Inhalt auf den nassen Boden kippte. Es tat ihr unendlich leid. Ich versuchte, sie damit zu trösten, dass sie nichts dafür könne, sondern nur von meinem heutigen »Shit-Magneten« angezogen worden sei. Das hätte ich mir besser gespart, denn nun sah sie mich an wie einen Alien, aber das war mir nach diesem Tag auch schon egal.

Am nächsten Morgen verlange ich von meinen Gefährten eine Erklärung! Am liebsten wäre mir wohl eine Entschuldigung, aber da ist ja die Sache mit der Eigenverantwortung. Woher kommt all die geballte negative Energie, will ich von ihnen wissen, und was mache ich damit? »Es gibt keine negative Energie«, stellt Milarepa klar. »Energie ist immer neutral.« Ich weiß nicht, ob mir das gerade weiterhilft. »Aber es geschehen Morde wegen Zahnschmerzen«, fügt Milarepa scheinbar zusammenhangslos hinzu. Soll ich nun auch noch zur Mörderin werden? »Das liegt durchaus im Bereich des Möglichen«, bemerkt er trocken. »Gerade dasjenige, dem man hilflos ausgeliefert zu sein scheint, wie dem Schmerz oder der Armut und Chancenlosigkeit in der Gesellschaft, kann die neutrale Energie in eine tödliche verwandeln. Es ist allein deine Entscheidung. Der Unbewusste wird seine Wut über die Ungerechtigkeit des Ausgeliefertseins auf den Nächsten projizieren und ihn stellvertretend leiden lassen. Der Bewusste aber wird innehalten und sich seine Situation genauer betrachten. Und wenn er genau genug hinschaut, wird er einen Sinn darin erblicken.« – »Und welchen Sinn hatte dieser »Sch…tag« für mich?«, will ich wissen. – »Du wirst es herausfinden«, lacht Milarepa, und allein dieses für Milarepa so seltene Lachen befriedet mich innerlich.

Nach dem Schwimmen gestern las ich zwischen zwei Saunagängen in einer Zeitschrift. Es war ein gewöhnliches Lifestyleblatt. Darin stand, dass der wahre Luxus heute nicht mehr im Konsum liege, sondern im Verzicht. Heute sei nicht mehr das große Auto Statussymbol, sondern das Zu-Fuß-Gehen, nicht mehr der Jetset, sondern das stille, einfache Refugium in der Natur, nicht der Abenteuerurlaub, sondern das Sabbatical. Nicht mehr das Designerobjekt, sondern der leere Raum; nicht mehr der Kick, sondern die Stille; nicht mehr Party, sondern Meditation. Luxus sei heute die Abwendung von der Überflutung hin zur Leere, vom Materiellen zum Immateriellen, vom Haben zum Sein. Und sie führten Beispiele dafür an, wie die

Trendsetter uns dies bereits vorleben. Es stimmt mich froh, dass solche Gedanken nun sogar schon ihren Weg in ein Lifestylemagazin finden.

Auf meinem finnischen Steg, von dem aus ich reise, spüre ich die Sonne auf meiner Haut. Ich frage einfach nur, was anliegt und ob meine Gefährten eine Botschaft für mich haben. Julian sagt liebevoll: »Genieße die Stille und versuche, alles in Zeitlupe zu tun. Folge jedem noch so kleinen unscheinbaren Impuls. Suche die Ruhe und die Stille, um diese Impulse wahrzunehmen. Lies, wenn dir danach ist. Döse, wenn dir danach ist. Rede, wenn dir danach ist. Iss, wenn dir danach ist. Zwing dich zu nichts, auch nicht zur Langsamkeit. Lass sie einfach nur zu.« Dann sehe ich vor mir eine Hand, die sich langsam in meine Richtung öffnet. Darin sehe ich etwas glitzern. Nach und nach enthüllt sich ein großer geschliffener Diamant. Das Licht fällt hinein und blendet mich. Dann sehe ich nacheinander die Farben des Regenbogens in ungeheurer Strahlkraft: Orange, Grün, Blau, Rot, Violett. Ich sehe, wie sie in dem Stein gebündelt sind. Dann schweifen meine Gedanken wieder ab, und ich beende diese Reise. Danke!

In der heutigen Meditation denke ich – anstatt mich auf das Loslassen meiner Gedanken zu konzentrieren – an Ana und entwerfe im Geiste einen Brief an sie. Da sehe ich sie plötzlich vor mir knien. Sie legt ihre Hände auf meine. Ich bin erschrocken. Sie aber lächelt und sagt: »Ich habe deinen Brief bereits bekommen. Danke dafür!« Ich bin überrascht. Es ist, als habe sie meine Gedanken gelesen: »Ich spreche deine Sprache noch nicht, obwohl ich wirklich angefangen habe, sie zu lernen, so wie ich es dir versprochen habe. Aber hier mit dir spreche ich die Sprache der Seele, in der wir alle einander verstehen können.«

Ich freue mich, sie zu sehen, und auch über ihre Berührung. Ich habe immer empfunden, dass sie bei mir ist, aber noch nie so deutlich wie heute. »Du musstest erst den *Shaman of Tibet* lesen, um glauben zu können, dass es möglich ist. Ich bin jetzt für dich da, genauso wie Marpa für Milarepa.« – »Aber du bist doch nicht meine Meisterin, sondern meine Schwester, hast du gesagt!« – »Ich bin für dich, was du willst – und was du brauchst.« Ich spüre Dankbarkeit, aber auch Zweifel. Und wieder liest sie meine Gedanken: »Ich bin bei dir. Siehst du: Zeit und Raum existieren nicht. Sie sind eine Illusion.«

Wenn ich doch nur auch in meinem Alltag Raum und Zeit so spielerisch dehnen könnte wie auf meinen schamanischen Reisen. Einmal um die Welt in fünfzehn Minuten, das wäre doch fantastisch! Stattdessen ist wieder jeder Tag ein Wettlauf gegen die Uhr. Jeden Morgen kommt es mir vor, als schneide ich mir die fünfzehn Minuten mit meinen Gefährten aus den Rippen. Dabei gibt es wohl keine effektiver genutzte Viertelstunde in meinem ganzen Tag!

Und tatsächlich freue ich mich jeden Morgen auf diese fünfzehn Minuten. Heute legt mein Wolf neben mir den Kopf auf die Pfoten, nachdem er zuvor liebevoll mit der Schnauze meinen Bauch abgetastet hat, ob auch wirklich alles in Ordnung sei. Alle sind da. Ich spüre sogar Hirsch und Hai im Hintergrund. Vor mir sitzen, wie immer im Halbkreis, Julian, Milarepa, Hor und Intschi. Doch da ist noch jemand zwischen ihnen: Ana! Ich bin irritiert, fast ein wenig verärgert. Ich denke: Was hast du hier zu suchen zwischen meinen geistigen Führern und Gefährten? Du bist doch eine lebende Person, kein geistiges Wesen. Sie lächelt: »Ich bin eine lebende Person und ein geistiges Wesen, genauso wie du.« Aber ich will das nicht. Es ist für mich in Ordnung, wenn sie in meine Meditation kommt, aber hier gehört sie nicht hin. Ich empfinde es irgendwie als Anmaßung.

»Vertraust du mir nicht mehr?«, fragt sie. Das irritiert mich noch mehr. Am meisten verwirrt mich aber, dass die anderen sich nicht an Anas Gegenwart zu stören scheinen, obwohl sie genau in ihrer Mitte sitzt. »Meditation oder Reise, was ist der Unterschied?«, fragt Ana. Da ist sehr wohl ein Unterschied, finde ich. Ich weiß ihn aber nicht zu benennen, nicht wirklich, nicht überzeugend, und vor allem weiß ich nicht zu begründen, warum Ana hier erscheinen darf, aber dort nicht. Milarepas Lebensgeschichte endet mit einem einzigen Wort: Liebe. In diesem einen Wort ist alles, einfach alles enthalten. Also gut: Ich akzeptiere, dass Ana dort sitzt zwischen meinen Gefährten und nun eine von ihnen ist.

»Ich träume so oft von den Bergen, von endlosen Märschen, die mich aber nirgendwohin führen. Was bedeutet das, Ana?« – »Auf solchen Märschen lernst du Geduld!« – »Aber was ist Geduld? Was genau?«, frage ich. »Geduld ist deine nächste Lektion«, antwortet sie. – »Das ist keine Antwort. Und außerdem hattest du mir gesagt, meine nächste Lektion sei Demut.« – »Beides, Geduld und Demut. Sie hängen eng zusammen. Denk immer daran: Es kommt darauf an, den ersten Schritt zu tun, so wie ich dir in der Wüste sagte. Alles andere kommt von allein. Geduld ist Demut gegenüber der Zeit.«

Es scheint mir paradox, dass man Leichtigkeit nur mit Geduld erreichen soll. Geduld hat in meiner Vorstellung viel mit Schwere zu tun, mit der Erde und nicht mit dem Luftelement. Erst wenn ich mir Zeit nehme, warten kann, nichts erzwingen will, dann kommt es von allein, und zwar ganz leicht. Zeit ist etwas Relatives und führt regelrecht ein Eigenleben, so will es mir scheinen. Wer hektisch ist und keine Zeit hat, ist nicht bei sich, sondern außer sich. So wie ich glaube, Liebe und Zuwendung von außen zu brauchen, sie dabei aber in Hülle und Fülle in mir und damit überall finde, so ist es auch mit der Zeit.

Ana hat recht: Geduld ist Demut gegenüber und auch Vertrauen in die Zeit. Geduld bedeutet Loslassen, Vertrauen. Die Silbe »los« steckt auch in »Erlösung«. Julian hat gesagt, Aufmerksamkeit und Geduld seien Töchter der Liebe. Und bei den Sufis ist der neunundneunzigste Name Gottes As-Sabur, »der Geduldige«. Sage ich also, ich habe keine Zeit, so sage ich damit im Grunde: Ich habe keinen Gott.

Nach einem ereignislosen Bürotag und einer (scheinbar) traumlosen Nacht erwarten mich am Steg schon meine Gefährten: Die Rabin legt ihr Köpfchen an meine Stirn, der Wolf seine Schnauze auf meinen Bauch. Auch die Bärin spüre ich hinter mir sitzen. Julian, Milarepa, Hor und Intschi sitzen links und rechts im Schneidersitz um mich herum und lächeln – und zwischen ihnen, zu meinen Füßen, Ana. Ich habe noch immer Schwierigkeiten, sie hier unter meinen geistigen Gefährten zu akzeptieren. Heute aber nimmt mich nicht Ana mit, sondern Intschi. Zum ersten Mal sehe ich sie wirklich deutlich vor mir. Ihr rundes, braun gebranntes, faltiges Gesicht mit den warmen dunklen Augen. Ihr dickes weißes Haar ist hinten zu einem Zopf geflochten. Und ihr fast zahnloses Lächeln ist ansteckend. Wir sind in einer schneebedeckten Landschaft. Am Horizont kann ich eine endlos lange Überlandstromleitung erkennen, davon abgesehen verschmilzt das Weiß des Schnees mit dem Weiß des Himmels. Wir stehen lange (so kommt es mir vor) einfach nur da. Intschi hat einen anderen Rhythmus als die anderen, besonders als die temperamentvolle Julian, die immer schon auf mich zu warten scheint, wenn ich meine Reisen beginne. Intschi verlangt mir viel Geduld und besondere Aufmerksamkeit ab.

Wir gehen scheinbar ziellos über die endlose Schneefläche. Dann zeigt sie mir, wie ich mich innerlich ganz weit machen kann, bis ich mich an den Horizont ausdehne und mit ihm verschmelze: Ich bin eine riesige Schüssel, in die flüssiges Sonnenlicht fließt. Es schimmert golden und lässt mich immer leichter werden, bis ich mein eigenes Körpergewicht nicht mehr spüre. Ich schwebe, von dieser goldenen Sonnenflüssigkeit angefüllt und getragen, zwischen dem Weiß des Himmels und dem Weiß der Erde. Raum und Zeit sind hier völlig bedeutungslos. Ich spüre nur Leichtigkeit und Glück. Ein wunderbarer Lohn für meine Geduld. Intschi sagt, ich könne diese Übung jederzeit und überall praktizieren. Licht und Leichtigkeit. Ja, Leichtigkeit ist es, was ich vor allem anderen will. »Licht« und »leicht« sind nicht umsonst verwandte Worte. Im Englischen sind sie dasselbe: »light«.

Was will ich nicht alles! Ich will meine Wut loswerden, will Leichtigkeit, Einfachheit und Erkenntnis, ja, warum nicht gleich Erleuchtung! Ich benehme mich wie ein Kleinkind im Spielzeugladen, das jeden Tag etwas Neues will. Was bin ich denn, dass ich so viel fordere? Ja, was bin ich? Eine flüchtige Verkörperung des Ewigen, ein Gefäß für die universelle Liebe. Ein Gefäß aus Lehm, das wieder zu Erde wird, wenn seine Aufgabe erfüllt ist. Eine Schlinge aus Rauch, die sich kurz manifestiert, um gleich wieder zu zerfließen. Eine Wolke, die für wenige Augenblicke auf die Schönheit des Lebens verweist und dann vergeht. Ein Tropfen, der sich bildet, um für ein einziges Auge sichtbar das Licht einzufangen und so von der Liebe des Universums zu erzählen. Ein Gebet, das für Augenblicke der unaussprechlichen Liebe eine ausgesprochene Form gibt. Ein Gedanke, der für kurze Zeit die Ewigkeit reflektiert. Wie kann so etwas Flüchtiges seine Existenz mit Forderungen belasten? »Ich will!« Wie absurd das klingt! Mein ganzes Wollen sollte doch nur darauf ausgerichtet sein, für die kurze Dauer meines Hierseins dem Göttlichen eine Form zu leihen. Mich selbst kann ich nur in allem finden und alles nur in mir selbst.

Ich will – aha, also immer noch – das endlich begreifen und vor allem auch umsetzen! Ich will Geduld, und zwar sofort!

Rumi sagt: »Entfalte deinen Mythos.«

Robert und die Steine

Rein äußerlich hat sich nicht viel verändert in meinem Leben. Für meine Freunde und Kollegen bin ich immer noch dieselbe. Wer genau hinschaut, stellt vielleicht eine größere Gelassenheit und auch Herzlichkeit fest, das jedenfalls höre ich hin und wieder. Auch beneiden mich manche, weil mir die Arbeit so leicht von der Hand geht. Und sogar mein Vorgesetzter ist insgesamt friedlicher geworden, wobei das bei ihm immer noch von seiner Tagesform abhängt. Meine Arbeit leidet erstaunlich wenig unter der Verschiebung meiner Prioritäten, sie profitiert sogar von den Wandlungen in meinem Bewusstsein, die ich immer wieder auf meine Arbeit anzuwenden versuche. Unerklärlicherweise scheint es mir oft, dass ich sogar mehr Zeit habe, obwohl ich jeden Tag reise, meditiere, schreibe und meine Yogaübungen mache. Die zwei Stunden, die mich das morgens kostet, hole ich durch frühes Aufstehen und konzentriertes Arbeiten am Abend leicht wieder rein. Da das Schwimmbad so nah ist, kann ich am Abend vor dem Schlafengehen oft noch schwimmen gehen, und wenn genug Zeit dazu ist, auch noch ein oder zwei Saunagänge machen. Am Wochenende treffe ich mich immer noch am liebsten mit meinen Freunden, gehe mit ihnen raus in die Natur, ins Kino oder ins Konzert. Und natürlich lese ich viel, wenn ich allein bin. Würde die Verankerung in der Alltagswelt fehlen, vor allem über meine Freunde, wäre die Magie der anderen Wahrnehmung nur eine

Alltagsflucht ohne Konsequenz für mein Leben und auch ohne Wirkkraft.

Milarepa nimmt mich mit in einen großen Wald: »Vergiss nie die Ruhe und die Stille. Siehst du die Zwischenräume zwischen diesen Bäumen? Auf sie kommt es an. Lerne von den Zwischenräumen. In ihnen findest du Ewigkeit.« – »Hier sehe ich sie deutlich, aber wo sind diese Zwischenräume in meinem Alltag, Milarepa?« – »Überall. Zwischen jedem Ein- und Ausatmen. Zwischen zwei Gedanken. Zwischen Tag und Nacht und zwischen Nacht und Tag.« Ich beginne zu verstehen. »Lass diese Zwischenräume jeden Tag ein wenig wachsen. Wenn du singst, dann singe ein Lied von den Zwischenräumen. Wenn du malst, dann male die Zwischenräume. Wenn du schreibst, beschreibe die Zwischenräume.« – »Aber wie lerne ich denn, sie zu erkennen?« – »Lerne von diesen Bäumen hier.« Und Julian fügt hinzu: »Hab Geduld mit dir. Denk immer daran, wie viel du schon gelernt hast.«

Zufällig treffe ich den Mann wieder, der mir auf dem Weihnachtsmarkt mein erstes Tagebuch verkauft hat. Er ist so unverwechselbar mürrisch und zerknautscht, dass ich ihn gleich wiedererkannt habe. Er heißt Robert, und wie sich herausstellt, ist Robert der Freund einer Freundin von mir! Doch damit nicht genug, kommt das Gespräch auf Steine. Er zeigt mir eine Vase, die er aus einem Stein gemacht hat. Ich bin entsetzt, wie er den armen Stein zugerichtet hat. Angebohrt und abgeschliffen hat er ihn und zu einem Dekorationsartikel verarbeitet. Ich sage Robert, er müsse unbedingt den abgeschnittenen Teil des Steins wiederfinden. Ich mache ihm ein so schlechtes Gewissen, dass er gleich mit mir in seine Werkstatt fährt, um im Abfall danach zu suchen. Als er ihn nicht findet, sieht er mich verzweifelt an.

Da steht dieser Hüne von einem Mann zerknirscht neben all

den Schleif- und Schneidegeräten in seiner Werkstatt und weiß nicht mehr weiter. Tonnenweise füllen die schönsten Steine unterschiedlichster Größe und Form die Regale seines Kellers. Und ich maße mir an, ihm etwas über Steine sagen zu wollen! Wer bin ich denn überhaupt zu urteilen? Wer bin ich, mich zum Anwalt dieser Steine aufzuschwingen? Weiß ich nicht inzwischen, dass sie es sind, die uns auf sich aufmerksam machen und ihr Schicksal selbst bestimmen? Dass sie uns nur als Transportmittel benutzen? Und weiß ich nicht auch, dass Steine ihre Kraft nicht verlieren, wenn sie zerbersten? Sondern dass ihre Kraft in jedem Teilstück unvermindert weiterwirkt? Und wer weiß, vielleicht kann der Stein so zu einer alten Dame gelangen, die ihn nie roh und unbearbeitet bei sich aufnehmen würde, sondern nur in Form dieser Vase? Ist das nicht genau ihre Strategie, besonders die der Edelsteine, seit es uns Menschen gibt? Geduldig lassen sie sich schleifen und fassen, um an ihr Ziel zu gelangen.

Eines jedenfalls steht fest: Robert liebt Steine genauso wie ich. Keine Ahnung, was er sich gedacht haben mag, als ich ihn daraufhin unvermittelt umarme. Es war einfach das unvermeidliche Ergebnis meiner Gedankenkette, nichts weiter. Jedenfalls strahlt er über das ganze Gesicht und lädt mich in sein Ferienhaus nach Italien ein. Er hat es sich aus rohen Steinen selbst gebaut – wie könnte es auch anders sein. Und er schenkt mir wieder eines seiner wunderbaren Tagebücher. Als ob er es ahnte, dass das andere gerade vollgeschrieben ist. Ich werde es »Buch der Zwischenräume« nennen – Zwischenräume, in denen das Seltsame, Wunderbare und scheinbar »Zufällige« geschehen kann.

Als Robert so zerknirscht vor mir stand, hatte ich plötzlich eine Erinnerung. Ich kenne diesen Menschen aus einem früheren Leben. Wir sind Nachbarskinder in einem Dorf mit einfachen Lehmhütten und schlammigen Wegen. Seit wir denken können, haben wir miteinander gespielt, gestritten und uns wieder versöhnt. Nun haben unsere Familien beschlossen, dass wir heiraten. Wir denken uns nicht viel dabei. Wir haben das schon oft gespielt. Wir werden dann eben als Mann und Frau weiter miteinander leben, arbeiten, streiten und uns wieder versöhnen. Genauso wie unsere Eltern, die auch schon als Kinder zusammen spielten. Das ganze Dorf ist mit den Vorbereitungen für die Hochzeit beschäftigt, und wir genießen die Vorfreude auf das große Fest. Da sehe ich, wie ein Mann auf einem Pferd ins Dorf geritten kommt. Das kommt so selten vor, dass gleich das ganze Dorf zusammenläuft. Alle wollen wissen, was es gibt. Der Mann auf dem Pferd sagt, sein Herr ließe die Braut abholen. Ein Raunen geht durch die Menge. Seit Jahren ist kein Mädchen mehr am Vortag ihrer Hochzeit abgeholt und ins Schloss gebracht worden. Wir haben als Kinder immer darüber Witze gemacht und uns auch ein wenig wohlig gegruselt bei der Vorstellung, was wohl dort oben im Schloss so alles mit einem geschieht.

Ohne weitere Erklärungen hebt er mich unter aller Augen hoch und setzt mich vor sich in den Sattel. Ich habe noch nie zuvor auf einem Pferd gesessen. Es ist aufregend. Ich spüre, wie die Satteldecke mit jeder Bewegung zwischen meinen Beinen reibt, und es fühlt sich gut an. Es fühlt sich auch gut an, den warmen muskulösen Körper des Mannes an meinem Rücken zu spüren. Ich bin dreizehn.

Der Mann spricht kein Wort, bis wir das Schloss erreichen. Es ist gar nicht so düster, wie man vom Dorf aus meint. Nachdem wir in den Hof geritten sind, springt der Mann ab und hebt auch mich vom Pferd. Ich werde von zwei reich gewandeten Frauen in Empfang genommen. Sie führen mich durch eine große Halle eine geschwungene Treppe hinauf in ein prunkvolles Schlafgemach. Dort entkleiden sie mich. Sie kichern und rümpfen die Nase über meine schmutzigen Lumpen, die sie sofort hinausbringen, um sie verbrennen zu lassen. Ich werde in einer Wanne gebadet und mit einem Öl eingerieben, das nach Rosen duftet. Zum ersten Mal erblicke ich verwundert meine Gestalt in einem Spiegel. Dann werde ich in ein feines durchsichtiges Hemd gekleidet, das kaum meine Blöße bedeckt. Ich erwarte, noch ein Gewand darüberzubekommen, aber das geschieht nicht. All die Zeit haben die Frauen nicht mit mir gesprochen, und ich habe nicht gewagt, Fragen zu stellen. Nun ist es zu spät, denn beide verlassen eilig das Gemach und lassen mich in meiner Verwirrung zurück. Ich schäme mich meiner unangemessenen Bekleidung, wage aber nicht, mich in eine der Decken zu hüllen, die auf dem großen Bett liegen. Nach einer Zeit, die mir endlos erscheint, höre ich Geflüster vor der Tür und schwere Gewänder, die über den Boden schleifen.

Der Mann, der nun das Gemach betritt, muss wohl der »Lehnsherr« sein, von dem sie im Dorf erzählen, er sei geldgierig und brutal. Mich fröstelt. Was will er von mir? Warum bin ich hier? Er ist groß, attraktiv und jünger, als ich ihn mir vorgestellt habe. Mit beiden Händen bedecke ich meine Scham und weiche bis an die Wand des Gemachs zurück. Er lächelt und setzt sich in den großen Sessel, der bei der Tür steht. »Komm näher, Mädchen«, befiehlt er. Ich mache einen vorsichtigen Schritt auf ihn zu. »Dreh dich um – langsamer!« Obwohl er befiehlt, ist seine Stimme nicht laut, sondern sanft. »Komm zu mir, noch näher. So ist es brav«, sagt er endlich, als ich schon ganz nah vor seinen Knien stehe. Vorsichtig nimmt er meine Hände weg, und ich erschaudere unter seiner Berührung. Dann streift er das durchsichtige Nichts von meinem Körper. Ich fühle, wie mir das Blut in den Kopf schießt. Er hebt mich auf, als sei ich eine Feder, und legt mich aufs Bett. Dann legt er sich dazu. Vorsichtig öffnet er meine Schenkel und streichelt die weichen Innenseiten meiner Beine. Er geht zart und behutsam vor, lässt sich viel Zeit. Als er schließlich den Akt vollzieht, ist es längst um mich geschehen. Hier will ich leben, hier mit ihm. Nie mehr werde ich in mein altes Leben zurückkehren können, diese eisige Sicherheit fühle ich in mir aufsteigen.

Als mich der Reitersmann in meinem neuen Brautkleid – ein Geschenk des Herrn – zurück ins Dorf bringt, erscheint mir hier alles unerträglich armselig, sogar mein Elternhaus, in dem ich so unbeschwert glücklich war. Am allermeisten aber mein zukünftiger Ehemann. Wie sehr fällt er doch gegen den Herrn ab. Warum hat der mich nicht bei sich behalten, wenn er mich doch offensichtlich liebt? Ich kann doch jetzt nicht diesen Bauernjungen heiraten, mit dem ich vor unendlich langer Zeit zusammen im Dreck gespielt habe! Meine Eltern spüren, als sie mich vom Pferd heben, wie fremd ich ihnen geworden bin, und wohl auch, wie gefährlich das für mich ist. Ich spüre ihre Trauer und auch eine Wut, vor allem bei meinem Vater. Mein Gemahl steht mit hängenden Armen und vor Eifersucht glühenden Augen vor mir. Oh ja, ich werde für diese Wonnen büßen müssen. Die Vermählung und die Hochzeitsfeierlichkeiten erlebe ich wie in einem fremden Körper. Schließlich werden wir johlend in die Hochzeitshütte begleitet. Wie armselig hier alles ist gegen das Gemach des Herrn! In den Augen meines Gemahls ist diese glühende Eifersucht geblieben, angefacht noch durch den süßen Wein. »Und, wie war es?«, bestürmt er mich. »Wie oft hat er dich bestiegen, der alte Bock?« Ich schüttele den Kopf, will sagen, dass alles anders war, als er denkt, doch er weiß nur zu gut, dass es ihn umbrächte, und verschließt meinen Mund mit einem groben, besitzergreifenden Kuss. Als er dann seine Hände um meinen Hals legt und zudrückt, wehre ich mich nicht. Es ist eine Erlösung …

Ich wage nicht, Robert von dieser Geschichte zu erzählen, mag ich sie doch selbst kaum glauben. All dies spielte sich in Bruchteilen einer Sekunde ab. Robert hat nichts davon bemerkt. Er macht mich gerade auf einen Stein aufmerksam, einen unförmigen Brocken von einer Größe, die ich sonst nicht für mich in Betracht ziehe. Er beansprucht meine volle Aufmerksamkeit. Dieser Stein will mit mir mitgehen, unbedingt und ohne Widerrede. Robert merkt es und gibt ihn mir mit.

Zu Hause trage ich ihn herum, ohne recht zu wissen, was ich mit ihm anfangen soll. Dann bemerke ich, dass es ihn mit Macht zu einem anderen meiner Steine zieht, einem ähnlich unförmigen Brocken, wenn auch kleiner, den ich mir wider alle Vernunft in Finnland aufgehalst habe. Jener finnische Stein, der mich all die Zeit mit Missachtung gestraft hatte, jubiliert nun förmlich. Herzsteine sind beide, das heißt, sie haben grob die Form eines Herzens und wirken meiner Erfahrung nach auch auf diese Partie des Körpers, obwohl ich das mit dem finnischen Stein noch nicht probiert habe. Wieder so ein Steinpaar, das mich dazu benutzt hat zusammenzukommen – eine Finnin und ein Italiener –, was ihnen natürlich herzlich gleichgültig sein dürfte, denn was sind schon Raum und Zeit oder gar Landesgrenzen für zwei Steine?

Warum darf ich immer nur Liebesbote sein? Warum bringt mir keiner meinen Traummann vorbei? Wenn sogar zwei Steine ihrem Mobilitätsproblem zum Trotz ein Paar werden, warum dann nicht ich? Ich bin zwar gern allein, das war ich schon als Kind gern. Wenn ich gerade wieder so schön ins Malen vertieft war, musste meine Mutter meinen Spielkameraden schon mal sagen, dass ich nicht da sei, weil ich nicht gestört werden wollte. Aber so ein richtiges Mannsbild an meiner Seite mit breiten Schultern zum Anlehnen und all der Geduld und Gelassenheit (vor allem mir gegenüber), um die ich so sehnsüchtig ringe – das wär schon was.

Meine heutige Reise war anders als sonst und zutiefst beunruhigend: Wieder bin ich auf einer endlosen Ebene, nur diesmal schwer verletzt mit blutenden, gelähmten Beinen und kurz vor dem Verdursten. Meine Gefährten sind um mich, zeigen sich aber mit beängstigenden Fratzen. Intschi sitzt mit starrem Blick und murmelt irgendetwas Unverständliches vor sich hin. Julians Gesicht ist verzerrt durch ein übertriebenes Grinsen, das mich bis ins Mark erschreckt. Hor trägt eine schwarze Maske, hinter der sein Mienenspiel vollständig verborgen bleibt. Aber am meisten erschreckt mich Milarepa: Statt eines Gesichts ist sein Kopf nur mit glatter, weißer Haut überzogen. »Was soll das?«, begehre ich auf. »Warum macht ihr mir solche Angst?«

Nach einer langen Pause antwortet Julian: »Weil du wieder in deinen alten Trott verfällst, du lässt keine Zwischenräume. Du weichst uns aus. Was soll das?«, wirft sie mir meine Frage zurück. Ich bin sprachlos. »Wir werden dir jetzt den Inhalt deines Kopfes zeigen«, kündigt Julian an. Was nun kommt, sind Bilder von erschreckender Banalität: die Inszenierung geheimster Teenagerträume, die ich glaubte, längst hinter mir gelassen zu haben. Meine offenbar immer noch lebendigen kindlichen Wünsche und Sehnsüchte erinnern an eine Margarinereklame. Ein adrettes Paar sitzt im Vorgarten seines properen weißen Hauses, lächelt und isst von buntem Geschirr. Sein Blick schweift über einen gepflegten Rosengarten … »Okay, ihr braucht das gar nicht weiter zu kommentieren. Ich habe schon verstanden. Aber was dann? Was ist wirklich wichtig?«

Anstelle einer Antwort sehe ich eine Höhle, ähnlich der Steinzeithöhle, die ich in der Wüste sah. »Soll ich etwa als Eremit in einer Höhle leben?« – »Nicht nötig«, sagt Julian, »es genügt völlig, wenn du dich dem stellst, wonach sich deine Seele sehnt.« – »Aber womöglich ist es genau dieses kitschige Vorgartenidyll, wonach sich meine Seele sehnt. Ich weiß es doch selbst nicht!«, sage ich ratlos und fühle mich wie bei einer kindlichen Unart ertappt. »Vielleicht habt ihr euch ja in mir getäuscht, und ihr sucht euch besser jemand anders für eure Experimente!« – »Wenn das so wäre, glaubst du, du hättest uns überhaupt wahrgenommen? Was sind wir anderes als der Ausdruck deiner Seele?« – »Was weiß denn ich? Ich weiß nur, dass ihr im Moment sehr anstrengend seid! Was wollt ihr mir denn mit diesem Höhlenbild sagen?« – »Höhlen sind Zwischenräume«, erklärt mir Julian. »Es sind Orte, an denen sich Raum und Zeit auflösen, Durchgänge zur anderen Welt, oder warum sonst glaubst du, bestatten die Menschen seit Anbeginn ihre Toten in Höhlen?«

Nun sehe ich noch ein Bild: Ich befinde mich im Innern der Höhle und sehe durch einen Spalt, wie das Sonnenlicht eindringt. Es wäre verlockend hinauszugehen, aber ich habe Angst. In meiner Vorstellung bietet allein diese Höhle Schutz. Draußen wäre ich ausgesetzt. »Ja, draußen bist du ausgesetzt. Aber es ist an der Zeit hinauszugehen.« Also trete ich aus der Höhle in das gleißende Sonnenlicht. Ich bin zunächst so geblendet, dass ich nichts sehen kann, nur hören. »Es erfordert Mut, aus der Geborgenheit der Höhle hinauszutreten ans Licht, in die größere, die eigentliche Welt.« – »Wieso die eigentliche Welt?«, frage ich, »andere Welt, ja, das verstehe ich noch, aber eigentliche?« – »So wie die Höhle eine kleine Welt in der größeren, dir vertrauten Welt ist, so ist die Welt, wie du sie kennst, nur ein kleiner Teil der eigentlichen Welt, die du die andere nennst.« Bevor ich nachfragen kann, wird es mir deutlicher erklärt: »Du kannst mit deinen fünf Sinnen nur einen kleinen Ausschnitt der Wirklichkeit wahrnehmen. Das ist dir doch bewusst oder?« Ist es. »Gut. Dann weißt du also, dass es darüber hinaus noch mehr gibt. Du kannst dir eure Fünf-Sinne-Welt als eingebettet in etwas viel Größeres vorstellen. Sie ist wie eine Höhle innerhalb der gleißenden Unendlichkeit des Raumes. Ein Höhlenbewohner, der nie hinaustritt, kennt nicht die Farben, die es draußen in unendlicher Vielfalt zu bestaunen gibt. Die Begrenzungen der Höhle sind wie ein dunkler Spiegel. Von außen kann man hineinsehen, von innen aber nicht hinaus. Die Begrenzungen sind Illusion, aber in der Höhle weiß das niemand. Und durch den Spalt, den du gerade gesehen hast, aus der Höhle hinauszutreten macht zu viel Angst. Also bleiben die Menschen in ihrer Höhle, in der die Spiegel ihnen nichts als ihre äußere Erscheinung wiedergeben, anstatt in die Welt hinauszutreten und dort ihrem wahren Selbst und der Unendlichkeit zu begegnen. Dabei wäre der Schutz, den sie dort genössen – verschmolzen mit dem Ganzen –, unendlich viel größer als alles in der Höhle, wo jeder gegen jeden kämpft und einen hohen Zaun um seinen Vorgarten zieht.«

Rumi sagt: »Warum bleibst du im Gefängnis, wenn doch die Tür weit offen steht?«

Raus aus der Höhle

Heute bin ich bei Reinhard, meinem »Leib- und Seelenarzt«, wie ich ihn nenne. Reinhard ist Allgemeinmediziner und Musiktherapeut und arbeitet seit Neuestem auch schamanisch. Er untersucht mich und stellt fest, dass wieder alles in Ordnung mit mir ist. Auch die Blutwerte sind wieder bestens. Er rät, mir trotzdem auch weiterhin Ruhe zu gönnen. Zur nun folgenden musiktherapeutischen Behandlung lege ich mich auf den Boden. Während Reinhard auf seinem Monochord spielt, sehen wir beide, wie unsere Krafttiere, beide Wölfe, miteinander spielen. Mit den ersten Tönen seines Spiels muss ich unwillkürlich so tief einatmen, als ob ich das ganze Universum einatmete. Dann werde ich weit hinausgeschleudert in das dunkle Nichts, und es ist schön, so federleicht unter den Sternen dahinzusegeln. Dann wieder schrumpft das Universum, bis es in meiner Brust Platz hat, und so bin ich abwechselnd da draußen und in mir mit dem Universum verschmolzen – ein herrliches Gefühl der Freiheit, Leichtigkeit und purer Freude.

Reinhard erzählt mir, dass bei Neugeborenen die Nervenzellen ein gleichmäßiges dichtes Netz bilden, das Impulse in alle Richtungen weiterleitet – ein schier unerschöpfliches Reservoir an Möglichkeiten. Bis zum zweiten Lebensjahr nimmt die Zahl dieser Verbindungen sogar noch zu. Mit dem Prozess des Lernens, der Häufung der Impulse in bestimmten Bahnen, bilden und verstärken sich bestimmte, viel genutzte Verbindungen. Die weniger genutzten aber verkümmern. Je vielfältiger die Anregungen, desto komplexere Strukturen bilden sich. Dem Erwachsenen steht zum Lernen nur mehr das bis dahin genutzte Netz zur Verfügung. An seine unendlichen früheren Vernetzungsmöglichkeiten kann sich ein Erwachsener nicht mehr erinnern. So erklärt sich Reinhard als Naturwissenschaftler den Schamanismus: als Rückerinnerung an die vielen Vernetzungen, mit denen wir alle auf die Welt kommen, die aber dann ungenutzt verkümmern. Gut, dass es Ärzte wie Reinhard gibt!

Ich bin wieder einmal unkonzentriert und kann mich nicht richtig auf meine Gefährten einlassen. Die Rabin ist da, das spüre ich deutlich. Aber sonst nichts. Oder doch? Jetzt fühle ich, wie meine Lehrer mich auf Händen tragen. Ich fühle mich zwar dadurch leicht, aber aus dem Karussell meiner Gedanken kann ich trotzdem nicht aussteigen. Ich kann nicht hören, was sie mir sagen wollen. Verpasste Chance! So muss ich mich allein zurechtfinden im Dschungel meiner aufgewühlten Gefühle und Gedanken. Ich weiß, dass immer alles da ist, alles Wissen, alle Erkenntnis, alle Liebe. Aber sie annehmen zu können, das ist das Schwerste. So sind meine Reisen im Moment zwar nährend, weil ich die zärtliche Zuwendung meiner Gefährten spüre, aber wenig informativ. Immer wieder entgleiten mir die gerade entstandenen Bilder, weil banale Alltagsgedanken sich meiner bemächtigen: Wie strukturiere ich meinen Tag, wie optimiere ich heute meine Arbeitsabläufe? Wie wird die Sitzung verlaufen? Muss ich noch etwas vorbereiten? Wird mein Vorschlag zu einer Budget-Umstrukturierung genehmigt? Habe ich heute Abend überhaupt Lust, ins Kino zu gehen, oder mache ich es nur, weil ich es für heute in meinen Terminkalender eingetragen habe? Oder auch: Wann endlich treffe ich einen Mann, der mich wirklich liebt und mich nicht wieder enttäuscht? Bin ich überhaupt schon bereit für eine neue Beziehung? Kann ich schon wieder Nähe zulassen und vertrauen?

Meine Gefährten scheint das alles eher zu amüsieren. Sie warten auf die Zwischenräume meiner Aufmerksamkeit und nutzen sie. Und dann gibt es ja immer noch die Träume. In der Traumzeit kann mein Verstand keinen Widerstand mehr gegen die Botschaften der Seele leisten. Obwohl bei mir selbst im Traum der Verstand noch kritisch eingreift, zumindest träume ich, dass er das tut. Zum Beispiel heute Nacht gab es so einen Traum, und er macht mich nachdenklich: Ich komme in eine alte, etwas heruntergekommene Villa, in der sehr viele Menschen friedlich zusammenleben. Alle Zimmer sind vollgestellt mit Stockbetten. Der Besitzer des Hauses und unangefochtene Anführer dieser überschaubaren »Kommune« ist ein kleiner Russe. Er ist äußerlich nicht besonders attraktiv, aber sehr charismatisch. Vor allem die Frauen der Gruppe scharen sich um ihn. Er ist zu jeder gleichermaßen aufmerksam und zärtlich. Ich werde fraglos in die Gruppe integriert, bekomme ein Bett für die Nacht zugewiesen und darf mich gleich hinlegen, denn ich bin sehr erschöpft. Als ich am Morgen erwache, sind alle anderen im Zimmer schon so leise wie möglich dabei, ihre Betten zu machen. Keiner will mich stören. Dann kommt der kleine Russe, legt sich zu mir und schmiegt sich zärtlich an meinen Rücken. Bevor mein Kopf noch irgendwelche Einwände produzieren kann, hat mein Körper bereits entschieden, dass ihm das angenehm ist. Ich genieße einfach die Wärme und Ruhe, die dieser Mann ausstrahlt. Es ist erstaunlich, wie er allein durch seine liebevolle Gegenwart alle beeinflusst, ohne auch nur eine einzige Ansage zu machen. Mich zieht diese kleine Gemeinschaft an und stößt mich zugleich auch ab. Ich weiß, dass ich hier nicht hingehöre. Trotzdem tut es gut zu hören, dass ich hier jederzeit willkommen sei.

Interessant an diesem Traum ist für mich vor allem die machtvolle Konfrontation mit meinen Vorurteilen, der Kampf zwischen Kopf und Bauch, der mich selbst im Traum noch beschäftigt. Der Kopf sagt: Vorsicht, das könnte eine Sekte sein. Der Bauch sagt: Ich spüre hier nirgends einen Zwang. Der Kopf sagt: ein Mann mit so vielen Frauen, wie empörend abgeschmackt das ist! Der Bauch sagt: Keine von ihnen scheint sich unwohl zu fühlen oder unfreiwillig hier zu sein. Der Kopf sagt: Was für eine drangvolle Enge, da erstickt man ja! Der Bauch sagt: So viel Wärme und Zuwendung bekomme ich sonst nirgends. Vielleicht will der Traum mir auch zeigen, dass meine geistigen Gefährten nicht alles sind, sondern dass ich auch ganz einfach menschliche Wärme brauche und mich langsam wieder auf eine neue Beziehung einlassen sollte. Und dass diese Beziehung nicht unbedingt den Konventionen entsprechen muss, um mich glücklich zu machen.

Heute ist der 21. September. Tag- und Nacht-Gleiche. Überall auf der Erde ist der gleiche Sonnenstand. Die Welt ist im Gleichgewicht. Die Zeichen des Herbstes sind nun schon unübersehbar. Der Sturm rüttelt an den Blättern, die nicht mehr die Kraft haben, sich an den Zweigen festzuhalten. Ergeben segeln sie hinunter zur Erde, die sie fraglos in sich aufnimmt. Obwohl dies so etwas Natürliches ist und ich der Natur doch so verbunden bin, sträube ich mich dagegen. Gerade so, als ob ich mit meinem Widerwillen den Herbst aufhalten könnte. Ich habe Angst vor der Kälte und der Dunkelheit des Winters.

Mit ein paar Gleichgesinnten treffe ich mich zu einem schamanischen Abend. Reinhard hat dazu eingeladen. Fünf Frauen und ein Mann, das ist nicht untypisch. Eine der Frauen schlägt vor, zu diesem Thema eine Reise zu machen, aber mich langweilt das. Was soll schon dabei herauskommen? Dass es Männer im Allgemeinen schwerer haben, einen Zugang zur Spiritualität zu finden? Dafür sind sie oft die Vordenker, gehen nach außen mit ihrem Wissen, reißen andere mit – während die Frauen ihre Erfahrungen eher im Stillen machen, oft unter Anleitung von Männern … Ich schlage vor, eine Reise zu machen, die den Übergang in die dunkle Jahreshälfte zum Thema hat. Mein Vorschlag wird angenommen. Alle hier kennen die Angst vor dem Winter – so wie wahrscheinlich jeder Vogel und jedes Tier da draußen im Wald.

Da der Vorschlag von mir kam, soll ich die gemeinsame Reise anleiten. Es ist das erste Mal, dass ich so etwas tue. Ich beginne mit dem Bild der Höhle, das ich von meinen geistigen Führern bekommen habe. Gemeinsam treten wir durch den Spalt aus der Höhle ans Licht. Von hier aus reist jeder für sich allein weiter. Ich verwandle mich in meine Rabin, und meine Schwärze verschmilzt mit der Schwärze der Höhle. Als ich aus der Höhle trete, wird es gleißend hell, und ich stelle fest, dass auch mein Gefieder weiß ist. Es war immer weiß, ich konnte es nur bisher in der Schwärze um mich nicht sehen. So wie ich zuvor als schwarze Rabin mit der Schwärze um mich verschmolzen war, so gehe ich nun als weiße Rabin ganz im Licht auf. Ich bin eins mit allem, und alles ist eins mit mir. Und Schwarz oder Weiß scheint nur ein Wahrnehmungsunterschied zu sein. Die Unterscheidung zwischen Schwarz und Weiß ist also nur wieder so eine Illusion aus der Höhlenwelt.

Als weiße Rabin fliege ich auf einen indianischen Totempfahl zu, wo ich mit dem hölzernen Raben an der Spitze verschmelze. Auf dem Totempfahl ist die Erde aufgefädelt und wirft einen Schatten auf mich, denn die Sonne steht zu meinen Füßen unter dem Pfahl. Es ähnelt dem Erlebnis einer Sonnenfinsternis, nur dass nicht der Mond zwischen Erde und Sonne, sondern die Erde zwischen der Sonne und mir steht. Das ist eigenartig und bewegend.

Obwohl diese Reise nur wenig mit dem Thema zu tun zu haben scheint, fühle ich mich danach leichter und besser gewappnet, dem Winter ins Auge zu blicken. Den anderen geht es ähnlich wie mir. Auch sie bringen Bilder mit, in denen es um die Auflösung von Grenzen geht, um Verschmelzung und um Raum- und Zeitlosigkeit. Alle haben wir unsere Angst vor dem Winter erst einmal verloren.

Reinhard erzählt, dass die krebskranke Frau, für die wir letztes Mal auf ihren Wunsch hin gearbeitet haben, einen Kraftschub bekommen hat. Er selbst aber fühle sich ausgebrannt und voll unerklärlicher Wut; ob wir nicht etwas für ihn tun könnten. Ich soll auch dieses Ritual anleiten. Ich rufe meine Gefährten und bekomme ein Bild, was zu tun sei. Reinhard legt sich in die Mitte zwischen uns. Leise beginnen wir zu wispern, ohne Worte, nur mit Lauten. Es klingt wie Beschwörungen, manchmal wie Wind, Vogelgezwitscher oder das Zirpen einer Zikade. Jemand rasselt dazu. Währenddessen wird Reinhard von Krämpfen geschüttelt und brüllt so laut, dass wir es mit der Angst zu tun bekämen, wäre die wispernde Energie, die uns verbindet, nicht so stark. Ich habe den Eindruck, er kotzt sich richtig aus. Ich wische die Energie, die dabei aus ihm austritt, so weg, dass sie keinen von uns trifft. Am Ende sitzt Reinhard erschöpft, aber befreit da. Eine von uns schlägt vor, das Ritual sibirisch mit einem kräftigen Schlag der flachen Hand auf seinen Rücken zu beenden, was ihm guttut. Ich reinige noch jeden einzelnen von uns und auch den Raum von der ausgetretenen Energie mit Salbeirauch. Während der Prozedur hat man sie förmlich sehen können, so stark war sie gewesen. Reinhard erzählt uns von dem riesigen Raum, der sich in seiner Brust geöffnet hat, und von der Last, die er von sich abfallen fühlte. Er hatte offenbar viel von der Frau, für die er gearbeitet hatte, übernommen.

Dies also war mein erstes Gruppenritual! Ich habe mich mit meiner Quelle verbunden und mich von meinen Gefährten leiten lassen – und was für eine Kraft hat das entfaltet! Extraktion durch Wispern. Ich bin so stolz auf mich, dass ich unwillkürlich Lob und Dankbarkeit von Reinhard erwarte. Reinhard aber bedankt sich bei jedem Einzelnen für die kräftigen Schläge auf den Rücken, nur nicht bei mir. Kein Wort zum Ritual. Ich kann nicht anders, als enttäuscht und verletzt zu sein, verstehe aber die darin enthaltene Lektion: Als Schamane ist man nur Kanal. Nicht mehr. Nicht ich habe da ein tolles Ritual hingelegt, sondern ich habe mich zur Verfügung gestellt zum Wohle aller, auch meiner selbst, denn wir haben alle Kraft aus diesem Ritual geschöpft. Nicht mein Herz, auch nicht mein Verstand, sondern meine innere Quelle, die mit allem verbunden ist, hat gewirkt. ES hat durch mich hindurch gewirkt, nicht mehr. Also kein Grund, stolz zu sein. Ich muss mich daran gewöhnen, dass ich eine Dienerin bin und keine Herrin, wenn ich schamanisch arbeite. Dass es eine Gnade ist, die ich empfange, und keine Meisterschaft, die ich exerziere. Ich bin in dem Moment zugleich eins mit mir, dem Patienten und dem Universum. Das ist das ganze Geheimnis. Wer sollte da gelobt werden?

Ich schäme mich meiner eigenen Enttäuschung, weil sie mir vor Augen führt, wie stark mein Ego, das kleine, verletzte, nimmersatte Kind, noch immer ist. Ich muss noch hart daran arbeiten, mich der Aufgabe, die mir übertragen wurde, und der damit verbundenen Kraft und Macht würdig zu erweisen. Kommt das Ego ins Spiel, fühle ich mich entweder zu groß oder zu klein, nie im Gleichgewicht – wie ein Ballon, in den jeder jederzeit eine Nadel stecken kann, und »puff« ist der Ballon nur noch ein Gummiläppchen. Was für eine Quelle von Leid, wenn jeder einen durch Ablehnung, Spott oder auch Lob und Bewunderung aus dem Gleichgewicht bringen kann! Meine Gefährten schenken mir hierzu noch ein Bild: Ich reise auf einem Wal durch die endlosen Fluten des Ozeans. Ich bin winzig und nur dort, weil der Wal und der Ozean mich dulden.

Und noch einen Dämpfer hat mein Ego heute bekommen: Mein Vorgesetzter will mich umsetzen. Ich soll aus meinem schönen sonnigen Büro in ein dunkles Loch im Erdgeschoss umziehen. Das ist nicht einmal gegen mich persönlich gerichtet, denn seit dem Vorfall mit der Krankschreibung zeigt er mir gegenüber erstaunlich viel Respekt. Es ist einfach wieder einer seiner Spontaneinfälle. Er tut es, weil er es tun kann, setzt einige seiner Mitarbeiter um, weil er sein eigenes Büro auf diese Weise vergrößern kann. Ein anderer Grund ist nicht ersichtlich. Mit elementarer Wucht ist mir meine ganze Machtlosigkeit noch einmal ins Bewusstsein gerufen worden. Innerhalb des Systems zähle ich nichts und bin seiner Willkür schutzlos ausgeliefert. Als ich dazu reise, ist die Antwort meiner Gefährten einfach: »Tu, was in deiner Macht steht, aber akzeptiere das Ergebnis als Aufgabe und Herausforderung.« Ja, ich muss wohl davon ausgehen, dass alles, einfach alles meinem Wachstum dient – was mich allerdings nicht davon abhalten wird zu kämpfen. »Tu, was in deiner Macht steht.« – Das werde ich!

Rumi sagt: »Weltmacht bedeutet nichts. Nur das Unsagbare, das Juwel in uns.«

Der Lottogewinn

Mein Supermarkt hat ein neues Rabattmarkensystem. Hat man genug Rabattmarken gesammelt, kann man kostenlos einen Lottoschein ausfüllen. Mir ist noch eindrücklich in Erinnerung, wie wir im Mathematikunterricht die Wahrscheinlichkeit berechneten, mit der man auch nur den kleinsten Lottogewinn erzielen kann. Ich glaube, niemand aus meiner Klasse hat seitdem jemals mehr Lotto gespielt. Andererseits kann ich aber auch nichts ablehnen, was mir geschenkt wird. Ich kann es einfach nicht. Und es könnte ja auch ein Zeichen sein. Gerade war ich Obst einkaufen und holte mir bei dieser Gelegenheit die letzten noch fehlenden Rabattmarken für meinen Lottoschein. Da ist es doch naheliegend, eine Reise zu machen, um mir die Gewinnzahlen von meinen Gefährten durchgeben zu lassen. Und siehe da: Sie fallen auf kleine Würfel, der Reihe nach gedruckt, aus einem seltsamen Apparat. Ich schreibe sie unverzüglich auf und trage sie in meinen Lottoschein ein. Oh, fast hätte ich vergessen, mich zu bedanken: Danke, ihr Lieben, für eure kleine Hilfestellung zu meinem zukünftigen Reichtum. Es scheint mir darüber hinaus angemessen, ihnen offenzulegen, was ich mit den Millionen anfangen will. Sonst könnten sie vielleicht noch auf die Idee kommen, dass ich das Geld gar nicht brauche. Also: Vor allen Dingen möchte ich unabhängig werden von Vorgesetzten, die mich nach Belieben schikanieren! Dann möchte ich ein großes Haus mit einem großen, stillen Garten (siehe Margarinereklame). Ich möchte so viel Geld anlegen, dass ich von den Zinsen leben kann, damit ich nicht mehr arbeiten muss und mich ganz auf sie und auf das Schreiben konzentrieren kann. (Das Argument müsste bei meinen Gefährten doch eigentlich ziehen.) Und den Rest will ich spenden. Ist das okay? Sie lächeln, und ich nehme das als Bestätigung.

Ich bin ganz aufgeregt und kann es kaum erwarten, meinen Lottoschein abzugeben. Nun dürfe ich mich aber langsam wieder beruhigen, höre ich Milarepas strenge Stimme. Das fällt mir schwer. Wenn es klappt, will ich alles für euch tun! Was soll ich tun? – »Lassen!«, ist Milarepas trockene Antwort. Allerdings kann er sich dabei ein Schmunzeln nicht verkneifen. Er weiß ja, wie schwer mir das fällt. Ob es wohl klappt? Ich versuche, es spielerisch zu sehen. Es ist doch ohnehin alles nur ein Spiel, oder? Oder versuche ich, mich nur gerade gegen eine Enttäuschung zu wappnen? Das möchte ich jetzt nicht analysieren.

Ich friere. Da hilft auch alles Reisen nicht. Ich friere und habe eine Erkältung. Mein Körper verweigert die Zusammenarbeit. Ebenso meine Seele. Ich kann und will mich nicht auf den früh hereinbrechenden Winter einstellen. »Was kann ich gegen meinen Unmut tun?«, verlange ich von meinen Gefährten zu wissen. »Dankbar sein«, ist Milarepas Antwort, die ich heute gar nicht gut vertrage. »Leicht gesagt! Mir fällt aber gerade gar nichts ein«, entgegne ich bitter. »Es gibt immer etwas, wofür du dankbar sein kannst, fällt dir wirklich nichts ein?« – »Gar nichts«, sage ich trotzig. »Dann sei dankbar dafür, dass der Schnee weiß ist und nicht schwarz!«, lacht Julian. Und als ich mir vorstelle, wie dunkel die Winterwelt wäre, wenn der Schnee tatsächlich schwarz wäre, stellt sich doch tatsächlich so etwas wie Dankbarkeit ein. Danke, Julian. Danke, dass alles so ist, wie es ist!

Ich bettle wieder um den Lottogewinn. Und das, obwohl ich genau weiß, dass mein ganzes Planen nichts mit dem größeren Plan zu tun hat. Wenn vor einigen Jahren mein Betteln und Flehen erhört worden wäre, dann wäre ich jetzt mit Richard verheiratet und hätte wahrscheinlich all das Wunderbare, das durch den Schmerz erst ausgelöst wurde, nicht erlebt. Ich weiß ja: Ich soll mich nicht so bequem einrichten. Das schadet der geistigen Entwicklung. Immerhin schicken meine Gefährten

Licht, grünes und gelbliches Licht, das irgendwie Wärme erzeugt. Ihr Rat ist: Ich soll mich warm halten und offen. »Du musst nicht krank werden, wenn du es nicht willst.« Ich komme mir vor wie ein verzogenes kleines Kind, das schmollt, wenn es nicht bekommt, was es will – in meinem Fall ist das: Sommer statt Winter und, natürlich, den Lottogewinn.

Heute ist die Lottoziehung. Ich habe Angst, dass, wenn es nicht klappt, mein Vertrauen in die andere Welt und ihre Botschaften leidet. Davor habe ich mehr Angst als vor der Enttäuschung über den entgangenen Reichtum. Es ist wie verhext: Ich weiß, dass ich es selbst in der Hand habe und dass es schon gefährlich ist, überhaupt zu zweifeln, weil es den Wunsch schwächt. Aber ich fürchte, dass es die Angst noch machtvoller macht, wenn ich sie einfach verdränge. Ich habe mir diesen Lottogewinn so in den Kopf gesetzt, dass ich schon sehr enttäuscht wäre, wenn es nicht klappt. Es geht hier um weit mehr als Geld. Es geht um meine eigene Macht – und die meiner Gefährten. Das ist schon einmal schiefgegangen, als ich eine Badezimmerlampe wieder zum Leuchten bringen wollte, deren Glühbirne einfach nur defekt war. Zugleich ist diese Angst auch eine Hintertür, die ich mir offen lasse. Wenn es nicht funktioniert, kann ich alles auf meinen Zweifel schieben, und ich brauche nicht das Vertrauen in meine Gefährten und die Kräfte des Universums einzubüßen. Ich wäre dann einfach noch nicht gut genug.

Auf meiner heutigen Reise frage ich jedenfalls, was ich gegen die Angst tun kann, das Vertrauen in sie zu verlieren, wenn ich scheitere. »Was wäre denn damit bewiesen, wenn du ›scheiterst‹, wie du es nennst?«, fragt Milarepa. »Kannst du dir so sicher sein, dass das, was dir jetzt wie ein Scheitern vorkommt, auch tatsächlich ein Scheitern ist? Kannst du dir vorstellen, zu scheitern (oder was du für ein Scheitern hältst) und trotzdem dein Vertrauen zu behalten? Denk an die Worte, die du täglich in deiner Meditation sprichst: ›Ich vertraue, ich bin einverstanden, ich liebe, ich lasse, ich fließe.‹« Ich bedanke mich bei Milarepa, bin aber dennoch alles andere als entspannt.

Nun sitze ich also wie gebannt vor dem Fernseher und verfolge die Ziehung der Lottozahlen. Ich kann nicht umhin, mir ein bisschen lächerlich vorzukommen. Lächerlich? Wie arrogant von mir! Millionen sitzen jetzt vor dem Fernseher und hoffen. Auch sie haben vielleicht ihre geheimen Kraftquellen, einen Talisman, einen Schutzengel oder einfach ein Gebet. In Wahrheit unterscheide ich mich kein bisschen von ihnen. Wie kann ich mich da über sie erheben? Und mehr noch: Wie kann ich glauben, dass meine Macht zu wünschen größer ist als ihre? Wahrscheinlich wird derjenige gewinnen, der das viele Geld gerade jetzt als Herausforderung und Lektion benötigt. Wahrscheinlich ist es wirklich eine große Herausforderung, die einen zunächst völlig aus der Bahn wirft. Will ich das überhaupt?

Es ist so weit: Die erste Zahl, die das Gerät ausgespuckt hat, stimmt schon mal nicht mit meinen Zahlen überein. Die zweite auch nicht. Auch die dritte nicht. Ebenso die vierte, fünfte, sechste und siebte. Kein einziger Treffer! Wahrscheinlich ist auch das eine Leistung! Ich bin eher verblüfft als enttäuscht; verblüfft darüber, dass dieser Versuch, meine Macht ins Spiel zu bringen, der mir so naheliegend erschienen war, so vollkommen gescheitert ist.

Aber ist er wirklich gescheitert? Bin ich gescheitert? Oder haben mich meine Gefährten vor etwas bewahrt, das meine Seele gar nicht wirklich wollte? Es wird schon für irgendetwas gut sein. Mir ist natürlich klar, dass ich mir hier möglicherweise gerade etwas schönrede, um die Enttäuschung nicht zu spüren. Der Fuchs und die Trauben … Aber ist das positive Umdeuten von Ereignissen nicht auch eine Kunst? Zum Glück spüre ich keinerlei Vertrauensverlust gegenüber meinen Gefährten. Und das freut mich fast so sehr, wie mich ein Lottogewinn gefreut hätte! Ich bin mir sicher, dies war eine notwendige Lektion!

Trotzdem versuche ich eine Analyse meiner Niederlage: Die erste Idee, die mir kommt, ist »Gier«. In dem Moment, wo aus dem Spiel Ernst wurde und ich diesen Lottogewinn, also das Geld, unbedingt haben wollte, notfalls auch auf Kosten anderer, die es dann nicht bekämen, war Gier im Spiel. Vielleicht ist Gier ja nichts anderes als die fehlgeleitete Sehnsucht nach der eigenen Quelle. So wie jede Sucht nur eine fehlgeleitete Suche ist. Weswegen sie auch nie vollständig befriedigt werden kann. Weil sie nur ein Ersatz für das Eigentliche ist. Darunter bleibt immer eine diffuse Sehnsucht nach dem Eigentlichen, der Quelle. Diese Sehnsucht verleitet einen ständig zur Suche nach Ähnlichem. Schokolade zum Beispiel. Das süße Gift ähnelt entfernt der Süße des Verbundenseins. Vielleicht erinnert es uns an den Geschmack von Muttermilch, wer weiß? Und schon entsteht Sucht, wenn man versucht, das im Innern Verschüttete im außen zu bekommen. Das erzeugt Abhängigkeit und ist die Grundlage allen Leidens, durchaus auch im buddhistischen Sinne. Ich kann der Gier nur begegnen, indem ich mir meine Quelle zurückerobere, sie reinige und daraus schöpfe.

Vielleicht hat es auch mit Erwartung zu tun, besonders Erwartungen an andere, aber eben auch an das Schicksal. Erwartungen widersprechen allen vier Lektionen der vier Elemente. Sie widersprechen der Wahrhaftigkeit (Erde), denn wir legen unsere Erwartungen dem anderen nicht offen. Manchmal versuchen wir sogar, andere – oder gar das Schicksal – zu manipulieren. Sie widersprechen dem Fließen und Vertrauen (Wasser), denn man ist in seinen Erwartungen unbeweglich und fixiert auf das Ergebnis. Sie widersprechen dem »Alles ist gleich gültig«, also dem Nicht-Bewerten (Luft), denn wir bewerten bereits im Voraus das Ergebnis entsprechend unserer

Erwartung. Und sie widersprechen auch dem »Alle Kraft ist in mir« (Feuer), denn Erwartungen richten sich an etwas außerhalb von mir. Sie machen uns und den anderen unfrei und entfernen uns von der Liebe.

Gelegentlich habe ich das Gefühl, als ob ich mich im Kreis drehe. Dann muss ich feststellen, dass ich am gleichen Punkt angekommen bin, an dem ich schon einmal war. Die gleichen musterhaften Verhaltensweisen, die, wenig überraschend, immer wieder zu den gleichen, gefürchteten Ergebnissen führen. Zum Beispiel das Gefühl, nicht genug Zeit zu haben, obwohl ich doch genau weiß, dass das nicht stimmt. »Warum ist das so?«, frage ich meine Gefährten. »Warum komme ich immer wieder an denselben Punkt? Warum kann ich nicht schneller lernen?« – »Aber du lernst bereits schnell«, ist ihre Antwort. »Du musst nur deine Sichtweise verändern. Was dir von oben betrachtet wie ein Kreis erscheint, ist in Wahrheit eine Spirale. Von oben sieht es so aus, als drehtest du dich im Kreise. Von der Seite betrachtet kannst du erkennen, dass du mit jeder Umdrehung auf einer anderen Ebene angekommen bist. Es ist eine kreisförmige Bewegung, ja, aber keine bloße Wiederholung.« Ja, das leuchtet mir ein: Es kommt darauf an, die feinen Unterschiede in der vermeintlich selben Situation zu erkennen. Das ist dann die Entwicklung, und wenn sie nur darin besteht, das Muster ein wenig früher als das letzte Mal erkannt zu haben. Danke!

Ich komme nicht über das Verhalten meiner Freundin Karen hinweg, von der ich mich so im Stich gelassen fühle, dass es Wut und Verzweiflung in mir auslöst. Ich hatte ihr den Zugang zu einer Messe verschafft und durfte im Gegenzug bei ihr übernachten. Als ich angereist war, erschien sie aber weder zur Messe, noch konnte ich bei ihr wohnen. Sie war einfach nicht erreichbar. Da jedes Hotelzimmer in der Stadt belegt zu sein schien, blieb mir nur das Notzimmer, eine Art Abstellkammer, das mir ein Hotel, in dem ich schon öfter übernachtet hatte, überließ. Aber viel schlimmer als diese Notunterkunft war die Verletzung. Als ich Karen Tage später endlich am Telefon erreichte, stellte sie alles als Missverständnis dar und stieß mich so nochmals vor den Kopf. Weil mich dieser Vorfall so gar nicht losließ, bat ich meine Gefährten um Rat. »Dein wahrer Schutz erwächst aus der Liebe. Dann bist du mit Feuer gereinigt und gestählt, und nichts kann dir mehr etwas anhaben. Es gibt keinen besseren Schutz als die Liebe.« Und Julian, die wohl spürt, dass mir dieser Rat im Moment wenig nützt, fügt hinzu: »Wenn ihre Wahrheit anders ist als deine, so respektiere das. Oder glaubst du, deine Wahrheit sei absolut? Du allein hast die Verantwortung für das, was geschieht.« Plötzlich sehe ich vor meinem geistigen Auge schemenhaft lauter bleiche Männer in langen Reihen vorbeiziehen. Als sie an einer Art Opferstein vorbeikommen, geben sie ihre Eigenverantwortung als kleines Päckchen dort ab und ziehen als namenlose Masse weiter. Im Hintergrund sehe ich, wie die Masse nun beliebig manipuliert und radikalisiert wird. Die Männer werden zu Werkzeugen einer dunklen Macht. Sie tauschen ihr Menschsein, und damit auch ihre Not, gegen das Eintauchen und Verschmelzen mit der Masse ein. Aber wollen wir nicht alle eintauchen und eins werden, wieder Kind sein und gesagt bekommen, was zu tun sei? Um geliebt zu werden, wollen wir doch alle recht brav sein. Auch ich bin froh darüber, von meinen Gefährten gesagt zu bekommen, was zu tun sei. Gebe ich etwa auch meine Eigenverantwortung an sie ab? Das wäre schlimm. Diese Vorstellung gibt mir zu denken.

Rumi sagt: »Beobachte die Wunder, wenn sie geschehen. Aber verlange nicht, dass sie geschehen. Fühle ihre Wirkung und sei still.«

Es gibt immer einen Grund zum Feiern

In meiner Meditation übe ich immer wieder den langsamen, tiefen Atemrhythmus, den mir meine Gefährten so ans Herz legen. Aber eben leider nur dort und nicht im Alltag. Wenn ich meinen Atem im Alltag beobachte, ist er flach, weil ich zu oft, wenn ich eine Sache mache, in Gedanken schon bei der nächsten bin. Sie haben recht: Man sollte alles so machen, als ob danach nichts mehr zu tun wäre.

Seit Tagen bekomme ich keinen Kontakt mehr zu meinen Gefährten. Sie würden (sicher zu Recht) sagen, es sei genau umgekehrt: dass sie keinen Kontakt mehr zu mir bekommen, weil ich so mit banalen Alltagsgedanken beschäftigt bin, dass sie nicht mehr zu mir vordringen können. Es ist wirklich ein Teufelskreis: Wenn ich mich unter Druck fühle, meine Arbeit nicht zu schaffen, ist mein Kopf so voller Gedanken, dass kein Raum mehr bleibt für meine Gefährten. Wenn ich sie deswegen dann nicht spüren kann, erscheint mir das Reisen sinnlos, und ich denke, dass ich die Zeit lieber nutzen sollte, um früher an meinen Schreibtisch zu kommen. Schließlich lasse ich das Reisen ganz, bis ich merke, dass mir etwas Entscheidendes fehlt.

So bin ich nun schon länger nicht mehr bei meinen Gefährten gewesen. Zu groß ist die Angst, wieder nichts zu spüren und am Ende bloß wieder Selbstgespräche zu führen. Heute aber habe ich keine Ausrede. Ein freier Sonntag liegt vor mir, und ich habe Zeit. Also begebe ich mich auf meinen Startplatz, den finnischen Steg. Ich merke gleich, wie gut es mir tut. Meine Rabin zeigt sich in ihrem weißen Federkleid – vielleicht um mich daran zu erinnern, dass Schwarz und Weiß, Licht und Dunkel in Wahrheit eins sind. Mein Wolf kuschelt sich mit seinem Kopf in meine Halsbeuge, und Julian, Milarepa, Ana, Hor und Intschi lächeln mir zu. Ich frage, was anliege, und sie sagen: »Robert.« Ich hatte beinahe vergessen, dass ich heute mit ihm verabredet bin. Sie erinnern mich daran, dass die Steine auch ihm viel bedeuten. Es kommt das Bild einer geschwungenen Steinbrücke, die wir zusammen bauen.

»Es ist der Konsum, der uns konsumiert«, so drückt es Robert aus, als wir später bei ihm im Garten sitzen, und hofft, dass es mit dem Schamanismus nicht auch so weit kommt. Wir sprechen über die hierzulande inzwischen florierende Schamanismus-Industrie und das »Abenteuerliche«, das in vielen dieser Angebote mitschwingt. Natürlich ist schamanisches Arbeiten abenteuerlich, da sind wir uns einig, aber eben ganz anders, als es unsere Kultur definiert. Es ist ein Abenteuer, das sich nicht im außen als »Event« konsumieren lässt, sondern im Innern geschieht und reichlich Neben- und Langzeitwirkungen hat, die man vorher nicht kalkulieren und gegen die man sich nicht versichern kann.

Robert lädt mich nochmals in sein Steinhaus in den Bergen ein. Dahin könne ich jederzeit kommen, auch wenn er selbst nicht dort sei und ich allein sein wolle. Vielleicht werde ich das bald tun. Jedenfalls hat mir das Gespräch mit ihm wieder Mut gemacht, das schamanische Reisen auch dann nicht aufzugeben, wenn es gerade schwierig und mühevoll erscheint. Es ist wohl eine Wellenbewegung wie alles im Leben, mal geht es bestens, mal weniger gut. Und es tut gut, mit jemandem wie Robert darüber sprechen zu können.

Heute will ich gar nicht wieder aufhören, so reich und schön ist meine Reise – eine ganze Welt in nur fünfzehn Minuten. Ich begrüße meine Gefährten und frage, was anliege. Plötzlich finde ich mich in einem warmen tropischen Meer wieder. Im klaren Wasser sehe ich zugleich, was unter und was über der Wasseroberfläche ist. So sehe ich darüber eine Flosse und darunter meinen Hai. Als ich ihn freudig begrüße, stupst er mich liebevoll mit seiner spitzen Schnauze an: »Hey, ich bin deine Angst. Wie kannst du mich so freudig begrüßen?« – »Es war einfach ein Gefühl«, erwidere ich, und der Hai verwandelt sich vor meinen Augen in einen verspielten Delfin. Aber ich spüre noch einen Rest dieser Angst und frage, was es damit auf sich hat. Der nun wieder zum Hai gewordene Delfin antwortet: »Es ist eine Erbangst. Jeder Mensch ist von ihr imprägniert und hat die Aufgabe, ihr ins Auge zu sehen. Es ist die Urangst vor der Vergänglichkeit, vor dem Verschmelzen mit der Unendlichkeit. Es ist zugleich die größte Angst und die größte Sehnsucht. Es geht darum, der Angst zu begegnen und sie anzunehmen, so wie du es gerade getan hast. Hättest du mir den Rücken zugedreht, wäre ich noch größer geworden. Am tückischsten ist die Angst, nicht gut genug zu sein und deshalb nicht geliebt zu werden.

Gleich drei falsche Annahmen liegen dieser Angst zugrunde: erstens, nicht gut genug zu sein. Man ist immer gut genug für die Aufgabe, die man zu erfüllen hat, sonst hätte man sie nicht bekommen. Zweitens, nicht geliebt zu werden. Aber man wird immer unendlich geliebt, sofern man sich nicht selbst von seiner Quelle abtrennt, der ureigenen Verbindung zum unendlichen Sein. Drittens, der kausale Zusammenhang zwischen Wert und Liebe. Er ist falsch, auch wenn die moderne Leistungserziehung darauf aufbaut. Also: Der Wert ist von vornherein gegeben und die Liebe auch, denn sie ist unendlich. Einen Zusammenhang zwischen beiden gibt es nicht.«

Ich bedanke mich bei dem Hai und will schon wieder zurück, um alles aufzuschreiben, da schickt mich der Hirsch nochmals in eine andere Welt. Eigentlich ist es nur eine andere Perspektive auf diese Welt. Wir fliegen höher und weiter als je zuvor, bis die Welt nur noch eine blaue Murmel ist, und ich realisiere plötzlich: Sie besteht nur aus Gas. Die zarte, zerbrechliche Kruste, die uns trägt, ist gewebt aus dem gemeinsamen Glauben an ihre Festigkeit, eine kollektive Illusion, aber eine, die trägt. Ich nehme dieses Bild in mich auf, bevor ich in die Alltagswelt zurückkehre.

Manchmal, wenn es gerade so gut läuft wie jetzt, denke ich, dass ich mein Leben nur noch mit Reisen und Meditieren verbringen möchte. Es ist so gut, immer wieder in einen Zustand der Empfindsamkeit zurückzukehren. In diesen Augenblicken, im Zustand der Durchlässigkeit und extremen Verwundbarkeit, weiß ich sicher, dass ich vor nichts Angst haben muss. Solange ich angeschlossen bin an meine Quelle, die zugleich die große Quelle ist, kann mir nichts passieren. Und ich freue mich auf meinen Arbeitstag und auf mein schönes helles Büro, das ich nun doch behalten darf. Mein Vorgesetzter hat seine groß angelegten Umzugspläne für unsere Abteilung aufgegeben, nachdem ich wohl nicht die Einzige war, die protestiert hat.

Heute will ich von meinen Gefährten wissen, was ich tun kann, damit dieser Zustand der Verbundenheit und des reinen Glücks anhält. Es kommt das Bild einer Blüte. Meine Freude darüber verfliegt schnell, denn ich sehe, dass die Blüte kurz davor ist zu verwelken. Unwillkürlich lege ich meine Hände schützend um sie. Da zerfällt die Blüte in meinen Händen, und mir ragt nur noch der nackte Stempel entgegen. Ich rufe: »Nein, das darf nicht sein!« Da antwortet Julian sanft: »Keine Angst, es ist nur eine Blüte. Die Pflanze lebt. Sie muss sich von ihren Blüten trennen, um die ihr eigene Verwandlung zu erleben. Leg deine Hände nicht um die Blüte, sondern in deinen Schoß. Lass. Alles ist richtig, denn alles ist Liebe.« Ich spüre augenblicklich, wie recht sie hat.

Wenn ich von solchen Reisen zurückkehre, fühle ich mich leicht und erfrischt. Alles erscheint mir dann einfach, weil es einfach ist und weil es so viele wohlmeinende Helfer gibt, die, wenn man sich helfen lässt, sagen: »Wir haben Freude an dir, denn du wirst immer offener und verbundener.« Mit diesen Worten entlassen sie mich in den heutigen Tag.

Fünfzehn Minuten in der anderen Welt können meine Stimmung für Tage verändern. Und dann gibt gleich morgens wieder eine Glühbirne so dramatisch ihren Geist auf, dass die Sicherung herausspringt und ich alle Geräte neu programmieren muss, und ich denke: Was soll mit so einem Tag noch anzufangen sein? So bin ich meinen Launen hilflos ausgeliefert.

Also ist am nächsten Morgen meine Meditation schon wieder lau und unkonzentriert. Zweifel und Verzagtheit attackieren die Stille, die ich versuche, in mir zu schaffen. Erst gegen Ende der Meditation gelingt es mir für einen kurzen Augenblick, alle Gedanken loszulassen. Da wird es plötzlich hell, und ich fühle mich leicht. In diesem Augenblick weiß ich mit Gewissheit, dass Gedanken ein physikalisches Gewicht haben, das wie eine Last auf dem Denkenden liegt. Und dass es tatsächlich schwerere und leichtere Gedanken gibt. Gedanken beeinflussen das Licht. Die innere Helligkeit nimmt ab oder zu je nach Art und Gewicht der Gedanken. Sorgen und Zweifel sind dunkel und wiegen schwer, Glück und Liebe sind hell und leicht. Der Volksmund hat also recht, wenn er von schweren oder dunklen Gedanken spricht. Nur die Momente der Leere, ohne jeden Gedanken, sind in ihrer Leichtigkeit und Helligkeit absolut.

Der Text, den ich in Finnland von Julian bekam, wird gedruckt! Nachdem die Resonanz meiner Freunde doch recht positiv war, hatte ich ihn an verschiedene Verlage geschickt. Nun hatte mich einer zum Gespräch eingeladen. Die Verlegerin mochte den Text sehr, und wir sprachen lange darüber. Sie schöpft aus einem reichen Erfahrungsschatz. Einem spontanen Impuls folgend, sang ich ihr das Lied »Conue« vor, das ich in der Wüste von den vier Elementen bekommen hatte. Sie möchte, dass ich es aufnehme, zusammen mit dem Text, der die Anleitung zu einer Seerosenmeditation enthält. Sie sagt, das Lied hätte für sie eine große Klarheit und Zartheit, und es zu hören sei wie das Entlangschreiten auf einem schmalen Grat. *Meditation der Liebe* wird das Büchlein mit der CD heißen. Das war der Titel, den mir Julian vorgegeben hatte.

Ich mache ein Fest! Ich will mit meinen Freunden dieses bemerkenswerte Jahr, meine wiederhergestellte Gesundheit, die Veröffentlichung unseres Buches und alles Schöne auf der Welt feiern! Und ich lade auch Karen ein, die Freundin, die mich enttäuscht hat.

Am Morgen nach dem Fest wanke ich völlig übermüdet in meine kleine Küche. Warum habe ich keine dritte Hand?, frage ich mich, als ich, in jeder Hand ein unbenutztes Glas, vor dem geschlossenen Geschirrschrank stehe. Dabei sollte die Frage wohl eher lauten: Was habe ich mir dabei gedacht, mit zwei vollen Händen den Schrank öffnen zu wollen? Es gibt keinen Platz mehr, wo ich die Gläser jetzt abstellen könnte. Die winzige Küche ist randvoll mit schmutzigem Geschirr, also stelle ich eines der Gläser vorerst auf dem Boden ab. Keine große Sache, aber sie gibt mir zu denken. Könnte hier Hybris am Werk sein? Oder zumindest wieder einmal Ungeduld? Zwei Schritte auf einmal machen, um dann über die eigenen Beine zu stolpern? Darüber sollte ich nachdenken. Vielleicht sollte ich aber auch einfach nur darüber lachen.

Schließlich war es so ein schönes Fest! Sogar Karen war gekommen, und die Gespräche mit ihr und meinen anderen Freunden waren sehr schön und tief. Jeder hatte etwas beizutragen, seien es naturwissenschaftliche oder philosophische Erkenntnisse. Unter anderem sprachen wir über die vier Elemente. Die Erde, sagte Karen, trage. Sie sei das festeste Element. Aber das Wasser trage auch, meinte Susan, und zwar abhängig vom Salzgehalt, der das Erdelement des Wassers repräsentiere. Auch die Luft trage, fügte Fiona hinzu, aber weniger als das Wasser, abhängig von den Strömungen, dem Wasserelement der Luft. Auch das Feuer trägt aufgrund seines in ihm enthaltenen Luftelements, des Gases. Das Feuer kann mit seiner enormen Energie eine Rakete ins All befördern. Die Wärme des Feuers findet sich auch tief im Erdinnern, im Magma, dem Feuerelement der Erde. So repräsentiert jedes Element eine andere Ausdrucksform der Urkraft und ist in dem ihm benachbarten Element als ein Aspekt enthalten.

In meiner heutigen Meditation kam noch ein Bild zu den Elementen: Die Erde ist auch wie eine Gebärmutter, in die sich das befruchtete Ei eingenistet hat. Dort wächst es: der Samen in der Erde, bis das Zellknäuel zum Embryo herangereift ist, das sich aus der Gebärmutterwand löst und beginnt, im Fruchtwasser zu schwimmen. Das ist der Übergang zum nächsten Element: Wasser. Die Erinnerung an den Halt, die Verankerung, werden die Zellen aber nie mehr verlieren. Im Element Wasser wächst der Embryo heran. Darin atmet er, es nährt ihn. Es ist ein Fließen in dem kleinen Körper, das erst bei seinem Tod wieder versiegt. Das Leben ist ein einziges Fließen und Pulsieren in uns, die wir zu über 70 Prozent aus Wasser bestehen. Im Augenblick der Geburt atmen wir dann zum ersten Mal Luft. Wir machen unseren ersten Atemzug, dem noch viele folgen werden. Worte und Gesang werden wir den Wellen der Luft anvertrauen, um uns mit anderen Menschen zu verbinden. Die Luft, der Atem, wird uns wie das Fließen ein Leben lang begleiten. Als Neugeborene öffnen wir die Augen und sehen das erste Sonnenlicht, das Feuerelement. Es wird uns ebenfalls ein Leben lang begleiten. So entdecken wir nacheinander die vier Elemente, deren Kraft und Schutz unser Leben bestimmen. Erst wenn wir sterben, hört es auf, in uns zu fließen und zu atmen, und die Wärme weicht aus unserem Körper, das Feuer des

Lebens erlischt, und wir werden wieder zu Erde. Und aus dieser Erde kann neues Leben entstehen in einem ewigen Kreislauf. Erde, Wasser, Luft und Feuer haben jeweils eine reinigende Qualität, jedes auf seine Weise. Wir müssen uns ihnen nur vollkommen anvertrauen.

Voller Dankbarkeit reise ich zu meinen Gefährten. Sie nehmen mich mit auf eine hoch gelegene Bergwiese. Links von mir sitzt Milarepa, rechts Ana. Immer wieder schweifen meine Gedanken ab. Ich kann mich nicht konzentrieren. Da nimmt Ana meine Hände in ihre und drückt sie fest, um mir Ruhe und Frieden zu geben. Ich bekomme noch eine Art Krone aufgesetzt, einen engen Eisenreif um die Stirn, der augenblicklich für Klarheit in meinem unordentlichen Kopf sorgt. Ich probiere es also noch einmal und reise von meinem finnischen Steg aus. Die Rabin legt ihr Köpfchen an meine Wange, und der Wolf leckt mir liebevoll die Hand. All meine Lehrer stehen lächelnd um mich herum, alle sind sehr zufrieden mit mir, loben mich und finden, dass ich mich selbst viel zu wenig lobe. Ich sei zu streng mit mir. Ich solle mir bewusst machen, dass ich mich auf mich verlassen kann und mit traumwandlerischer Sicherheit meinem Bauch und meinem Herzen folgend und meinen Verstand benutzend das Richtige tue.

Dann sehe ich den Hai, der mich einlädt, mit ihm mitzukommen. Ich habe wieder ein wenig Angst vor der Tiefe, steige aber auf, und los geht es ins Dunkel des Ozeans. Er zeigt mir erneut, wie viel Angst wir dort in der Unterwassergemeinde auslösen, und ich verstehe die Warnung: Mit meinem Sprechen riskiere ich, das Selbstwertgefühl anderer anzugreifen. »Alles, was du sagst, muss wahr sein. Aber nicht alles, was wahr ist, muss gesagt werden«, höre ich Milarepa sagen. Vielleicht ist es wirklich so, wie ein Freund mir auf dem Fest sagte: »Je liebevoller du wirst und je mehr du auf die Menschen zugehst, desto mehr Angst kann das bei ihnen auslösen, weil sie nicht mehr wegschauen können vor dem Eigentlichen, dem mit allem verbundenen Sein.« Ich muss das akzeptieren und damit umgehen lernen, auch mit den Aggressionen, die daraus entstehen können. Aber ich habe viele Verbündete, das wird mir immer klarer, nicht nur in der geistigen Welt, sondern auch unter meinen Freunden. Das wurde mir auf dem Fest wieder sehr deutlich.

Als die Entwicklung des Gesprächs es erlaubte, hatte ich ein wenig von meinen schamanischen Erfahrungen erzählt. Ich stieß damit auf große Resonanz, aber einigen meiner Freunde wurde es bald zu viel. Ich frage also meine Gefährten, ob es denn ganz grundsätzlich in ihrem Sinne sei, dass ich von meinen Erfahrungen berichte. Sie erwidern, ich sei manchmal wie eine Brücke, die das andere Ufer nicht erreicht. Atemberaubend anzuschauen, aber sehr fern. Ich bin niedergeschlagen. Also ist wieder einmal nur mein Ego mit mir durchgegangen! Ich schäme mich. »Es gibt keinen Grund zur Scham. Du hast ein gutes Gespür für den richtigen Zeitpunkt und die richtigen Adressaten, nur noch nicht für die richtige Dosierung. Du darfst die Menschen, die dir zuhören, nicht einschüchtern. Zuhören ist mindestens genauso wichtig, wie sich mitzuteilen.« Ja, man kann nur auf das aufbauen, was schon da ist. Alles andere ist wirkungslos. Es geht darum, zuzuhören und dem anderen bestenfalls ins Bewusstsein zu rufen, wie gut er die andere Welt bereits kennt. Darauf kann er aufbauen. Nicht auf meinen Erzählungen. Ich habe noch so viel zu lernen.

Andererseits sagt Ana, dass wir mit der Weitergabe unseres Wissens nicht warten dürfen, bis wir ausgelernt haben. Wir sollen sofort damit beginnen. Wir müssen unserer inneren Stimme vertrauen und schon jetzt, mitten im Lernen, weitergeben, was wir empfangen haben. Wir müssen versuchen zu spüren, was wir wann an wen weitergeben können. Was, wann und an wen, das sind die drei Aspekte, die ins Gleichgewicht gebracht werden müssen.

Es ist paradox: Alles scheint immer dringlicher zu werden und immer schneller. Zugleich spüre ich die Notwendigkeit, langsamer zu werden. Wie soll ich damit umgehen? Laotse sagt, wir müssen das Nicht-Handeln lernen, damit die Dinge geschehen können.

Und Rumi? Er sagt: »Dies ist kein Tag zum Fragen stellen. Dieser Tag ist sich seiner selbst bewusst. Dieser Tag ist ein Liebhaber, mehr Manifest, als jedes Wort ausdrücken kann.«

Der gebrochene Flügel

In letzter Zeit habe ich viele belastende Träume. Heute träumte ich von einer Frau, die von ihrem Mann geschlagen wird. Sie leidet so unter den Attacken, dass sie mit Ohnmachtsanfällen darauf reagiert. Dabei klammert sie sich so fest an mich, dass ich unter ihrem Gewicht tief in die Erde einsinke. Ich kann die Last kaum halten, während das ihren Mann vollkommen kaltlässt. Als sie wieder zu sich kommt, fragt er nur, wann es endlich Essen gebe.

Auf meiner Reise will ich wissen, was es mit diesen Träumen auf sich hat. Meine Rabin kommt als Erste, und ich erschrecke: Sie ist wieder schwarz und hat einen gebrochenen Flügel. Plötzlich erinnere ich mich an ein anderes Element meines Traums: Da sitze ich auf einer Wiese unter einer großen Eiche und sehe vor mir einen großen Kolkraben mit gebrochenem Flügel. Ich wundere mich darüber, dass sein Flügel wie glatt abgeschnitten aussieht. Meine Rabin erinnert mich an diesen vergessenen Teil meines Traums. »Wozu diese Träume?«, frage ich sie. – »Nachts in deinen Träumen gehst du auf deinen Acker und begegnest deiner Angst.« Ja, und meine Träume erinnern mich auch daran, dankbar zu sein, das Glück nicht als selbstverständlich hinzunehmen, sondern mit Dankbarkeit und Bewusstheit zu genießen. Vielleicht halten diese Träume die Balance zu meinem privilegierten, friedvollen Leben in der Alltagswirklichkeit. Alles ist Welle, und im Moment durchlebe ich meine Wellentäler nachts in meinen Träumen. Das ist eine sehr praktische Form der Balance – und der Seelenhygiene.

Es kommt nicht oft vor, dass ich nachts aufstehen muss. Aber in dieser Nacht bin ich aus einem Albtraum hochgeschreckt, der mich so erschüttert hat, dass ich ihn erst einmal verarbeiten muss, um nicht gleich wieder in diesen schrecklichen Bildern zu versinken: Ich bin in einem Notarztwagen auf dem Weg zu einer alten Frau. Wir fahren an einem großen See entlang, der Hochwasser führt. Dort, wo ein Bach in den See mündet, ist die Straße zum Teil unterspült und weggerissen. Ich rate davon ab weiterzufahren, wir tun es aber trotzdem und gelangen auch tatsächlich hinüber. Nur können wir nicht mehr zurück, weil die Straße durch die Last unseres Fahrzeugs hinter uns weggebrochen ist. Auf der anderen Seite kommen wir zu dem Haus, in dem die alte Frau lebt. Es ist ein gläserner Wohnturm, drei Stockwerke hoch. Ihr Sessel ist leer bis auf ein Etwas, das dort seltsam zusammengekauert sitzt. Ich spüre auch die innere Anspannung meiner Begleiter, als sie die Decke schnell wegziehen, doch es ist nichts darunter. Ich drehe mich zum Fenster hinter mir und erstarre: Eine kleine Kinderhand ragt in den Raum. Sie ist im Fenster eingeklemmt und zu einem weißen Klumpen angeschwollen. Dann erscheint hinter der Scheibe das Gesicht eines kleinen Jungen. Triumphierend lacht er mir ins Gesicht. Ich bin zu Tode erschrocken und schreie, registriere aber noch, wie meine Begleiter mich entsetzt ansehen. Der Junge und seine eingeklemmte Hand sind für sie nicht wahrnehmbar. Ich wache auf, erstaunt und erleichtert darüber, dass ich in meinem Bett liege.

Ich stehe auf, gehe ins Badezimmer und trinke im Dunkeln ein Glas Wasser. Um den Traum abzuschütteln, versuche ich, meine letzte Reise zu rekonstruieren. Es war darin um meine Träume gegangen. Meine verletzte Rabin hatte gesagt, es seien meine Ängste, die sich mir im Traum zeigen, und das sei gut so. Vor allem um eine Angst geht es dabei: der vor dem Neuen, vor der Schwelle. In diesem Traum war vor allem die Vermischung von Wirklichkeiten das Beängstigende. Ich sehe was, was du nicht siehst. Das ist eine ungeheure Schwelle, an der ich da stehe, wenn sich das Innere immer mehr im Äußeren manifestiert. Selbst innerhalb des Traums wusste ich, dass ich zugleich das triumphierende Kind bin und die verschwundene alte Frau, dass ich die Grenze zwischen Leben und Tod überschreite und der Rückweg abgeschnitten ist. So liefert mir dieser Traum die Schatten-, die Angstseite zu meiner Sehnsucht nach Auflösung von Raum und Zeit, zeigt mir, dass diese Verschmelzung die Gefahr in sich birgt, sich zu verlieren, das heißt, den Verstand zu verlieren – ganz abgesehen von der Konsequenz, sich mit solch einer Wahrnehmung und solchem Handeln außerhalb der Gesellschaft zu stellen.

Auf meiner morgendlichen Reise erfahre ich noch eine andere Bedeutung meines Traums. Es sei kein gewöhnlicher Traum gewesen, sagt Hor, sondern ein Initiationstraum. »Die Auflösung von Raum und Zeit ist eine Vorstufe, eine Vorübung für deine Aufgabe in dieser Welt, die du auf einer deiner ersten Reisen bekommen hast, damals, als du mich das erste Mal wahrnahmst. Erinnerst du dich? Du wirst eine Mittlerin sein zwischen Leben und Tod. Die Auflösung von Raum und Zeit ist der Anfang der Auflösung dieser Grenze. Dafür hat dich der Traum initiiert. Und so eine Initiation ist immer mit großer Angst verbunden. Erinnere dich an deine Initiation in der Wüste.« – »Was kann ich tun, Hor?« – »Nichts. Nur lassen, zulassen. Alles, was du tun kannst, ist so oft wie möglich den Raum schaffen für deine innere Öffnung.« Das heißt auch: genug Schlaf, um Raum zu lassen für Träume, für die schönen, aber auch für die beängstigenden.

Es ist immer dasselbe, noch eine Runde in der Spirale meiner geistigen Entwicklung: nicht tun, sondern lassen, zulassen. Und die richtigen Rahmenbedingungen schaffen: Das heißt vor allem, mir Zeit zu nehmen. Und Ordnung zu halten – als Basis, um Ablenkung zu vermeiden. Auch Putzen gehört dazu. Und die Fenster verschließen vor dem Lärm draußen und dem Gestank, der von den Nachbarn kommt. Ich muss innerlich über mich selbst lachen, als ich beim Putzen fein säuberlich alle welken Blätter von meinen Zimmerpflanzen entferne. Ich rechtfertige das umgehend mit meinem ästhetischen Bedürfnis, aber im Grunde weiß ich: Die welken Blätter erinnern mich an etwas, an das ich nicht erinnert werden will. Ich will dem Tod nicht ins Auge sehen. Und so eine haben sie sich als »Mittlerin zwischen Leben und Tod« ausgesucht. Gratuliere zu der Entscheidung! Da habe ich wohl noch einen Weg vor mir …

Wieder reise ich: Alle sind um mich. Meine Rabin hat noch immer den gebrochenen Flügel. Das irritiert und beunruhigt mich. Ich dachte, sie wolle mir damit nur etwas zeigen. Hor nimmt mich mit über labyrinthische Wege in das Herz der Pyramide. Er lässt mich die pulsierende Kraft darin spüren und sagt, solche Kraft sei auch mein innerster Kern. Mein Zentrum sei der Bauch, doch ich sei von dieser Kraft noch abgeschnitten. Julian kommt noch einmal auf meine Ängste zurück, vor allem die Angst, die ich davor hatte, keinen Verlag für unser Buch zu finden und ihrem Auftrag nicht gerecht zu werden. »Du identifizierst diese Ängste zu sehr mit dir selbst, deinem Kern. Dein

Kern aber ist unverwundbar, nur verbunden mit dem Universum und dieser ungeheuren Kraft, aus der deine Seele ständig tankt und neue Ideen schöpft. Du musst dir diesen Kern als unerschöpfliche, nie versiegende Quelle vorstellen, eine Quelle, aus der Intuition und Kreativität fließen, eine Quelle, die ständig Neues anbietet und erschafft. Je mehr du mit ihr in Kontakt bist, desto mehr kann sie erschaffen. Es ist so viel Potenzial da, dass es auf das Einzelne, das unsere Zusammenarbeit hervorbringt, nicht ankommt. Du kannst das Einzelne getrost loslassen wie ein Kind, das man in die Welt entlässt, weil man weiß, es gehört einem nicht. Die Manifestation des eigenen Potenzials ist in dem Moment, in dem man damit nach außen geht, den Gesetzen von Raum und Zeit unterworfen.«

Das soll wohl heißen: Das Buch kann zum richtigen Zeitpunkt erscheinen oder zum falschen und wird entsprechend im außen aufgenommen. Es wird immer nur einige erreichen, andere nicht. Aber Ablehnung und Misserfolg beziehen sich immer nur auf die jeweilige Manifestation in Raum und Zeit, nie auf die Quelle, die sie hervorgebracht hat, denn die ist jenseits von Raum und Zeit. Meine Aufgabe ist es, daran zu arbeiten, diese Quelle freizulegen, zu reinigen und mit ihr in ständigem Kontakt zu sein. Sie ist mein Schatz, meine Verbindung mit dem Größeren.

Ich gehe zurück zum Steg und frage meine Rabin, was ich für ihren gebrochenen Flügel tun könne. Ich vermute, dass all dies und ihr gebrochener Flügel zusammenhängen. Sie bejaht und meint, ihr Flügel sei für mich ein sichtbares Zeichen für das Maß meiner Verbundenheit. Je intensiver ich an der Freilegung und Reinigung meiner Quelle arbeite, desto schneller heile ihr Flügel. Ich danke ihr für das Opfer, das sie für mich bringt, und Julian und Hor für die Weisheit, die sie mit mir teilen, indem sie sich mir mitteilen.

Dann beziehe ich das Gelernte gleich in meine Meditation

mit ein und arbeite an der Freilegung und Pflege meiner Quelle. Ich stelle mir meine Quelle vor wie in Finnland (nur ohne die Mücken). Ich lege einen Weg durch das Birkendickicht an, befreie ihn von Gestrüpp und pflanze Rosen an den Pfad, der zu ihr hinführt, auf dass ich immer wieder zur Quelle finde. Ironie des Schicksals, dass ich heute Durchfall habe und dass dieser Durchfall ausgerechnet von verunreinigtem Trinkwasser kommt. Es war gestern an den alten Rohrleitungen gearbeitet worden, und ich hatte in der Nacht, als ich wegen meines Traums aufgestanden war, nicht bemerkt, wie dunkel das Wasser war. Wie sich heute Morgen herausstellte, habe ich eine braune schmutzige Brühe getrunken, gegen die sich mein Körper nun wehrt. Ich habe gelesen, dass Durchfall auch mit Angst zu tun hat; der Angst durchzufallen.

Wie die meisten kleinen Kinder hatte ich früher Angst in der Dunkelheit. Ich war mir aber sicher, die Nachtgeister dadurch bannen zu können, dass ich am Abend meine Pantoffeln rechtwinklig vor meinem Bett abstellte. Zudem war es wichtig, dass meine Mutter meine Bettdecke vollkommen glatt strich. Auf diese Weise konnte verhindert werden, dass sich Geister und Dämonen in den Falten der Bettdecke niederließen und mich von dort aus attackierten. Denn das taten sie, besonders wenn ich Fieber hatte. Schon die kleinste Falte in der Bettdecke bot den Biestern Unterschlupf. Erst hörte ich sie nur leise wispern und kichern. Dann sah ich sie. Es waren winzige Wesen mit überproportional großen Köpfen und noch größeren Zähnen. Sie verschwanden erst, wenn meine Mutter die Bettdecke glatt gestrichen hatte. Ich konnte nicht verstehen, dass meine Mutter sie nicht sah. Ich sah die Geister auch gelegentlich, wenn ich kein Fieber hatte. Meine Eltern machten sich lustig über meine »blühende Fantasie«. Oder sie sahen mich an, als machten sie sich Sorgen um meinen Verstand. Da mir weder das eine noch das andere erstrebenswert erschien, hörte ich auf, darüber zu sprechen. Irgendwann verschwanden dann auch die Geister. Eine Zeit lang hörte ich sie noch ab und zu wispern, aber auch das hörte bald auf. Die Geister stecken aber immer noch in »Begeisterung« (ebenso wie in »Entgeisterung«). Mir kommt es vor, als sei ich abwechselnd begeistert und entgeistert über das, was mit mir passiert.

Während ich dies denke, streicht mir die Rabin zärtlich mit ihrem gebrochenen Flügel über mein Gesicht und bringt mich damit fast zum Weinen. Mein Wolf kuschelt sich an mich, und auch Ana ist wieder da. Sie antwortet auf meine Frage, warum ich so viel Angst vor dem Scheitern, vor Ablehnung habe: »Als du in deiner Kindheit Ablehnung erfahren hast, da wusstest du noch nicht, dass sie nur deiner Persönlichkeit gilt, also dem angenommenen Bild von dir. Deine Quelle kann keine Ablehnung erfahren, am allerwenigsten von den eigenen Eltern. Sie haben dich geliebt. Sie hatten nur angesichts deiner Kraft Angst, dich nicht mehr erreichen zu können. Sie hatten Angst, dass du Opfer deines Hochmutes wirst, und das nicht ganz zu Unrecht, oder? Sie hatten Angst um dich. Alles geschieht aus Liebe. Vergiss das nie.«

Mit einem Mal bin ich in Australien bei einem Stamm von Buschmännern. Ich sehe ein Kind, das von den Eltern dem Onkel und Medizinmann übergeben wird, weil die Eltern mit seiner Erziehung überfordert sind. »Die Familie ist ein System, das das größere System abbildet und im Prinzip genauso funktioniert: immer im Dienste des Ganzen, nicht des Individuums. Wie das Buschkind musstest du für deine Initiation deine Familie verlassen und zu uns kommen. Erinnere dich an deinen heutigen Traum. Du bist im Größeren geborgen, immer. Deine Quelle ist heilig. Sie enthält alles, was du zur Erfüllung deiner individuellen Aufgabe brauchst. Die Quelle wird geschützt und ist immer mit allem verbunden. Es ist immer genug Liebe da, und du kannst nicht abgelehnt werden. Von deiner Familie nicht und am allerwenigsten von uns. Vergiss nie das Bild dieses australischen Stammes, in dem die Eltern die Erziehung ihres Kindes demjenigen überlassen, der sie am besten übernehmen kann. Schau sie dir noch einmal an, die Liebe in ihren Augen, als sie ihr Kind dem Schamanen übergeben. Das System will es so.«

Ich habe wieder geträumt: Es ist eine verzweifelte Zeit voller Fabrikruinen und hoher Arbeitslosigkeit. Es gibt mehr Studenten als Arbeitende. Dann kommt eine englische Kosmetikfirma in die Stadt und sucht jemanden für ihr Sekretariat. Der Andrang für die Stelle ist enorm. Ich frage mich, wem diese Firma ihre teuren Hautcremes eigentlich verkaufen will. Für das Vorstellungsgespräch muss ich mich vor aller Augen umziehen, denn es gibt keinen privaten Raum mehr. Ich tue es mit Würde, und so ist es auch nicht demütigend. Als ich endlich an der Reihe bin, trete ich selbstbewusst auf und mache gleich deutlich, dass ich mir zwar keineswegs zu schade bin für die Arbeit im Sekretariat, aber weit mehr zu bieten habe, falls dies erwünscht sei. Meine Englischkenntnisse muss ich daraufhin gleich unter Beweis stellen, aber bei Spanisch muss ich passen. Trotzdem beeindrucke ich die Vertriebsmanagerin, und sie stellt mich ihren Kollegen vor. Als ich nach der Bezahlung frage, erfahre ich, dass sechs bis elf Pfund pro Stunde vorgesehen sind. Ich sage, ich kann unmöglich unter elf Pfund anfangen mit deutlicher Aussicht auf mehr. Das kommt auch gut an. Sie sagt, sie hätten eigentlich an einen Studenten gedacht, der mit weniger zufrieden sei und auch noch in der Mensa essen könne. Ich sage: Damit kann ich nicht dienen. Ich sei schon lange mit dem Studium fertig und habe Arbeitserfahrung. Sie nehmen mich, und ich bin froh darüber, mich nicht völlig unter Wert verkauft zu haben.

Meine Träume sind zwar immer noch anstrengend, aber es

gibt also auch ermutigende Träume wie diesen. Es kommt mir so vor, als ob ich in meinen Träumen auf eine Aufgabe vorbereitet werde. Es sind Prüfungen, durch die ich geschickt werde und die ich, wenigstens im Traum, auch bestehe. Wenn ich aus so einem Traum erwache, bin ich umso glücklicher über mein Leben, meine gute, sichere Arbeit, meine kleine Wohnung als Rückzugsort, der in meinen Träumen oft fehlt.

Ich bitte meine Gefährten um Traumdeutung. Dazu liege ich mit einem Bein angezogen auf meinem Bett, weil es gerade entlastender ist für meinen Rücken. Da sagt Milarepa streng: »Jetzt ist kein Yoga.« Also strecke ich mich aus. Dann verstehe ich, warum. Meine fünf Lehrer nehmen mich in ihre Mitte und halten jeweils einen Arm unter und einen über meinen Körper, sodass es sich an fühlt, als schwebte ich. Ich spüre aber auch, dass mein Kopf nicht auf einem Kissen, sondern auf etwas Weichem, Pelzigem ruht. Ich drehe meinen Kopf und begegne dem warmen, aufmerksamen Blick der Bärin. Dann spricht Milarepa. Er sagt, der Traum solle mir Sicherheit geben, dass es auch in ausweglos erscheinenden Situationen immer einen Weg gebe, und zwar aus eigener Kraft, da alle Kraft in mir sei. Ich danke meinen Lehrern und Tieren.

Rumi sagt: »Auch wenn wir zu schlafen scheinen, ist da eine innere Wachsamkeit, die uns durch unsere Träume leitet und uns schließlich zurückführt zu der Wahrheit, die wir sind.«

Schwarze Katzen

Eine Freundin hat mir auf meinem Fest einen Heilpraktiker empfohlen, dessen Spezialgebiet Allergien sind. Ich suche ihn wegen meiner Katzenallergie auf. Keine der Behandlungen, denen ich mich seit meiner Kindheit unterzogen habe, hat je wirklich gegen meine Allergien geholfen. Also kann ich es genauso gut mit unkonventionellen Methoden probieren. Doch was ich hier erlebe, ist die ungewöhnlichste Behandlung, die ich je erlebt habe. Und vermutlich auch die ungewöhnlichste, die der Heilpraktiker selbst je erlebt hat.

Von dem Moment an, wo ich sein Haus betrete, ist mir unwohl. Ich möchte am liebsten auf der Stelle wieder umkehren und hätte es wohl auch getan, wäre die Anreise nicht so mühevoll gewesen. Noch ehe ich analysieren kann, was es mit diesem Gefühl auf sich hat, betritt der Heiler das Wartezimmer. Der Anblick dieses keineswegs außergewöhnlichen Menschen treibt mir den Angstschweiß auf die Stirn. Mir ist schlecht. Ich reiße mich zusammen und folge ihm in sein Behandlungszimmer. Wahrscheinlich habe ich nur etwas Falsches gegessen. Er stellt mir Fragen zur Vorgeschichte meiner Allergie und zu meiner Konstitution überhaupt. Er schlägt vor, die Allergie homöopathisch zu behandeln. Ich bin einverstanden. Hauptsache, ich komme hier schnell wieder raus.

Mit einem Mal sage ich, ohne zu überlegen: »Wir kennen uns!« – »So?« – »Aus einem früheren Leben.« – »Aha.« Seine Begeisterung für meine Theorie hält sich in Grenzen. Patientinnen meinten das manchmal, versucht er abzuwiegeln. In den meisten Fällen sei es eine Projektion. Ich schäme mich dafür, jetzt in seinen Augen als esoterische Spinnerin dazustehen oder sogar als jemand, der ihm zu nahe treten will. Zugleich weiß ich, dass es stimmt. Fieberhaft suche ich nach Bildern in meinem Kopf, während er mir den Rücken zudreht und an seinem Glasschrank mit den Fläschchen hantiert. Ohne in seine Augen sehen zu können, komme ich nicht weiter. Plötzlich hält er inne. Er ist blass. »Ägypten?« Er schaut mir direkt in die Augen. Nun kommen auch bei mir die Bilder. Wie ein Wasserfall stürzen sie in meinen Kopf. Zusammen rekonstruieren wir ein

Leben, in dem wir uns nur einmal kurz in der Stunde meines Todes begegnet sind.

Ich bin eine Katzenpriesterin vom oberen Nil, tiefschwarz ist meine Hautfarbe. Ich bin über und über mit Katzenfellen behängt und führe eine besonders schöne hochbeinige Katze immer mit mir an der Leine. Sie trägt ein juwelenbesetztes Halsband, genau wie ich. Er ist Oberpriester unter Echnaton. Vom Pharao hat er den Auftrag erhalten, alle Kulte im Land mit der Wurzel auszureißen und deren Priester persönlich zu vernichten. Die Kulte, darunter auch der Katzenkult, haben sich seit Einführung eines Monotheismus wie eine Epidemie im Reich am Nil ausgebreitet. Echnaton weiß und schärft es seinen Priestern ein, dass es nicht genügen wird, die Vertreter der uralten und durchaus nicht fremden Kulte nur zu töten. Das magische Zentrum muss bei jedem Einzelnen zerschlagen werden, und das heißt, dass ein dem Gottkönig Echnaton geweihtes Beil vom Scheitel durch das dritte Auge hindurch den ganzen Kopf spalten muss. Nun stehe also ich, die Katzenpriesterin, vor meinem Henker und erwarte meinen Tod. Ich bin innerlich ruhig. Es wird schnell gehen. Das Letzte, was ich sehe, ist der konzentrierte Blick in den Augen des Priesters vor mir. Und genau diese Augen sind es, die mich jetzt wieder ansehen, während der Mann aufgehört hat, Fläschchen gegen meine Katzenallergie abzufüllen. Ich verabschiede mich schnell, und er beeilt sich, mich aus seiner Praxis zu entlassen. Wir werden uns in diesem Leben wohl nicht wiedersehen.

Ich träume, ich bin ein kleines Nagetier. Alle fürchten sich vor dem schwarzen Panther, ich auch. Da spüre ich ihn plötzlich nah bei mir und weiß: Dies ist mein Ende. Ich drehe mich um und blicke in diese wissenden Katzenaugen. Dann verschlingt mich der Panther mit Haut und Haaren. Dieses Verschlungenwerden ist wie ein Verschmelzen, wunderschön.

Ich habe gelesen, dass der schwarze Panther bei den Sufis für das schwarze Latifa steht, das Nach-innen-Gehen. Vom Panther verschlungen zu werden ist eine Initiation. Auch an Pan-Terra muss ich denken, meinen schönen schwarzen Stein, mit dem ich jeden Morgen meditiere. Ich habe das Gefühl: Je weniger ich tue, desto mehr geschieht. Ich brauche nur zu lassen. Es ist jetzt vielleicht wirklich Zeit, nach innen zu gehen. Ich will keine Zerstreuung, sondern Sammlung. Ja, da ist immer noch dieses »Ich will …«

Wieder träume ich kurz darauf von einer schwarzen Raubkatze. Nur ist sie diesmal klein und streicht mir um die Beine. Ich streichele ihr wunderbar weiches Fell. Ich habe noch nie so etwas Weiches gefühlt. Sie schnurrt, beginnt dann aber, mit ihren rasiermesserscharfen Zähnen an meiner Hand zu knabbern. Ich fasse ihr instinktiv mit der anderen Hand in den Nacken und werfe sie von mir fort.

Ich träume so viel zurzeit. Die Invasion der Bilder beginnt schon beim Einschlafen und hört erst unmittelbar vor dem Aufwachen auf. Es ist, als ob vom Moment des Einschlafens an eine fremde Intelligenz das Steuer übernimmt.

Ich bitte meine Gefährten um Deutung für diese Träume. Es ist Ana, die spricht: »Vergleiche dich nicht mit anderen. Wenn du dich mit anderen vergleichst, produzierst du entweder Stolz oder Ehrgeiz. All dies entspringt nur deinem Ego und schränkt dich ein. Es ist das Gegenteil von Demut. Nun zu deinem Traum: Die schwarze Katze bin ich. Ich habe dich in den Dschungel gelockt. Ich bin auch Pan-Terra, dein Stein, ja sogar Paula, die kleine schwarze Katze deines Nachbarn. (Eigenartig, ich habe sie tatsächlich erst unmittelbar nach Anas Besuch bei mir zu Hause das erste Mal gesehen, denke ich und schäme mich dafür, dass ich das neugierige kleine Katzenbaby wegen meiner Katzenallergie immer wieder aus der Wohnung geworfen habe.) Deine Allergie ist bloß eine Illusion, aber du darfst mich gern weiter rauswerfen«, lacht Ana, »das macht mir nichts aus. Hauptsache du wirfst mich nicht irgendwann ganz aus deinem Leben.« Tja, liebe Ana, die Allergie mag ja eine Illusion sein, aber wenn, dann ist es eine sehr haltbare. Mindestens so haltbar wie die »Illusion« der Schwerkraft, denn fliegen kann ich auch immer noch nicht. Vielleicht sind solche kleinen Unzulänglichkeiten aber auch ganz gut für die Bodenhaftung. Jedenfalls werde ich zukünftig das kleine Kätzchen mit anderen Augen betrachten.

Seit einer Woche schneit es. Eigentlich ist es dafür noch zu früh, aber wenigstens macht der Schnee die Welt wieder heller. Ich erwache wieder aus lebhaften Angstträumen. Ich laufe auf einem breiten verschneiten Weg in den Bergen, der langsam, aber stetig bergan führt. Ich bin allein. Der Weg wird immer schmaler und steiler, bis nur noch ein dünner Ast über einen Abgrund führt. Ich habe Angst und sträube mich darüberzugehen, erscheint es mir doch unmöglich, dass er mich trägt. Doch auf der anderen Seite des Abgrunds ist jemand, der mir liebevoll und geduldig Mut zuspricht und mir sogar auf dem Ast entgegenkommt. So überwinde ich meine Angst und setze vorsichtig meinen Fuß über den Abgrund. Ich trete ins Leere. Doch da merke ich, dass mich der andere festhält. Gemeinsam überqueren wir den Abgrund.

Der zweite Traum ist ähnlich. Ich schwimme in einem Fluss. Die starke Strömung drückt mich gegen ein Wehr. Unten erwartet mich ein gurgelnder Abgrund wie der Schlund eines Ungeheuers. Ich habe große Angst, von der Strömung dort hinuntergetrieben zu werden. Wieder ist neben mir jemand im Wasser, der mich hält und mir Sicherheit gibt. Und mit einem Mal sehe ich auch über mir ein Sprungbrett, von dem ein mutiger kleiner Junge ganz freiwillig und geradezu lustvoll den Sprung in die Tiefe wagt. Nun kann ich mich ohne Angst hinuntertreiben lassen.

Diese Träume sollen mir wohl zumindest eines zeigen: Ich bin beschützt. Ich ahne, dass mich all dies auf etwas wirklich Großes vorbereiten soll, und habe jetzt schon Angst davor. Dass ich im Moment aber in einer Phase der Vermeidung stecke, merke ich daran, wie unkonzentriert ich bin. So leicht lasse ich mich ablenken, ob bei der Meditation oder beim Reisen. Meine gestrige Reise zum Beispiel habe ich nur noch in fragmentarischer Erinnerung. Auch dabei habe ich große Unterstützung erfahren, aber was ich erlebte, war so schwer fassbar, dass es mir gleich wieder entglitt und ich es nicht aufschreiben konnte. Das passiert mir in letzter Zeit häufiger. Umso mehr freut es mich, wenn ich einen Traum zu fassen bekomme, so wie heute. Ich hoffe, dass all die Reisen und Träume, an die ich mich nicht erinnern kann, trotzdem ihre Wirkung entfalten, dann eben an meinem Verstand vorbei. Interessanterweise habe ich mich gerade verschrieben und »Vorstand« statt »Verstand« geschrieben. So sehr diktiert mir mein Verstand also unbewusst meine Prioritäten! Nach solchen Albträumen erscheint mir die Alltagswirklichkeit trotz des frühen Wintereinbruchs wie ein Idyll – eine sichere Insel, besonders die Liebe und Unterstützung, die mir durch meine Freunde zuteilwird.

Heute Morgen rief meine Freundin Ursula an. Ihr Mann Heinrich hat Krebs. Das kommt für uns alle völlig unerwartet. Vor ein paar Wochen noch hatte er auf meinem Fest unbeschwert gefeiert und getrunken. Die Nachricht bringt mich völlig aus dem Gleichgewicht. Ich habe ohnehin so schlecht geschlafen, weil der Vollmond gleißend hell durch mein Fenster schien und mir Herzklopfen verursachte. Ursula und Heinrich sind wie eine Adoptivfamilie für mich. Heinrich ist der Einzige, der die Verniedlichungsform meines Namens gebrauchen darf, die mich immer an meine Kindheit erinnert.

Trotz meiner Unkonzentriertheit erreichen mich meine Gefährten schließlich doch noch auf meiner Reise. Ich bin gerade dabei, mit meinen eigenen Todesängsten zu ringen. Gerade so, als ob es um mich und nicht um Heinrich ginge, schluchze ich: »Ich will noch nicht sterben, ich habe noch so viel vor!« Es ist Intschi, die spricht: »Du musst noch nicht sterben. Denn du wirst noch viele Menschen in ihrem Sterben begleiten, viele!« Ich blicke zu Hor, der mir genau dies bei einer meiner ersten Reisen prophezeit hatte. Er nickt und lächelt. »Das wirst du lernen.« – »Aber Heinrich darf nicht sterben! Das darf einfach nicht sein! Wie soll ich jetzt damit umgehen?« – »Mit Liebe«, antwortet Intschi. Mir fällt auf, dass die Antwort auf all meine »Wie soll ich«-Fragen immer die gleiche ist: »Mit Liebe.« Womöglich ist dies wirklich die Antwort auf alle Fragen, die unser Verhalten betreffen, unseren Umgang mit anderen Menschen, ja, Lebewesen. Und wenn man sich daran hält, wird es tatsächlich immer sehr einfach. Dann kommen Bilder davon, wie ich an Heinrichs Bett sitze, ihm vorlese und vorsinge und mit ihm über den Tod spreche und die andere Welt, gegen die er sich so wehrt. Aber jetzt lebt Heinrich. Und ich werde ihn behandeln wie einen Lebenden.

Ich träume von einem Pferd, das einen Planwagen zieht, den ich – in diesem Traum bin ich ein Mann – zu kontrollieren versuche. Als das nicht geht, springe ich vom Wagen und will versuchen, mich dem verängstigten Tier entgegenzustellen und es mit meinen Händen zu beruhigen. Dabei werde ich zertrampelt und von dem Wagen überrollt. Ich bin tot, zugleich aber lebe ich in dem Pferd weiter, und das ist ein aufwühlendes Gefühl.

Ich weiß, das ist jetzt nicht sehr originell, aber ich kann den November nicht leiden! Es ist nass, kalt und dunkel, und ich fühle mich wie in einem Tunnel. Ich friere bis ins Mark. Gerade habe ich kochend heiß geduscht, aber die Wärme gelangt nicht bis in meine Seele. Vielleicht spiegeln meine düsteren, traurigen Träume dies alles wider. Wenigstens ist es in der Arbeit im Moment ruhig; wenig Tagesgeschäft und viel Zeit zum Aufarbeiten von Liegengebliebenem. Ich mache eine Reise und werde in kräftiges grünes und gelbes Licht getaucht. Sofort fühle ich mich besser. Ich bitte meine Gefährten, auch Heinrich in dieses herrliche, heilsame Licht zu tauchen, all meine Freunde und Freundinnen, meine Familie, überhaupt alle. Keine Ahnung, ob es funktioniert. Aber vielleicht hilft ja schon die gute Absicht. Schaden kann es sicher nicht.

Ich will mich, so aufgetankt, schon wieder verabschieden, als meine Gefährten mich bitten, noch zu bleiben. Sie haben ein Bild für mich: Ich sehe eine große altmodische Lokomotive, die einen langen Zug durch die Dämmerung zieht. Sie kommt aus einem Tunnel heraus und auf mich zugefahren. Ich bin zugleich die Lokomotive und der Zug und außerdem noch ein Passagier auf dem Zug. Ich höre: Das ist der Zug des Lebens. Er bewegt sich aus eigener Kraft. Du brauchst ihn nicht zu ziehen. Und er fährt aus jedem Tunnel, auch dem längsten und dunkelsten, wieder hinaus ans Licht. Du brauchst nur abzuwarten und zu vertrauen. Nur wenn du abspringst, kommst du unter die Räder. Denk an deinen Traum. Du brauchst nichts zu tun, nur zu lassen und zu vertrauen. Und wenn du innerlich frierst, brauchst du dir nur das grüne und gelbe Licht vorzustellen, dann wird dir wärmer.

In meinem darauf folgenden Traum habe auch ich Krebs. Man sagt mir, dass aus medizinischer Sicht nichts mehr zu machen sei. Es ist ein eigenartiges Gefühl, als ob man einen Todesstempel trage: »Verfallsdatum abgelaufen.« Im Traum habe ich keine Angst vor dem Tod, ja, sogar Vorfreude auf das, was dann kommt, frage mich aber dann doch nach dem Sinn. Ich fange doch gerade erst an, mich in diesem neuen Leben zu entfalten, und freue mich so sehr auf die Zukunft. Der Traum gibt darauf keine Antwort.

Es fällt mir schwer, heute zu reisen. Meine Gedanken sind mit tausenderlei anderen Dingen beschäftigt, vor allem mit Heinrich. Auch habe ich mich wieder mit einem dieser Träume geplagt, in dem viel zu viele Menschen auf engstem Raum leben. Nach diesen Träumen wache ich immer völlig erschöpft auf. Sobald ich mich auf meinem Steg niedergelassen habe, sehe ich, wie eine blaugrünlich schimmernde Bergkristallkugel direkt über meinem dritten Auge hängt. Meine Gedanken beruhigen sich sofort. Ich sehe vor mir ein Bild, das alles in einen größeren Zusammenhang stellt: In einem engen Flur steht gleich hinter der Eingangstür ein riesiger Schrank. Er ist vollgepackt mit lauter altem, vergangenheitsbelastetem Zeug und steht so bauchig im Weg, dass man sich nur seitlich an ihm vorbeidrücken kann, um das Haus zu betreten. Das Haus selbst aber ist geräumig, hell und frei von unnützem Zeug.

Was für ein wunderbar einfaches Bild für meine Seele! All das Überflüssige, von dem ich mich trotz allem nicht trennen kann, habe ich in den »Flur« verbannt. Dort steht es im Weg und verhindert, dass mich Neues erreichen kann. Ja, ich muss diesen Schrank ausräumen und entsorgen, damit der Eingang wieder frei ist. Er ist es, der dieses Gefühl der Enge und Beklemmung erzeugt. Daran kommt nichts vorbei. Warum habe ich das nicht schon längst gemacht? Fürchte ich mich etwa vor dem, was sich da angesammelt hat?

Grundsätzlich gäbe es zwei Möglichkeiten, diese Aufgabe zu bewältigen: Entweder nehme ich mir viel Zeit, nehme alles einzeln heraus, schau es mir genau an und tauche in die damit verbundenen Erinnerungen ein. Oder ich wische einfach alles raus, stecke es in einen Karton und verbrenne es, ohne es noch einmal anzuschauen. Ich kann mich weder für die eine noch die andere Methode entscheiden. Es ist so viel einfacher, den Schrank einfach geschlossen zu halten und sich weiter daran vorbeizudrücken. Vielleicht erledigt sich das alles ja auf wundersame Weise von allein. Und doch geht mir der Gedanke daran nicht mehr aus dem Kopf.

Mit den Gedanken ist es dabei nicht anders als mit den Dingen. Nur wo anfangen? Was ausmisten und was behalten? Es ist, als ob ich mit allem, was ich wegwerfe, auch unwiederbringlich einen Teil von mir selbst wegwerfe. Wer weiß, vielleicht geht es genau darum, von Teilen seiner selbst Abschied zu nehmen. Komisch: Erst jetzt fällt mir auf, dass auch meine Wohnung so aussieht wie das Bild, das ich heute Morgen bekam. Erst muss sich der Besucher – und ich natürlich auch – durch einen vollgestellten Flur zwängen, ehe er den hellen, freien Wohnraum betritt. Ich habe mich regelrecht in meiner Wohnung verschanzt. Und wenn ich mir vorstelle, was ich in letzter Zeit wieder alles neu gekauft habe, all die Kleider und Schuhe. Jedes Kind kann sich ausrechnen, wie es bei mir aussehen wird, wenn ich so weitermache, wenn ich immer mehr kaufe, als ich aussortiere … Ob Heinrich wohl ähnliche Bilder und Gedanken beschäftigen, das große Aufräumen angesichts des Todes?

Rumi sagt: »Wenn dein Herz um das weint, was du verloren hast, lacht die Seele über das, was sie gefunden hat.«

Dienen und Danken

Meine Katzenallergie ist tatsächlich besser geworden! Sie ist zwar noch nicht ganz verschwunden, aber ich kann schon einige Stunden in einem Haus mit einer Katze zubringen, ohne dies mit nächtelangen Asthmaanfällen büßen zu müssen. Das habe ich wohl dieser ungewöhnlichen »Rückführungstherapie« zu verdanken, die mir der seltsame Homöopath vor ein paar Wochen wohl eher unfreiwillig angedeihen ließ. Es ist wie ein Wunder, und ich bin dankbar dafür! Inzwischen gibt es kaum noch etwas, das ich nicht grundsätzlich für möglich halte.

Gerade habe ich einen großen Bügelstapel bewältigt. Diese Arbeit mache ich nicht gern, aber wenigstens wurde mir warm dabei. Und der Dampf des Bügeleisens war gut für meine von der Heizungsluft ausgetrockneten Schleimhäute. Jetzt habe ich mir eine Reise verdient. Es ist so schön, die Augen zu schließen und alle Sinne wenigstens für kurze Zeit am Tag auf die Frequenz dieser anderen wunderbaren Wirklichkeit einzustellen. Sie sind immer da. Noch nie haben mich meine Gefährten im Stich gelassen. Selbst wenn ich unkonzentriert bin und ihre Stimmen nicht hören und ihre Bilder nicht sehen kann, spüre ich doch ihre Gegenwart als ein diffuses Gefühl der Geborgenheit. Wenn es mir aber gelingt, alle fünf Sinne zu einem sechsten zu bündeln, dann kann ich sie überdeutlich mit Herz und Seele und sogar mit meinem kritischen Verstand wahrnehmen. Dazu muss ich allerdings ganz und gar präsent sein. Ich muss mich durch das Nadelöhr des Augenblicks in ihre Unendlichkeit hinauskatapultieren.

Ich begrüße meine Gefährten und frage sie, was anliege und was ich noch für Heinrich tun könne. Sie antworten mit einem Bild, das mich in Schrecken versetzt: Eine turmhohe Welle rollt auf mich zu, als wäre sie ein ganzer Ozean. Ich habe Angst, dass sie gleich zuschlagen und mich verschlingen wird. Ich spüre schon den immensen Sog, dem ich nicht standhalten kann. »Spring hinein«, sagt Ana, »jetzt! Dann kann sie dir nichts anhaben. Dann erkennst du, dass sie dich trägt, denn sie ist reine Liebe. Auch deine Angst ist Liebe, auch sie enthält deine Sehnsucht nach Auflösung und Verschmelzung. Läufst du aber vor deiner Angst davon, dann erfasst dich die Welle, packt dich von hinten und schleudert dich als willenlose Waffe gegen alles Lebendige. Es ist diese Angst vor der Angst, die einen Terroristen erschafft. Du kannst deine Angst nur besiegen, indem du immer tiefer in sie hineingehst.«

Wieder so ein wunderbar klares und einfaches Bild für einen komplexen, scheinbar paradoxen Zusammenhang. Und wieder knüpfen meine Lehrer, wie gute Lehrer es eben tun, an Bekanntes an, um mir etwas zu vermitteln. Die Angst, die damit verbunden ist, einer riesigen Welle gegenüberzustehen, kenne ich. Ich habe es in Indien einmal erlebt. Als ich versuchte, vor der großen Welle davonzulaufen, erfasste sie mich von hinten, zog mir die Beine weg und schleifte mich in ihrem machtvollen Strudel so über den Sand, dass ich Schürfwunden davontrug. Ich habe also die Wahl, entweder mit der Welle zu verschmelzen und mich von ihr tragen zu lassen, indem ich mit dem Kopf voran in sie eintauche und Zuflucht in ihr finde, oder ich kann vor ihr davonlaufen und mich brutal schleifen lassen. Ich werde also springen. Es ist ja nicht das erste Mal.

Heinrich wird heute, vielleicht sogar in diesem Augenblick, operiert. All meine Gefährten sind um mich versammelt. Ich bitte um Hilfe und Unterstützung für ihn. Gemeinsam senden wir ihm einen Ball aus weißem heilendem Licht. Dann entferne ich mich mit rasender Geschwindigkeit rückwärts von dem Bild, das mich liegend mit meinen Gefährten, weißes Licht aussendend, zeigt. Wie ein Zug, der rückwärts in eine Kurve fährt, verliere ich das Bild aus den Augen. Dann erscheint es von Neuem, nur weit unter mir. Ich bin plötzlich an Anas Stelle am Fußende zwischen meinen anderen Lehrern. Ich sehe mich dort liegen, von meinen Krafttieren umringt und unkonzentriert wie in letzter Zeit meistens. Als Ana versuche ich, die Konzentration des vor mir liegenden Ichs zu bannen, und bin zugleich in Liebe mit mir und den anderen um mich verbunden. Wiederum als Ana beantworte ich alle Fragen und kann erleben, wie sich die Frage und ihre Antwort anfühlen. Ich bzw Ana sage: »Du bist so weit.« Ich höre mich als Liegende fragen: »Was meinst du damit? Und wie kann es sein, dass ich jetzt du bin, Ana?« – »Du kannst doch auch als Rabe fliegen, warum also solltest du nicht als Ana Fragen beantworten können?« – »Wird der weiße Lichtstrahl, den wir kreiert haben, Heinrich wirklich helfen?« – »Er wird. Du musst lernen zu vertrauen, sonst schwächst du die in deinem Wunsch enthaltene Kraft. Du wirst lernen, nicht nur deinen eigenen Erlebnissen und Erfahrungen zu vertrauen, sondern auch deiner Fähigkeit, anderen zu helfen. Wir sind hier, um dir zu dienen und dich dabei zu unterstützen.«

»Warum ist diese Reise so anders als alle Reisen zuvor?« – »Weil du das erste Mal eine Reise allein in den Dienst einer anderen Person stellst. Deine Reise mag dir wirr und unkonzentriert erscheinen, aber es ist ein Durchbruch. Du hast Heinrich weißes Licht der Heilung gesandt. Es ist angekommen und hat seine Wirkung nicht verfehlt. Deshalb sagte ich: Du bist so weit. Es ist ein großer Schritt. Er war dir vorher nicht möglich. Aber du hast angefangen, und das war gut. Denke jedoch nicht, du seist jetzt schon angekommen. Der größte Feind eines Schamanen ist der Zweifel. Und du zweifelst noch immer. Denke daran: Es ist nicht wichtig, dich zu beeilen. Das Gras wächst nicht schneller, wenn man daran zieht. Es ist wichtig, immer wieder anzufangen. Mit einem Anfang allein ist es nicht getan. Du hast angefangen, zu reisen und zu erfahren. Das ist gut. Nun hast du auch angefangen zu dienen, das ist noch besser. Höre nie wieder auf damit.« – »Aber es ist so schwer, an all das zu glauben, besonders an das, was man für andere tun kann. Für sich selbst ist es leichter, weil es leichter zu überprüfen ist.« – »Ich kann dich gut verstehen. Glaub mir, es ist schwer, den

Zweifel restlos zu besiegen. Ich ringe selbst auch immer wieder darum. Aber erinnerst du dich noch daran, als du deine erste Extraktion durchführtest?« – »Was meinst du damit?« – »Als du Reinhard halfst, indem ihr das Fremde, das sich an ihn gehängt hatte, durch euer Wispern befreitet. Anschließend bist du vor deiner eigenen Kraft davongelaufen und wolltest sie nicht wahrhaben. Den Erfolg deiner Arbeit konntest du nicht anzweifeln, er war zu offensichtlich. Also zweifeltest du an deinem Charakter, wie du es von Kindheit an gewohnt bist. Natürlich jubiliert das Ego, wenn man zum ersten Mal so etwas zulässt. Glaubst du, es sei mir anders ergangen? Und natürlich läufst du vor deinem Ego und den plötzlich sprießenden Allmachtsfantasien davon. All das ist ganz natürlich. Das nächste Mal sage deinem Ego einfach: Jeder kann das, jeder hat die Fähigkeit zu heilen, zu helfen und zu dienen. Es ist nichts Besonderes, man muss es nur zulassen. Auf diese Weise kannst du die Luft aus deinem aufgeblasenen Ego lassen. Versuch es! Wenn die Heilung gelingt, kannst du das Gelingen ja immer noch auf etwas anderes schieben, Heinrichs Operation zum Beispiel. Nur vertraue deiner Kraft. Vertrauen ist ein unverzichtbarer Teil deiner Kraft. Ohne Vertrauen kannst du nichts ausrichten.« – »Ja, Ana, im Grunde weiß ich das alles, aber kann ich es auch glauben?« – »Es macht keinen Unterschied. Das Nicht-Glauben schwächt dich vielleicht etwas. Schlimmstenfalls hält es dich vom Anfangen ab. Ansonsten macht es keinen Unterschied, ob du glaubst oder nicht. Das Gleiche gilt übrigens auch für die, denen du Kraft sendest. Auch bei ihnen spielt es keine Rolle, ob sie daran glauben oder nicht. Auch ihr Einverständnis ist nicht erforderlich. Sollte ihre Seele keine Heilung zulassen, werden sie sich ohne Weiteres und erfolgreich gegen diese Kraft zur Wehr setzen. Du kannst mit positiver Kraft und guten Gedanken niemanden schädigen und auch nicht manipulieren. Alles andere gaukelt uns unser Ego vor … Das ist nun genug für eine

Begegnung. Nur eines noch: Wir sind sehr glücklich über die Fortschritte, die du machst.« Mit diesen Worten schlüpfe ich zurück in meine liegende Hülle und verliere jede Erinnerung an das Gefühl, wie es war, Ana zu sein, sodass ich es jetzt beim Aufschreiben auch nicht mehr beschreiben kann.

Hor hat einmal gesagt, dass dienen immer auch danken ist, dass nicht nur ich es bin, die ihnen dankbar ist, sie sind mir auch dankbar dafür, dass sie mir dienen dürfen. Das ist Demut. Ich habe das zwar damals fraglos akzeptiert, doch nun kann ich zum ersten Mal spüren, wie es sich anfühlt, dankbar dafür zu sein, dienen zu dürfen. Denn ich bin auch Heinrich dankbar. Zum ersten Mal erlebe ich, dass Dienen und Danken gegenseitig ist. Ich habe einen Geschmack davon bekommen, dass Dienen ein tiefes Bedürfnis sein kann und keine mühsame Pflicht. Dass es weniger mit Macht zu tun hat als mit Ermächtigung; Ermächtigung des anderen und deiner selbst. Dass es zutiefst sinnstiftend ist und sehr, sehr schön. So also fühlt sich Eins-Sein an. Und wunderbarerweise geht es Heinrich schon viel besser. Die Operation ist geglückt, und der Tumor ließ sich restlos entfernen. Nun heißt es abwarten.

Auf meiner heutigen Reise finde ich mich auf einer Ebene wieder, die über und über von kleinen Spinnen bevölkert ist, die wie Armeen vormarschieren. Unmöglich, den Fuß so zu setzen, dass nicht gleich eine ganze Gruppe von ihnen zerquetscht wird. Ich finde das sehr unangenehm und frage: »Was soll ich tun?« – »Geh!«, ist Intschis Antwort. »Du kannst auf deinem Weg nicht vermeiden, andere Wesen zu benutzen, zu verdrängen oder gar zu töten, doch tu es mit Demut und würdige ihr Opfer. Es ist eine Illusion zu glauben, dass man, ohne andere zu verletzen, leben könnte. Du benutzt jeden Tag viele Wesen, direkt oder indirekt, und tötest auch viele, von der Ameise, die deinen Weg kreuzt, über die Mücke, die dir den Schlaf raubt, bis zur Pflanze, von der du dich ernährst. Tu es, doch tu es demütig, erkenne es an. Wenn ihr Opfer gewürdigt wird, bleibt deine Quelle rein. Es sind ohnehin alle mit allem verbunden, so ist ihr Opfer auch deines. Du würdigst die Schöpfung selbst.«

Diese Erkenntnis ist neu für mich und bereitet mir einiges Kopfzerbrechen. Sie scheint im Widerspruch zu jeder Moral zu stehen. Könnte nicht jeder Mörder so seine Tat rechtfertigen? Auch ein Buddhist würde dem sicher nicht zustimmen. So einfach kann ich das nicht hinnehmen. Ich entscheide mich, die Reise abzubrechen.

Heute habe ich von Hans geträumt; Hans, ein Arbeitskollege, der seinen Gehirntumor liebevoll als »Schwurbel« bezeichnet, kann seit einiger Zeit nicht mehr sprechen. Er hat schon viel länger gelebt, als die Ärzte ihm gegeben hatten, wie er immer voller Stolz sagt, aber nun geht es mit ihm zu Ende. Gestern habe ich ihn besucht. Er erkennt niemanden mehr. Ihn dort liegen zu sehen machte mich traurig, und ein Gefühl der Hilflosigkeit breitete sich in mir aus. Ich konnte überhaupt nicht mit dieser Situation umgehen, wusste nicht, wie ich ihm oder seiner Frau begegnen sollte. Mit Schrecken wurde mir klar, wie weit ich noch entfernt bin von der Aufgabe, die mir Hor zugedacht hat.

In meinem Traum finde ich Hans nicht todkrank im Bett, sondern auf der Leiter in seiner Werkstatt. Mein Besuch freut ihn, passt aber nicht so recht in seinen Terminplan. Auch über die Blumen freut er sich, sagt aber, dass er lieber »rohe Blumen« hat als fertig gebundene Sträuße. Er zeigt mir, wie man kunstvoll Blumen bindet. Er gibt mir das Gefühl, willkommen zu sein und doch auch wieder nicht, und wirft mich so völlig auf mich selbst zurück. Mir wird dadurch schlagartig klar: Ich tue dies für mich selbst, nicht für ihn. Er gibt mir nur die Gelegenheit dazu. Mit diesem Gefühl bin ich heute Morgen aufgewacht.

Hans hat mir so viel gegeben, besonders seit er so krank ist und das Leben anders sieht als früher, viel positiver und voller Dankbarkeit. Das hat mich anfangs beschämt, es ist so ein tiefer Ausdruck von Demut. Auch im Hinblick auf meinen Auftrag beschenkt er mich. So werde ich als Erstes mit einem Tod konfrontiert, der mich zwar berührt, aber nicht so in Trauer stürzt, wie es der Tod eines engen Freundes getan hätte. Hans wollte nicht sterben. Sein Ringen mit dem Tod bis zuletzt konfrontiert auch mich unmittelbar mit dem Loslassen.

Nach meinem Traum befragt, zeigt mir Hor skizzenhaft, welchen Weg Hans nun bald gehen wird. Um dorthin zu gelangen, fordert mich meine Rabin seit langem wieder einmal auf, mit ihr – nein, als sie – zu fliegen. Ich habe etwas Schwierigkeiten, mich in die Lüfte zu schwingen, wegen des noch immer empfindlichen gebrochenen Flügels. Ich habe Schmerzen in der linken Schulter. Zum Glück fliegen wir nicht weit, sondern nur zum Turm einer mittelalterlichen Burg ganz in der Nähe. Ganz nach oben, in den halb verfallenen Burgfried, zieht es Hans' Seele. Es scheint mir ein spezieller Ort für sie zu sein, nicht ein allgemeiner Ort für Seelen. Vielleicht hat jeder Sterbende seinen eigenen Ort.

Aber hier ist meine Reise noch nicht zu Ende. Wir fliegen weiter gen Osten, über einen großen See, dann weiter südöstlich über die Berge. Wir erreichen ein einsames Tal, in dem die Menschen ein einfaches Leben führen. Ich lasse mich vor einer alten Frau auf dem Boden nieder, die auf einer Bank vor ihrem Haus sitzt. Ich lege mein schwarzes Köpfchen zur Seite und sehe sie an. Sie ist überrascht, hat mich aber auch irgendwie erwartet: »Was machst du denn schon hier?«, sagt sie. Der Rabe, der ich bin, antwortet: »Ich bin gekommen, um von dir zu lernen.« – »Was gibt es von mir alter Frau denn schon zu lernen?«, fragt sie. – »Was ist Glück?«, frage ich, unbeeindruckt von ihren Selbstzweifeln. Sie überlegt eine Weile und sagt dann: »Frieden.

Ja, Glück, das ist Frieden.« – »Und wie lebt man glücklich?« – »Indem man liebt und von ganzem Herzen gibt.« – »Du bist eine weise, glückliche Frau«, sage ich. »Und du bist mein Tod«, sagt sie mehr zu sich als zu mir. »Ja, ich bin dein Tod. Doch vorher soll ich dir noch ausrichten: Deiner Tochter geht es gut. Du brauchst dich nicht um sie zu sorgen.« Da stirbt die alte Frau mit einem zufriedenen Lächeln.

Was für seltsames Gefühl, als schwarz gefiederter Todesbote unterwegs zu sein! Wer weiß, vielleicht sind manche Tiere, die sich uns zeigen, in Wahrheit reisende Seelen? Seelen in einer anderen Gestalt? Ich sehe nun lauter grazile Vögel über mir, die langsam zu einem einzigen, ruhig dahinschwebenden Vogel verschmelzen. Ich spüre, wie ich innerlich ruhiger werde, und kann hören, wie sich mein Herzschlag verlangsamt. Wieder spüre ich diese Sehnsucht in mir, die Sehnsucht danach, dass dieser Zustand für immer anhielte. »Das ist das Sein ohne Angst«, höre ich Hor sagen. Und ich weiß, die aufflatternden Vögel, das ist meine Angst. Der Zustand der Ruhe und des Friedens aber, das ist der eigentliche Zustand, die Heimat meiner Seele.

Dann sehe ich mich selbst über dem Boden schweben und wie der eine große Vogel von oben auf meinen Körper hinabblicken. Auch von hier oben spüre ich den Herzschlag des Körpers unter mir. Ich spüre seine Endlichkeit, seine Sterblichkeit. Neben mir sehe ich meine Rabin. Sonst ist sie diejenige, die über meiner linken Schulter wacht, nun bin ich es. Und mit einem Mal weiß ich: Ich bin mein eigener Tod. Ich habe keine materielle Form. Ich scheine nur aus Ruhe, Freude und Mitgefühl zu bestehen. Das Gefühl, mit dem ich als Tod auf mich blicke, ist so zärtlich und liebevoll, dass ich es kaum zu fassen vermag. Ich weiß, sie, die da unten liegt, Ravena Wolf, hat noch viel zu lernen und zu geben in ihrem Leben. Ihre Zeit ist noch lange nicht gekommen. Allerdings ist Zeit für mich als Tod etwas völlig anderes als für die lebendige Frau dort unten. Hundert Jahre oder eine Sekunde, das hat keinerlei Bedeutung. Ich weiß jetzt: Meine letzte Aufgabe in diesem Leben wird sein, eine Brücke zwischen Leben und Tod zu schlagen. Aber ich spüre auch, dass die Zeit dafür noch nicht gekommen ist.

Rumi sagt: »Sei dankbar für alles, was kommt, weil alles dein Lehrer ist.«

Wintereinbruch

Nun ist er da, der gefürchtete Winter, der schon so früh anklopfte. Am meisten fehlt mir das Licht. Selbst noch so helle Lampen können das Tageslicht nicht ersetzen, das sich nur noch wenige Stunden am Tag zeigt. Der Schnee macht es ein wenig leichter, heller und dämpft zugleich die Geräusche. Inzwischen mag ich das Krächzen der Krähen, die uns auch im Winter noch die Treue halten. Sie sind die geselligeren Verwandten der Raben.

Ich begrüße jeden einzelnen meiner Gefährten: Julian, Milarepa, Ana, Hor und Intschi. Sie sehen heute irgendwie ernst und feierlich aus. Bevor ich eine Frage stellen oder eine Bitte äußern kann, sagt Ana, heute hätten sie eine besondere Zeremonie mit mir vor. Ich muss nichts tun, nur spüren und alles gut in mich aufnehmen. Ich spüre ihre Kraft und Feierlichkeit, als sie alle ihre Hände über unterschiedliche Partien meines Körpers legen mit einer Handbreit Abstand über meiner Haut. Intschis Hände liegen über Hals und Kehle, Julians über meiner Brust, Milarepa ist am Solarplexus und am Magen, Hor über meinem Wurzelchakra und den Knien, Ana an den Füßen.

Dann regnet es plötzlich Gold von oben herab, feinen Goldstaub, der kurz vor ihren Händen zu einer Welle verwirbelt und mich ganz einhüllt. Der Goldstaub wirbelt so um mich herum, dass mir ganz schwindlig davon wird. Ana erklärt mir, dass sie an meiner Aura arbeiten. Sie solle den Menschen Frieden und Vertrauen vermitteln. Meine Quelle sei nun als rein genug für diese weitere Reinigungszeremonie befunden worden. Tatsächlich hatte ich auf meiner gestrigen Reise einen großen, sehr klaren Diamanten aus mir aufsteigen sehen. Intschi hatte ihn vorsichtig in die Hand genommen und aus dem rauen, scharfkantigen Stein eine vollkommen ebenmäßige Kugel geformt. Diese hatte sie in die Luft geworfen und dort über mir schweben lassen. Erst schwebte sie eine Weile über meinem Bauch, dann stieg sie immer höher, bis sie kaum noch zu sehen war, kam zurück, bis sie fast wieder meinen Bauch streifte, und pendelte auf diese Weise zwischen meinem Bauch und dem Himmel hin und her.

Das alles ist wieder eine große Herausforderung für mein Ego. Gerade heute in der Meditation hatte ich meine innere Quelle wieder sorgfältig von Gefühlen wie Wut und sogar Verachtung reinigen müssen. Immer noch lasse ich mich von Kleinigkeiten wie dem Essensgeruch unter mir oder einer unfreundlichen Verkäuferin ärgern. Dabei sind sie doch alle nur mein Spiegel und ich ihrer, das muss ich mir immer wieder sagen. Nun jedoch fühle ich mich ganz leicht in dem herrlichen Goldstaubwirbel.

Als Nächstes schüttet Julian stark duftende Rosenblätter über mir aus. Zuletzt regnet es noch eine fein zerstäubte, milchähnliche Flüssigkeit, die mit dem Gold zusammen alles in ein warmes, weiches Licht hüllt. Das sei die Milde, sagt Ana, die speziell mir dazugegeben werde, weil ich sie nötig habe, vor allem mir selbst gegenüber. Die Rabin, die die ganze Zeit ihr Köpfchen an meine Stirn gelegt hat, gibt mir das Gefühl, dass sie mir helfen wird.

Ich komme von einem Winterspaziergang zurück. Es war schön, den Geräuschen der Natur zu lauschen: dem Miauen der Bussarde hoch über mir und dem leisen Klicken der Kiesel im Fluss, wenn die Strömung sie aufeinandertreibt. Ich genoss es, die vielfältigen Muster im Eis der gefrorenen Pfützen zu sehen. Ich brach ein Stück Eis aus einer der Pfützen und besah es mir von der Unterseite. Hier bildeten die Eiskristalle bizarre Gruppen und Formationen, fast so, als hätte ich gerade eine Versammlung gestört. Ich legte die Eisplatte vorsichtig an ihren Platz zurück. Nun können die Kristalle ungestört ihre Versammlung fortsetzen.

Meine Tiere, besonders der Wolf, sind besonders zärtlich zu mir. Milarepa nimmt sich meiner Frage, was anstehe, an. Er begrüßt mich mit meinem Namen und den Worten: »Wir freuen uns über dich und mit dir. Hab keine Angst vor dem Winter, denn er schenkt dir Ruhe und Stille. Es ist eine Zeit des Lassens, nicht des Tuns. Viele werden jetzt krank, weil sie diesen Rhythmus nicht freiwillig annehmen wollen. Du brauchst nicht krank zu werden. Nimm die wenige Sonne in dir auf und verschenke sie. Bringe den Menschen das Licht, das in dir ist.« Dann kommt ein Bild: Erst sehe ich nur eine schräge Linie, dann erkenne ich ein halb geschlossenes Auge. »Folge der Weisheit des halb geschlossenen Auges. Nicht Schlaf, nicht Wachen, sondern das Reich zwischen Schlafen und Wachen. Das Reich des Träumens, Reisens, Meditierens. Das Reich der Zwischenräume. Freu dich auf den Winter, denn er bringt dich uns näher. Freu dich auf die Zeit der Stille und der Innerlichkeit. Freu dich auf das, was das weit geöffnete Auge nicht erkennen kann, sondern nur das halb geschlossene.« Danke, Milarepa, für diese tröstenden und ermutigenden Worte.

Aber die Reise ist noch nicht zu Ende: Ich sehe mich, wie ich mich selbst in der Hand halte. Das dreidimensionale Abbild von mir, die im Bett liegt, wird gehalten von einem fünfdimensionalen Ich. In der vierten Dimension verschwindet der Raum, in der fünften die Zeit. Das Tor zur fünften Dimension und darüber hinaus zum All-Einen, das spüre ich deutlich, ist jenes Zwischenreich des halb geschlossenen Auges, zugänglich nur durch Meditation, Reisen, Träumen. Paradoxerweise muss ich ganz im Hier und Jetzt sein, um Raum und Zeit zu überwinden und angeschlossen zu sein an das Ganze.

Als ich von dieser Reise zurückkehre, schwirrt mir der Kopf. Es ist alles so schwer fassbar. Ich fühle mich wie ein Kind, das beginnt, die Welt zu erfahren – oder wie ein Zauberlehrling. Es ist ein zweites Leben im ersten, aufbauend auf das erste, und doch muss alles Gelernte hinterfragt und neu erfahren werden. Es erinnert mich ein wenig an die Zeit, als ich alles neu erlernen musste, weil mein Vater seine Autorität für mich eingebüßt hatte. Jetzt bin ich ihm dankbar dafür, weil mir dieser Neuanfang nun nicht mehr neu und unmöglich erscheint. Ich mache also Fortschritte. Aber in gleichem Maße werden auch die Aufgaben schwerer und die Hindernisse größer. Dieses »Ja, aber« sollte ich mir abgewöhnen. Es schwächt beide Seiten: das »Ja« ebenso wie das »aber«. Ohnehin wäre hier ein »Ja, und…« viel passender: »Ja, ich mache Fortschritte, und in gleichem Maße werden auch die Aufgaben schwerer und die Hindernisse größer.«

Ursula rief an: Heinrich geht es gut. Er kann jetzt wieder normal essen und sogar kurze Strecken laufen. Natürlich ist dies noch keine Garantie, dass der Krebs endgültig besiegt ist. Das wird erst die Zeit zeigen, aber der erste Schritt ist getan. Ich reise gleich, um meinen Gefährten zu danken. Vorsichtshalber sende ich ihm noch etwas weißes Licht, wie ich es die letzten Wochen immer getan habe – es kann ja nicht schaden. Eigenartigerweise scheint sich dies auch heilend auf mich auszuwirken, so leicht fühlt es sich für mich an.

Mir brennt noch eine andere Frage auf der Seele: »Ana, wie kann es sein, dass du hier bei mir bist und wir sogar die Rollen tauschen können wie neulich, wo du doch eine lebende Person bist, eine Zeitgenossin, die auf der anderen Seite dieses Planeten lebt, und das ganz real?« Ana lächelt und antwortet: »Interessant, du unterscheidest also immer noch zwischen ›real‹ und … ja, was eigentlich? Ist das, was du hier mit uns erlebst, etwa nicht ›real‹?« Darauf weiß ich keine Antwort. Wie unauslöschlich tief meine Verankerung in der Alltagswirklichkeit noch immer ist. Das ist schier zum Verzweifeln! – »Nein, nicht verzweifeln«, lacht Ana. »Schau, wir sind doch Schwestern, das habe ich dir schon in der Wüste gesagt. Und als Schwestern sind wir natürlich miteinander verbunden. Ich habe dir gesagt, dass ich immer für dich da sei, und das meinte ich auch so.« – »Aber du hast doch sicher noch mehr Schwestern. Kannst du denn bei allen gleichzeitig sein?« – »Ja, ich habe noch viele Schwestern. Und: Ja, ich kann bei allen gleichzeitig sein. Du hast inzwischen einen Geschmack davon bekommen, was der Geist eines Schamanen alles vermag. Da dürfte es dich nicht weiter verwundern, dass ich an verschiedenen Orten gleichzeitig sein kann, zumindest im Geiste.« – »Ja, wahrscheinlich ist das so. Nun muss ich aber gehen, sonst habe ich alles wieder vergessen und kann es nicht mehr aufschreiben.« – »Nur zu!«, lacht Ana. »Ich kenne ja inzwischen deine Portionsgrößen. Und ich laufe dir ja nicht weg.«

Gerade hatte ich mich hingesetzt, um zu meditieren, und dabei, wie immer, Pan-Terra, meinen schwarzen Stein, in die Hand genommen, weil er sich so schön glatt anfühlt. Ich wollte über einen Satz meditieren, den ich irgendwo gelesen hatte: »Wir sind nur zu Gast in unserem Körper. Identifizieren wir uns mit unserem Gastgeber, so identifizieren wir uns mit Krankheit, Alter und Tod. Dabei sind wir doch so viel mehr!« Da höre ich

Pan-Terra sprechen: »Auch ich bin nur Gast in meinem Steinkörper. Auch ich bin reines Bewusstsein. Ich habe mir diesen Körper ausgesucht, weil die Erfahrungen, die ich mit ihm machen kann, viel intensiver sind als in einem Menschenkörper. Mein Gastgeber beherbergt mich schon viele tausend Jahre.« – »Hättest du dich denn auch für einen menschlichen Körper entscheiden können?«, will ich wissen. »Oh ja. Ich habe schon in vielen menschlichen Körpern gelebt.« – »Aber wie kann das sein? Du bist doch als Stein wahrscheinlich älter als die gesamte Menschheit.« – »Du glaubst also immer noch an das hierarchische Raum-Zeit-Kontinuum und dass es nur diese eine Welt gibt, in der du zufällig zu Hause bist, nicht wahr?« Ich weiß darauf nichts zu antworten. In meinem Kopf beginnen sich Gedanken und Vorstellungen zu verknoten.

Pan-Terra liest meine Gedanken: »Zerbrich dir nicht den Kopf über Hierarchien. Ich weiß, du hast gelernt, dass die Menschen über den Tieren, die Tiere über den Pflanzen und die Pflanzen über den Steinen stehen. Aber glaubst du das wirklich?« Übergangslos kommt sie zum praktischen Teil. Sie fordert mich auf, sie zu spülen. Sie liebt fließendes Wasser. Ich habe ein schlechtes Gewissen, weil ich sie immer seltener in den Genuss fließenden Wassers habe kommen lassen. Ich vergesse es einfach, weil mein Kopf so übervoll ist. Aber Pan-Terra hat ihren Bach im Dschungel verlassen, um bei mir sein zu können. Ich stehe sofort auf, um mit ihr ins Badezimmer zu gehen.

Als ich mich wieder zur Meditation niederlasse, verlangt sie, an mein Herz gedrückt zu werden. Wie kraftvoll es sich mit ihr atmet! Es lässt mir keine Ruhe; ich möchte mehr erfahren über Pan-Terras Leben als Mensch. Ich würde sie gern bitten, mir davon zu erzählen, aber ich muss langsam zur Arbeit. Ich bin ohnehin schon spät dran. Doch Pan-Terra hat schon angefangen zu sprechen. »Ich lebte einst in einer großen Stadt in der Wüste…« – »Oh bitte, nicht jetzt«, unterbreche ich sie.

»Ich muss doch zur Arbeit! Können wir das später machen?« – »Wann immer du willst«, entgegnet sie. »Ich laufe dir nicht weg. Aber es wäre schön, wenn ich nicht immer den Anfang machen müsste. Es ist so schwer, zu dir durchzudringen und deine Aufmerksamkeit zu erringen. Es wäre so schön, wenn du mich auch einfach mal ansprechen würdest.« Ich danke ihr und verspreche, sobald es geht, mit ihr zu sprechen. Ich muss an meine erste Begegnung mit Intschi denken, die mir prophezeit hatte, dass ich eine Steine-Erzählerin sei. Aber noch nutze ich das viel zu wenig.

Auch wenn ich mir Mühe gebe, es nicht so zu sehen, so leide ich doch unter dem Schwarz-Weiß des Winters. Wer hat nur die Farben gestohlen? Der soll sie bitte, bitte wiederbringen! Meine Rabin flattert schon ganz aufgeregt und ist offensichtlich meine Botschafterin für die heutige Reise. Sie ist schwarz. Ich frage, warum sie manchmal schwarz und manchmal weiß ist. Sie fragt zurück: »Was bin ich denn gerade jetzt für dich?« – »Na, schwarz«, antworte ich. »Bist du dir sicher? Streich über meine Federn. Fühlen sie sich schwarz oder weiß an?« Ich streiche über ihr Gefieder, und es fühlt sich weich und glatt an, aber weder schwarz noch weiß. »Fühlen ist mit dem Herzen sehen. Für das Herz gibt es kein Schwarz oder Weiß«, erklärt sie mir. »Heißt das, du bist weder schwarz noch weiß, selbst wenn ich dich so wahrnehme?« – »Wann war ich denn auf deinen früheren Reisen schwarz und wann weiß? Du hast doch alles genau aufgeschrieben.« Ich blättere in meinem Tagebuch. Erstaunlich: Wenn ich mich klein, unsicher und traurig fühle, dann ist meine Rabin meist schwarz. Wenn ich mich aber selbstbewusst und leicht fühle und mit allem verbunden, dann ist sie weiß. »Genau. Denn ich bin ja ein Teil von dir. Ich spiegele dir dein Innerstes.« – »Dann bist du also doch nur eine Projektion, eine Erfindung von mir, und alles ist doch nur Einbildung?«, frage ich schockiert. »Ja, genauso wie alles andere, was du mit deinen dir so vertrauten fünf Sinnen wahrnimmst. Es ist genauso wenig schwarz oder weiß wie ich, du nimmst es nur zufällig und zeitweilig so wahr. Die Welt ist nicht schwarz oder weiß. Sie ist ein Teil von dir. So wie du ein Teil von ihr bist.« All dies verwirrt und verunsichert mich. Mein Verstand krallt sich daran fest, will es unbedingt begreifen. Währenddessen versucht meine Rabin, behutsam die Krallen meines Verstandes aus ihrem Gefieder zu lösen. Sie schafft es erst, als es ihr gelingt, mich auf andere Gedanken zu bringen. »Flieg mit mir!«, fordert sie mich auf. Ich bin dazu aber alles andere als bereit und bohre beharrlich weiter: »Woher weiß ich überhaupt, ob du wirklich eine Rabin bist und nicht ein männlicher Rabe?« – »Ich bin eine Rabin, das hast du schon richtig gespürt, doch letztlich ist auch das unwichtig. Komm jetzt! Flieg mit mir!« Es klingt nun schon eher wie ein Befehl. Und als wolle sie sich über mich lustig machen, ist sie nun blutrot. Ich sehe sie deutlich vor mir mit ihrem wunderschönen blutroten Gefieder. Unwillkürlich durchströmt mich ein warmes Gefühl der Freude, denn nun bin ich es, die das blutrote Federkleid trägt. Ich bin die blutrote Rabin und schwinge mich jubelnd in die Lüfte. Mein Flügel ist wieder vollständig genesen. Ich mache eine Spritztour über das stürmische Meer zu Mammutbäumen, die ich noch nie gesehen habe und die mir trotzdem so vertraut sind. Dann geht es weiter über Vulkaninseln, Schneegipfel und den endlosen Regenwald Amazoniens. Mir scheint, als seien dies Orte, die ich noch besuchen soll.

Rumi sagt: »Hör nicht auf zu klopfen, und die Freude in dir wird ein Fenster öffnen und schauen, wer da anklopft.«

Raunacht

Ich bin Roberts Einladung gefolgt und verbringe die Feiertage allein in seiner Steinhütte in den Bergen. Ich fahre mit gemischten Gefühlen dorthin. Einerseits freue ich mich auf die stillen Tage allein, weit weg vom weihnachtlichen Getöse und dem verzweifelten Zusammenrücken der Menschen auf lauten Silvesterpartys. Andererseits graust es mich auch ein wenig vor der Einsamkeit, der Kälte und der Dunkelheit. Der erste Tag hier oben in den Bergen ist angefüllt mit Organisation. Hier gibt es weder Strom noch warmes Wasser. Wo ist das Feuerholz, wie entzünde ich das Gas in der Küche? Wo sind Decken, Gläser, wo die Streichhölzer? Eingekauft habe ich für eine Woche. Nun muss ich noch einheizen in diesem alten Gemäuer. Danach ist mir zwar warm, aber ich bin auch so verdreckt, dass ich nicht umhinkann, mich mit dem eisigen Wasser draußen zu waschen. Am Abend endlich mache ich es mir vor dem Kamin gemütlich, kuschle mich in eine Decke und lese ein Buch. Hoffentlich hört der Schneesturm bald auf.

Vor dem Schlafengehen reise ich noch zu meinen Gefährten. Ich werde langsam in die Erde gesogen, immer tiefer, bis sie sich über mir schließt. Ich habe schreckliche Angst zu ersticken. Hier unten ist alles finster und kalt. Ängstlich blicke ich mich nach einem Krafttier um, sehe aber nichts außer einem blinden Maulwurf, der keinerlei Notiz von mir nimmt. Allmählich überwinde ich meine Angst und stelle all meine Sinne auf Empfang. Meine Augen nützen mir hier nichts. Die Ohren ebenso wenig. Stattdessen reagiere ich auf feinste Erschütterungen. Ich spüre, wie meine Brust aufspringt und etwas aus mir heraustreibt. Ich habe eine untrügliche Ahnung davon, wo das Licht ist, und wachse in diese Richtung. Ich keime! Und das mitten im Winter.

»Freu dich!«, sagt Hor. »In den Raunächten, den längsten und dunkelsten Nächten des Jahres, öffnet sich ein Fenster zur anderen Welt für den, der dafür bereit ist. Freu dich auf das, wovor du am meisten Angst hat: die Dunkelheit. Sie gebiert neues Leben. Es ist gut, dass du dich in diesen Tagen zurückziehen kannst. Genieße die Zeit! Wir sind bei dir, noch mehr als sonst. Bereite dich auf die Öffnung vor. Lass wachsen!«

Seltsam, dass die Reisen immer anders verlaufen, als ich es mir vorstelle. Ich bin mit dem Wunsch gereist, den Flug der blutroten Rabin fortzusetzen. Doch anstatt leicht und schwerelos zu werden, sinke ich bleischwer in die Erde. Natürlich könnte ich hier abbrechen, aber am Ende siegt doch immer die Neugier.

Die Raunächte haben begonnen und mit ihnen eine seltsame Form der Initiation. Dazu sind Zeit und Ruhe, die ich mir in diesen Tagen hier oben in den tief verschneiten Bergen gönne, bitter nötig. Ich bin nur in sehr kleinen Dosierungen aufnahmefähig. Dafür wirken alle inneren und äußeren Eindrücke ungleich stärker als sonst – eine Wahrnehmungsintensität, die ich nur vom Fasten kenne. Ich muss also sehr gut auswählen, was ich an mich heranlasse. Die wenigen Stunden des Tages, in denen lesen überhaupt möglich ist, reichen vollkommen aus. Alles ist nach innen gewendet und ungeheuer langsam. Meine Aktivitäten sind hier auf das Notwendigste beschränkt. Das Notwendige, das ist Holz hacken, Feuer machen, kochen, mich waschen und immer wieder das kleine Fenster abdichten, an dem der Wind so ungeduldig rüttelt. Der Gipfel des Luxus: jeden zweiten Abend ein Vollbad. Dafür bin ich sogar bereit, eine Extraportion Holz zu hacken und den Badeofen Stunden im Voraus einzuheizen. Dann stelle ich in jede Mauernische des Badezimmers eine Kerze, lege dicke Handtücher bereit und tauche ab in die wohlige Wärme des Wassers. Erst wenn der Ofen kein heißes Wasser mehr hergibt, steige ich dampfend aus der Wanne und gehe gleich ins Bett, um meine wohlige Wärme dorthin mitzunehmen. Derart aufgeheizt, macht mir auch die eisige Kälte im Schlafzimmer nichts mehr aus. Ich schlafe hier wie ein Murmeltier und sehr, sehr lange. Die wenigen Stunden Tageslicht verbringe ich draußen mit Spaziergängen durch die verschneiten Eichenwälder oder eingekuschelt in Kissen und Decken, lesend oder dösend am Fenster.

Meine heutige Reise dauert lange, über eine Stunde realer Zeit. Und sie läuft so unbewusst ab, dass ich mich nur schemenhaft daran erinnern kann. Jetzt bin ich so erschöpft, dass ich gleich einschlafen könnte. Bevor ich anfing zu reisen, war ich hellwach und voller Bereitschaft, mich auf das Kommende einzulassen, was immer es auch sei. Ich habe genug Zeit, signalisiere ich meinen Gefährten. Ich beginne meine Reise damit, meiner Freundin Ursula weißes Licht zu schicken für ihre chronische Nebenhöhlenentzündung. Ich bekomme aber die Information, dass diese Krankheit sie vor Überflutung schütze, sie gewissermaßen abschirmt und in Watte packt. Wenn sie dazu bereit wäre, ihren Kopf von Überflüssigem zu befreien, würde die Krankheit verschwinden, weil sie dann nicht mehr gebraucht wird. Nach dieser Information falle ich in eine Art Trance, in der nur noch weißes Licht von mir ausgeht. Schließlich bekomme ich noch den Auftrag, Ursula ein federleichtes Stück Treibholz zu geben, das ich einmal aufgesammelt, aber dann nicht weiter beachtet habe. Als ich ihr später ohne jede Erklärung das Stück Treibholz überreiche, freut sie sich sehr darüber. Sie kann offenbar auf eine mir nicht zugängliche Weise etwas damit anfangen. Ich fühle mich aber nicht zur Heilerin berufen. Wenn ich als Kanal dienen soll, so will ich das tun. Aber die tiefe Trance und die Erschöpfung nach solchen Reisen sind für mich beunruhigend und unangenehm. Vielleicht mache ich noch irgendetwas falsch.

Bei der nächsten Reise schlief ich sofort ein. Vielleicht überlisten mich meine Gefährten auf diese Weise und mogeln wichtige Informationen an meinem Verstand vorbei, die sonst von ihm konfisziert würden. Vielleicht wünsche ich mir aber auch bloß, dass es so wäre, und in Wirklichkeit schlafe ich ganz einfach den Schlaf der Gerechten.

Als ich aufwache, versuche ich es gleich noch einmal. Diesmal bleibe ich wach. Es wird eine ungewöhnliche Reise: Ich will nicht in den finsteren Wald, der sich zeigt. Ich will lieber an meinen sonnigen finnischen Steg. Aber es nützt nichts. Ich finde mich im Wald wieder, wo ich auf weiches Moos gebettet daliege. Es dringt nur sehr wenig Licht durch die verschneiten Wipfel zu mir auf den Waldboden. Ich fühle mich so schwer, dass ich tief in den Boden einsinke wie in einen warmen Schoß. Gleichzeitig fühle ich mich leicht und schwebend. Und als wäre dieses gleichzeitige Gefühl der Leichtigkeit und Schwere nicht schon irritierend genug, werde ich plötzlich unendlich weit, sodass das ganze Universum in mir Platz hat. Zugleich schrumpfe ich in rasender Geschwindigkeit zu einem schwarzen Punkt mit einer ungeheuren Dichte. Mir wird schwindlig. Ich weiß: Es geht nur ums Fühlen, nicht ums Denken. Aber mein Verstand rast. Ich muss wissen, was hier vor sich geht, mir einen Begriff davon machen. Ist dies wieder eine Lektion in Nicht-Dualität, diesmal nicht visuell, sondern über das Körpergefühl? Jedenfalls kehre ich mit einem feinen, präzisen Gefühl für meinen Körper und tiefer Dankbarkeit von der Reise zurück. Es gibt kein groß oder klein, kein oben oder unten, kein weit oder eng, innen oder außen. Die Quelle hat keine Form, kein Maß. Sie ist überall; sie IST einfach.

Ich meditiere im Gehen draußen in der nebligen Natur. Alles ist tief verschneit. Das Einzige, was sich bewegt, ist die zarte Wolke meines gefrorenen Atems, bevor sie sich mit dem Nebel vermischt. Es ist jetzt vollkommen windstill. Das einzige Geräusch sind meine knirschenden Schritte im Schnee. Alle anderen Geräusche verschluckt der Nebel. Später sitze ich warm eingepackt auf meiner Decke und wage kaum zu atmen, um die Stille nicht zu stören. In diesen Tagen hält die Natur den Atem an. Die Zeit scheint stillzustehen, eine Sekunde ist Ewigkeit, und die Ewigkeit dauert nur eine Sekunde.

Als ich wieder in der Hütte ankomme, merke zu meiner Verwunderung, dass ich über zwei Stunden draußen war. Wo bin ich diese zwei Stunden gewesen? Ich habe keine Erinnerung mehr daran. Es ist, als ob die Zeit in einem schwarzen Loch verschwunden wäre. Und ich bin so erschöpft, als hätte ich den ganzen Tag schwer gearbeitet. Sicher, ich wollte diese Zwischenräume, aber was hier geschieht, ist unheimlich. Es entzieht sich gänzlich meiner Kontrolle. Auch meine anschließende Reise ist wieder wie eine Trance, ohne Spuren zu hinterlassen, ohne jede Erinnerung. Wie soll ich denn darüber schreiben, wenn mein Verstand derart umgangen wird?

31. Dezember, Mitternacht. Draußen wird das neue Jahr mit Böllern und Feuerwerk begrüßt. Nicht einmal hier bleibe ich davon verschont. Mir kommt es so vor, als ob die Menschen damit die Stille besiegen wollten, vor allem wohl die Stille in sich. Es ist gut, dass die Tage jetzt wieder länger werden. Die Träume werden allmählich weniger, und meine Reisen gleichen nicht mehr einer tiefen, erinnerungslosen Trance.

Die Raunächte sind vorüber. Seit ein paar Tagen bin ich wieder zu Hause. Und seit Längerem hatte ich wieder einmal einen klaren, eindrücklichen Traum: Ich bin auf einem hohen Berg inmitten anderer Berge. Auf diesem Berg ist eine Stadt, in deren Mitte ein Tempel steht. Die Steinplatte des Altars ist so ausgerichtet, dass die Sonnenscheibe auf ihr liegt wie eine Opfergabe. Sie erscheint mir hier als anbetungswürdige und zugleich Respekt einflößende Gottheit.

Ich frage meine Gefährten, was es mit diesem Traum auf sich habe. Anstelle einer Antwort fliege ich als weiße Rabin von meinem Kraftplatz aus in den Nebel hinein. Ich verschmelze vollkommen mit ihm. Dann durchbreche ich die Nebelwand und bin geblendet von der Sonne. Ich erkenne in der Ferne den Berg aus meinem Traum. Jetzt liegt die Stadt in Ruinen, nur der Altarstein ist unversehrt. Es ist Machu Picchu, das ich nur von Fotos kenne. Die alte Inkastadt zieht mich magisch an. Als weiße Rabin umkreise ich den Altarstein, und hoch oben über mir kreist ein Kondor. Er kommt mir seltsam vertraut vor und gar nicht bedrohlich. Ich weiß, hier muss ich hin.

»Was aber bedeutet der Nebel?« – »Es ist dein Schuldgefühl«, meldet sich Ana zu Wort. »Was für ein Schuldgefühl?« – »Es ist kein bestimmtes, sondern ein allgemeines Schuldgefühl, das alle Menschen in sich tragen. Dieses Schuldgefühl ist wie ein Nebel. Er trennt die Wesen voneinander und von der Welt jenseits der Höhle. Du kannst zwar zeitweilig die Nebeldecke durchstoßen und in die andere Welt vordringen, du kannst die Klarheit jener Welt genießen und den Zusammenhang zwischen beiden Welten erahnen, die beiden Welten bleiben jedoch für dich getrennt. In Wahrheit aber gibt es keine Trennung zwischen den Welten. Halte dich an die Sonne. Sie ist dein Wegweiser. Die Sonne ist Licht, Wärme, Leben, alles in einer großen Kraft. Sie schafft die Verbindung zwischen den Welten. Irgendwann wird dein Nebel der Schuld verschwinden. Dann wirst du in allen Welten zugleich sein können so wie ich. Freu dich darauf!« – »Was kann ich tun, damit es schneller geht?« – Ana lacht: »Immer diese Ungeduld! Du kannst gar nichts tun. Es wird einfach geschehen.«

Gibt es etwas Schwereres, als zu lassen? Als Ana meinen Unmut über diese für mich so unbefriedigende Auskunft bemerkt, fügt sie liebevoll hinzu: »Es geht um Vergebung. Sie ist es, die den Nebel auflöst, wenn du dir selbst vergibst.« – »Dann kann ich also doch etwas tun?«, frohlocke ich. Anstelle einer Antwort spüre ich, wie ich wieder unendlich weit werde, mich ausdehne, bis ich alles umfasse. Alles ist in mir, und ich bin in allem. Ich ahne, dass Vergebung etwas mit diesem unbeschreiblichen Zustand zu tun hat und mit den Reisen, von denen ich »nichts« mitnehme.

Heute kam eine E-Mail von Ana aus Brasilien. Sie fragt, ob ich mit ihr nach Peru reisen wolle. Sie plant eine Rundreise von Cusco über den Titicacasee nach Machu Picchu! Die Reise beinhaltet auch ein mehrtägiges Trekking am Salcantai und ein Ritual mit einem Schamanen am Urubamba. Ich sage sofort zu.

Rumi sagt: »Beende jetzt die Worte. Öffne das Fenster in deiner Brust und lass den Geist ein und aus fliegen.«

TEIL 3
MAGIE DES ABGRUNDS

Brücken bauen

Ich träume, dass ich nach London geschickt werde, um die Tower Bridge zu sprengen. Schon seit Wochen bin ich mit einem anderen Selbstmordattentäter dabei, Sprengstoffpakete im eisernen Bauch der Brücke zu befestigen. Nun ist der Tag der Sprengung gekommen. Sie soll zur Rushhour geschehen, damit möglichst viele Menschen dabei umkommen. Da fühle ich plötzlich mit großer Klarheit und ohne jede Angst, dass ich das nicht tun werde. Ich werde nicht so viele Menschen töten und auch nicht mich selbst. Kein politisches Ziel ist dieses Opfer wert. Ich sage das meinem Partner. Der nickt nur und wendet sich ab. Ich bin froh über diesen Traum. Nun will ich meine Gefährten fragen, was es damit auf sich habe.

Kaum habe ich mir als Ausgangspunkt meinen finnischen Steg gesucht, da fühle ich schon, wie ich meine Schwingen ausbreite und sie bis in die letzte kleine Feder hinein bewusst wahrnehme. Dann nimmt mich die Luft auf und trägt mich immer höher über den großen Wald. Als weiße Rabin fliege ich Kreise und Ellipsen über Wald und Seen, bis ich mich hoch oben im Wipfel eines Baumes niederlasse. Ich fühle Leichtigkeit, Lebensfreude und tiefe Dankbarkeit. Ich kann jeden Muskel meines Vogelkörpers spüren. Ich fliege weiter und sehe genau das Haus unter mir, das ich früher, als ich noch Architektur studieren wollte, entworfen hatte. Es ist so in den Hang gebaut – ich könnte nicht sagen, wo auf der Welt –, dass die Glaswaben alle den Berg im Rücken haben. Es sieht aus wie der glitzernde

Schleier eines Wasserfalls, der über die dunkle Kuppe hinwegschießt und den Berg hinunterstürzt.

Dann höre ich: »Lass keinen Augenblick ungenutzt verstreichen. Sei dir in jedem Augenblick deiner Aufgabe als Baumeisterin bewusst, auch wenn du ruhst. Deine Aufgabe ist das Brückenbauen. Es werden viele Brückenbauer gebraucht, um den Graben zwischen den Welten zu überwinden. Und wenn die Zeit dafür reif ist, werden die Menschen zu dir kommen. Du wirst die grobstoffliche Energie des Geldes in feinstoffliche Energie verwandeln, denn die Menschen zieht es zur Schönheit und zur Wahrheit. Sei dir jeden Augenblick deiner Aufgabe bewusst. Das ist die Bedeutung deines Traums: Du bist hier, um Brücken zu bauen, nicht um sie zu sprengen.«

Danach versinke ich in bilderloser Stille, spüre nur noch Freude und Dankbarkeit. Ich fühle meine Brust weiter werden und sehe, wie sich der Platz in meinem Innern immer mehr weitet. Das geschieht sehr schnell, bis der Platz riesig ist, kaum noch zu überblicken. Ich erwarte, dass nun etwas Großartiges geschieht, doch es fällt nur ein einzelner Tropfen in die Weite des Platzes. Da sehe ich, wie dieser Tropfen Wellen um sich zu bilden beginnt, obwohl dort, wohin er gefallen ist, kein Wasser ist. Es ist, als ob ich die Schallwellen seines Aufpralls sehen könnte. Bald erreichen die Kreise die äußeren Ränder des Platzes, und alles scheint zu erbeben und zu leuchten. Ich höre: »Je mehr du dein Resonanzfeld erweiterst, desto mächtiger kann sich die Quelle darin ausbreiten und wirken.« – »Wie mache ich das?« – »Indem du dein Herz weit öffnest. Indem du den Menschen dienst. Indem du dich ganz und gar deiner Aufgabe widmest, dem Brückenbauen.«

Das nun folgende Bild zeigt mir, dass jeder Mensch ein Punkt ist, von dem Energie ausgeht. Diese Energie kann ich als Wellen wahrnehmen. Die Wellen überschneiden sich, beeinflussen sich, wirken zusammen oder neutralisieren sich.

Dazu höre ich Milarepa sprechen: »Sei – aus deiner Mitte heraus. Der Augenblick ist deine Mitte.« – »Erkläre mir das, bitte, Milarepa!« – »Als Frühling war, freutest du dich auf den Sommer. Dabei hättest du beinahe den Frühling versäumt. Nun ist der Sommer da, und du empfindest Melancholie angesichts des kommenden Herbstes. So wirst du auch noch den Sommer verpassen. Und den Herbst versäumst du, indem du dich vor dem Winter fürchtest. Das ist damit gemeint.« Doch er ist noch nicht fertig: »Es geht darum zu lassen, loszulassen, zuzulassen. Und dies ist auch eine Vorbereitung auf deine Reise nach Südamerika. Lass los! Lass zu, dass es regnet. Lass zu, dass du darüber traurig bist. Begib dich in deine Trauer, versuche, sie nicht vor dir selbst zu verstecken. Diesen ganzen Sommer geht es um das Loslassen, um das Loslassen der Idee des Sommers und dass es kein Sommer sei, wenn es regnet und kalt ist.«

Ich höre, was Milarepa sagt, doch erst auf meinem anschließenden Spaziergang durch den Wald verstehe ich ihn vollständig. Überall sehe ich Anzeichen des Verfalls: abgestorbene Blätter und Äste, Vogelfedern nach einem Kampf, eine Eierschale. Ich nehme die Eierschale mit als Erinnerung an das, was Milarepa gesagt hat, und auch, weil mich die Eierschale an Ana und meinen ersten Schlafplatz in der Wüste erinnert. Zuletzt liegt noch eine tote Maus auf dem Weg. Ihr Leichnam zeigt keine Spuren von Gewalteinwirkung und auch noch keine Verfallsspuren. Sie sieht schön und friedlich aus im Tod. Da werde auch ich innerlich ganz still und friedlich und akzeptiere die Botschaft: Das letzte Loslassen ist der Tod, und Einverständnis bedeutet Frieden.

Ich blicke noch einmal auf die Eierschale in meiner Hand. Jede Erinnerung an den Tod ist eine Erinnerung an das Leben, das Leben im Augenblick, an die Kostbarkeit des Augenblicks. Als ich aus dem Wald heraustrete, begrüßt mich die Sonne, die ich nach all dem Regen nicht mehr erwartet hatte. Mit einem

Schlag ist es wieder warm. Vielleicht ermöglicht erst das Loslassen die Dinge, ohne die wir meinen, nicht leben zu können. Ich fühle mich leicht und frei und lächle der Abendsonne entgegen.

Alles, was ich von nun an tue, steht im Zeichen meiner Reisevorbereitung für Südamerika. Ich schicke weißes Licht an alle, von denen ich weiß, dass sie krank sind, vor allem an Heinrich. Dann bitte ich um meine heutige Lektion. Es kommt das Bild einer Welle, die von rechts nach links verläuft. Anfangs besteht die Welle aus vielen sich überlagernden einzelnen Wellen. Dann werden es immer weniger, aber stärker ausgeprägte Wellen. Schließlich ist es nur noch eine einzige harmonisch fließende Bewegung. Ich habe augenblicklich eine solche Sehnsucht nach diesem Zustand, nur noch als eine einzige klare Welle im Einklang mit allem anderen zu schwingen, dass es mich fast zerreißt.

Ich frage meine Gefährten, wie ich diesen Zustand erreichen könne, was ich dafür tun müsse. »Nicht tun, sondern lassen, das weiß ich schon«, füge ich hinzu, »aber trotzdem: Wie lerne ich, so zu schwingen?« Milarepa lächelt über meine vorweggenommene Antwort und sagt: »Es geht um dein Bewusstsein. Alles und jeder, dem du begegnest, ist dein Lehrer. Du kannst nichts falsch machen, was du mit Bewusstheit machst. Immer wenn du dein Bewusstsein aktiv zur Klärung und Reinigung einsetzt, wird deine Schwingung klarer, und die vielen sich überlagernden Wellen werden mehr und mehr zu einer einzigen Welle.« – »Aber es ist doch gerade mein Verstand, der so viele verschiedene Wellen macht, die sich gegenseitig stören und überlagern.« – »Der Verstand ist nicht das Bewusstsein. Ohne das Herz ist der Verstand ein Amokläufer. Ebenso ist das Herz, indem es ganze Bündel von Emotionen auslöst, ohne den Verstand ein Irrlicht. Das Bewusstsein ist die Zusammenarbeit von Herz und Verstand, ausgerichtet auf deine Quelle. Die Quelle ist der Bezugspunkt, der Blickwinkel und zugleich das Ziel, auf das sich Herz und Verstand ausrichten, um als Bewusstsein zusammenzuarbeiten. Sind sie nicht auf die Quelle ausgerichtet, so arbeiten sie jeder für sich oder sogar gegeneinander und neutralisieren sich gegenseitig. Auf die Quelle ausgerichtet, wird die Kakophonie der Stimmen in deinem Kopf immer mehr zu einer Melodie.« – »Wie finde ich diese Ausrichtung? Wie erkenne ich sie?« – »An der Wahrheit. Sie ist der Wegweiser.« – »Aber Milarepa, woran erkenne ich denn die Wahrheit?« – »Du erkennst sie daran, dass sie einfach und klar ist und ein Gefühl der Liebe und Freude auslöst.« – »Aber es gibt doch auch unangenehme Wahrheiten, Wahrheiten, die wehtun. Was ist mit denen?« – »Sie sind die größte Freude, weil du tief in dir spürst, wie sie dir helfen und dich heilen. Du merkst es an einer tiefen Ruhe, die hinter dem Schmerz liegt.«

Das Bild, das nun auftaucht, ist eine Kante; die schräg nach oben strebende linke Seite eines Glasdaches. Ich befinde mich auf diesem Dach und bin verkrampft um Halt bemüht. Ich höre: »Vertraue!« Ich entspanne mich etwas und nehme wahr, wie sich unter mir mein alltägliches Leben abspielt. Über mir ist die jenseitige Welt, in der Zeit und Raum keine Rolle spielen. Diese Welt stellt sich als dunkler, unendlicher Sternenhimmel dar. Es sind meine Reisen, die mich immer wieder aufs Dach, an die Grenze beider Welten, führen. Unter meinen Händen spüre ich den Dachfirst. Ich bin also oben angekommen. Nun muss ich mich entscheiden zwischen dem Abstieg auf der anderen Seite des Daches oder einem weiteren Aufstieg nach oben. Aber wie? Ich habe Angst, das Glasdach loszulassen, und kann mich nicht entscheiden. »Es geht jetzt um die Erlangung von Erfahrung jenseits deiner bisher erfahrbaren Welt, um Erfahrung, die keinen direkten Bezug zu dieser Welt mehr hat und nicht mehr sofort praktisch auf diese anwendbar ist.« Mir wird klar, dass meine Verankerung im Diesseitigen so stark ist, dass ich nichts zu befürchten habe. Ich frage, was ich tun solle, und meine Gefährten fordern mich auf, laut meine Bereitschaft und mein Einverständnis zu diesem Schritt zu bekunden. Sie wollen es mit deutlichem Bezug zur diesseitigen Welt hören, und so spreche ich laut und diesseitig vernehmbar: »Ich bin bereit!« Es fühlt sich an wie ein Schwur.

In diesem Augenblick verwandle ich mich in meine weiße Rabin und schwinge mich vom gläsernen Dachfirst in den Sternenhimmel hinauf. Wie immer ist es leicht und schön zu fliegen. Ich fliege durch ein Tonnengewölbe hindurch, das einmal eine Bibliothek war, und lande bei einem »Puppendoktor«. Dieser zeigt mir zwei Puppen: eine kleinere, heile und eine größere, deren Glieder verrenkt und deren Kopf auf den Rücken gedreht ist. Mein Schnabel greift die verletzte Puppe und richtet ihre Glieder. Sie wird dabei ganz weich wie lebendige Haut. Ich hacke der Puppe die Brust auf und entferne die Glasperle, die einen Sprung hat und dort nicht hingehört. Ich weiß, ich muss die Besitzerin der Perle finden. Und ich weiß, es ist meine Mutter. Als ich mich suchend umblicke, sehe ich gerade noch aus dem Augenwinkel meiner seitlich gesetzten Rabenaugen, wie sie versucht, sich davonzuschleichen. Ich stelle sie und übergebe ihr mit dem Schnabel die Glasperle. Die verrenkte Puppe ist nun nicht nur heil, sondern lebendig. Ich höre sie immer wieder ihren Namen sagen. Es ist mein Taufname. Beide Puppen tragen denselben Namen – meinen.

Nachdem diese Aufgabe erfüllt ist, will ich zurück zu dem gläsernen Dach fliegen. Doch das ist inzwischen dem Bild eines Kreises gewichen. Als ich den Kreis von der Seite betrachte, ist es eine Spirale, und jede Umdrehung dieser Spirale ist ein Leben. Ich kenne dieses Bild schon. Doch dieses Mal ist die Spirale meine Seele, und ich wende mich der noch unvollendeten obersten Umdrehung der Spirale zu. Von oben sieht es wieder so aus, als drehte ich mich Leben für Leben im

Kreis. Nur von der Seite betrachtet offenbart die Spirale, dass ich mich mit jeder Umdrehung auf einer anderen Ebene befinde. Nun sehe ich auch das feine Band, das alle Ebenen miteinander verbindet wie bei einem Mobile. Dort, wo das Band ist, besteht eine große Nähe und Verbundenheit zum Jenseitigen, wie eine unsichtbare Nabelschnur, die im Moment der Geburt und des Todes die unbewusste Verbindung zum Ganzen aufrechterhält. Auf der gegenüberliegenden Seite, die die Mitte des Lebens markiert, gibt es wieder so eine Nähe, aber diesmal eine bewusste. Hier kann ich die jenseitige Welt bewusst wahrnehmen. Ich empfinde Klarheit und innere Übereinstimmung mit meiner Gestalt als weiße Rabin und ein Eingebettet-Sein in etwas Größeres.

Mit den Reisen scheint es ähnlich zu sein wie mit den Träumen: Gearbeitet wird mit den Bildern, die ich zur Verfügung stelle. Sie kommen aus meiner Alltagswelt, aus Büchern, Filmen und aus meinem Unbewussten. Meine Gefährten arbeiten immer nur mit diesem mir vertrauten Material.

Auf meiner heutigen Reise öffnet sich vor meinen Augen langsam ein schmiedeeisernes Tor, das mich magisch anzieht. Ich habe keine Angst hindurchzugehen, aber mein Gefühl sagt Nein. Dann höre ich die Worte: »Du musst mutig hindurchschreiten!« Ich horche in mich hinein und entscheide mich dagegen. Die Wortwahl ist mir fremd und die Stimme auch. Es schwingt da ein Pathos mit, das mich abstößt. Und was ich von hier aus von der anderen Seite des Tores wahrnehme, fühlt sich kalt, neblig und dunkel an. Da höre ich Milarepas Stimme. Er lobt mich. Es sei eine Prüfung gewesen. Ich müsse lernen, zu unterscheiden und meiner Intuition zu vertrauen. Alles soll ich überprüfen, indem ich in mich hineinhorche und meine Intuition befrage: Brauche ich das? Brauche ich es jetzt? Ist dies der Weg, der mich zu meiner Quelle führt? Oder ein Umweg oder gar die falsche Richtung? Meine Intuition wird mir augenblicklich antworten und mich sicher leiten.

»Aber gibt es denn böse Energien, vor denen ich mich schützen muss wie vor dem Nebel hinter dem Tor?« – »Nein, böse Energien gibt es nicht. Energie ist immer neutral. Das Böse existiert nur als Projektion deiner Angst. Um uns ist nur Schönheit, Wahrheit und reine Energie. Das heißt nicht, dass wir uns nicht in dieser Projektion, in der Angst, verlieren können. Es gibt jedoch untrügliche Anzeichen, und das ist es, was wir gerade mit dir geübt haben. Der Nebel ist ein Indiz dafür, dass du dich im Spiegel deiner Angst bewegst und nicht in unserer und nun auch deiner Welt, denn die ist voll Licht, Klarheit und Freude.« – »Ist die Dunkelheit dann auch so ein Indiz?«, frage ich. »Nein«, antwortet Milarepa, »die Dunkelheit, das nachtschwarze Nichts, ist ein Raum der Initiation. Die Angst, die du dort verspürst, ist eine existenzielle Angst, eine Todesangst, die mit absoluter Klarheit einhergeht. Während der Initiation weißt du, dass du sterben wirst, um neugeboren zu werden. Das ist etwas völlig anderes als die diffuse Angst deiner Projektionen, etwas anderes als der Nebel.«

Zum Schluss zeigt mir Milarepa noch einmal den wunderschönen Berg Kailas, die Schneepyramide, die so viel Ruhe und Ebenmaß ausstrahlt. Die Aussicht auf seine Umrundung macht mich glücklich, irgendwann werde ich das tun. Doch zuerst muss ich nach Peru, zum weiblichen Bergheiligtum in den Anden. Und dann erst zum männlichen im Himalaja. »Störe dich nicht an den vielen Menschen an diesen heiligen Orten«, sagt Milarepa, als ob er meine Gedanken erraten hätte. »Sie sind wie du. Sie kommen, um sich mit der Kraft der Orte anzufüllen und diese dann weiterzugeben.«

Gestern habe ich vierzig Exemplare unserer *Meditation der Liebe* beim Verlag bestellt, die heute ausgeliefert werden. Die

Bücher will ich im Freundes- und Bekanntenkreis verschenken, und zwar so, dass meine besten Freunde so viele bekommen, wie sie selbst weiterverschenken möchten. Dies ist ein Buch zum Verschenken, sagt Julian. Es sollte natürlich auch gekauft werden, aber vor allem, um es dann weiterzuverschenken. Ich habe es ja selbst von ihr geschenkt bekommen. Dafür bedanke ich mich, und sie strahlt vor Glück. Ich kann einen Lichtkreis, eine Art freudige Erregung, um sie sehen.

Dann sehe ich, wie etwas auf mich zurollt, ein Band, das genau vor mir endet. Ich frage sie, was das zu bedeuten habe. »Nimm das, was auf dich zukommt, dankbar an, aber jage nicht etwas hinterher, das nicht auf dich zukommt.« Ein schönes, einfaches Bild. »Und heute«, frage ich, »was liegt heute an?« – »Gönne dir Ruhe und viel Sonne. Das brauchst du jetzt am meisten.« Das hätte ich mir nicht besser ausdenken können. Ich werde also diesen sonnigen Sonntag voller Liebe und Hingabe genießen und mir viel Ruhe gönnen!

Ich will leben!

Meine Südamerikareise wird wieder eine Visionssuche beinhalten. Ich werde zusammen mit Sabine reisen. Nachdem wir uns auf der Wüstenreise angefreundet hatten, beschlossen wir, auch die Südamerikareise gemeinsam zu unternehmen. Wir werden erst mit einer Gruppe, die Ana leitet, durch Peru reisen und anschließend noch etwas bei ihr in Brasilien bleiben. Hier wird auch die Visionssuche stattfinden, diesmal nur für uns beide.

Ich bin auf meinem finnischen Steg und sehe alles überdeutlich: die Rabin, die mir auf dem Arm entlanghüpft, dann noch einmal ihr Gefieder spreizt und sich neben meiner linken Hand auf den ausgeblichenen Holztisch setzt. Der Wolf, der lautlos angetrabt kommt und seine Schnauze auf mein rechtes Knie legt. Meine Gefährten, die im Halbkreis um mich stehen, Ana, die lächelt. Ich stelle meine Frage: »Was liegt an?« Intschi tritt vor, und ich sehe ihr Gesicht ganz klar vor mir, ihr faltiges, von Wind und Sonne gegerbtes und von Weisheit erhellltes liebes Gesicht. Darin die kleinen wachen Augen unter dichten Brauen. Das Gesicht wird von weißen wilden Haaren umrahmt. Intschi sagt: »Du sollst in Zukunft mehr mit den Steinen sprechen.« Sie hat recht. Der Impuls dazu ist manchmal da, aber ich folge ihm nicht. »Erinnerst du dich an den Stein, den du gestern in die Hand nahmst und auf den Tisch legtest?« Ich erinnere mich. Ich hatte ihn wahllos aus dem Haufen der Steine herausgegriffen, die ich im Winter von Roberts Hütte mitgebracht hatte. »Scheinbar wahllos«, unterbricht sie mich, »denn dieser Stein hat dir etwas zu sagen. Leg ihn dir auf die Stirn und lass ihn erzählen.«

Als ich es tue, sehe ich über mir einen Regenbogen. Es ist mehr als nur ein Bogen, es ist eine Kuppel aus den Farben des Regenbogens. Die Kuppel über mir verleiht mir Leichtigkeit und Kraft. »Sie ist Ausdruck deiner Quelle. Hierhin ziehe dich zurück vor großen Entscheidungen. Hier findest du Kraft und Klarheit, die richtige Entscheidung zu treffen und diese auch in die Tat umzusetzen. Du kannst mich als Tor benutzen.« Ich sinke immer tiefer und erinnere mich nur noch daran, wie Intschi mir zuflüstert, dass ich – wenn ich dies wolle – im nächsten Leben als Stein wiedergeboren werden könnte. Als Stein? Ich erwache mit dem Gefühl, vertrauen zu können, egal was geschieht.

Viel zu lange schon wartet auch Pan-Terra, mein Lieblingsstein, darauf, mir endlich ihre Geschichte erzählen zu dürfen. Ich hatte sie bei ihrem letzten Versuch unterbrochen – aus Zeitmangel! »Magst du mir immer noch deine Geschichte erzählen?«, frage ich schuldbewusst, nachdem ich sie mir auf die Stirn platziert habe. Nur zu gern will sie das. Es kommt sogleich eine Flut von glasklaren Bildern aus ihrem letzten Leben als Mensch. Sie wurde als afrikanische Prinzessin in einem großen Reich geboren, sollte verheiratet werden, setzte aber durch, Priesterin werden zu dürfen. Als solche war sie glücklich, mächtig und beliebt. Sie starb sehr alt und bat darum, als Stein wiedergeboren zu werden. Ich sehe ihr prachtvolles Priesterinnengewand deutlich vor mir. Dazu meine ich, einen feinen Duft von Weihrauch wahrzunehmen, und höre wundersame Klänge eines mir unbekannten Streichinstruments. Ja, das muss ein schönes Leben gewesen sein. Warum sie denn in Brasilien wiedergeboren wurde und nicht in Afrika, will ich noch von ihr wissen. Das aber hatte sie nicht zu entscheiden.

In einem Bachbett finde ich wenig später einen eher unscheinbaren gelblichen Stein. Noch bevor ich ihn an meine Stirn legen kann, stellt er – oder besser: sie sich als Serpentina vor und sagt mir, dass sie mir dabei helfen werde, in mein Unbewusstes hinabzusteigen und den Schatten zu begegnen. Ich brauche sie abends nur neben mein Kopfkissen zu legen. Das habe ich am Abend gleich probiert und hatte folgenden Traum:

Ich bin in einem wohlhabenden Geschäftsviertel, laufe in ein gläsernes Gebäude und finde dort ein Treppenhaus, das nach unten führt. Ich steige immer weiter hinab, bis die Treppe endet. Als ich die Stahltür öffne, bin ich in einer Parkgarage. Hier wartet bereits ein Taxi auf mich. Der ungepflegt aussehende Fahrer undefinierbaren Alters fährt mich in einen finsteren Stadtteil voller Industrieruinen und bunt gesprayter unterirdischer Gewölbe. Wir kommen zu einer Spelunke, einem Drogenloch, in dem Junkies und ihre Dealer herumsitzen, sich etwas spritzen oder einfach vor sich hin dämmern. Es werden

Opiumpfeifen geraucht und allerlei bunte Pillen eingeworfen. Mein Fahrer interessiert sich für eine Gliederkette aus elfenbeinernen Totenköpfen. Ich habe den Impuls, sie ihm zu kaufen, wage aber nicht, an diesem Ort meine Geldbörse zu zücken. Er lässt die Kette und kauft sich stattdessen rosarote Pillen, die er gleich schluckt. Er war zuvor schon halsbrecherisch und wie unter Drogen gefahren. Nun aber ist er völlig hinüber, und ich will nicht mehr zu ihm ins Taxi steigen. Er will mir drohen, aber ich drehe den Spieß um und drohe ihm damit, ihn anzuzeigen, sodass er seine Fahrlizenz verliert. Da wird er weinerlich und bettelt, dass ich es lassen möge. Ich mache mich zu Fuß auf den Weg aus diesem düsteren unterirdischen Labyrinth und schaffe es tatsächlich bis zu einer Straßenecke, wo gerade ein Bus vorbeifährt. Ich renne dem Bus hinterher und erreiche ihn an der nächsten Haltestelle. Er fährt mich wieder zurück an die Oberfläche in das gläserne Geschäftsviertel.

Hor erklärt mir, dass dieser Traum zeige, wie gut ich mich schützen könne, wenn ich in den Keller meines Unbewussten hinabsteige. Ich habe den Gestalten dort die Stirn geboten und meinen Wert (im Traum die Geldbörse) geschützt. Und ich habe aus eigener Kraft an die Oberfläche zurückgefunden. Das macht tatsächlich Mut. Ich danke Hor und auch dem Stein, der sein Versprechen gehalten hat.

Ich hatte noch einen anderen Stein aufgesammelt, einen hellgrauen, mittelgroßen, keilförmigen Stein, den ich mir nun auch gleich auf die Stirn lege. Während ich das tue, werden meine Gefährten ganz still. Ich spüre, wie mich ein kalter Schauer überläuft und langsam eine Lähmung einsetzt. In diesem Augenblick weiß ich: Dieser Stein ist ein Stein des Todes, aber ich habe nicht mehr die Kraft, ihn mir von der Stirn zu nehmen. Der Stein hat jedoch ein Einsehen mit mir und sagt: »Nimm mich jetzt von deiner Stirn, du bist noch nicht bereit für mich.«

Diesmal gelingt es, ich kann meinen Arm heben. Ich spüre, wie das Leben langsam in meinen Körper zurückkehrt.

Ich frage meine Gefährten, was das gewesen sei, bitte um Erklärung. Julian sagt: »Du hast den Tod gestreift, jenen Tod, der durch das Ende der Liebe kommt. Er kommt immer plötzlich und unerwartet. Was immer auch geschieht: Bleib diesem Stein fern! Und bleib im Leben! Bleib in der Liebe! Ob du schläfst oder wachst, bleib immer in der Liebe! Ob in der Angst oder Wut, bleib immer in der Liebe! Zur Erinnerung schicken wir dir ein weiteres Krafttier. Es ist eine kleine blaue Libelle. »Dieses Wesen wird dich in Zukunft immer daran erinnern, in der Liebe zu bleiben.«

An ihrem Tonfall merke ich, dass sie sich zum ersten Mal ernsthaft Sorgen gemacht haben. Danke, Julian. Und danke, kleine Libelle! Den Stein aber vergrabe ich noch am selben Abend genau nach ihren Anweisungen im Wald.

Ich möchte mehr über mein neues Krafttier wissen und lese im Internet nach, was dort zur Libelle geschrieben steht: Wie ich selbst (und all meine anderen Krafttiere) ist auch die Libelle ein Fleisch fressendes Wesen. Ihre Larven werden Nymphen genannt und leben im Wasser. Sie schlüpfen, häuten sich und steigen schließlich als Libelle auf in die Lüfte. Die Libelle verbindet also die Elemente Wasser und Luft. Im Englischen wird die Libelle *Dragonfly*, Drachenfliege, genannt … Nach einer alten Legende hatte ein Drache Zauberkräfte, die er nicht missbrauchen durfte. Eines Tages forderte der Kojote ihn auf, diese Kräfte zu zeigen und sich in eine Libelle zu verwandeln. Weil er sie dazu benutzt hatte, seine Magie zu beweisen, verlor der Drache seine Macht und konnte sich nicht mehr zurückverwandeln. Er musste eine Libelle bleiben … In Atlantis soll die Libelle eine Hüterin alten Wissens gewesen sein. Doch die Bewohner missbrauchten ihr Wissen und verloren ihre Kraft und ihren Kontinent … Die Libelle steht für Schnelligkeit und

Flexibilität, uraltes Wissen und Verwandlung. Sie ist eine Meisterin der Elementarkräfte und eines der ältesten Lebewesen auf unserem Planeten.

Auch heute lege ich wieder den gelblichen Traumstein neben mein Kopfkissen. Mein Traum beginnt zunächst recht harmlos: Ich will zu meiner Freundin Ursula, um ihr etwas zu essen zu bringen. Draußen naht ein Gewitter, und es regnet bereits in Strömen. Ich habe Ursulas grünen Schirm dabei und spanne ihn auf. Um zu ihr zu gelangen, muss ich über eine große überdachte Holzbrücke gehen, die sich über ein weites Tal spannt. Kurz bevor ich die Brücke erreiche, schlägt der Blitz in meinen Schirm ein. Der Sturm trägt die beiden Teile, in die der Schirm zerborsten ist, davon. Ich denke: Was soll ich nun meiner Freundin sagen? Es war ihr Lieblingsschirm. Ich merke dabei nicht, dass ich selbst vom Blitz getroffen bin. Ich schaffe es noch bis zur Mitte der Brücke, wo sie auf mich wartet, dann breche ich zusammen. Ich verlasse meinen Körper und sehe noch von oben, wie sie meinen leblosen Körper aufhebt und beweint. Nach der Dunkelheit des Gewitters ist es hier oben sehr hell, und ein großes Gefühl der Erhabenheit, tiefen Friedens und Erfüllung umgibt mich. Es ist vollbracht. Mit diesem freudigen Gefühl wache ich auf, noch in der Zwischenwelt zwischen Leben und Tod – ein seltsam leichtes irreales Gefühl.

Ich reise mit der Bitte um Deutung für diesen Traum. Ich sinke noch tiefer in die Dunkelheit des Gewitters aus meinem Traum. Auf der Brücke höre ich den Satz: »Kehre um!« Im selben Moment werde ich wieder, diesmal jedoch viel schmerzhafter als beim ersten Mal, vom Blitz getroffen. Als ich von meiner Reise zurückkehre, merke ich, dass ich die Schwelle des Traums nie überschritten habe. Ich habe also noch im Traum nach Deutung verlangt und wurde dann noch tiefer in den Traum hineingetragen.

Nun frage ich meine Gefährten, was dieser doppelte Traum zu bedeuten habe. Die Holzbrücke muss wohl, so vermute ich, den Übergang zwischen Leben und Tod symbolisieren. Milarepa rät mir, die Bilder unangetastet zu lassen. »Jede Deutung baut auf dem auf, was du schon über dich weißt oder zu wissen glaubst. Diesem Käfig entkommst du nur, wenn du dich den Bildern deutungslos hingibst. Übe dich im freiwilligen Verzicht auf Interpretation. Wie beim Fasten eröffnet dir erst der Verzicht, alle Möglichkeiten deines Seins auszuschöpfen, auch jene, die bisher jenseits deiner Vorstellungskraft lagen. Befreie dich aus den Fesseln deiner Selbstbegrenzung und verlasse den Käfig der Deutung!«

Zwar sehe ich, was Milarepa damit meint, aber es ängstigt mich, den sicheren Hafen meines deutenden Verstandes zu verlassen und mich auf den unbegrenzten Ozean meiner Möglichkeiten hinauszubegeben. Interpretationen geben mir Halt, sind meine stärkste Rückverbindung zur Alltagswirklichkeit, zu meinem vertrauten, wenngleich auch festgelegten Selbst. Aber was ist denn »Halt«? Bedeutet »Halt« nicht auch »anhalten«, ein imaginäres Stoppschild, das Zurückschrecken vor der Entfaltung der Seele und in letzter Konsequenz ihrem Aufgehen im Ganzen? Habe ich in Wahrheit davor Angst? Oder ist es womöglich nur Gewohnheit, Konvention? In unserem Kulturkreis bekommt ja alles erst durch Deutung Be-Deutung. Ist mein Verlangen nach Deutung etwa schon zum Reflex geworden – wie das Verlangen nach Süßem am Ende einer Mahlzeit? Ich habe mich doch schon so weit vorgewagt – bislang ohne jede Reue! Warum also nicht mutig und vertrauensvoll weitergehen auf diesem Weg und der ewigen Deuterei entsagen?

Wieder habe ich mich, wie jeden Morgen, zum Reisen hingelegt. Zunächst ist alles schwarz. Dann erkenne ich, dass ich mich in einer dunklen, vom Rauch geschwärzten Kate befinde.

Draußen heult ein eisiger Wind, der am Dach rüttelt und durch die vereisten Fenster einzudringen versucht. Ich sehe eine ärmlich gekleidete Frau, die weinend ihr Neugeborenes in den Armen wiegt und es dann draußen auf das Fensterbrett legt. »Himmeln« ist das Wort, das ich dazu höre. Der Säugling, das bin ich. Ich spüre, dass ich mich schuldig fühle. Ich bin ein Esser zu viel, und mein Schreien ist mehr, als man ertragen kann. Meine Gier ist vom Teufel. Ich habe es nicht verdient zu leben. Aber ich will leben! Und so schreie ich weiter, schreie, bis meine Seele den kleinen Körper verlässt. Meine Seele bleibt in ihrer Verwirrung aus Wut und Schuld noch lange dort bei der Kate.

Dann erlebe ich alles noch einmal aus der Sicht der Mutter, die gerade niedergekommen ist, allein in der eisigen Kate; die ihren neugeborenen Sohn nimmt, mit ihm hinausgeht vor die niedrige Kate, hinaus in den eisigen Wind und ihn auf das Fensterbrett legt. Ich bin innerlich selbst wie tot, höre nur das leiser werdende Schreien, sehe, wie das Strampeln draußen am Fenster langsam aufhört. Ich fühle mich elend und schuldig. Wenn es nur bald verstummen würde! Ich will leben – und weiß doch, dass ich hier verhungern werde … Da wird das Bild wieder schwarz. Es ist der gleiche Satz – bei beiden. »Ich will leben!« Ich habe einem Überlebenskampf zwischen Mutter und Kind beigewohnt. Beide haben diesen Kampf verloren, und beide sind voller Scham und Schuldgefühle gestorben – zutiefst allein.

Dieses Bild erinnert mich an meine tief sitzende alte Angst, zu viel zu sein und ständig im Weg. Und es erinnert mich an meine Überzeugung, keine Kinder haben zu dürfen, zur Mutterschaft ungeeignet zu sein. Da war immer dieses Gefühl, nicht gut genug für ein Kind sorgen, es nicht beschützen zu können. Wie klar sich das alles in diesem Reisebild kristallisiert. Wie Steine, die plötzlich ein Mosaik ergeben. Und wie nah wieder

Täter und Opfer beieinander sind, selbst bei diesem unschuldigen Säugling und seiner nicht minder unschuldigen Mutter. Und wie sinnlos alles Werten ist. Wie sinnlos auch alle Gefühle von Schuld und Scham, die nur dazu führen, dass die Seelen unerlöst umherirren.

Wichtig ist der Satz: »Ich will leben!« Es ist ein kraftvolles Mantra. Gegen all die Armut, Willkür, Folter, den Hunger und das Ausgeliefertsein, das meine Seele erfahren haben muss von den Ahnen oder aus früheren Leben, ist dieses Eine geblieben: Gegen all das Elend hat meine Seele sein »Ich will leben!« gesetzt.

Am Abend war ich im Wald. Ich habe nach etwas gesucht, was den Tod symbolisiert. Fasziniert bleibe ich vor einem entwurzelten Baum stehen, in dessen entblößtem Wurzelwerk so viel neues Leben sprießt. Aus den Dingen, die ich dort finde, will auch ich etwas Neues erschaffen: einen kleinen Stein, eine Blüte, ein Blatt, ein Stück Moos. Zuvor aber ramme ich der kleinen Wurzel, die ich als Sockel für meine Arbeit verwenden will, einen spitzen Stock wie einen Dolch quer durch den Leib. Er sieht schön aus, mein Tod, wie ein Tierschädel mit Hörnern. Während ich ihn gestalte, höre ich einen Kuckuck rufen: »Ich will leben! Ich will leben!« Als ich durch den Wald zurückgehe, merke ich, dass meine Uhr stehen geblieben ist.

Heute reise ich wieder von meinem finnischen Steg aus. Ich befinde mich in einer endlosen sonnendurchfluteten Wüstenlandschaft. Ich fühle mich wohl dort und sehr frei. Hier erreicht mich die Botschaft, dass ich meiner Seele und meinem Geist diese Unendlichkeit erlauben soll und sie nicht durch Konzepte, »Einsichten«, Glaubenssätze und Deutungen einengen soll, nur weil deren Plausibilität und Schönheit so bezaubernd seien. Wohl soll ich verweilen und die Schönheit des Erkannten genießen, die Poesie der Mosaiksteine, die sich auf einmal zum größeren Bild zusammenfügen, aber nicht dort bleiben und das Erkannte als Weisheit letzter Schluss erachten. Ich soll es mir nirgendwo bequem machen, mich nirgendwo geistig einrichten. Ich soll mich immer wieder in die strukturlose, unendliche Weite der Wüste begeben.

Wieder und wieder geht es um das Loslassen. Noch einmal nehme ich diese schöne endlose Wüste in mich auf, nur diesmal aus der Rabenperspektive, wo die scheinbar chaotischen Strukturen der Wüste ein schönes, klares, sich wiederholendes Muster ergeben. Diesmal ist mein Gefieder schwarz. Ich reise zurück.

Und immer noch Zweifel …

Die letzten Tage habe ich, wie immer, versucht zu reisen. Doch es kam nichts, kein Bild, keine Ansprache, einfach nichts, und das nun schon seit Tagen. Ich zweifle. So sehr, dass ich alles aufgeben möchte, das Reisen, die ganze spirituelle Arbeit. Alles nur Humbug, pure Einbildung, Selbstgespräche. Ich fühle mich so leer und ver-zweifel-t, dass ich weinen möchte.

Dazu werde ich heute reisen, und wehe, es kommt wieder nichts. Dann werfe ich alles hin, zerreiße meine Tagebücher und lösche alles, was ich bisher geschrieben habe. Das dürfen meine Gefährten durchaus als Drohung verstehen. Fast sprießt da eine Lust, alles zu zerstören und sie auszulöschen, als hätte es sie nie gegeben. Es ist wie ein Machtrausch, denn da nur ich allein sie wahrnehmen kann, kann ich sie auch ohne Konsequenz wieder fortjagen in die Weiten des Universums, aus dem sie – vielleicht – kamen. Nur kann ich das wirklich? Die Einsamkeit, die dann käme, wäre mit keiner

Einsamkeit zu vergleichen, die ich je erlebt habe, das spüre ich genau.

Sicherheitshalber lege ich noch den Stein auf meine Stirn, der mir die Regenbogenkuppel gezeigt hat. Obwohl mir klar ist, dass meine Drohgebärde wahrscheinlich nicht die beste Voraussetzung zum Reisen ist, bekomme ich sofort ein Bild. Ich sehe Grasbüschel, deren Halme ineinander verschränkt sind wie zum Beten gefaltete Hände. Das Bild ist stark genug, um das nun folgende Abschweifen meiner Gedanken, das mir wie eine Ewigkeit erscheint, unbeschadet zu überdauern, wie zähe Steppengräser eben auch den härtesten Winter überdauern. Endlich höre ich wieder eine Stimme. Es ist Julian: »Denke nicht, dass uns deine Drohungen beeindrucken«, lacht sie, »aber wir werden dir jetzt ein paar Anhaltspunkte geben, woran du erkennen kannst, dass du es mit uns zu tun hast und nicht mit deinen eigenen Fantastereien. Es gibt drei Kriterien, um die Erlebnisse auf deinen Reisen zu überprüfen: 1. Überraschung, 2. Klarheit und 3. Lebendigkeit. Ist das Erlebte für dich wenig überraschend, ist die Wahrscheinlichkeit groß, dass du Selbstgespräche geführt hast. Ist es unklar oder verschwommen, sind wahrscheinlich weniger wohlmeinende Geister am Werk, von denen du dich fernhalten solltest. Wenn aber das Gesehene und Gehörte klar ist, dich überrascht und wenn es lebendig, ja plastisch vor dir steht, dann ist es dir geglückt, unter Umgehung deines machtvollen Verstandes direkt zu deiner Seele und damit zu uns vorzudringen.

Entscheidend ist, ob es Kraft hat. Das Wirkliche kann sich in verschiedenen Gestalten zeigen. Diese Gestalten, und nur diese, nicht die Wahrheit selbst, sind Zeit und Raum unterworfen und damit selbst nicht wirklich. Sie sind eine ›Vorstellung‹, wie du sagen würdest, so wie ich jetzt und hier als Julian und all deine anderen Gefährten und Tiere deiner Vorstellung entsprungen sind. Wir erscheinen dir genau so, wie du dir uns vorstellst. Aber unsere Quelle ist wirklich und somit wirksam. Sie ist auch deine Quelle, zu der du über uns gelangen kannst, und zwar genau so, wie du es gerade brauchst und annehmen kannst. Sie ist auch die Quelle von allem anderen, weil es, wie du weißt, zwischen dir und allem anderen keinen Unterschied gibt. Was du als Unterschied wahrnimmst, ist ebenso nur ›Vorstellung‹. Der Zweifel dagegen ist ein Nebel, eine diffuse Dunkelheit. Er schluckt alles Licht und alle Liebe. Er nimmt, ohne zu geben. Bleibe hier, im Licht und in der Liebe.« Wieder spüre ich die Regenbogenkuppel über mir. Sie ist – wie alles andere – wohl auch nur eine Vorstellung, aber sie gibt Kraft.

Trotzdem habe ich noch eine Frage: »Ist es für alle, also alle, die schamanisch reisen, und für alle Schamanen gleich? Ist auch für sie all das, was sie während ihrer Reisen sehen, hören, riechen, schmecken nur Vorstellung? Und wie kann es dann sein, dass manchmal andere ihre Wahrnehmung teilen?« – »Es ist nicht für alle gleich. Für manche ist das, was für dich Vorstellung ist, wirklich. Dann ist diese Wirklichkeit das, was sie brauchen und gestalten, um an ihre Quelle zu kommen. Manchmal wird es dann so wirklich, dass es sich in der Alltagswirklichkeit manifestiert und von anderen ebenfalls wahrgenommen werden kann. So kommt es, dass große Schamanen schon beim Fliegen beobachtet wurden und Ana es über der Wüste regnen ließ.« – »Kann auch ich dahin kommen?« – »Ja.« – »Aber es ist ein langer Weg?« – »Ein langer Weg für denjenigen, der glaubt, dass Raum und Zeit mehr sind als nur eine ›Vorstellung‹.«

Ich bin verwirrt angesichts dieser überwältigenden Klarheit. Zu klar ist dies für meinen analytischen Verstand. Und zugleich ahne ich, dass auch mein »analytischer Verstand« möglicherweise nur eine Vorstellung sei. Danke, Julian! Oder soll ich lieber sagen: Dank an jene Quelle, die sich mir in der Gestalt von Julian, Milarepa, Hor, Intschi, meiner Tiere oder sonst noch etwas zeigt – so lange, bis ich mir erlaube, sie als wirklich anzusehen?

Auf einer Wanderung komme ich an einer großen Eibe vorbei. Ich lehne mich an ihren Stamm und spüre die Ruhe und den Frieden, der von ihr ausgeht. Später komme ich noch an einem zweiten großen Baum vorbei, einer zerborstenen alten Linde. Auch an diesen Baum lehne ich mich mit dem Rücken an, doch spüre ich hier eine ganz andere, saugende, ich würde fast schon sagen, negative Energie. Der Baum scheint mir so viel Kraft zu rauben, dieses auseinandergeborstene Wesen, dass ich mich noch den ganzen Abend ausgelaugt fühle. Wie können Bäume, die ich immer als uneingeschränkt positive Wesen betrachtet hatte, so unterschiedlich auf mich wirken?

Mit dieser Frage reise ich. »Stimmt es, was ich gespürt habe?« Es ist Julian, die antwortet: »Vertraue deinem unmittelbaren Gefühl, das noch keine Wertung enthält, es täuscht dich nicht. Was du gespürt hast, hat aber nichts mit Negativität zu tun. Das ist nur deine Wertung. Wertungen liegen immer beim Empfänger, nie beim Sender. Zum Licht gehört immer auch der Schatten, zum Tag die Nacht, zum Mann die Frau. Darin ist keine Wertung. Diese Linde nimmt deine Energie auf, aber sie sendet keine negative Energie. Es gibt gar keine ›negative Energie‹. Energie ist immer nur Energie und damit neutral. Es gibt nur eine Hin- oder eine Wegbewegung. Und der eine Baum, das hast du richtig gespürt, sendet Energie, und der andere nimmt Energie von dir in sich auf. Das ist wie das Ein- und das Ausatmen und hat mit Gut und Schlecht nichts zu tun. Beide zusammen sorgen für einen energetischen Ausgleich.«

Ein Freund erzählte mir kürzlich von seinen Erfahrungen mit psychoaktiven Substanzen. Es sei sehr bewusstseinserweiternd und herzöffnend gewesen. Mich überkam Neugier und das Gefühl, etwas zu verpassen, und ich fragte ihn weiter über seine Erfahrungen aus. Mich überfielen Zweifel, ob meine Reisen angesichts solcher Erfahrungen nur eine harmlose Liebhaberei seien, ein Kratzen an der Oberfläche. Ich fragte mich, ob ich meine schamanische Arbeit durch solche Drogen nicht beschleunigen und intensivieren könnte. Mein Freund fragte zurück, ob da nicht vielleicht ein bisschen zu viel Ehrgeiz im Spiel sein könnte. Das kränkte mich. Also musste etwas dran sein. Oder Ungeduld? Ja, auch das. Also reise ich heute mit der Frage, was es mit dem Ehrgeiz, dem Zweifel und den Drogen auf sich habe. Mit der Frage nach meiner Ungeduld will ich meine Gefährten heute gar nicht erst nicht langweilen. Sie kommen trotzdem darauf zurück…

Ich finde mich in einem Wald am Ufer eines Baches wieder, der steil in eine tiefe Schlucht abfällt. Ich kenne diesen Ort, er hat besondere Kraft. Es ist Ana, die spricht: »Mach dir keine Sorgen. Was dich treibt, ist nicht Ehrgeiz. Wohl aber Neugier und Ungeduld. Die sind Teil deiner Lebendigkeit.« Dann kommt ein schönes deutliches Bild von einem Delfin, der mit hoher Geschwindigkeit und großer Freude durchs Wasser zieht, mal über, mal unter Wasser. Es ist ein Bild von Leichtigkeit und Glück. »Zweifel sind natürlich«, so Ana weiter, »und werden deine ständigen Begleiter sein, sie sind dein Korrektiv, damit du dich nicht in der anderen Welt verlierst. Das ewige Ringen um Vertrauen gehört dazu. Auch das ist Teil deiner Lebendigkeit. Wenn der Zweifel dich zermürbt und du glaubst, du seist nicht gut genug, oder alles gehe viel zu langsam, dann erinnere dich an den Delfin. Er ist sehr schnell und das mit großer Freude und Leichtigkeit. So wie du. Denk an den Delfin und gib dich der Freude und Leichtigkeit hin.« – »Und was ist mit den Drogen? Warum reizt mich das so und ängstigt mich zugleich?« – »Drogen sind nur ein Ersatz für das Eigentliche, für das, was du schon lange tust und erlebst und was zu deinem Lebensinhalt geworden ist. Solange das Ego im Spiel ist, und das wird es immer sein, sind Drogen gefährlich. Sie bewirken eine Spaltung in Phasen hoher Bewusstheit und farbenprächtiger Ekstase und Phasen grauer Dumpfheit. Diese Schere klafft immer weiter auseinander, je mehr du dich den Drogen hingibst. Du zerstörst, außer deinem Körper, systematisch auch das Vertrauen in deine eigene, selbst herbeigeführte feinstoffliche Wahrnehmung und damit auch in die Fähigkeit, jederzeit mit uns in Kontakt treten zu können. Irgendwann glaubst du, es ginge nur noch mittels der Droge, und das ist dann auch so. In der Obhut eines verantwortungsvollen Lehrers kannst du anders mit Drogen in Berührung kommen. Du wirst dann wissen, dass es der richtige Zeitpunkt ist und ein besonderer, unwiederholbarer Augenblick. Aber suche diese Erfahrung nicht, sondern lass sie dich finden. Das Notwendige kommt zum richtigen Zeitpunkt ohnehin auf dich zu. Du brauchst es nicht zu erzwingen. Vielleicht ist es schon bald so weit, wenn wir zusammen in menschlicher Gestalt den Inkapfad gehen werden. Das aber weiß selbst ich zu diesem Zeitpunkt noch nicht. Denke immer an den Delfin: Er ist so schnell, dass er das Gefühl für seine Schnelligkeit verloren hat. Es kann ihm nie schnell genug sein. Genauso bist du. Sei auch du Freude und Leichtigkeit.«

Das Bild des Delfins zieht noch einmal an mir vorüber, nur dass ich jetzt der Delfin bin. Es ist herrlich, so durchs Wasser zu sausen, nur Freude und Leichtigkeit. Da legt sich das Bild meines Raben darüber. Als weiße Rabin fliege ich über verschneite Gipfel mit der warmen Sonne in meinem Gefieder. Und zugleich erlebe ich mich in meiner menschlichen Gestalt am Boden liegend. Das Erstaunliche dabei ist, dass ich alle drei Bilder gleichzeitig wahrnehme und fühle. Ich bin die Rabin, ebenso wie der Delfin, und zugleich liege ich hier in meiner menschlichen Gestalt. Es ist wie eine dreidimensionale gefühlte Dreifachbelichtung. Eine unglaubliche Erfahrung, der ich mich noch eine Weile hingebe. Obwohl ich weiß, dass für Schamanen Zeit und Raum nicht existieren, hätte ich dies nicht für möglich gehalten. Vielleicht bekomme ich dieses Bild auch, um mir bewusst zu machen, wie fantastisch gut zugänglich diese Welt auch ohne Drogen ist, dass ich keine Drogen brauche, weil ich so, ohne sie, noch viel intensiver mit mir und damit mit allem in Kontakt bin.

Ich frage, was als Vorbereitung auf meine Südamerikareise noch anliege. Es sei wichtig, mein Testament zu machen, um innerlich frei zu sein für alles, was ich auf dieser Reise erleben werde. Ich soll Fiona meine Tagebücher vermachen und sie bitten, das Wichtigste in einem Buch zu veröffentlichen, sollte ich nicht mehr zurückkehren.

Das mit dem Testament überrascht mich zwar nicht wirklich, aber es erschreckt mich dennoch. Was in aller Welt erwartet mich auf dieser großen Reise? Fiona willigt ein, meint aber, ich solle mir keine allzu großen Sorgen machen, es ginge meinen Gefährten wohl eher um die innere Freiheit, das Loslassen als Haltung, nicht um das reale Sterben. Ana und all meine Gefährten würden mich beschützen, da sei sie sich sicher.

Was mich allerdings überrascht, ist, dass die wichtigste Vorbereitung für diese Reise meine Vorfreude sei, und zwar nicht die Vorfreude auf dieses besondere Abenteuer, sondern auf die Zeit danach! Die Vorfreude auf etwas in der Zukunft sei mein Anker. Da meine Angst vor dem Tod nicht so groß sei wie bei den meisten Menschen, hätte ich auch keine Angst vor dem Leben, wodurch ich bereit sei für all seine Geschenke. Aber eben genau darum hätte ich auch keine große Verankerung in diesem Leben. Ein Teil meiner Lebensfreude komme vom Loslassen der Vergangenheit, die mich tatsächlich nicht mehr so stark beschäftigt, ein anderer von der Vorfreude. Die Vorfreude und Planung von Ereignissen in der Zukunft seien für mich ein wichtiger Anker: »Ich will noch nicht gehen, weil ich ja noch dieses und jenes vorhabe, auf das ich mich freue und auf das ich neugierig bin.« Das ist auch dieses Mal so. Und dieses Mal sei es ganz besonders wichtig, weil ich so intensiven Kontakt zur anderen Welt aufnehmen werde, dass ich vielleicht versucht sein würde, nicht mehr in diese Welt zurückzukehren. Daher sei es so wichtig, dass ich konkret wisse, wofür ich zurückkäme. Ich soll eine Liste machen von allem, worauf ich mich freue und wofür es sich lohnt zurückzukommen. Ich bin verblüfft: Bisher dachte ich, meine Vorfreude sei ein Zeichen, dass ich noch nicht im Augenblick lebe, wie Ana sagt. Nun stellt sich heraus, dass sie ein Anker für mich ist. Das freut mich. Zuletzt bekomme ich noch ein Symbol mit auf die Reise: zwei Halbkreise, die sich fast berühren. Auf Landkarten bedeutet dieses Symbol »Pass« oder »Brücke«.

In schwindelnden Höhen

Der Tag der Abreise ist gekommen. Am Flughafen treffe ich Sabine. Es freut mich, dass wir diese Reise und auch die anschließende Visionssuche bei Ana in Brasilien gemeinsam machen werden. Es ist gut, jemand Vertrauten dabeizuhaben. Ana war einverstanden, uns beide im Anschluss an die Perureise bei der Visionssuche zu begleiten. Sie wird in dem Wald stattfinden, der an ihr Grundstück grenzt. Dann können wir die Vor- und Nachbereitungstage in der Obhut ihrer kleinen Lebensgemeinschaft machen.

Während des langen Fluges sitze ich neben Sabine in der vollbesetzen Maschine. Wir verbringen die Zeit mit Lesen und Dösen. Ich habe einen Traum: In diesem Traum bin ich Sabines Mutter. Wir sind in einem Wald, zusammen mit vielen anderen

Menschen. Der Kleidung nach zu urteilen, ist es das ausgehende 18. Jahrhundert. Wir alle sind um große Steinbrocken versammelt. Der größte in der Mitte bildet eine Art Bühne. Es ist ein ritueller Ort. Es geht um eine Hinrichtung. Obwohl Hexenverbrennungen zu dieser Zeit schon lange verboten sind, wird sich nicht daran gehalten. Um keine Aufmerksamkeit zu erregen, wird statt des Scheiterhaufens das Schwert genommen. Die Frau, die heute getötet werden soll, ist meine Tochter. Ich bin hin- und hergerissen zwischen der Einsicht in die Notwendigkeit dieses Tuns und der Liebe zu meinem Kind. Ihr wird vorgeworfen, dem Teufel das Kind des Krämers geopfert zu haben. Sie beteuert ihre Unschuld. Bisher habe ihre Kräutermedizin immer geholfen, doch dem Kind sei nicht mehr zu helfen gewesen. Sie sei nicht schuld an seinem Tod. Ich weiß nicht, was ich glauben soll. Ich habe ihr immer von der Kräuterei abgeraten, habe ihr gesagt, dass das noch einmal ein schlimmes Ende nehmen werde. Doch selbst wenn ich wollte, ich könnte ihr Ende nicht verhindern. Der Krämer soll dem Henker und noch einigen anderen eine erkleckliche Summe dafür gezahlt haben. Als sie zum Opferstein geführt wird, hat sie sich einigermaßen beruhigt. Gefühllos wirkt sie, als sie sich hinkniet und ihren Kopf beugt. Gefühllos bin auch ich, als ich ihren Kopf von der Steinplatte rollen sehe. Mir ist es, als hätten sie mit ihrem Leben auch meines ausgelöscht …

Ich erzähle Sabine von meinem Traum, wobei es mir gar nicht wie ein Traum vorkam, sondern viel klarer und plastischer als gewöhnliche Träume. Es hat sich auch nicht so angefühlt, als ob ich geschlafen hätte. Es kann allenfalls ein Halbschlaf gewesen sein. Sabine hört mir aufmerksam zu. Nachdem ich zu Ende erzählt habe, schweigt sie. Dabei rollen ihr Tränen über das Gesicht. Sie sagt, der Platz, von dem ich gesprochen habe, sei ganz in der Nähe ihres Wohnortes. Es seien alte Druidensteine, von denen es heißt, dass sie schon immer rituellen

Zwecken gedient hätten. Sie werde sie mir zeigen, wenn wir wieder zu Hause seien. Die Geschichte aber sei ihr so vertraut vorgekommen, ja, sie sei sich sicher, jene »Hexe« gewesen zu sein, die dort hingerichtet wurde. An ihre Mutter, also an mich, hat sie aber keine Erinnerung.

Siebzehn Stockwerke unter uns liegt Lima. Ich habe Beklemmungen, seit ich hier angekommen bin. Sabine geht es genauso. Wie soll man diese Luft atmen? Zwei ganze Tage sind wir in Lima. Danach geht es weiter an den Titicacasee und in die Anden. Da wird es sicher besser, wenn uns die Höhenkrankheit nicht erwischt. Seit dem Abflug bin ich nicht mehr bei meinen Gefährten gewesen, und das fehlt mir jetzt. Ich beginne daher meine Reise mit einer Entschuldigung. Unnötig, wie sich herausstellt. »Wir sind immer für dich da, ob du nun Kontakt zu uns aufnimmst oder nicht.« Sie setzen mich unter die Regenbogenkuppel und – sie schicken mich ins Museo d'Oro, das Goldmuseum von Lima.

Dieses Museum hat etwas Einschüchterndes. Es drängt sich die Frage auf, wie viel Blut an all diesem Gold klebt. Ob wohl die Künstler, die diese wunderschönen Stücke gefertigt haben, ihre Arbeit geliebt haben? Gehörten sie zu den Ausbeutern oder zu den Ausgebeuteten? Wie vertraut waren ihnen die Götter, die sie darstellten? Fühlten sie sich von ihnen geliebt, oder fürchteten sie sich vor ihnen? Ich bekomme hier eine Ahnung von der ungeheuren Komplexität der Inka- und der Mochekultur. Und ich bekomme auch eine Ahnung von der nicht weniger komplexen Geisterwelt, die mich hier erwartet.

Die Eindrücke aus dem Goldmuseum habe ich offenbar in meinen letzten Traum mitgenommen, in dem ich vergewaltigt, gequält und schließlich rituell hingerichtet wurde. All dies geschieht mit meiner Einwilligung. Ich frage meine Gefährten, was der Traum zu bedeuten habe. Zugleich merke ich, dass ich Angst habe, in diesen Abgrund zu blicken. Meine Gefährten schicken mir ein Bild: Der Boden vor mir ist übersät mit schwarzen Federn wie nach einem Kampf, und tatsächlich sieht meine Rabin sehr mitgenommen aus. Sie ist es auch, die mich schließlich anspricht: »Siehst du, auch ich bin Stürmen und Kämpfen ausgesetzt. Auch ich kann unter die Räuber fallen und dabei Federn lassen. Dein Traum bedeutet Heilung. Die guten wie die bösen Dinge, die dir widerfahren, alles bedeutet Heilung. Wichtig ist, dass du nicht im Zustand der Angst, des Schmerzes und der Wut verharrst. Nicht das Gefühl selbst ist lebensgefährlich, sondern darin zu verharren. Du musst auch als gerupfter Rabe noch wissen, dass du ein göttlicher Rabe bist. Dann ist es leicht zu erkennen, dass alles der Liebe dient und der Überwindung jener Illusion, die besagt, dass wir getrennt sind.«

»Du musst wissen, dass du geliebt wirst, immer, bedingungslos und genau so, wie du bist«, schaltet sich Julian ein. »Du bist so wunderbar in deiner Aufrichtigkeit und deiner unermüdlichen Suche nach Wahrheit. Benutze deine Bewusstheit, um Licht in die Dunkelheit zu bringen. Wisse, es lauert nichts in der Dunkelheit als deine eigene Angst und deine Sehnsucht.« – »Sehnsucht?« – »Sich nach Schmerz zu sehnen und sich ihm hinzugeben ist eine uralte Sehnsucht, die Sehnsucht nach Auflösung. Es bedeutet Hingabe. Denk an den Teil meines Buches, den du so abstoßend fandst, den Anteil von Gewalt und Lust am Schmerz«, sagt Julian und macht mir klar, dass es auch um Schuld geht. »Du meinst wie alle, deine Unschuld verloren zu haben, und sehnst dich danach, sie wiederzuerlangen, durch Sühne und Hingabe an den Schmerz – einen Schmerz, der das völlige Annehmen dessen ist, was ist. Die Passivität des Opfers drückt die Sehnsucht nach kindlicher Unschuld aus, dem Abgeben von Verantwortung. Aber Opfer und Täter sind eins.«

»Und was ist dann die Sehnsucht der Täter?«, frage ich. »Die Täter sehnen sich nach ihrer verloren gegangenen Schöpfermacht. Besonders die Männer leiden darunter, vermeintlich weniger Schöpfermacht zu besitzen als die Frauen, weil sie nicht gebären. In den meisten Gesellschaften wird die Mitwirkung der Männer an der Schöpfung des Lebens unterschätzt. Die Kinder werden den Frauen zugeordnet und meist, im Konfliktfall, auch zugesprochen. Die Männer kompensieren ihr Gefühl der Machtlosigkeit durch Machtausübung über andere, in Form von Geld oder Gewalt. Sie fühlen sich benachteiligt, weil ihr Anteil am Schöpfungsakt zu wenig gewürdigt wird. Es zählt nur die Hingabe der Frau. Die Kompensation der Männer hat viel Leid über die Menschheit gebracht. Sie treten dann in den Kreislauf von Schuld und Sühne ein, in dem sie Schmerz als unbewussten Ausgleich für ihre Taten suchen. Glaubt an eure Schöpfermacht! Ihr seid Götter! Männer wie Frauen! Findet zurück zu eurer sich ergänzenden Macht in der Dualität eures Seins: dem männlichen und dem weiblichen Akt des Gebens, der Hingabe und des Sichverschenkens. Sie sind gleichwertig. Erlangt Bewusstheit über eure unbewussten Mechanismen der Kompensation wie Schmerz und Gewalt, sodass ihr sie nicht mehr braucht. Ihr seid geliebt, bedingungslos, so wie ihr seid!«

Nachdem ich Julians leidenschaftliche Worte gehört habe, verwandle ich mich in meine Rabin, spreize mein wundersamerweise unversehrtes blauschwarzes Gefieder und fliege ein wenig unserer Reise voraus. Von oben sieht das, was uns erwartet, nicht mehr so dunkel und beängstigend aus. Könnte ich doch nur die ganze Strecke fliegend meistern!

Im Hotel in Lima treffen wir am Abend die anderen Mitglieder unserer Reisegruppe. Wir sitzen zusammen in einem Seminarraum im Keller des Hotels, warm eingepackt wegen der zu kalt eingestellten Klimaanlage, und warten auf Ana. Wir stellen uns einander nur mit unseren Vornamen vor und versuchen uns an einer ersten Einschätzung des anderen. Als Ana den Raum betritt, wird es schlagartig still. Ihre Präsenz spüren auch diejenigen, die sie noch nicht kennen. Ana erklärt uns die Reiseroute. Sie sagt, sie würde viel mit den vier Elementen arbeiten und versuchen, unsere Herzen zu öffnen. Wir würden einige sehr persönliche Erlebnisse haben. Morgen würden wir um drei Uhr geweckt, und halb fünf sei die Abfahrt zum Flughafen. Unsere erste Etappe geht nach Juljaca, 3700 Meter über dem Meeresspiegel. Wir würden wahrscheinlich mit der Höhenkrankheit zu kämpfen haben. Dagegen würden Kokablätter helfen. Als die anderen sich zurückgezogen haben, begrüßt Ana Sabine und mich und umarmt uns herzlich. Es sei schon alles vorbereitet für unsere Visionssuche im Anschluss an den Treck.

Obwohl es nur ein dreistündiger Flug ist, gibt es einen Zwischenstopp in Arequipa, wo überwiegend schwer bepackte Einheimische ein- und aussteigen. Wir bleiben im Flugzeug. Auf dem Flughafen von Juljaca erwartet uns eine südamerikanische Panflöten-Combo, wie es sie überall auf der Welt in den Fußgängerzonen gibt. Sie sind einander genauso ähnlich wie die Kleider- und Drogeriemarktketten, die eine Innenstadt wie die andere aussehen lassen. Die Musiker wirken auf diesem winzigen südamerikanischen Flughafen fast noch deplatzierter als bei uns. Das Surreale dieser Begrüßung wird noch von lebensgroßen Folklorepuppen unterstrichen, die das Gepäckband bevölkern, auf dem schon nach wenigen Minuten unsere Koffer und Rucksäcke heranrollen. Wir besteigen einen Bus, wo uns Einheimische Stricksachen aus Alpakawolle zu den Busfenstern hochreichen in der Hoffnung, dass wir ihnen anstatt ihrer Ware Geld hinunterreichen. Alles ist unfassbar günstig, und so decken wir uns mit Pullovern, Decken, Ponchos und Schals ein. Es kann kalt werden auf unserem Treck durch die Anden.

Zunächst ist Puno unser Ziel. Der kleine Ort liegt am Ufer des Titicacasees. Im Hotel gibt es zur Begrüßung auf der Dachterrasse Kokatee. Wir haben alle etwas Kopfschmerzen von der dünnen Höhenluft und hoffen, dass der Tee uns hilft. Koka ist hier eine heilige Pflanze und immer wieder auch eine Opfergabe. Selbst die anderen Südamerikaner aus der Gruppe, die Brasilianer und Venezolaner, haben Kopfschmerzen angesichts der Höhe. Wie sollte es auch anders sein, da sie aus Küstenstädten kommen. Bernd, ein sympathischer Mann in meinem Alter, macht ein Foto von mir vor dem Hintergrund der Stadt, und so kommen wir ins Gespräch. Er ist mit seiner Frau Silvia unterwegs. Die Eindrücke von unseren ersten Begegnungen in Lima sind fast alle falsch, sodass man die Schubladen, in die man die anderen Mitreisenden einsortiert hat, getrost wieder ausräumen kann. Die Fragen danach, woher man komme und was man beruflich mache, rücken immer mehr in den Hintergrund. Es ist hier einfach nicht mehr wichtig. Dafür scheinen hier alle sehr verlangsamt zu sein, ob durch die Kopfschmerzen, die lange Anreise oder die Last der Erwartungen. Wir bekommen den Rat, uns langsam zu bewegen, wenig zu essen und viel zu trinken. Am Nachmittag machen wir einen Spaziergang durch die Stadt. Dabei begegnen wir einem Karnevalsumzug, der etwas Farbe in das Grau dieses Bergortes bringt. Die Kraft reicht gerade noch aus, um etwas Obst auf dem Markt zu kaufen, dann zieht es uns wieder in unsere Betten. Es ist gut, vor dem Abendessen noch etwas zu ruhen. Nach dem schlichten, aber schmackhaften Essen geht es gleich wieder ins Bett. Dieser Lebensrhythmus ist ungewohnt für mich.

Um fünf wache ich aus einem anstrengenden Traum auf, an den ich mich nicht mehr erinnern kann. Jetzt kann ich nicht wieder einschlafen. Immerzu gehen mir die schönen Alpakasachen durch den Kopf, die ich gekauft habe. Viele Geschenke sind darunter, vor allem Mützen, Handschuhe und Schals. Es ist mir nicht möglich, diese Gedanken beiseitezuschieben, um zu reisen. Ich fühle mich so unwürdig und dem Materiellen verhaftet. Ich werde wohl aufgeben müssen. »Hadere nicht mit dir«, höre ich plötzlich Julians Stimme, »sondern genieße die schönen Dinge, die du gekauft hast, und die Gedanken daran. Das ist auch Energie. Ebenso wie Gold oder Geld. Auch deine neuen Wollsachen sind Energie und eine sehr wärmende dazu. Ein Gedanke ist nicht schlechter als der andere, alles ist gleich gültig. Lerne zu akzeptieren, was ist. Und wenn es das Materielle ist, das dich gerade beschäftigt, so ist es eben das, und es ist gut so. Denke an die Botschaft der Luft: Alles hat seine Rhythmen und seine gleiche Berechtigung. Du wirst von hier aus noch früh genug die Ebene des Materiellen verlassen. Also lass jetzt deine Beschäftigung mit dem Materiellen zu und genieße sie. Du wirst die Dinge, die du dir erworben hast, schon bald brauchen.«

Am nächsten Morgen fahren uns Rikschas mit unserem Gepäck zum Hafen hinunter. Zunächst geht es zu den schwimmenden Schilfinseln der Uros. Die Farbenpracht ihrer Kleidung kommt vor dem einheitlichen Vanillegelb ihrer Inseln gut zur Geltung. Alles ist hier aus Schilf: die Hütten, die Boote, die Bänke und Tische und die Körbe sowieso. Was für einen Erfindungsreichtum doch die Einfachheit hervorruft. Wir lernen, dass man Schilf sogar essen kann. Und es schmeckt gar nicht so schlecht.

Die Insel der Liebenden

Auf dem Schiff, mitten auf dem Titicacasee, schreibe ich meine Eindrücke auf. Wir sind auf dem Weg zur Insel Amantani, einem Ort der Einfachheit, wie Ana sagt. Amantani bedeutet »Platz der Liebenden«. Obwohl die Insel nur klein ist, gibt es auf zwei Bergkuppen zwei alte Tempel: einen für Pacha Mama und einen für Pacha Tata.

Von jetzt an wird alles geteilt. Wir legen die Lebensmittel, die wir mitgebracht oder eingekauft haben, auf eine Decke am Boden des Schiffes, und jeder nimmt sich das, worauf er Appetit hat. Das meiste Obst aber behalten wir zurück. Es ist für unsere Gastgeber, die nur selten Obst zu Gesicht bekommen. Es gibt keine Hotels auf der Insel, und Gäste sind rar.

Nach dem Essen setzt Ana sich neben mich auf die Bank. Zum ersten Mal seit Beginn der Reise haben wir Gelegenheit, in Ruhe miteinander zu reden. Die Frage, die mich am meisten beschäftigt, ist: Wie kann es sein, dass sie als lebende Person unter meinen geistigen Gefährten ist und dort genauso zu mir spricht wie Julian oder Hor. Ana erklärt mir, dass der Tod kein Kriterium dafür sei, jenseits der Raum-Zeit-Übereinkunft mit Wesen Kontakt aufzunehmen. Ihre Arbeit als meine geistige Gefährtin ist unabhängig von ihrem Leben als reale Person. Sie war sich nicht einmal bewusst, dass sie unter meinen geistigen Führern ist und auf meinen Reisen zu mir spricht. Überrascht ist sie allerdings nicht, als ich ihr davon erzähle. Es ist wie eine andere Ana, eine Ana-Essenz, die auf meinen Reisen zu mir spricht. Eine Ana, die jenseits ihrer physischen Form existiert und als solche so unsterblich ist wie meine anderen Gefährten und vielleicht auch wie ich selbst.

Es fällt mir noch immer schwer, die »reale« Ana als Meisterin zu akzeptieren. Es fällt mir überhaupt schwer, Autoritäten zu akzeptieren. Immer stelle ich alles infrage. Ich mache ihr und mir damit das Leben schwer, doch ihr scheint es nichts auszumachen. Im Gegenteil, sie setzt sich gern mit mir auseinander. »Du bist es doch, die immer von Meistern spricht, und forderst doch damit deinen eigenen inneren Widerstand geradezu heraus. Ich spreche nur davon, dass wir Schwestern sind, Schwestern in einem früheren Leben und geistige Schwestern heute, nicht mehr und nicht weniger.« – »Vielleicht gehe ich ja deswegen in Opposition, weil ich die Angst besiegen muss, deine Liebe zu verlieren, Ana. Ich muss fühlen, dass ich auch ohne dich bestehen kann.« – »Natürlich kannst du ohne mich bestehen. Ich kann diesen Unsinn nicht mehr hören und schon gar nicht von dir!«

Nach einem Moment nachdenklichen Schweigens fährt sie fort: »Weißt du, die Menschen sind viel weniger an deiner Meinung interessiert als an deiner Liebe. Deine Ansichten sind nur ein Schutzpanzer, der dich daran hindert, dich zu öffnen. Ich denke ja, du hast weniger Angst davor, meine Liebe zu verlieren, als sie anzunehmen und auszuhalten.« Damit hat sie mich ins Herz getroffen. Die Tränen stürzen nur so aus mir heraus. Ja, ich fühle mich ihrer Liebe unwürdig. Dieses Gefühl macht mich klein. Indem ich keine Liebe annehmen kann, kann ich auch keine geben, erklärt sie mir. Das Gefühl des eigenen Unwerts trennt mich ab von den anderen und von der universellen Liebe. Der Raum, in dem eigentlich nur die Liebe wohnen sollte, bleibt leer und wird vom Ego besetzt. Das ist ständig dabei zu vergleichen und zu bewerten. Daran ist es auch einfach zu erkennen (das wenigstens ist ein Vorteil). Das Ego ist nur ein Ersatz-Selbstwert. Der echte Selbstwert ist Liebe. Er kennt keine Abgrenzungen und Bewertungen. Er entsteht aus dem sicheren Wissen, ein Teil des Ganzen zu sein.

Nach fünf Stunden auf dem See landen wir auf Amantani. Fröhlich winkend begrüßen uns unsere Gastgeberinnen schon vom Ufer aus. Sie sind es, die sich ihre Gäste auswählen, nicht umgekehrt. Der Lebensstandard ist hier recht unterschiedlich. Manche von uns haben ein eigenes Zimmer, andere nicht. In einigen Häusern gibt es eine richtige Toilette, in anderen nur einen Bretterverschlag über einem Loch im Hof. Sabine und ich haben die »mittlere Kategorie«, ein Zimmer für uns beide zusammen, aber ohne Toilette.

An diesem eisigen Morgen überlege ich lange, ob der Gang in den Hof wirklich nötig sei. Die Küche ist ein schwarzes Loch ohne Rauchabzug. Unglaublich, was die Menschen hier dennoch aus einfachsten Mitteln zaubern. Allein die vielen verschiedenen Kartoffelsorten und ihre vielfältige Zubereitungsweise sind erstaunlich. Gewürzt wird ausschließlich mit Kräutern. Viel mehr als Kartoffeln, Kräuter und etwas Getreide und Gemüse gibt der karge Boden nicht her. Außer ein paar Hühnern und Ziegen und Fischen aus dem See als Ergänzung zu den Kartoffeln gibt es hier wenig. Trotzdem ist jede Mahlzeit ein Fest. Ihre Häuser und Ställe bauen die Inselbewohner aus Lehm, Stroh und Wasser. Und Strom gibt es hier nur von Generatoren erzeugt eine Stunde am Abend.

Nachdem jeder für sich die Insel erkundet oder sich ausgeruht hat, treffen wir uns am Abend zum Sharing. Dazu sitzen wir im Kreis zusammen und erzählen nacheinander, was uns gerade bewegt. Die einen fragen nach dem weiteren Ablauf der Reise, andere beschäftigen spirituelle Fragen, wieder andere erzählen von Träumen und einige wenige Mutige von ihren Ängsten und Erwartungen. Ich berichte von meinem Versuch, in Lima das Goldmuseum zu finden. Dabei schickten mich drei verschiedene Personen in drei verschiedene Richtungen. Andere haben ähnliche Erfahrungen gemacht, sodass wir daraus schließen, dass ein Nein als Antwort auf eine Frage oder Bitte im Land der Inka wohl unhöflicher sein muss als eine falsche Auskunft.

Am nächsten Morgen geht es zu Fuß weiter, denn Fahrzeuge gibt es hier keine. Wir laufen steil den Berg hinauf zum Tempel von Pacha Mama, der großen Urmutter. Eine Gruppe Kinder begleitet uns mit den unvermeidlichen Panflöten, Trommeln und erwartungsvoll geöffneten Händen. Uns wurde empfohlen, anstatt Geld lieber Stifte oder Süßigkeiten zu geben, um das

Wohlstandsgefälle zwischen Kindern und Erwachsenen nicht ungünstig zu beeinflussen. Aber wenn ich mir die Zähne der Kinder anschaue, halte ich Süßigkeiten für keine gute Idee.

Bernd greift sich einfach eine herrenlose Gitarre und spielt mit. Ja, so kann man den Graben zwischen den Kulturen auch überwinden. Hier kann ich nicht nur von Ana lernen.

An einem Tor aus Felsen auf dem Weg zum Tempel ist ein kleines Loch in einer Mauer. Man muss einen Stein hindurchwerfen, dann hat man Glück auf seinem Weg. Einmal im Jahr treffen sich alle Inselbewohner oben am Tempel und vereinbaren, wer welches Gemüse und Getreide anbaut. Dabei wird ein Feld nicht zweimal hintereinander mit der gleichen Frucht bewirtschaftet. Nach der Ernte wird alles geteilt. Nur so können sie überleben.

Als wir oben am Tempel angelangt sind, bin ich enttäuscht. Hinter der Tempelmauer verbirgt sich nur ein mit Gras bewachsener Platz mit einer kleinen quadratischen Mulde in der Mitte, mehr nicht. Ich hocke mich in die Mulde und merke, wie die Tränen in mir aufsteigen. Dabei fühle ich weder Freude noch Trauer, auch keine Erschöpfung, sondern nur etwas schwer Beschreibbares, Neutrales, ein schlichtes Sein verbunden mit einer tiefen inneren Ruhe. Ich bin nicht die Einzige, die hier im »Tempel« weint. Es sei die Energie dieses Ortes, sagt Ana. Er öffne die Herzen.

Plötzlich schmiegt sich ein kleiner Stein in meine Hand. Es ist ein grauer Stein, geformt wie ein gleichschenkliges Dreieck. Auf der flachen Vorderseite ist ein Zeichen wie ein Schriftzeichen. Es sieht aus wie eine Kreidezeichnung, lässt sich aber nicht abwischen. Ohne zu überlegen, lege ich mir den Stein auf die Stirn. »Wer bist du?« – »Tumi.« Die Antwort kommt prompt, so als hätte er nur auf diese Frage gewartet. – »Und wer bist du, Tumi? Woher kommst du?« – »Aus Lemurien.« – »Was ist Lemurien?« – »Es liegt lange zurück.« – »Was bedeutet das

Zeichen?« – »Es bedeutet ›komm und sieh‹ oder ›komm und höre‹, das ist für uns dasselbe. Wir haben nur ein einziges großes Sinnesorgan.« – »Wie bist du hierhergekommen?« – »Ich bin als Botschafter für euch hiergeblieben, nachdem die anderen abgereist sind. Nur wir Steine sind so komprimiert, dass wir über lange Zeit hinweg Informationen speichern können.« – »Wo sind die anderen jetzt?« – »Sie sind wieder nach Hause gefahren.« – »Wo ist das, zu Hause?« – »Weit, weit weg.« – »Und warum seid ihr von dort hierhergekommen?« – »Wir wollten eine Forschungskolonie gründen.« – »Wo habt ihr gelebt?« – »Unten im See.« – »Warum gerade dort?« – »Wir schlossen aus seiner Farbe, dass der Planet Erde sehr viel Wasser haben muss. Das ließ uns zunächst glauben, dass dort Leben für uns möglich sei. Nur ist bei euch fast alles Salzwasser. Wir aber brauchen kaltes stilles Süßwasser zum Leben.« – »Wart ihr allein hier?« – »Nein, es lebten damals auch die Mu hier, die schon vor uns gekommen waren und einen Teil des Sees bewohnten. Sie waren aber, als wir ankamen, schon wieder dabei abzureisen. Auch wir fanden bald die Lebens- und Forschungsbedingungen auf der Erdkolonie so begrenzt, dass wir beschlossen, euren Planeten wieder zu verlassen. Es gibt aber nur wenige Planetenkonstellationen, die die Abreise ermöglichen. Um diese bestimmen zu können, mussten wir oberhalb der Wasseroberfläche zwei Forschungsstationen für die Berechnung der Planeten errichten.« – »Die beiden Tempel, den Sonnen- und den Mondtempel?« – »Ja, unser Planet muss in einem bestimmten Winkel zur Erde stehen, um reisen zu können. Eure Tempel waren unsere Observatorien. Aber nur die quadratischen Öffnungen in der Mitte sind von uns, die Steinmauern habt ihr errichtet.« – »Warum gibt es nur noch so wenige Spuren von euch?« – »Wir nahmen alles wieder mit, als wir abreisten.«

Ich kann das alles kaum fassen, obwohl es mir in sich schlüssig erscheint. Eine letzte Frage habe ich noch: »Darf ich dich mitnehmen, Tumi?« Ich darf. Danke! Aber werde ich mich je trauen, darüber zu berichten? Werde ich nicht zu viel Angst davor haben, für geisteskrank erklärt zu werden? Meine bisherigen Erfahrungen und Geschichten mochten ja gerade noch angehen. Aber dieser außerplanetarische Bericht entsprach genau dem, worum ich bisher immer einen Bogen gemacht habe. Ich habe mich nie für Ufos oder Außerirdische interessiert und auch nicht verstanden, wieso Milliarden dafür ausgegeben werden, nach Leben auf anderen Planeten zu suchen. Unser Planet ist doch schon reich und komplex genug! Andererseits habe ich nun schon so viele Türen aufgestoßen, die ich bisher für unpassierbar, ja für nicht existent gehalten hatte, dass es auf diese neue Tür wohl schon nicht mehr ankommt.

Bäume gibt es hier oben auf über 4000 Meter Höhe keine mehr, nur noch Staub und Steine. Wir opfern ein paar mitgebrachte Blumen und Kokablätter am Tempeleingang. Aber wem opfern wir sie eigentlich? Wir legen sie nur nieder, ohne Worte, ohne Ritual oder Gebet. Überhaupt hält sich Ana mit Erklärungen sehr zurück. Vielleicht will sie die Einfachheit dieses Ortes und ihrer Handlungen, die wir nachahmen, unverstellt auf uns wirken lassen.

Wieder legen wir alles Mitgebrachte auf eine große Decke, und jeder nimmt sich, wonach ihm ist. Die Vielfalt der mitgebrachten Speisen ist nicht nur für das Auge ein Genuss. Und es ist eine gute Übung gegen die Gier. Niemand käme hier auf die Idee, etwas besonders Feines ganz für sich allein zu beanspruchen. Auch die umherstehenden Kinder und die Bauern, die in der Nähe arbeiten, bekommen etwas von unserer reich gedeckten Tafel. Und es ist eher so, als würde es dadurch mehr, nicht weniger.

Als wir nach einem anstrengenden Abstieg wieder unten am Ufer des Sees ankommen, lockt uns das tiefblaue kristallklare Wasser. Wir entledigen uns bis auf die Unterwäsche unserer Kleidung und stürzen uns ins Wasser. Es wird ein sehr kurzes Bad, denn das Wasser hat keine zehn Grad. Wir sind ernüchtert, aber erfrischt. Auf dem Rückweg fordern die kantigen Kiesel unsere ganze Aufmerksamkeit. Im hellen Grau der anderen Kiesel fallen mir zwei pechschwarze Steine auf, die, obwohl sie einige Meter auseinanderliegen, zusammenzugehören scheinen. Sie sind glatt und schwer. Einer hat eine runde flache Form wie eine Scheibe und der andere die Form eines Keils. Ich frage, ob ich sie mitnehmen dürfe, und fühle, dass es ihnen recht ist. Heute Abend will ich mit ihnen sprechen.

Der Keil fängt sofort an zu reden: »Wir wirken zusammen als Paar, das heißt, du sollst uns nicht trennen. Du hast das intuitiv erkannt, als du uns beide aus dem See nahmst. Wenn du einmal einen Partner haben wirst, so soll er mich und du meine Partnerin haben. Solange ihr zusammen seid, können auch wir zusammenwirken. Wenn ihr an verschiedenen Orten seid, dann werden wir euch verbinden. Zusammen wirken wir folgendermaßen, probiere es bitte gleich aus, damit du die Wirkung spürst und wiedererkennst: Sie (die Scheibe) ist immer unten. Du kannst sie auf dein Herz, das Sonnengeflecht, deinen Bauch oder deinen Venushügel setzen. Ich (der Keilstein) bin immer oben, auf Scheitel, Stirn, Hals oder Herz. Um ganz in deine Mitte zu kommen, wähle für uns die Positionen Scheitel und Venushügel. So fließt die Erdenergie durch dich hindurch, kräftigt und zentriert dich. Für eine Harmonisierung zwischen Herz und Verstand lege den Keil auf deine Stirn genau zwischen die Augen und die Scheibe auf dein Herz. Das gleicht dich aus und fördert die Intuition, also die Zusammenarbeit zwischen Herz und Kopf. Für deine Magen- und Darmprobleme lege uns auf Herz und Bauch. Das reinigt und beruhigt.«

Gleichzeitig mit seinen Anweisungen probiere ich es aus

und spüre die Wirkung, zugleich eine tiefe Entspannung und anschließende Belebung. Ich könne sie auch benutzen, um für andere zu arbeiten, sagt der Stein. »Woher kommt ihr?«, will ich wissen und lerne, dass sie Stein-Steine sind, das heißt, sie waren nie etwas anderes als Steine. Sie kommen tief aus dem Erdinneren und sind schon Jahrmillionen alt.

Am nächsten Tag bringt uns das Schiff zurück nach Puno. Von dort geht es mit dem Bus weiter nach Cusco. Unterwegs wird unser Bus von der Polizei angehalten. Sie suchen zwei illegal eingereiste Chinesen. Obwohl bei uns offensichtlich keine Chinesen an Bord sind, entbrennt eine erregte Diskussion zwischen den Polizisten und dem Busfahrer. Er muss seine Papiere abgeben, und so geht es hin und her, bis unsere Reiseleiterin die Sache hinter dem Bus mit einigen Geldscheinen regelt. Endlich können wir weiterfahren. Es geht vorbei an einfachen Lehmhütten, die in der Steppe verstreut sind, bis zu einer heißen Thermalquelle, der Quelle des Urubamba. Wir nehmen ein Bad im warmen Schwefelwasser mit atemberaubendem Blick auf die Schneegipfel der Anden. Ein Stein macht mich auf sich aufmerksam, er ist aber so heiß, dass ich ihn kaum anfassen kann, ohne mich zu verbrennen. Es hilft jedoch nichts, er will mit.

In der Abenddämmerung erreichen wir Cusco. Dieser Ort zeugt spürbar von dem kulturellen Imperialismus und spirituellen Kannibalismus, der auf diesem Kontinent gewütet hat. Die bedeutendsten Kirchen und Kathedralen wurden auf den Fundamenten von Inkaheiligtümern errichtet. Deren massige Steinmauern zeugen noch heute von einzigartiger Handwerkskunst und großer Macht, legen aber auch den Schluss nahe, dass Menschen dazu gezwungen wurden, hier Übermenschliches zu leisten. Denn auch die Inka haben schon vorangegangene Kulturen erobert, versklavt und deren Heiligtümer überbaut, ebenso wie die christlichen Eroberer, die ihnen nachfolgten.

Das Element, um das es bei dieser Südamerikareise vor allem für mich gehe, meint Ana, sei das Element Erde. Zur Erdung gehöre Demut. Und so erlebe ich, wann immer sich mein Ego, dieser verstandgestützte Ersatz-Selbstwert, aufplustert, wie ich gedemütigt werde. Damit werde Platz geschaffen für das wahre Selbst, das sich als Liebe in mir ausbreiten will. Tatsächlich habe ich hier mit sehr irdischen Dingen zu kämpfen, und ich bin nicht die Einzige. Fast alle haben hier schon eine natürliche Darmreinigung absolviert. Nun bin auch ich an der Reihe mit Durchfall und hohem Fieber. Ich muss im Bett bleiben, während die anderen Cusco erobern. Gut, dass mein Fieber so hoch ist, denn dann dauert die Krankheit erfahrungsgemäß nicht lange. Es ist eine schöne Vorstellung, auf diese Weise innerlich ausgebrannt und mit Feuer gereinigt zu werden. Letzte Nacht, als das Fieber seinen Höhepunkt erreicht hatte, erschien mir im Traum eine Gestalt, die sich als Pacha Mama vorstellte, aber aussah wie ein kitschiges Abbild der Jungfrau Maria. Sie empfahl mir Vertrauen und Hingabe an den Schmerz.

Da ich ohnehin nur hier liege und vor mich hin vegetiere, will ich mit dem Stein arbeiten, den ich gestern in der Schwefelquelle fand: Ich lege ihn mir zunächst aufs Herz, wo er starkes Herzklopfen verursacht – sogar jetzt noch, wo ich darüber schreibe, aber vielleicht liegt es auch am Fieber. Jedenfalls nehme ich den Stein schnell wieder herunter und lege ihn mir stattdessen zwischen die Brauen. Ich kann deutlich spüren, wie ein Informationsaustausch stattfindet. Der Stein gibt offenbar all sein Wissen direkt, an meinem Verstand vorbei, in mein drittes Auge hinein! Ich spüre genau, wann er damit fertig ist, bedanke mich und lege ihn zur Seite. Dieser ist also kein Stein, mit dem ich sprechen kann wie mit anderen, sondern einer, bei dem es nur um eine einmalige Informationsweitergabe geht.

Keine Ahnung, was er zu berichten hatte und vor allem wem, etwa meinen Zellen? Die andere Welt ist immer wieder voller Überraschungen! Dazu muss ich sofort reisen.

Ich traue meinen Augen kaum: Neben mir schlägt meine Rabin Purzelbäume! Heute ist sie zur Abwechslung einmal grün. Ich lache, denn es sieht gar zu komisch aus, wie meine grüne Rabin da herumkullert. »Warum lachst du?«, meint sie. »Ich schlage doch sehr würdevolle Purzelbäume, oder?« Irgendwie stimmt das, und ich freue mich, dass wenigstens sie da ist, um mich aufzumuntern. Dann will ich wissen, ob ich dem Stein, den ich gerade befragt habe, trauen könne. Und ob, lacht Julian, auch wenn er meinen wissbegierigen Verstand ausgetrickst habe – und das sei gar nicht so einfach, davon könnten sie alle ein Lied singen … Ob sie mir nicht sagen könnte, was er zu erzählen hatte, versuche ich eine zaghafte kleine Manipulation. Aber Julian lacht nur. Wenn er es mir nicht sagen wollte, will sie es auch nicht. Im Übrigen könne ich es mir ruhig leisten, weniger zu kontrollieren und mehr zu vertrauen. Danke, Julian, danke, bunter Rabenvogel! Dank auch dem mysteriösen Stein! Morgen verlassen wir Cusco. Zum Glück fühle ich mich stark genug für die Weiterreise.

Das Ritual von San Pedro

Ich bin froh, dass wir nun einen Ort erreicht haben, wo wir ein paar Tage bleiben werden. Urubamba liegt in einem lieblichen Tal am Ufer des gleichnamigen Flusses, in dessen Quelle wir schon badeten. Das kleine Hotel wirkt wie eine klösterliche Oase. Uns erwartet hier ein Höhepunkt dieser Reise: die Begegnung mit Arturo, dem Kondor, einem weithin bekannten Schamanen. Und das San-Pedro-Ritual. San Pedro ist ein Pflanzenextrakt, der schon von den Ureinwohnern für Rituale benutzt wurde. Er soll bewusstseinserweiternd wirken, aber den Körper nicht nachhaltig chemisch beeinflussen.

Arturo wird das Ritual anleiten. Er wirkt kräftig, hat ein rundes Gesicht und lange schwarze Haare. Er wird mit Ana zusammenarbeiten. Beide kennen sich schon lange. Arturo hat in mir zugleich Bewunderung und Widerstand geweckt. Widerstand vor allem, als er mir sagte, dass meine Energie nicht im Gleichgewicht und meine Aura schwach sei – kein Wunder, so krank, wie ich mich noch immer fühle. Aber mein unverwüstliches Ego fühlte sich sofort angegriffen und reagierte mit Ablehnung. Arturo sagte, er wolle mir helfen, könne es aber nur, wenn ich es zuließe. Er riet mir, darum zu bitten, es annehmen zu dürfen. Wieder so eine Übung in Demut.

Und wie nötig ich das habe! Gestern führten wir auf dem Weg von Cusco nach Urubamba im 20 000 Jahre alten Mondtempel von Amaru Machay ein Ritual durch. Arturo holte uns hier ab und leitete das Ritual an. Es war Pacha Mama und den vier Elementen gewidmet, vor allem der Erde. Paarweise sollten wir barfuß die stockfinstere Höhle betreten, unsere Hand an einer Schlange, die als Relief an der Höhlenwand entlanglief. Am Ende des tunnelartigen Eingangsbereichs war ein schwacher Lichtschein zu erkennen. Durch ein kleines Loch in der Decke fiel etwas Sonnenlicht direkt auf eine Steinplatte, die als Altar diente. Wir sollten einzeln vor den Altar treten und als Opfergabe vier Kokablätter für die vier Elemente dort ablegen. Dann empfingen wir von Arturo einen Segen. Als Sabine und ich an der Reihe waren, musste ich mich beherrschen, um nicht gleich wieder aus der engen, stickigen Höhle zu flüchten. Obwohl der Ort nach dem Rosenöl roch, mit dem er gereinigt wurde, war mir übel. Vielleicht hatte ich auch immer noch Fieber. Um nicht noch tiefer in den Schlund der Höhle zu müssen, versuchte ich, seitlich zu dem Altar zu gelangen, als ich an der Reihe war. Das aber wurde mir verwehrt. In einem Ritual ist jedes Detail von Bedeutung, auch wie und von welcher Seite man sich einem heiligen Ort nähert. Nach der Zurechtweisung traute ich mich kaum mehr zu singen, obwohl jeder noch etwas ganz Persönliches geben sollte. Vor mir hatten schon einige gesungen oder kurze Gebete gesprochen. Hier war genau der richtige Ort für das Lied der vier Elemente, »Conue«. Schließlich sang ich es.

Als das Ritual beendet und wir alle wieder draußen vor der Höhle waren, umarmte mich Arturo und bat darum, mit mir sprechen zu dürfen. Er fragte mich, woher ich das Lied habe, das ich gerade singe. Ich sagte, ich weiß es nicht, es sei in der Wüste einfach zu mir gekommen. In welcher Wüste, will er wissen. Die Sahara, sage ich, darauf schüttelt er nachdenklich den Kopf. Ihm sei die Melodie seltsam vertraut vorgekommen, als ob sie von seinen Ahnen gekommen wäre. Das hatte Ana damals in der Wüste auch gesagt.

Das Abendessen nehmen wir in einer Gaststätte unweit des Hotels ein. In großen Schüsseln brennen offene Feuer. Trotzdem sitzen wir in unseren Pullovern und Schals an den langen Tischen. Von der Decke hängen Plastiktüten, die mit Wasser gefüllt sind, wohl so etwas wie eine Sprinkleranlage, weil hier alles aus Holz und Lehm ist. Bernd, unserem Techniker, haben es diese praktischen Lösungen angetan – und mir seine Begeisterung darüber. Drei Einheimische spielen für uns auf ihren Instrumenten, und wir tanzen spontan dazu, während wir auf das Essen warten. Da tanzen auch die Kellner, die Köche und selbst die Taxifahrer mit uns, und das Essen muss warten.

Vor dem großen Ritual von San Pedro erwartet uns noch ein weiterer weltlicher Genuss: eine Raftingtour auf dem wilden Urubamba. Gedacht ist es als eine intensive Auseinandersetzung mit dem Element Wasser. Vor allem aber ist es ein Riesenspaß für uns alle vor den Herausforderungen, die uns noch erwarten. Und es dient natürlich auch dazu, die Gruppe noch enger zusammenzuschweißen, denn das ist für den Treck, der uns bevorsteht, unerlässlich. Es geht darum, im gleichen Rhythmus zu paddeln und die Kraft des Wassers zu nutzen, anstatt gegen sie anzugehen. Erst dann wird aus dem großen plumpen Schlauchboot ein wendiges Gefährt. Dass wir unter unseren roten Helmen, eingezwängt in unsere roten Schwimmwesten, fast nicht mehr voneinander zu unterscheiden sind, rundet das Gemeinschaftserlebnis ab. Für die, die wie ich immer gern ganz vorn mit dabei sind, gibt es dazu noch eine Demutsübung, denn wir dienen als Wellenbrecher und sind als Erste durchnässt. Von der traumhaft schönen Landschaft haben die, die weiter hinten sitzen und denen wir als Spritzschutz dienen, mehr. Zum Abschluss erwartet uns ein Picknick am Fluss. Wir werden angehalten, wegen des Rituals am Abend nicht zu viel zu essen. Das Ritual ist natürlich freiwillig, aber niemand will es sich entgehen lassen.

Am Abend versammeln wir uns alle in dem großen runden Saal im Zentrum der kleinen Hotelanlage. Wie die Speichen eines Rades sind Matten für uns auf dem Boden ausgelegt. Auf jeder Matte liegen ein Kissen und eine Decke. In der Mitte des Raumes befindet sich eine Säule. Arturo ist normal gekleidet, hat aber einen großen knorrigen Stab dabei. Er steht dem Eingang gegenüber vor einem der vielen Fenster. Wir stellen uns in einer Reihe auf und empfangen von ihm nacheinander in einem Becher den flüssigen Pflanzenextrakt San Pedro. Arturo sagt, er verkörpere den Geist von San Pedro, der aus einem Kaktus gewonnen wird. Danach begeben wir uns zu unseren Matten und beginnen sofort jeder für sich allein mit einer schamanischen Reise. Die Wirkung der Substanz ist sanft und setzt erst allmählich ein. Entgegen unseren Befürchtungen muss sich niemand übergeben. Für mich ist die Wahrnehmung ähnlich wie sonst auch beim Reisen, nur kommen die Bilder etwas klarer und schärfer und aus einem ausschließlich subjektiven Blickwinkel. Nicht wie sonst oft aus der Vogelperspektive. Das Herz wird weit geöffnet bei klarem Bewusstsein und normal arbeitendem Verstand.

Meine Reise setzt kurz nach meinem Tod ein. Meine Seele hat meinen Körper noch nicht verlassen. Ich spüre, wie ich tiefer und tiefer in die Erde einsinke, schwer und leicht zugleich und im völligen inneren Frieden. Dann liege ich in einer Totenbarke. Es ist ein aus Binsen geflochtenes Floß mit einem ebensolchen gewölbten Dach. Wie in einem luftigen Sarg treibe ich auf dem stillen Wasser eines großen Sees. Von meinem Wolf und der Libelle habe ich mich schon am Ufer verabschiedet. Nur die Rabin sitzt noch oben auf dem Geflecht über meinem Kopf. Ihr Gefieder ist weiß. Dann müssen auch wir Abschied nehmen, denn sie darf nicht mit ins Reich der Toten.

Die Toteninsel ist vom Ufer aus nicht sichtbar. Erst jetzt, als ich aussteige, sehe ich, dass sie aus einem einzigen, sehr hohen, steilen Berg besteht. Mit mir steigen noch unzählige andere langsam aus ihren Schilfflößen. Unter unseren weißen Leichentüchern sind keine Körper mehr. Mit Leichtigkeit steigen wir in nicht enden wollenden Reihen von allen Seiten die steilen Bergflanken hinauf. Und der Nachschub an Flößen, die die Insel erreichen, hört nie auf. Der ganze See ist voller Flöße, das kann man jetzt von oben erkennen. Auf dem Gipfel brennt ein großes Feuer in einer Vertiefung ähnlich einem Vulkankrater. Nacheinander steigen wir alle in größter Ruhe in das Feuer, das unsere Leichentücher verbrennt und unsere Seelen befreit. Zusammen mit den anderen Seelen fliege ich immer höher hinauf zur Sonne, mit der wir uns vereinigen. Die Sonne wird genährt von der Kraft der toten Seelen. Daher kommt ihre große, nie versiegende Energie.

Ich bitte darum, wiedergeboren zu werden. Zunächst geschieht lange Zeit nichts. Dann befinde ich mich in einem dunklen feuchtwarmen Raum. Durch eine kleine mundartige Öffnung dringt Licht. Ich weiß, dass ich dort hindurchmuss. Ich tu es mit den Beinen zuerst. Es ist eine schwere Geburt, die meine Mutter und mich fast das Leben kostet. Ich höre ihre Schreie und schreie mit, dies mehr aus Mitgefühl als aus eigenem Schmerz. Draußen empfangen mich Lachen und Klatschen. Dann holt Arturo uns von unserer Reise zurück.

Wir machen gemeinsam eine Atemübung, dann beginnen Arturo und Ana, nacheinander mit jedem von uns zu arbeiten. Anneliese ist die Erste. Sie ist die älteste der Gruppe und bis zur Unsichtbarkeit schüchtern. Sie wird in die Mitte gelegt und muss es aushalten, als Erste an der Reihe zu sein und im Mittelpunkt zu stehen. Im Mittelpunkt zu stehen, das wird ihre Aufgabe werden. Als Nächstes wird mit Rosalia, einer Brasilianerin, an ihrem Platz ganz am Rande des Kreises gearbeitet. Es wird viel geschrien und geweint. Parallel dazu sehe ich, wie Paolo, ein Venezolaner, sich schüttelt und dabei schnaubt. Und Bernd schlägt auf den Boden, als wolle er zum Erdinneren vordringen. Meinen analytischen Verstand befremdet das alles sehr.

Dann bin ich an der Reihe. Ich muss mich zunächst zum Reden auf die Treppe am Eingang setzen. Sie wissen, dass dies der beste Zugang zu mir ist. Ich schicke Anas Übersetzerin fort, weil ich kein Vertrauen zu ihr habe. Seit unserer gemeinsamen Wüstenreise begegnet sie mir mit Eifersucht in Bezug auf Ana. Ich kann das verstehen, da sie seit so vielen Jahren eng mit Ana zusammenarbeitet. Aber in dieser speziellen Situation bin ich zu verwundbar, um ihre ablehnende Haltung mir gegenüber abzufedern. Ana versteht das und versucht, so gut wie möglich für mich zu übersetzen. Nun erst kann ich mich ganz fallen lassen. Arturo fragt mich, ob ein Missbrauch stattgefunden habe. Ich beginne zu schluchzen und antworte, dass ich von klein auf hören musste, dass ich einen schlechten Charakter habe. Daraufhin muss ich mich mit meiner Matte genau vor die Eingangstür legen. Nun kann niemand mehr hinaus- oder eintreten, ohne über mich drüberzusteigen oder zu stolpern. Für mich ist dies der schlimmste denkbare Platz, weil ich ohnehin immer das Gefühl habe, im Weg zu sein, zu viel Platz einzunehmen und anderen ein Hindernis zu sein. Seit ich denken kann, fühle ich so. Nun muss ich also genau dort liegen, mitten im Weg, und Ana und Arturo arbeiten sehr, sehr lange mit mir – so lange, dass ich fürchte, die anderen könnten ungeduldig werden.

Ich habe die Augen geschlossen, kann aber spüren, wie Arturo an Hals und Bauchnabel Extraktionen vornimmt. Zeitweilig hört es sich an, als müsse er sich übergeben. Ana hält dabei meinen Kopf fest und streicht mit einer großen Feder über mein Gesicht. Als mein Schluchzen langsam nachlässt, drückt mir Arturo seinen Stab in die Hand, und mit dem Stab kehrt eine ungeahnte Kraft in meinen Körper zurück, gepaart mit großer geistiger Klarheit und Weichheit. Ich weiß nun mit Sicherheit, dass meine Aufgabe in diesem Leben darin besteht, den Menschen im Weg zu sein, ein Hindernis. Dafür werde ich nicht geliebt, muss es aber trotzdem mit größtmöglichem Mitgefühl tun. Die Kraft kommt, wenn ich mich mit der Geistwelt verbinde. Dort darf ich so viel nehmen, wie ich brauche und verkraften kann, und auch weitergeben an die Menschen, denen ich ein Hindernis bin.

Plötzlich sehe ich mein ganzes bisheriges Leben unter diesem einen Aspekt noch einmal vor mir ablaufen. Jedes einzelne Ereignis, vor allem die Krisen, erscheinen mir nun sinnvoll. Immer wieder bin ich Widerwillen und Angst begegnet. »Weil das Ego des Gegenübers sich gegen den Transformationsprozess wehrt, den ich als Hindernis auslöse. Dafür wird man nicht geliebt«, höre ich Ana sagen, und es klingt wie aus eigener bitterer Erfahrung. Ich spüre große Erleichterung, Befreiung und Liebe.

Als ich so weit bin, stehe ich auf und gehe mit Arturos Stab, den ich für die Dauer des gesamten Rituals behalten darf, immer wieder um die große Säule in der Mitte des Saales. Jetzt erst sehe ich, dass es ein Baumstamm ist, der Stamm eines noch lebenden Baumes. Wie von selbst kommen die Worte: »Ich nehme meine Macht an und verspreche, sie niemals zu missbrauchen.« Ich wiederhole den Satz mit jeder Runde, die ich laufe. Schließlich setze ich mich hin, um etwas auszuruhen, und versinke in eine Trance. Immer klarer wird der Wunsch, anderen zu helfen. Zuerst gehe ich zur immer noch wimmernden Rosalia, halte ihre Füße und singe mit ihr ein brasilianisches Lied, das ich singen kann, obwohl ich es noch nie zuvor gehört habe. Sie singt mit, dann wird sie ganz still und beginnt zu lächeln. Ich fühle mich dienend reich beschenkt. Ich gehe weiter zum Nächsten und halte auch ihm die Füße und singe etwas vor mich hin. Jedes Mal, bevor ich mich bei jemandem niederlasse, frage ich meine Gefährten um Erlaubnis und verneige mich vor meinem Gegenüber. Am Ende bedanke ich mich und gehe weiter zum Nächsten.

Ana beobachtet mich und bittet mich, Silvia zu helfen, die tief in einem Kindheitstrauma feststeckt und nur noch schluchzt und zittert. Ihr Mann Bernd ist bei ihr, scheint aber damit überfordert und in seinem eigenen Prozess zu sein. Als ich hinzukomme, wissen wir beide intuitiv, wie wir zusammenarbeiten müssen. Am Ende sind wir alle drei nur noch ein amorphes Knäuel aus gegenseitigem Geben und Nehmen. In keinem Augenblick könnte ich sagen, ob ich gerade gebe oder nehme. Es ist eine tiefe Einheitserfahrung. Erst danach ist es mir möglich, mich selbst in die Arme eines anderen fallen zu lassen. Es fällt mir leichter anzunehmen, wenn ich weiß und fühle, dass mein Annehmen zugleich auch ein Geben ist. Und das Geben wird demütiger und liebevoller, wenn ich weiß und spüre, dass mein Geben zugleich ein Nehmen ist. Ich darf dienen. Alle fühlen wir das.

Zwischendurch brechen wir immer wieder in Tanzen und Singen aus. Die Leichtigkeit, mit der wir uns bewegen, würde einem Staatsballett zur Ehre gereichen. Beim Tanzen erlaube ich mir, wie seit meiner frühesten Kindheit nicht mehr, viel Raum einzunehmen. Als der Morgen graut, beenden Arturo und Ana das Ritual mit einem Dank. Wieder umarmt mich Arturo und bittet mich, Kontakt zu ihm zu halten. Er würde in Gestalt eines Kondors zu mir kommen, ich bräuchte ihn nur zu rufen. Er sagt, er sei sehr glücklich über unsere Begegnung und das, was mit mir passiert sei. Ana bestätigt das. Was für eine Nacht!

Auf dem Inkapfad

Nach einem freien Tag, an dem wir unsere Erlebnisse verarbeiten und mit Arturo oder Ana besprechen können, verlassen wir die Annehmlichkeiten von Urubamba. Weiter geht es, hoch in die Berge zum uralten, aber wenig begangenen Inkapfad am Salcantai. Fünf Tage werden wir unterwegs sein und drei verschiedene Vegetationsstufen durchwandern. Zuerst geht es hoch zu den Gletschern des Salcantai, dann durch Felslandschaften hinunter in den Nebelwald und immer weiter hinab zu den Ausläufern des Amazonasbeckens, wo das kleine Dorf Santa Teresa uns wieder an die Zivilisation anschließen soll.

Nach mehrstündiger Busfahrt ist die Straße zu Ende. Hier erwarten uns Maultiere, die unsere Zelte und Wasservorräte tragen. Wir dürfen jeder neun Kilo abgeben, den Rest müssen wir selbst tragen. Von hier aus wandern wir zum ersten Camp auf 4200 Meter Höhe. Es ist nur ein zweistündiger Aufstieg. Dafür erwartet uns ein köstliches Drei-Gänge-Menü mit flambierten Schokoladen-Bananen zum Dessert. Die Nacht verbringen wir in kleinen igluähnlichen Zelten. Obwohl ich all meine neuen Wollsachen übereinanderanziehe, friere ich erbärmlich. Ich liege die ganze Nacht wach bis auf einen kurzen Traum. In diesem werde ich von Zecken aufgefressen. Der Traum endet abrupt, als ein Blitz das Zelt taghell erleuchtet. Der ohrenbetäubende Donner folgt nur Bruchteile von Sekunden später. Von nun an jagen sich Blitz und Donner in atemloser Folge. Als ich am nächsten Morgen steif gefroren von der Nacht aus dem Zelt krieche, liegt eine dünne Schneeschicht über der kargen Hochgebirgslandschaft. Ich nehme Witterung auf wie ein Tier, doch alle Gerüche vom Vortag liegen unter der Schneeschicht begraben. Wie andere, die schon vor mir aufgestanden sind, zieht es mich hinunter zum Bach. Ich versuche mich zu waschen, ohne dabei zu viel nackte Haut der Kälte preiszugeben. Toilette ist überall, und wohl dem, der einen geschützten Felsen gefunden hat. Mit klammen Fingern schäle ich mich mühsam aus einer Lage Kleidung nach der anderen. Ich denke an die armen Mitreisenden, die wegen ihres Durchfalls in dieser eisigen Gewitternacht mehrmals aus ihrem Zelt mussten.

Unsere Träger sind ratlos. Die Zelte sind so steif gefroren wie wir, sodass sie sie nicht zusammenfalten können. Wir müssen warten. Währenddessen wird heißer Tee von Zelt zu Zelt gereicht, dann gibt es Frühstück. Erst als die Sonne die Zelte aufgetaut hat, können wir weiterziehen. Ich nutze die Zeit, um im Angesicht des herrlichen Bergmassivs zu meditieren und so viel Yoga zu machen, wie es meine Yeti-Kleidung ermöglicht. In dieser machtvollen Natur fühle ich mich klein wie ein Kiesel und zugleich groß wie ein Berg. Und mir ist zum Sterben kalt.

Bevor wir aufbrechen, betet Ana, der Berg und die vier Elemente mögen uns gnädig gesinnt sein. Ana erzählt uns, dass sie zehn Jahre auf die Erlaubnis gewartet hat, diese anspruchsvolle, aber atemberaubend schöne Route mit einer Gruppe gehen zu dürfen. Ich danke meinen Gefährten dafür, Teil dieser Gruppe zu sein. Als wir uns endlich in Bewegung setzen, hat die Sonne den Schnee schon restlos geschmolzen. Wir versuchen, uns auf den schmalen, steilen Pfaden die Trittsicherheit eines Tieres anzueignen, was in dem nassen, teilweise vereisten Geröll nicht einfach ist.

Mir fällt das Gehen leichter als das Warten. Die erste Tagesetappe führt uns durch Bäche und Geröll direkt unterhalb des Salcantai vorbei an grandiosen Gletschern und bizarren Schneewechten – ein wahrhaft majestätischer Berg ist das! Wir haben Glück, dass sich der sonst in Nebel gehüllte Gipfel klar sichtbar vom blauen Himmel abhebt. Weiter oben am Pass ist der frische Schnee auf dem älteren Schnee liegen geblieben. Hier erfordert der Weg besonders große Konzentration. Hinter dem Pass auf 4620 Meter Höhe schlägt das Wetter plötzlich um. Es stürmt, und wir steigen in den Nebel ab. Es geht durch ein abschüssiges Geröllfeld, gefärbt von bunten Flechten, Moosen und Mineralien in den unterschiedlichsten Gelb-, Rot- und Brauntönen. Für mich ist es ein Paradiesgarten.

Ein riesiger Felsen zieht mich an. Ich lehne meine Stirn an den Fels. Er fängt sofort an zu sprechen, klar und deutlich, so als hätte er nur darauf gewartet, dass ich mich ihm zuwende. Er drückt sich gewählt aus, bittet höflich um meine Aufmerksamkeit. Er habe mir viel zu sagen, ich solle mir Zeit dafür nehmen. Ich sage, es gehe nicht, ich dürfe den Anschluss an die Gruppe nicht verlieren, ich sei ohnehin schon die Letzte. Er sagt, dann solle ich irgendein Steinstück mitnehmen, das von ihm abgebrochen sei. Das könne ich dann in Ruhe befragen. Es enthalte alle Informationen. Ich frage, woran ich denn erkenne, dass es ein Stück von ihm sei und nicht irgendein anderer Stein. Er sagt, er würde es mir zeigen. Also laufe ich langsam um den großen Felsen herum, immer die rechte Hand am Fels und die Augen auf den Boden gerichtet. Dort liegen viele verschiedene Steine in den unterschiedlichsten Farben. Plötzlich wird meine rechte Hand am Fels festgehalten, und ein kleiner unscheinbarer Stein zieht meine Aufmerksamkeit auf sich. Ich nehme den Stein an mich, bedanke mich bei dem großen Felsen und laufe den anderen hinterher. Ich werde den Stein befragen, wenn ich die Ruhe dazu habe.

Das Nachtlager, das wir nach achtstündigem Marsch erreichen, liegt weit unterhalb der Baumgrenze. Die Zelte sind schon aufgebaut, und das Essen ist bereitet. Wieder gibt es eine herzhafte Mahlzeit, dann schlüpfen wir dankbar in unsere Schlafsäcke. Die heutige Nacht ist viel einfacher als die letzte. Dennoch schlafe ich unruhig und träume viel. Vor dem Frühstück gehe ich noch etwas spazieren. Dabei komme ich an einen Wasserfall in einer von einem Erdrutsch verwüsteten Landschaft. Die Zerstörungskraft des Wassers und der Erde haben die Steine in unwirklich anmutende Formationen geschleudert. Den Nebelwald am gegenüberliegenden Berghang auf der anderen Seite des Flusses hat ein Feuer vernichtet. Nun rutscht auch dort die Erde langsam ab. Über alledem weht ein kräftiger Wind. Ich setze mich in den Windschatten eines großen Felsens an den Wasserfall, um zu meditieren. »All das ist in dir«, sagt das Feuer plötzlich, »all die Zerstörungskraft. Und wo zerstört wurde, ist fruchtbarer Boden für Neues. Zur Transformation gehört beides: Vergehen und Werden, Tod und neues Leben. Es ist untrennbar miteinander verbunden.« Mir fällt auf, dass die vier Elemente bei ihrem Zerstörungswerk genauso zusammenarbeiten wie bei ihrem Schöpfungswerk, und zwar immer mit den jeweils benachbarten Elementen. Das Feuer (angefacht von der

Luft) zusammen mit der Erde bei Vulkanausbrüchen. Die Erde zusammen mit dem Wasser bei Schlammlawinen und Erdrutschen. Das Wasser mit der Luft bei Sturmfluten. Und die Luft mit dem Feuer bei Feuersbrünsten. Nur die jeweils gegenüberliegenden Elemente – Feuer und Wasser sowie Erde und Luft – arbeiten nicht zusammen. So hat jedes Element seine zerstörende und seine erschaffende Ordnung, und alles kann uns als Spiegel dienen.

Beim Frühstück teilen wir uns unsere Eindrücke und Erlebnisse mit. Viele erleben hier Dinge, die sich zu Hause kaum erzählen lassen, weil niemand sie glauben würde. Wir dagegen glauben mit jedem Tag mehr. Kaum eine Erzählung überrascht uns noch. Viele werden von Albträumen heimgesucht. Es ist wohl alles Teil einer großen Reinigung. Zum Glück wird der Weg mit jedem Tag körperlich einfacher. Der Pfad ist nicht mehr so schmal und steil und das Klima mit jedem Tag angenehmer. Der heutige Tag ist eine wahre Wonne. Wir ziehen durch den herrlichen Nebelwald und fotografieren völlig entfesselt die Zauberwesen aus Wasser und Wald. Im Camp haben wir dann das erste Mal mit Mücken zu kämpfen. Unser Nachtlager ist vergleichsweise komfortabel. Es gibt sogar ein Toilettenzelt mit richtigem Toilettenpapier. Zum Essen haben wir Bänke und einen Tisch. Zum ersten Mal sitzen wir nicht auf dem Boden. Wir folgen jetzt schon seit zwei Tagen dem Lauf eines Baches, der in den Rio Teresa münden wird. Der wiederum fließt in den Urubamba und der Urubamba in den Amazonas. Zwischendurch baden wir immer wieder in den zahllosen kleinen Wasserfällen. Tiere sieht man hier außer ein paar Vögeln und Echsen kaum.

Diesen Morgen nutze ich für eine Reise: All meine Gefährten sind da, und es liegt eine gewisse Feierlichkeit in der Luft. Der Wolf spitzt die Ohren, und die Rabin hat mich fest im Blick.

Über mir höre ich das leise Sirren von Libellenflügeln. Es ist Milarepa, der nun spricht; vielleicht weil er mit den verschneiten Gipfeln, die uns umgeben, am vertrautesten ist. Aber das ist wieder einmal nur eine Deutung – Futter für meinen überforderten Verstand. Noch ehe ich ein Anliegen formulieren kann, benennt Milarepa, was für mich jetzt wichtig sei: »Aufmerksamkeit. Lerne, dir selbst und anderen mit Aufmerksamkeit zu begegnen. Lerne, dich selbst zu lieben, damit du die Liebe anderer annehmen kannst. Lerne dienen, damit du führen kannst. Aufmerksamkeit dem anderen gegenüber führt nur scheinbar von dir weg. In Wirklichkeit führt sie zu dir. Je weniger dein Handeln und Denken um dich kreist, desto mehr kommst du bei dir an.« Ja, vielleicht kreise ich wirklich zu sehr um mich, um meine kleinen Wehwehchen und meine Mikroerkenntnisse. »Jetzt wertest du dich schon wieder ab«, unterbricht Milarepa meinen Gedankenfluss, und es klingt fast schon ein wenig ungeduldig. Aber es stimmt, immer wieder lässt mich mein Ego zwischen Ungenügen und Großartigkeit schwanken, die mit wahrer Größe nicht das Geringste gemein haben. Die eigene Größe anzunehmen ist jenseits jeden Gefühls der Großartigkeit, vielleicht ist es sogar das Gegenteil. Einige wenige Male habe ich schon davon schmecken dürfen. Danke, Milarepa.

Am letzten Tag unseres Trecks ist die Vegetation bereits tropisch. Wir wandern durch Bambus, Farne und Lianen, queren immer wieder kleinere Zuflüsse auf wackligen Brücken und erreichen schließlich Bananenplantagen, die von einer nahen Siedlung künden. Tatsächlich erreichen wir bald ein kleines Dorf am Rande der Wildnis. Hier essen wir zu Mittag und besteigen einen klapprigen Bus ohne Fenster, aber mit stolzen fünf Sternen: Luxuskategorie. Die fünfzehn Zentimeter Beinfreiheit zwischen den Sitzreihen teilen wir mit allerlei Federvieh. Trotzdem genießen wir die einstündige Fahrt hinunter ins Tal nach Santa Teresa. Unterwegs räumt eine tief hängende Liane das Gepäck vom Dach. Zum Glück ist das Küchengeschirr dabei so laut, dass es die ohrenbetäubenden und jedes Gespräch im Keim erstickenden Motorengeräusche unseres Busveteranen übertönt. Alles wird aus dem Morast geklaubt und wieder auf das Dach geschnallt.

Ein heilloser und ein heiliger Ort

Als wir die Ortschaft Santa Teresa erreichen, verstummen unsere Gespräche. Es ist ein Ort der Finsternis, das spüren wir alle sofort. Vor nicht zu langer Zeit hat es hier einen Erdrutsch gegeben, der die eine Hälfte des Ortes unter sich begraben hat. Der Urubamba hat sich ein neues Flussbett gesucht und die Menschen neue Unterkünfte in provisorischen Blechhütten. Hundert Menschen sollen damals umgekommen sein, das halbe Dorf. Und obwohl es schon ein paar Jahre her ist, will es uns scheinen, als sei es erst gestern gewesen. Der Bus hält inmitten der Ruinen dieser Geisterstadt an einem Sportplatz mit Resten eines sumpfigen Rasens. Hier sollen wir kampieren. Der Unmut in der Gruppe wächst. Alle sind erschöpft von dem anstrengenden Treck und sehnen sich nach einem Bett, einer Dusche und wohl vor allem auch einem Moskitonetz. Die Mücken umschwirren uns in dichten Wolken. Ich denke, dass wir hier nicht bleiben können, und sage es Ana. Sie antwortet mir, dass sie die ganze Nacht beten wird. Ich vermute, dass das gegen die Moskitos und den wachsenden Unmut in der Gruppe wenig helfen wird. Also frage ich meine Gefährten, was zu tun sei. Es kommt das Bild einer Herberge: vier kleine gedrungene Gebäude, die um einen Innenhof gruppiert sind. In dieser Herberge gebe es gerade genug Platz für uns alle, wenn es sie denn gibt und ich sie finde.

Ich erzähle Sabine von dem Bild, und sie willigt ein, mich auf der Suche danach zu begleiten. Wir steigen hinauf in den Teil des Ortes, der nicht von der Mure verwüstet wurde, aber das ist auch nur eine Ansammlung elender Lehmhütten. Die ganze Zeit ist mir, als flöge die Libelle vor uns her, dann ist sie aber immer gerade um die nächste Häuserecke verschwunden. Sie wäre das einzige Insekt, das es hier gut mit uns meint. Schließlich gelangen wir am Rande des Dorfes zu einigen Steinhäusern, die weit das Tal überblicken. Wir klopfen an eine der Türen und fragen nach Unterkunft. Wir werden zum Nachbarhaus geschickt. Dort gibt es tatsächlich genau vierzehn Betten, keines mehr und keines weniger. Sie sind auf vier ebenerdige Räume verteilt, die einen Innenhof umgeben. Sie sind einfach, sauber, und die Betten haben Moskitonetze! Es gibt sogar zwei Doppelzimmer, eines für Ana und eines für Bernd und Silvia, die mit hohem Fieber hier angekommen ist. Ich bin dankbar, glücklich – und erschöpft.

Doch nun, nachdem diese Mission erfüllt ist, müssen Sabine und ich unsere Gruppe suchen. Die wenigsten sind auf dem mückenverseuchten Sportplatz geblieben. Manche kommen uns schon in kleinen Gruppen entgegen. Ihnen weisen wir den Weg zur Herberge und bitten sie, jedem, den sie sehen, Bescheid zu sagen. Wir aber steigen steil hinunter in das wilde Flussbett, um nach den anderen zu suchen. Fast eine Stunde laufen wir so der Schimäre einer Gruppe hinterher. Dabei fressen uns die aggressiven bodennahen Stechfliegen bei lebendigem Leib. Endlich gelangen wir an eine heiße Quelle im ehemaligen Flussbett, nur um dort eine andere Gruppe zu finden. Wir erfahren, dass unsere Gruppe hier nie gewesen sei und dass wir uns schon so weit von Santa Teresa entfernt haben, dass wir kaum noch bei Tageslicht dorthin zurückkehren können. Wir kehren schleunigst um, denn die Dämmerung hat schon eingesetzt und ist hier, in den Tropen, kurz. Der Weg durch dieses verfluchte Flusstal gehört sicher zum Grausigsten, was ich je in der Natur erlebt habe. So nahe ist meiner kindlichen Vorstellung von Hölle noch nichts gekommen. Das Tal schreit so laut, dass es in den Ohren schmerzt und man sein eigenes Wort nicht versteht. Es sind die Zikaden. Zudem brechen seitlich immer wieder Steine aus dem Hochufer des Flusses, und der Fluss selbst brüllt wie ein wildes Tier. Die Stechfliegen haben unsere Körper inzwischen mit einem dicken Panzer von Stichen überzogen. Sabine und ich fassen uns bei den Händen und rennen den schmalen Pfad am Ufer entlang in die Dunkelheit hinein.

Endlich finden wir unsere Einstiegsstelle und klettern im allerletzten Tageslicht aus dem Flussbett hoch in die Geisterstadt. Hier gibt es nichts mehr, keine Zelte, keine Menschen. Offenbar haben alle unsere Nachricht erhalten. Also steigen wir weiter hoch zur oberen Stadt, wo sich die anderen inzwischen in der Herberge einquartiert haben. Der Ort ist wie eine Oase inmitten der Finsternis. Wir erfahren, dass die Gruppe in unserer Abwesenheit ihren eigenen Prozess durchlebt habe und es beinahe zur Rebellion gegen Ana gekommen sei. Für uns alle ist dies wohl ein denkwürdiger Augenblick.

Nach dem Essen fallen wir müde in unsere Betten. Sabine und mir sind im Sechserzimmer noch die beiden mittleren Betten geblieben. In der Nacht gibt es ein Unwetter mit sintflutartigen Regenfällen. Niemand wagt sich vorzustellen, wie der ohnehin schon sumpfige Sportplatz nun wohl aussehen mag. Und niemand wird diesen Ort der inneren und äußeren Zerstörung wohl je vergessen.

Ich bin überrascht und enttäuscht, keinerlei Dank zu hören. Vielleicht sind dazu alle viel zu erschöpft, vielleicht ist es auch die Energie dieses Ortes, die derlei verbietet. Und um Dank geht es auch nicht, das habe ich wohl zu lernen. Und Ana? Sie nimmt alles genauso gleichmütig hin, wie sie das Fußballfeld als Nachtlager hingenommen hätte. Für sie ist alles Schicksal – so oder so. Allerdings entbrennt ein Streit darüber, wer die Kosten für die Unterbringung übernimmt. Nur die Entrüstung einiger aus der Gruppe mit Drohungen, an das Reisebüro zu schreiben und sich zu beschweren, verhindert, dass jeder selbst dafür aufkommen muss. Ich selbst bin viel zu erschöpft, um mich an der Diskussion zu beteiligen. Ohnehin geht es nur um eine sehr kleine Summe. Genauso wie sich an manch anderem Ort unsere Herzen weit öffneten, scheinen sie an diesem heillosen Ort fest verschlossen zu sein. Das Raubtier in jedem von uns lauert dicht unter der Oberfläche.

Santa Teresa muss dabei einmal ein wohlhabender Ort gewesen sein. Bis hierhin führte eine Bahnlinie, auf der die Bananen aus der ganzen Umgebung abtransportiert wurden. Dann wurden die Hänge gerodet, an denen sich die Häuser und Felder immer mehr ausbreiteten, bis schließlich die Hänge abstürzten und die Häuser unter sich begruben.

Am nächsten Morgen geht es weiter nach Aguas Calientes, dem Touristenort unterhalb von Machu Picchu. Von Santa Teresa sind es nur wenige Kilometer bis zu dem Platz, an dem heute die Bahnstrecke beginnt und endet, aber wir brauchen einen ganzen Tag dafür. Da alle Brücken zerstört sind, müssen wir mit einem Flaschenzug über den reißenden Fluss übersetzen, immer zwei zusammen mit ihrem Gepäck in einem winzigen Fahrkorb. Mithilfe des Fahrkorbes wird der ganze Ort versorgt. Jedes Mal, wenn zwei von uns in die eine Richtung über den Fluss gezogen werden, wird der Korb für den Rückweg mit Lebensmitteln beladen. Auf diese Weise dauert es Stunden, bis alle das andere Ufer erreicht haben, Stunden, in denen wir den Stechfliegen hilflos ausgeliefert sind. Meine Stiche der letzten Nacht haben sich entzündet; vor allem die Unterschenkel und Ellenbogen sind fast auf die doppelte Größe angeschwollen. Der Juckreiz ist unerträglich, dennoch haben wir im Moment andere Sorgen. Werden wir den Bahnhof und den letzten Zug nach Aguas Calientes noch vor Einbruch der Dunkelheit erreichen? Vom Fahrkorb aus können wir im Fluss noch die Waggons eines abgestürzten Eisenbahnzuges sehen. Er lässt uns ahnen, wie viele unerlöste Seelen hier ihr Unwesen treiben.

Auf der anderen Flussseite geht es zu Fuß weiter über eine staubige schattenlose Straße zu einem LKW-Umschlagplatz. Für ein paar Münzen tragen Frauen unser schweres Gepäck durch die Mittagshitze. An der Relaisstation warten wir eineinhalb Stunden auf einen LKW, der uns weiter flussaufwärts zur Bahnstation mitten im Niemandsland bringt, die nun, nach dem Unglück, zur Endstation geworden ist. Hier warten wir weitere zwei Stunden.

Bernd bringt mir eine Schüssel mit Wasser, in der ich meine juckenden, geschwollenen Füße kühlen kann. Von irgendwoher kommt kurz vor Abfahrt des Zuges eine weitere Touristengruppe an den einsamen Bahnhof. Da ahnen wir bereits, was uns in Machu Picchu erwartet. Allein sein werden wir dort nicht. Dann geht es endlich durch das wunderschöne abendliche Flusstal in steilen Serpentinen hoch nach Aguas Calientes. Der Zug hat nur drei Waggons, davon einen für Touristen. Er fährt in kurzen Abständen vorwärts und rückwärts, denn die Serpentinen sind jeweils am Ende mit einer Weiche versehen, sodass der Zug jedes Mal die Richtung wechseln muss, um sich die steilen Hänge hochzukämpfen.

Aguas Calientes ist das Gegenteil von Santa Teresa: ein Themenpark, so künstlich, dass ich an die Mauer einer kitschigen Kirche klopfe, um zu prüfen, ob sie nicht aus Pappe ist. Von hier aus fahren die Touristenbusse hoch nach Machu Picchu. Ein Hotel reiht sich ans andere, und auch hier gibt es heiße Schwefelquellen – sehr gepflegt und ohne Mücken. Unser komfortables Zimmer liegt direkt über dem Urubamba. Sabines homöopathische Mittel verhelfen mir zu einigen Stunden Schlaf, bis gegen drei der Juckreiz wieder unerträglich wird. Ich nehme erneut ein paar Kügelchen und schaffe weitere zwei Stunden.

Am nächsten Morgen geht es hoch nach Machu Picchu. Obwohl hier siebenhundert Menschen gelebt haben, blieb es von den Spaniern unentdeckt. Ein eindrucksvoller Ort, nicht nur wegen der Inkaruinen und der atemberaubenden Lage. Ich muss an Arturo denken. Da ruft jemand: »Kondore!« Es sind zwei, und sie kreisen direkt über uns. Ana und unser Führer sind begeistert. Beide haben hier noch nie Kondore gesehen.

Ana führt mich zu ihrem Lieblingsplatz, dem Wohn- und Meditationsraum der kleinsten Schamanin von Machu Picchu. Ihre Leiche war, als man sie fand, nur einen Meter zwanzig groß. Ihre Klause umhüllt mich mit so viel Liebe, dass ich zwei Stunden bleibe. Hier fühle ich, dass ich endlich loslassen und mich liebevoll der Pflege meiner wunden Haut widmen darf. Als Dank für mein Opfer (vier Kokablätter), die ich in eine Steinschale lege, schenkt sie mir einen schönen kraftvollen Stein. Ich meditiere und kann auch seit Langem endlich wieder eine schamanische Reise machen. Ich frage, was es mit den Insektenstichen auf sich habe, die mir schier den Verstand rauben. Die Antwort ist zweifach: Ich soll lernen, mit Menschen mitzufühlen, denen Krankheit und Schmerz jegliche Möglichkeit anderweitiger Beschäftigung nehmen so wie mir jetzt. Und die Stiche seien Ausdruck für das Ausmaß meines inneren Widerstandes – gegen die Liebe und gegen meine eigene Größe. Und tatsächlich: Als ich mich ganz der Liebe dieses Ortes hingebe, lässt das Jucken nach. Die letzten Tage sei das Jucken eine äußere Reaktion auf meinen inneren Unfrieden gewesen. Das Jucken sei ein direkter, unmittelbarer Gradmesser für meinen inneren Frieden.

Bevor Ana an diesem Vormittag Machu Picchu verlässt, drückt sie mich noch einmal an sich und flüstert: »Geduld!« Ja, ich muss Geduld haben. Ich gehe noch auf den kleinen Steinbalkon, von dem die kleine Schamanin immer für die Sonne und die vier Elemente gesungen hat, und singe mein »Conue« hinaus in den Regen über Machu Picchu. Das Spiel der Wolken und des Lichts ist das schönste Echo, das ich mir vorstellen kann!

Dann lege ich mich auf die Steinterrasse unterhalb des Felsüberhangs ihrer Klause und befrage den Stein, den ich in der Mulde fand. Es ist ein unscheinbarer, kleiner weißer Stein ohne besondere Merkmale. »Wie heißt du?« – »Awayna.« – »Bist du mit der kleinen Schamanin verbunden?« – »Ich bin die kleine Schamanin. Ich habe mir ausgesucht, als Stein wiedergeboren zu werden. Du kannst mich mitnehmen.« – »Du willst mit mir kommen?!« – »Ja.« – »Das Geschenk ist zu groß, das kann ich nicht annehmen. Ich bin dieses Geschenks nicht würdig.« – »Das meinst du also immer noch. Erstaunlich. Nun gut, dann befrage mich und lege mich zurück in die Mulde, so kann mich ein anderer mitnehmen, der sich als würdig empfindet.« – Ich höre das nicht gern. »Erzähl mir aus deinem Leben, Awayna.« – »Es war ein langes, erfülltes Leben. Immerhin bin ich vierzig geworden, ein hohes Alter damals. Ich war klein, selbst für damalige Verhältnisse. Aber ich war auch eine Rebellin, wollte groß und wichtig sein. Ich wollte nicht eine der vielen Frauen des Inka sein. Ich wollte einem Einzigen alles bedeuten. Aber ich hatte keine Wahl. Als mich der große Inka aussuchte, musste ich mitgehen. Nur die Frauen des Inka und einige hohe Würdenträger wurden in der damals schon verlassenen Felsenstadt Machu Picchu in Sicherheit gebracht, weil es Unruhen im Land gab. Ich fühlte mich anfangs dort lebendig begraben. Als später die Vorräte aus dem Tal immer spärlicher wurden und schließlich ganz ausblieben, ahnten wir erst, wie groß die Gefahr tatsächlich gewesen war und dass die anderen wohl nicht mehr am Leben waren. Wir ernährten uns von den Feldern der Stadt und lebten in völliger Isolation. Machu Picchu war schon damals ein Ruinenfeld, und in den Ruinen der alten Häuser bauten wir Nahrungsmittel an. Ich zog mich immer mehr in meine Zelle zurück, meditierte und betete. Ich sprach zu den Bergen und konnte stundenlang dem Nebel zusehen. Im Sommer half ich auf den Feldern, doch in den langen Wintermonaten zog ich mich ganz zurück und starb schließlich während meiner Meditation, glücklich und voller Liebe.« – »Warum wolltest du als Stein wiedergeboren werden?« – »Ich hatte schon genug menschliche Inkarnationen durchlaufen und sehnte mich danach, reine Liebe zu sein und noch einmal Wesen helfen zu können.« Danke! Ich spüre diese Liebe, wenn ich Awayna halte. Dann lege ich sie behutsam zurück in ihre Mulde zu den vier Kokablättern. Ich bringe es nicht übers Herz, sie aus ihrem Umfeld zu entfernen.

Nun geht alles sehr schnell. Am Nachmittag machen wir eine Abschiedsrunde im Hotelfoyer. Ana verteilt kleine Glücksbringer, und wir danken einander für die gemeinsam verbrachte Zeit. Am Abend sind wir schon wieder in Cusco. Am nächsten Morgen verabschiedet sich Ana endgültig von der Gruppe. Sabine und ich haben aber noch ein langes Gespräch mit ihr wegen unseres Aufenthalts in Brasilien. Sie meint, es könnte zu viel für uns sein, für unsere Körper, vor allem aber für unsere Seelen, und verspricht, sich für uns eine wunderschöne Alternative zu überlegen. Aber wir wollen die Visionssuche unbedingt machen! In dem Fall, sagt Ana, sollen wir mit ihr schon früher als geplant nach Salvador de Bahia reisen. Also verbringen wir noch einmal einige Stunden in Reisebüros auf der Suche nach einem Flug. Wir sind völlig erschöpft und sehen wieder nur wenig von Cusco. Aber das Gespräch mit Ana entschädigt für alles. Sie sagt, ich müsse aufhören, gegen die äußere Form zu kämpfen, die ich vorfinde. Das seien Illusionen,

Geister, die mit meiner Kampfkraft nur noch stärker werden. Das berührt mich. Ja, ich darf und soll die Umstände im außen verändern wie in Santa Teresa, aber nicht mit der Einstellung von Kampf, sondern mit der von Liebe. Die Realität im außen ist das, als was ich sie ansehe, Hindernis – oder Aufgabe und Herausforderung. Immer aber ist es eine Lektion.

Zwischen Schnellstraße und Sumpf

Sabine und ich haben versucht, auf dem Flug von Cusco nach Lima und von Lima nach Sao Paolo ein wenig zu schlafen. Hier, auf dem kalten Marmorboden im Flughafen von Sao Paolo, wo wir einige Stunden Aufenthalt haben, ist das erst recht nicht möglich. Ständig plärrt ein Fernseher, und ein Kleinkind plärrt mit. Sabine meint, nicht das Kind, sondern die Mutter sei schuld. Ich frage etwas aggressiv: »Wieso schuld?« Ich fühle mich überfordert. Ich will mich nach all den Strapazen nicht gleich mit einer offensichtlich sinnlosen Bewertung auseinandersetzen müssen. Wir streiten, dann schweigen wir.

Ich beobachte die Reisenden. In Brasilien sind die Menschen schon auf den ersten Blick ganz anders als bei uns. Ausgelassener, selbstbewusster, aber auch härter, obwohl ihre Sprache weicher klingt, und sehr auf ihr Äußeres bedacht. Aber nun bin ich es, die bewertet. Ist es nicht auch ein Ausdruck von Lebendigkeit, diese enge, kurze, bunte Kleidung? Ich erzähle Sabine von meinem kleinen Prozess und entschuldige mich bei ihr. Ich bin kein bisschen besser als sie. Sie nimmt mich in den Arm und hält meine Ohren zu, während ich meinen Kopf in ihren Schoß lege. Ich sinke sofort in einen Traum: Sabine und ich sind Aktivisten einer Demonstration gegen Säuglingsversuche. Wir haben Rucksäcke voll neugeborener Babys dabei, die wir aus den Krankenhäusern gestohlen haben, und fordern nun die Passanten zur Adoption auf. Doch je mehr Säuglinge es werden, desto mehr überfordern wir die Passanten. Am Ende stehen wir mit tausend Säuglingen allein da und kapitulieren vor dem Horror. Wir flüchten und lassen die Rucksäcke mit den Neugeborenen zurück. Was für ein Albtraum! Wir geben es auf, hier noch erholsamen Schlaf finden zu wollen, und bitten ein Paar aus Boston, mit denen wir von Lima nach Sao Paolo geflogen sind, auf unser Gepäck aufzupassen, während wir für einige Stunden in die Stadt fahren, um uns eine Massage mit Sauna und Dampfbad zu gönnen. Eine gute Entscheidung!

Anas Lebensgemeinschaft mit Schule liegt im Tiefland Zentralbrasiliens. Die Gegend ist sumpfig und mückenverseucht. Direkt hinter dem Gelände verläuft die Überlandstraße nach Salvador de Bahia. Etwa alle zwei Jahre wird das Land von dem Flüsschen überschwemmt, das an der kleinen Siedlung vorbeifließt. Danach wird jedes Mal alles wieder aufgebaut. Das Haupthaus, die Schule und die Gästehütten sind klein und sehr schlicht. Für die Werkstudenten, die Ana beschäftigt, gibt es ein Nebengebäude mit winzigen dunklen »Mönchszellen«. Hier kann man Demut lernen! Viel Liebe und Sorgfalt wurde auf die »Tempel« der vier Elemente und die zwei runden Versammlungsräume verwendet. Hier hält Ana ihre Fragestunden ab, und es wird gesungen und getanzt. Anas Haus und die Häuser ihrer engsten Mitarbeiter sind ebenfalls großzügig und schön eingerichtet. Sie stehen auf einem gesondert eingezäunten Areal, sind mehrstöckig und so gebaut, dass sie vor Überflutung weitgehend geschützt sind.

Sabine und ich haben eine kleine Gästehütte bezogen und unsere Sachen für die Visionssuche gepackt, die morgen beginnen soll: Steine, Trommel, Decken, Klopapier. Ich habe Durchfall und fühle mich schwach. Da ist vielleicht Fasten und Liegen gerade das Richtige. Und vielleicht ist mein innerer Widerstand dadurch nicht mehr so groß. Vielleicht kann ich mich endlich so vollständig meinen Führern anvertrauen wie Ana. Ana hat nicht mehr versucht, uns von unserer Absicht abzubringen. Zwei Tage haben wir schon hier auf dem Gelände zur Vorbereitung genutzt. Nach ihrer Anweisung gab es gestern eine schamanische Massage (recht schmerzhaft) und ein Feuerritual mit Schlammpackung und Bad im schweflig-schlammigen Fluss – zusammen mit den Blutegeln. Heute bauen wir eine Schwitzhütte und sammeln Kräuter für das anschließende Reinigungsbad. Ich muss viel weinen. Ich nehme an, auch das ist eine reinigende Vorbereitung, genau wie der Durchfall. Für mich steht das Thema für dieser Visionssuche bereits fest: Tod. Ana bestätigt mir das.

Der Tod ist hier allgegenwärtig. Sabine und ich waren bei unserer Ankunft schockiert von diesem Ort und wären am liebsten gleich wieder abgereist. Überall finden sich Spuren der Verwüstung von der letzten Überschwemmung, aber auch Zeichen von zu wenig Zuwendung. Offenbar fehlt es an Geld und an Menschen, vielleicht auch an Gestaltungswillen. Oder vielleicht hat Ana auch einfach andere Prioritäten gesetzt. Der Ort ist unbarmherzig: Auf der großen Straße donnern die Busse und LKWs auch in der Nacht vorbei, sodass wir mit Ohrstöpseln schlafen müssen. Hinzu kommen der verschmutzte Fluss und Schwärme von Mücken. Zwei Tage versank ich in tiefe Trauer angesichts der Hoffnungslosigkeit, die dieser Ort ausstrahlt. Ana bestätigte mir diesen Eindruck. Sie sagt, als sie an diesen Ort gerufen wurde, sei sie genauso schockiert gewesen wie wir jetzt. Es war ein Ort, an den die Tiere zum Sterben kamen. Das Sterben der Tiere hörte hier erst Jahre später auf. Sie hätte lieber an einem anderen Ort gearbeitet, einem stillen, schönen Ort, den sie auch angeboten bekommen hatte, aber ihre Gefährten hatten sie aufgefordert, sich dieses Ortes annehmen. Hier sollte sie –

allein, fremd und ohne Freunde oder Geld – ihren Traum von einer spirituellen Lebensgemeinschaft verwirklichen. Sie fügte sich und machte sich an die mühselige, entbehrungsreiche Erschließung des Geländes. Sie legte den Sumpf trocken, baute eine kleine Schule und die ersten einfachen Häuser. Dann wuchs das Projekt allmählich zu seiner heutigen Größe an.

Ist es Resignation, die sie bleiben und die ständigen Überflutungen aushalten lässt – so wie die Bewohner von Santa Teresa? Oder ist das anmaßend von mir, so zu denken, anmaßend ihr und den Menschen von Santa Teresa gegenüber? Sind sie dem Schicksal ergeben – oder nur ihren Führern aus der geistigen Welt? Aber was für Gefährten sind das, die einen so führen? Ich wage nicht, sie danach zu fragen.

Immerhin hat Ana es gegen alle Widerstände geschafft, dass hier nun auch so etwas wie Liebe und Frieden zu Hause sind. Es ist ein Ort, so unvollkommen, dass man loslassen kann und sich seiner eigenen Unvollkommenheit nicht zu schämen braucht. Nur liegen, weinen, schlafen, singen, meditieren und sich dem hingeben, was ist. Keine Fragen, keine Erwartungen. Ohnehin spricht hier außer Ana keiner Englisch. Zur Allgegenwart des Todes kommt auch noch die Nachricht über E-Mail, dass ein guter Freund zu Hause überraschend gestorben sei. Das macht mich noch trauriger. Er war noch viel zu jung zum Sterben. Aber das scheint kein Kriterium zu sein. Heute reise ich mit der Frage, was ich für ihn tun könne. Die Antwort ist: mich auf meiner Visionssuche mit dem Tod verbinden und auf diese Weise auch mit ihm. Das werde ich tun. Mein Körper und meine Seele sind jetzt ganz auf Loslassen eingestellt. Das Holz, das ich heute dem Feuer übergab, war so leicht wie das Leben, wenn man loslässt – so leicht wie der Tod.

Und doch merke ich, dass ich immer mehr zu zweifeln beginne, weniger an Ana, deren Weg mir schlüssig und zu ihr passend erscheint, auch im Zusammenhang mit der gänzlich anderen Kultur, der sie entstammt. Vielmehr zweifle ich an mir. Ob ich dem eingeschlagenen Weg gewachsen bin. Ob ich wirklich zu einer Schamanin oder gar zu Anas Nachfolgerin tauge. Nie würde ich so eine radikale Entscheidung treffen wie Ana und mich so eines Platzes annehmen. Dazu fehlt es mir an Opfermut, Ergebenheit und Leidensbereitschaft. Vielleicht fehlt mir auch einfach das Gen für Gehorsam, selbst meinen Gefährten gegenüber. Ana beteuert immer wieder, dass sie das gut verstehe, auch weil ich einer ganz anderen Kultur entstamme als sie und dass ich alles ganz anders machen könne und auch als ihre Nachfolgerin ihre Lebensgemeinschaft hier nicht weiterführen müsse. Dass ich alles in der Leichtigkeit und mit der Tatkraft tun könne, die mir eigen sei und die sie von Anfang an an mir bewundert habe, die mir alle Türen öffnen und die Menschen mit Freude um mich scharen würde.

Trotzdem frage ich mich: Bin ich zu verweichlicht, zu verwöhnt, um eine echte Schamanin zu sein? Schließlich gibt es Schamanen, die sich lieber umbringen, als dem Ruf, der sie ereilt, zu folgen, weil sie wissen, dass ihre Aufgabe sie an den Rand des Abgrunds führen wird. Tauge ich also nur für den Schön-Wetter- und Wochenend-Schamanismus, der in unserer Kultur zunehmend angeboten wird?

»Ja, und wenn es so wäre?«, schaltet sich Julian in mein Grübeln ein, und ich merke zum ersten Mal, dass es keines Reisens bedarf, um den Kontakt zu meinen Gefährten zuzulassen. »Wenn dein Weg wirklich voller Leichtigkeit und Anmut ist, wäre er dann weniger wert als Anas?« Mit dieser einen Frage führt mir Julian wieder vor Augen, wie sehr ich noch im Bewerten verhaftet bin. Mal werte ich Ana ab, dann wieder mich. Mal erscheint es mir unverantwortlich, wie Ana unsere Gruppe eisiger Kälte oder einem insektenverseuchten, sumpfigen Sportplatz aussetzt, dann wieder werte ich mich ab, weil ich nicht bereit bin, derlei Unbill als Prüfung zu akzeptieren. Vielleicht sind unsere Wege wirklich verschieden und trotzdem vollkommen gleichwertig, wie Ana immer beteuert und nun auch Julian. Nun habe ich viel Zeit, um über all das nachzudenken und es wirken zu lassen, denn morgen gehen Sabine und ich hinaus in den Dschungel.

Im Schoß der Erde

Gestern bereiteten wir uns noch ein letztes Mal mental und körperlich vor, indem wir duschten, die Haare wuschen und noch etwas Obst zu uns nahmen. Dann ließ uns Ana im Kräutergarten jede nach einem Kraut suchen, das uns anspricht und aus dem wir dann selbst einen Tee aufbrühen sollten für unsere Visionssuche. Ohne zu wissen, was es ist, wählte ich Arnika. Ich habe nun also neben mir einen großen roten Plastikkanister mit einem Hahn stehen, in dem tröstlich mein Arnikatee auf mich wartet. Das rote Plastik ist meine Nabelschnur zur zivilisierten Welt.

Ana ließ uns noch einmal je eine Viertelstunde an jedem der Elementetempel meditieren. Das war am Morgen schon mein Bedürfnis gewesen. Mein Thema lag am Morgen ebenfalls klar vor mir, und Ana bestätigte es mir noch einmal: Ich möchte meinen inneren Widerstand gegen Liebe und Tod aufgeben, den Tod und damit auch das Leben und die Liebe annehmen. Beim Feuertempel erfuhr ich noch einmal, dass alles in mir sei, also auch Tod und neues Leben. Ich bin Tod und neues Leben, beides ist in mir. Und dass, wer neues Leben schenkt, zugleich auch den Tod mitschenkt; die endgültige Transformation. Am Erdtempel sprach Pacha Mama zu mir. Sie erinnerte mich daran, dass ich mich dem Schmerz hingeben müsse, um mein Herz öffnen und Transformation zulassen zu können. Geburt und Tod seien beide mit Schmerz verbunden, und nur die Hingabe ermögliche das notwendige Loslassen, um die Transformation zu vollbringen – Pacha Mama, Erdmutter, gequälte Quälerin, Expertin für Geburt und Tod, Werden und Vergehen.

Im Grunde waren wir schon seit unserer Ankunft an Anas Platz auf Visionssuche. Es war uns nur nicht bewusst. Alles war Vorbereitung und innere Einstimmung. Ana bat uns auch, von dem Schwitzhüttenplatz mit einem kleinen Ritual Abschied zu nehmen. Ich tat es, indem ich die Schwitzhütte fegte und die Steine um das Feuer herum von Lehm reinigte. Ich löschte auch das noch glimmende Feuer und entzündete dabei beinahe ein neues. Man muss hier so aufpassen. Entweder ist dieser Ort überflutet, oder er leidet an Dürre – ähnlich wie in der Wüste.

Endlich ist es so weit, und Ana bringt uns in den Wald, der gleich hinter ihrem Gelände beginnt. Sie zeigt uns vier Plätze. Ich lasse Sabine wählen. Sie sucht sich gleich den ersten Platz aus, am dichtesten an der Zivilisation. Für mich wäre er auch infrage gekommen, aber so geht es für mich tiefer hinein in den Wald. Wieder, wie damals in der Wüste, ist es nicht einfach, meinen Platz zu finden. Es ist gut, Sabine den Vortritt gelassen zu haben, aber den Platz, den ich mir nun zunächst aussuche, muss ich wieder aufgeben. Es ist eine Mulde, wie eine dunkle Höhle mit Stechpalmen, unter denen Schmetterlinge tanzen. Sofort habe ich die Assoziation einer Gebärmutter oder eines Sarges. Beides passt zu meinem Thema. Ich vergesse aber, die Geister des Ortes zu fragen, ob ich bleiben und vor allem ob ich aufräumen dürfe. Das rächt sich bitterlich. Ich bitte Javier, unseren Wächter, der auch für Trinkwasser und Feuerholz sorgt, die untersten Zweige der messerscharf bewehrten Stechpalme mit seiner Machete abzuschlagen, damit ich mich nicht verletze. Da weiß ich schon, dass ich einen Fehler gemacht habe. Unbewusst weiß ich es sogar schon, als ich ins Unterholz stürme, um mir den Platz anzueignen. Denn ich steche mich gleich an einem Palmzweig blutig. Dennoch mache ich weiter, räume auf und bereite mir ein weiches Bett in der dunklen Kuhle unter dem Dornendach. Als ich mich jedoch darauflege und den Ort um Verzeihung für diese Vergewaltigung bitten will, bekomme ich zum ersten Mal kein Verzeihen. Die Geister dieses Ortes wollen mich nicht, und ich kann das verstehen. Sie zeigen es mir durch wütende Moskitoangriffe und den schmerzhaften giftigen Biss eines Insekts, das ich nicht kenne. Ich bin den Tränen nahe. Ana beobachtet nur, sagt aber nichts dazu. Zerknirscht und mutlos packe ich meine Sachen wieder zusammen und suche weiter.

Nun liege ich, wie schon beim Ritual von San Pedro, wieder mitten auf einem Weg, sodass keiner an mir vorbeikommen würde. Aber das macht wohl diesen Ort gerade so richtig für mich. Und es kommt wohl auch niemand in diese einsame Gegend, der über mich stolpern könnte. Diesmal frage ich vorher um Erlaubnis und bitte demütig um Hilfe, Nachsicht und Verschonung, vor allem vor den Moskitos und den roten Riesenameisen. Tatsächlich gibt es hier viele davon, aber sie lassen mich in Ruhe. Sie sind gänzlich uninteressiert an mir, wenn ich sie nicht allzu sehr in ihrem eifrigen Tun behindere. Und die Moskitos summen und stechen zwar, aber viel weniger aggressiv als drüben an dem Ort, mit dem ich es mir verscherzt habe. Hier habe ich alles, was ich brauche, meine sprechenden Steine, meinen Tee und sieben Räucherstäbchen.

Am ersten Tag bin ich ängstlich und verzagt. Die Schwierigkeit meiner Ortsfindung steckt mir noch in den Knochen, und auch dieser Platz ist alles andere als einfach. Ich liege im Wurzelwerk eines großen Yakfruchtbaumes. In der ersten Nacht habe ich verschiedene Liegestellungen ausprobiert. Eine kleine Mulde zwischen den Wurzeln ist recht bequem. Ich kann meinen Kopf auf eine Wurzel legen und meine Füße gegen eine andere. Eingerollt wie ein Embryo, kann ich in meiner Mulde sogar schlafen. Ich liege im Arm dieses großen Baumes wie im Arm einer Mutter. Ana sagt, als sie mich am Abend besucht, der Baum wolle mit mir sprechen. Und ich dachte, zu mir sprechen nur die Steine. Sie sagt, dies sei ein tiefer, kraftvoller Platz, gut für mich, mit dem Baum voll mütterlicher Weisheit. Da ich immer noch Durchfall habe, aber den Kreis nicht verlassen darf, riecht es hier entsprechend. Ich behelfe mir mit einem ölgetränkten Tuch vor dem Gesicht. Auch ein Räucherstäbchen gestern Abend half gegen Geruch und gegen die Mücken. Wenn ich hier nur kämpfen muss und nicht zu mir kommen kann, dann brauche ich das alles gar nicht erst zu machen.

In dieser ersten Nacht schlafe ich unruhig und wache zwischendurch oft auf. Die vielen fremden Geräusche, die Moskitos, die sperrige Wurzel, die Schwüle der Nacht – und über allem der Mond, der durch das dichte Blätterdach blinzelt – lassen mich keinen tiefen Schlaf finden. Es ist eine Nacht voller Träume. Ich träume, dass ich die Visionssuche zusammen mit meiner Mutter mache. Meine Mutter macht sie nur mir zuliebe. Sie hat einen Platz mir gegenüber auf der anderen Seite des Weges in einer Erdhöhle gefunden. Dann galoppiert eine Horde Pferde mitten zwischen uns hindurch, und meine Mutter kann gerade noch in Deckung gehen. Das letzte Pferd bleibt direkt über ihr stehen und pisst direkt in ihr Loch. Es ist so viel Urin, dass sie fast darin ertrinkt. Sie arbeitet sich wieder an die Oberfläche, lächelt tapfer und sagt: »Urin ist gut gegen Insektenstiche.« Ich spüre in diesem Lächeln und dem mütterlichen Rat, den ihr Satz enthält, all ihre Liebe und Hingabe. Ich bin sehr dankbar für diesen Traum, auch wenn der Uringeruch hier seinen Teil dazu beigetragen haben mag.

Das erste Morgenlicht schickt schräge Sonnenstrahlen in

meine grüne Höhle. Ich bin froh, dass die Nacht vorüber ist. Die Zikaden geben ihr Morgenkonzert, und die Vögel stimmen mit ein. Aus meiner Käferperspektive beobachte ich, wie Schmetterlinge vorüberziehen und auch ein kleiner dicker Kolibri. Es ist hier viel bunter und abwechslungsreicher als in der Wüste. Wenn es mir nur gelänge, nicht mehr gegen die Mücken und anderen Insekten anzukämpfen. Es ist so ein sinnloser Kampf! Am besten ich überlasse ihnen für die Dauer dieser Visionssuche einfach meinen Körper. Als Ana am Abend wieder nach mir sieht, sagt sie, es sei gut, dass ich den Platz gewechselt hätte auch wegen der Sonne. Denn ich brauche die Strahlen der Sonne.

Endlich finde ich hier auch die innere Ruhe zum Reisen. Meine Gefährten und meine Tiere sind um mich versammelt, und noch ehe ich eine Frage stellen kann, sehe ich über mir einen großen Raubvogel kreisen. Ich denke, es ist derselbe, den wir gestern auf dem Weg hierher gesehen haben, und will wissen, ob er ein neues Krafttier für mich sei oder nur der Hüter dieses Ortes. Da erkenne ich, dass es ein Kondor ist. Es ist Arturo. In diesem Moment verwandelt sich der Kondor tatsächlich in Arturo und lächelt mich an. Er sagt, er sei gekommen, um mich zu besuchen und mir Glück zu wünschen. Er sei stolz auf mich, alle seien stolz auf mich. Ich hätte mir hier einen guten, tiefen Ort ausgesucht für meine Suche. Ich frage ihn, ob er wirklich der Kondor gewesen sei, der über Machu Picchu gekreist sei und wer der zweite Kondor gewesen sei. Und er sagt Ja, und der zweite Kondor, das sei die kleine Schamanin gewesen. Er solle mir von ihr ausrichten, dass ihr mein Lied, »Conue«, sehr gefallen habe und sie mir dafür dankt. Als er sich verabschiedet, sagt er, er werde wiederkommen, wann immer ich ihn brauchen und rufen würde. Dann sagt auch er mir, dass der Baum, dessen Wurzeln mich so mütterlich umfangen, mit mir sprechen wolle. Danke, Arturo. Diese Reise macht mich glücklich und innerlich ruhig.

Gerade als ich beginne, darüber nachzudenken, wie ich es anstellen soll, mit dem Baum Kontakt aufzunehmen, höre ich ihn sprechen: »Du hast doch längst Kontakt zu mir aufgenommen. Du hast mich doch gefragt, ob du in meinem Wurzelwerk bleiben könntest, weißt du das nicht mehr? Und ich habe dir mit Ja geantwortet. Nun bist du hier, und ich spreche gern mit dir. Was möchtest du mich fragen?« Ich frage, ob er zum Element Erde gehöre. Er sagt: »Ja, ich bin aus Mutter Erde gekommen, bin aber längst selbst Mutter und bin mit allen Elementen verbunden. Am meisten aber mit der Erde, das stimmt. Du darfst mich fest berühren. Ich möchte sogar, dass du mir die Borke abziehst.« Als ich dem Baum ein Stück Borke herunterkratze, tritt darunter ein rötlicher Saft aus. »Ist das dein Blut?«, frage ich erschrocken. »Tut das nicht weh?« – »Nein«, ist die Antwort, »aus diesem Saft kann frische junge Borke nachwachsen. Du hast mir gerade dabei geholfen, mich zu verjüngen. Denn ich muss immer wieder meine alte Borke abstoßen, um wachsen zu können. Sie ist nicht flexibel und wächst nicht mit wie deine Haut. Ich muss sie immer von Neuem abstoßen, um wachsen zu können. Indem du noch mehr alte Borke abkratzt, hilfst du mir beim Wachsen.« – »Und woher weiß ich, wann ich dir wehtue?« – »Wenn die Borke nicht oder nur sehr schwer abgeht, dann lass sie.« Plötzlich halte ich ein großes Stück Rinde in der Hand, und am Rand quillt es weiß aus dem Baum heraus. Ich erschrecke. »Du musst nicht erschrecken. Das ist mein Blut. Es ist weiß, nicht rot wie deines. Aber keine Angst, ich wollte, dass du es siehst. Jetzt komm und fühl es auch.« Es widerstrebt mir, in die offene Wunde zu fassen. »Komm her«, ermutigt der Baum mich, »fühl es!« Als ich in den weißen Saft lange, fühlt er sich klebrig an und riecht nach Harz. »Jetzt hat sich unser Duft vermischt«, sagt der Baum, »ist das nicht wunderbar?« Es ist alles viel zu viel für mich, als dass ich es einfach nur wunderbar finden könnte.

»Weißt du, was das heißt?« Ich schweige. »Wir sind eins.« Nun kann ich gar nicht mehr aufhören, die Borke abzureißen, es ist wie eine Meditation. Und dem Baum scheint es zu gefallen. Den winzigen Ameisen, die unter seiner Rinde leben, allerdings weniger. Ich sehe, wie eine Kolonie von ihnen ihre Larven an einen vermeintlich sicheren Ort unter der Rinde evakuiert, als ich ihre Kinderstube freilege. Sie tun dies stoisch, akzeptieren einfach die neue Situation, so wie Sabine und ich in Santa Teresa eine neue Bleibe für uns gesucht hatten und so wie Ana, ohne zu klagen, nach jeder Flut ihre Häuser wieder neu aufbaut. Sie fühlt sich keinem Tier mehr verbunden als den Ameisen. Und auch ich fühle mich den kleinen Tieren nahe.

Der wunderbare Baum hat mir gezeigt, dass man sich häuten muss, um zu wachsen. Man muss sich öffnen und verwundbar sein, um wachsen zu können. Wieder so eine wundersame Lektion in Transformation. Auch ich bin hier am Waldboden offen und verwundbar und bereit zu Wachstum und Transformation. Ich danke dem Baum. Ich danke allen Naturwesen, den kleinen und den großen, Ana, Arturo, der kleinen Schamanin und allem, was ist. Sie verlieren wirklich keine Zeit, die wenigen Tage und Nächte, die ich hier verbringe, zu nutzen, um mich zu erreichen.

Inzwischen mag es wohl schon Mittag sein. Nach dem Waschen und Zähneputzen lege ich mich nackt hin, um die wenigen warmen Sonnenstrahlen aufzufangen, die ihren Weg durch das mehrschichtige Blätterdach finden. Die Moskitos scheinen bis zum Abend Pause zu haben. Nur ein paar Fliegen und Ameisen gibt es, aber die stören mich nicht. Ich gebe mich völlig dem Glück hin, hier zu sein, dem Glück, einfach zu sein, ohne irgendetwas zu brauchen, zu müssen oder zu wollen. Ich schäle weiter die Borke von meinem Baum, und er dankt es mir, indem er sagt: »Weißt du, nicht nur ich schütze dich, du schützt mich auch. Solange du da bist, wird kein Tier meine zarte junge Borke benagen. Du hilfst mir wachsen und beschützt mich. Ich danke dir auch für deine Lieder. Alle hier im Wald danken dir für deinen Gesang.« Ich bin so gerührt, dass ich zu weinen beginne. So viel Liebe! Mehr, als mein Herz fassen kann.

»Durch dich wird die Welt im Kosmos gehalten«

In meinem Darm rumort es zwar noch, ich habe aber – da ich ja faste – keinen Durchfall mehr. Einem Impuls folgend, nehme ich den Stein zur Hand, den ich vom Steingarten unterhalb des Salcantai mitnehmen durfte. Ich hatte bisher nicht die Ruhe gefunden, um mit ihm zu sprechen, und mir dieses Gespräch für die Visionssuche aufgespart. Der rotbraune hühnereigroße Stein hat eine asymmetrische Form und ist ungewöhnlich schwer für seine Größe. Ich ahne, dass er vollgepackt mit Informationen ist, aber die Dichte und Tragweite dessen, was nun kommt, kann ich nicht erahnen.

Zunächst lege ich ihn mir auf die Brust, doch hier dringen die Informationen nur spärlich zu mir durch und nur in Form von Bildern. Wieder sehe ich einen Kondor. Ich bringe das Bild mit dem des wilden Steingartens zur Deckung. Es kommt das Bild eines gewaltigen Steinregens. Und wieder der Kondor. Es ist mühsam. Endlich lege ich mir den Stein auf die Stirn zwischen meine Augen, und nun fließen die Informationen ungehemmt. Dabei falle ich in eine tiefe Trance, so schwer wie der Stein, dessen Gewicht nun bei Weitem das überschreitet, was seiner Größe angemessen wäre. Jetzt kommt das Bild eines großen Steinfeldes, das mit Teilen dieses einen Steinbrockens übersät ist. Dies ist zu einer Zeit geschehen, als es den Menschen noch nicht gab, aber den Kondor. Viele Erdrutsche und Beben haben seitdem den Salcantai erschüttert und die Steine über das ganze Tal verteilt. Ein Meteoriteneinschlag. So weit kann ich noch folgen. Doch was dann kommt, übersteigt meine Vorstellungskraft.

Der Stein ist, weil er tatsächlich Teil eines Meteoriten ist, weder männlich noch weiblich. Er ist nur geballte Information und aus diesem Grund auf die Erde gekommen. Der Himmelskörper, von dem er kommt, hat die Entwicklung, die die Erde gerade durchlebt, schon durchlaufen und ist in ein höheres Bewusstsein eingetreten. Der Meteorit ist eine Art Abgesandter mit Informationen für die Erde. Viele kleine Katastrophen gingen auf diesem anderen Planeten der Transformation voraus, vor allem Erdbeben und schwere Stürme. Das Ende kam dann durch den Zusammenstoß mit einem sterbenden Stern. Die Erde aber werde weiter bestehen und bewohnbar bleiben, sagt er voraus. Wenn die Erde bereit zur Transformation sei, würden die Wesen höheren Bewusstseins darauf vorbereitet sein. Ihre Aufgabe sei es, das Erdbewusstsein in ihren Zellen, also ihrem Körpergedächtnis, abzuspeichern und so über den Transformationsprozess hinaus zu erhalten. Wichtig, so schärft mir der Stein ein, sei es, für frisches Trinkwasser zu sorgen, ohne das kein Überleben möglich sei. Die Erde würde vielleicht eine Weile keine Früchte mehr tragen, es würde aber ein so hohes Bewusstsein erreicht worden sein, dass keine Nahrung mehr nötig wäre. Da wir Erdwesen aber zu einem hohen Anteil aus Wasser bestünden, werde viel Wasser benötigt, und das in einer weitaus höheren Qualität als das, was wir im Moment zu uns nehmen.

Mich erschrecken diese Informationen. Ich bin in keiner Weise darauf vorbereitet. Ich bin hin- und hergerissen zwischen meiner Scham, etwas zu empfangen, worüber ich mich früher nur lustig gemacht hätte und an das ich auch heute kaum glauben kann, und der inneren Verpflichtung, dieses Wissen angesichts seiner Dringlichkeit übermitteln zu müssen.

Als ich aus meiner Trance erwache und die Augen öffne, begegne ich dem neugierigen Blick eines Pinselohräffchens, das direkt über mir auf einem Palmwedel hockt und mich vielleicht die ganze Zeit schon beobachtet hat. Dann huscht es weg, und ich sehe eine Weile nur noch seinen weichen Schwanz. Nun hockt es ein paar Meter weit entfernt in einem Baum und beobachtet mich von dort. Es sind sehr scheue Tiere, die auf die kleinste Bewegung reagieren. Ich muss über meinen Reflex lachen, gleich mein gesamtes Hab und Gut in Sicherheit zu bringen, so wie es mich die Erfahrung mit Affen gelehrt hat. Hier ist dieser Reflex doppelt absurd, denn zum einen hat das Äffchen sicher keinen Diebstahl im Sinn, und zum anderen habe ich nun wirklich außer meinen kostbaren Räucherstäbchen keine Wertsachen hier.

Ich bin gespannt, wem ich hier noch alles begegne. Es gibt hier draußen viel für mich zu lernen. Ich ahne auch, dass der Meteorit noch viel mehr zu erzählen hat, und werde noch einmal mit ihm sprechen, aber dafür bin ich jetzt zu erschöpft und mein Verstand zu überfordert.

Seit ich meine vier Steine als Begrenzung meines Schutzkreises ausgelegt habe, spüre ich, dass ich mich in einem Medizinrad befinde. Das Steinpaar aus dem Titicacasee markiert Süden und Norden meines Platzes, wobei der runde scheibenartige Stein mir im Süden als Platte für meinen Teebecher unter dem Hahn der Thermoskanne dient. Den Osten markiert Tumi, der Stein aus dem Tempel von Amantani, und den Westen der Meteorit. Ich beschließe, im Geiste durch das Medizinrad zu gehen, und beginne im Süden mit der Angst vor meiner Geburt hier im Dschungel, mit der Sorge um meinen physischen Körper, mit kindlichen Ängsten, aber auch kindlicher Freude über die Sonne und die Schönheit ringsum. Ich spüre eine Lust am Wasser, am Waschen und Trinken und sogar an meinem eigenen Urin. Auch eine Freude über das Mütterliche des Waldes und meines Baumes ist da.

Am Morgen danach erwachte ich mit dem jugendlichen Trotz des Westens. Keine Spur mehr von Angst, schon in der Nacht nicht mehr. Nur Unwillen über meine Begrenzungen, aber auch Neugier, alles zu entdecken, und ein Fließen der Emotionen. Dann gehe ich weiter in den Norden, zum mentalen Körper, dem Erwachsensein, Verantwortung übernehmen, zum Element Luft. Und schließlich weiter in den Osten zum spirituellen Körper, dem Feuer, der Synthese aller Energien, zum Übergang zwischen Leben und Tod, dem Thema meiner Visionssuche.

Diese Nacht war schrecklich! Ich habe wieder Durchfall, und jetzt stinkt mein Platz, da helfen auch die Räucherstäbchen nicht mehr. Außerdem ist mir schlecht, und ich habe Schmerzen im Unterleib. Die Moskitos waren in der Nacht so aggressiv wie nie zuvor. Ich wälze mich in meinem Schlafsack, bis die Steine und Rindenstücke mich überall drücken. Mich beschäftigt nur ein Gedanke: Wie kann ich in der Dunkelheit meinen Weg aus diesem Wald finden? Ich rufe nach Ana, drücke die Sandelholzkette, die sie mir für den Notfall geschenkt hat, aber nichts geschieht. So verbringe ich diese Nacht in Verzweiflung und schließlich Selbstaufgabe, mich in meinem eigenen Dreck wälzend. Keine Todeserfahrung, aber schmerzhaft und demütigend. Die vorherige Nacht und der Tag waren wohl einfach zu leicht gewesen. Es gibt immer noch so viel Ego zu schleifen. Als es dann in der Nacht anfängt zu regnen, ist es fast eine Erleichterung, weil die Moskitoangriffe etwas weniger werden.

Ich lasse alles nur noch geschehen. Schlafen kann ich nicht, nur dumpf vor mich hin dämmern.

Durchnässt, wie ich bin, versuche ich noch einmal, mit dem Meteoriten zu sprechen, und sei es nur, um mich von seiner Gesellschaft etwas trösten und ablenken zu lassen, wobei das, was dieser Stein erzählt, wenig tröstlich ist. Als ich ihn mir auf die Stirn lege, kommt das Bild eines großen schlangenartigen Fisches und die Aufforderung, hineinzugehen und das Blut des Fisches zu trinken. Der Fisch bin ich, das weiß ich. Aber sonst weiß ich nichts mit dem Bild und der Aufforderung anzufangen. Ich glaube, dass es dem Stein auf meiner Frequenz im Moment unmöglich ist, anders mit mir zu kommunizieren. Immerzu kreist ein Wort in meinem Kopf, das der Stein mehrfach eindringlich wiederholt hat: »Autoimmunisation.«

Nach weiteren langen Stunden der Qual weiß ich plötzlich, was mit dem Fisch und seinem Blut gemeint ist. Ich fahre mit dem Finger in meine Nase, so tief, dass ich das Blut beim Herausrinnen trinken kann. Augenblicklich fühle ich mich besser. Die furchtbaren Bauchschmerzen und der Drang nach Darmentleerung hören schlagartig auf. Ich hatte schon als Kind in ähnlichen Situationen intuitiv so gehandelt, bis es mir als eklig verboten wurde. Nun kann ich zwar immer noch nicht wieder einschlafen, es geht mir aber nicht mehr ganz so elend.

Die Morgensonne streichelt meine von Einstichen zerfurchte Haut und meine gequälten Eingeweide. Ich bin froh, dass Ana jetzt noch nicht kommt, sondern erst später. Ich weiß nun, dass ich die Visionssuche abbrechen und am Abend meinen Platz verlassen werde. Wenn sie kommt, werde ich sie bitten, meinen Kreis aufzulösen. Nur nicht noch einmal eine solche Nacht! Bis dahin möchte ich hier aber noch arbeiten. Ich spreche noch einmal mit dem Meteoriten. Sofort finde ich mich auf dem Trümmerfeld vor dem Salcantai wieder und beginne damit, den

Stein zu fragen, was aus uns Menschen werde, wenn die Erde, wie er sich ausdrückt, ihre Transformation durchläuft. »Verlassen wir ebenfalls wie ihr zu Stein geworden unseren Planeten, um uns einen neuen Lebensraum zu suchen?« – »Das ist nur eine Möglichkeit, Bewusstsein extrem verdichtet über weite Strecken zu transportieren. Ihr aber könnt bleiben und euren Planeten heilen. Er muss nicht aufgegeben werden. Es gibt für euch ohnehin keine Alternative. Und ihr werdet erfolgreich sein. Die wichtigste Aufgabe jetzt aber ist es, das Trinkwasser zu erhalten, energetisch anzuheben und gerecht zu verteilen. Mehr braucht ihr im Moment nicht zu tun. Ihr werdet schnell lernen, dass Wasser kostbarer ist als Öl, denn ohne Öl könntet ihr leben, ohne Nahrungsmittel bald auch, aber nicht ohne Wasser.«

»Was müssen wir tun? Ein Reservoir anlegen? Einen Bunker bauen?« – »Nichts dergleichen. Wenn die Zeit gekommen ist, wird ein jeder von euch wissen, was zu tun ist. Jetzt geht es allein darum, das Bewusstsein zu schärfen und euch an das zu erinnern, was ihr schon immer wisst. Du spielst dabei eine wichtige Rolle.« – »Warum gerade ich? Ich fühle mich so unwürdig und unqualifiziert für diese Aufgabe.« – »Weil du mit uns sprichst. Alles andere ist im Moment unwichtig. Schau, dass du auch auf den anderen Gebieten weiterkommst und dein Bewusstsein erweiterst, das noch sehr am Anfang steht. Für uns sind jedoch nicht deine schwachen Kenntnisse des Erdbewusstseins wichtig, dafür sind andere besser geeignet. Wichtig bist du als Dolmetscherin zwischen uns und euch. Und ermutige auch andere, mit uns Kontakt aufzunehmen.« – »Ermutigen?« – »Ja, es geht nur um Ermutigung, zu lehren und zu lernen gibt es da nichts, wie du wohl weißt.« – »Geht es dabei auch um andere Steine? Pan-Terra etwa?« – »Pan-Terra ist ein kraftvoller Stein, aber für dich hat sie ihre Funktion erfüllt. Du kannst sie hierlassen. Es werden noch andere kommen. Wir sind deine Wegbegleiter durch die kommenden Ereignisse. Wir sprechen zu dir und durch dich.« Dann wird er milder: »Wir haben uns so gefreut, als du kamst. Tausende von Jahren haben wir darauf gewartet, dachten schon, es sei zu spät, und unsere Reise sei umsonst gewesen. Wir bitten dich nur, deine Aufgabe verantwortungsvoll zu übernehmen.« – »Was meinst du damit?« – »Lass nichts weg und dichte nichts hinzu. Erhalte die Klarheit und Einfachheit unserer Aussagen, soweit es dir möglich ist. Dann vermeidest du, Angst zu erzeugen, denn Angst arbeitet immer gegen das Bewusstsein.«

»Kannst du mir noch etwas von eurem Planeten erzählen? Wie sah er aus? Wie habt ihr gelebt?« Ich spüre, wie er zögert. Seine Stimme ist weicher und behutsamer, als er sagt: »Bei uns gab es das Materielle, auch Landschaften, nur als Vorstellung jedes Einzelnen. Jeder erschuf sich selbst, was er wollte und brauchte, kraft seiner Vorstellung. Das wird bei euch auch bald selbstverständlich sein. Ich lade dich in meine gerade erschaffene Landschaft ein und du mich in dein neu gebautes Haus.« – »Und wenn dir mein neu gebautes Haus nicht gefällt, es dich stört, ein Hochhaus zum Beispiel?« – »Dann dematerialisiere ich es für mich, erkläre es zur Illusion. Dann existiert es für dich weiter, aber nicht für mich. So kannst du dir auch immer einen Raum der Stille um dich erschaffen.« – »Wunderbar! Dann gab es bei euch wohl auch keine Arbeit, keine Wirtschaft?« – »Nein, jeder beschäftigte sich mit dem, wonach sich seine Seele sehnt.« – »Und gab es auch Entwicklung, oder war man von Anfang an so weit?« – »Es gab Entwicklung. Die Fähigkeit zur Imagination muss ja erst gelernt und dann verfeinert werden. Das Materielle zu erschaffen ist einfach, es ist die unterste Stufe. Die Kleinen üben das schon mit ihrem Spielzeug. Aber fliegen zu können erfordert zum Beispiel schon mehr Meisterschaft.« – »Und wie funktionierten bei euch Geburt und Tod?« – »Wir sind auch duale sterbliche Wesen, genau wie ihr, nur hatten wir die Dualität in der Praxis aufgegeben. Die beiden Geschlechter waren nicht mehr voneinander zu unterscheiden. Auch unsere Nachkommen entstanden schließlich durch Imagination. Immer wenn einer von uns verging, kam ein neuer nach.« – »Und wie und warum ›verging‹ man?« – »Man verging, wenn man genug gelebt hatte. Wer von seiner Imagination über längere Zeit keinen Gebrauch mehr gemacht hatte, verging. Er dematerialisierte sich und machte so Platz für einen neuen.« – »Gab es bei euch auch Liebe?« – »Nein, die gab es nicht. Und als ich sie bei euch zum ersten Mal sah, dachte ich: Wie schrecklich! Was für eine Quelle des Schmerzes! Ich sah zunächst vor allem, wie ihr aneinander leidet. Denn Schmerz gab es bei uns natürlich auch nicht. Aber nun weiß ich, dass wir es waren, denen etwas sehr Schönes gefehlt hat trotz des Schmerzes. Ich würde eure Liebe so gern einmal erleben!« Das berührt mich tief und erfüllt mich mit Freude über mein Menschsein. Etwas will mir dieser außergewöhnliche Stein noch sagen. Es scheint sehr wichtig zu sein, denn er nimmt mir das Versprechen ab, den Satz an alle Menschen weiterzugeben. Der Satz lautet: »Durch dich wird die Welt im Kosmos gehalten.«

Die Bogenschützin

Als Ana mich am Abend abholt, würde sie am liebsten gleich alle Geschichten hören, aber wir verschieben es auf morgen. Ich werde mit einem reichhaltigen, frisch gepressten Obstsaft begrüßt, und am nächsten Morgen wird es einen Apfel geben. Sich duschen zu können ist ein wahrer Genuss. Danach werde ich tief und fest schlafen. Ich träume von sinnlosem Luxus, der mich umgibt. Stunden verbringe ich in einer teuren Boutique damit, Goldschmuck und Kleider zu astronomischen Preisen auszusuchen. Ich entscheide mich für einen überladenen

Goldschmuck und einen goldfarbenen Pelzmantel, in den ich mich nackt einhülle. Auf der Straße werde ich ausgelacht. Man nimmt mir den Pelzmantel ab, und nun stehe ich nackt, nur mit dem lächerlichen Goldschmuck behängt, da. Ich treffe meine Mutter, die mir einen dünnen goldfarbenen Mantel umhängt. Sie bringt mich zurück in den Laden, wo ich mir ein schlichtes weißes Kleid kaufe. Es ist ein anstrengender Traum, der, so will es mir scheinen, die ganze Nacht andauert.

Es war richtig, meine Visionssuche zu beenden, sagt Ana. Wenn Ehrgeiz ins Spiel kommt, wird es ohnehin sinnlos. Es kommt nicht auf die Anzahl der Tage und Nächte an, sondern auf die Weite der Öffnung und die Intensität, die man zulässt. Da mein Herz durch die Andenreise bereits weit geöffnet war, ging alles sehr schnell, viel schneller als in der Wüste, wo mich zwar mein Fasten gut vorbereitet hatte, ich aber immer noch viele Widerstände zu überwinden hatte. Es fühlt sich tatsächlich nicht wie ein Abbrechen an, sondern wie ein stimmiges Ende einer reichen und erfüllten Zeit, die schon in Peru begonnen hatte. Mehr könnte ich jetzt gar nicht aufnehmen.

Den ganzen Tag gestern war ich nur mit Ausruhen beschäftigt. Ich hätte jetzt wieder ein Buch lesen dürfen, aber ich will und kann nicht noch mehr aufnehmen. Also verbringe ich den Tag mit Schreiben, Meditieren oder einfach nur Liegen im Tempel der Luft unter dem wogenden Bambus, meinem Lieblingsplatz hier. Ana meint, ich solle diesen Tag schweigend für mich verbringen, und das mache ich gern. Sabine ist noch draußen auf ihrem Visionssucheplatz. So bin ich allein in unserer Hütte. Das erscheint mir jetzt richtig; ein schöner Ausklang für eine kurze, aber intensive Visionssuche.

Gleich wird Ana zum Geschichtenerzählen in den Tempel der Luft kommen. Ich habe ihn am frühen Morgen mit einem Palmzweig gefegt, eine Dankbarkeitsmeditation. Ich brauche Ana vor allem als Spiegel, sonst glaube ich die Geschichten selbst nicht. Andererseits könnte ich mir so etwas auch unmöglich ausdenken. Seit ich klein bin, wollte ich heimlich Schriftstellerin werden. Nun habe ich endlich genug Stoff zum Schreiben – und eine Aufgabe. Was für ein Geschenk! Es ist wahrhaftig eine Vision, die ich hier gesucht und gefunden habe. Nur die beiden »außerplanetarischen« Geschichten stehen wie Monolithen in meinem Kopf. Ich kann sie nicht durchdringen und verarbeiten. Sie sind zu weit weg von allem, woran ich anknüpfen könnte. Ich fürchte, den anderen Menschen wird es damit ebenso gehen. Daher spiele ich mit dem Gedanken, daraus Kindergeschichten zu machen, sie einfach wie Märchen zu erzählen. Wenn die Großen beim Vorlesen für ihre Kleinen dann dazu mit dem Herzen in Resonanz gehen, ist vielleicht schon ein Schritt getan. Ich glaube, mehr ist im Moment nicht möglich. Und mit dem dauernden Zweifel, ob das alles wirklich so sei oder ob ich es mir nur einbilde, werde ich wohl leben müssen. Ich hätte nicht gedacht, dass ausgerechnet das Steine-Erzählen, die Aufgabe, die mir Intschi zugewiesen hat, meine erste sein würde. Sterbebegleitung, wie Hor sie mir auftrug, erschien mir greifbarer. Aber dafür ist die Zeit wohl noch nicht reif. Nun gehöre ich also zur Familie der Steine-Erzähler. Ich hoffe inständig, dass es eine Familie ist und ich noch andere kennenlernen werde, mit denen ich mich darüber austauschen kann. Dann würde es sich nicht mehr ganz so verrückt und einsam anfühlen.

Jetzt kommt auch Sabine von ihrer Visionssuche zurück, strahlend, leicht und glücklich. Ana zelebriert für uns beide ein Schwitzhüttenritual. Dabei erfüllen wir voll und ganz das Schamanenklischee von Frauen, die singend und trommelnd nackt um ein Feuer herumtanzen und dabei seltsame Dinge tun. Doch zunächst werden wir vollständig eingeölt und in ein

Laken gewickelt. Dann wird Heu über uns ausgeschüttet. Eine halbe Stunde liegen wir nur da und atmen – herrlich! Danach geht es in die Schwitzhütte. Das Ritual ist mild, dauert dafür aber so lange, dass es mich an meine körperlichen Grenzen bringt. Runde für Runde wird neues Wasser auf die glühend heißen Steine gegossen. Mit jeder neuen Runde singen und beten wir in der Dunkelheit dieser schützenden Gebärmutter – eine wunderbare seelische und körperliche Reinigung. Nach Stunden in der warmen, feuchten Dunkelheit kriechen wir wieder ans Licht der Welt. Im dunklen Wasser des Flusses waschen wir uns Schweiß und Sand von unseren Körpern und zollen dabei den Blutegeln Tribut. Zum Abschluss genießen wir noch ein warmes Kräuterbad unter den Bäumen. Danach schlafen wir traumlos tief in unseren Betten.

Heute genießt Sabine ihre Schweigezeit mit Beten, Meditieren und Schreiben, während ich voller Tatendrang beim Aufräumen der Decken aus der Schwitzhütte helfe. Ich frage einen Stein, der für die Schwitzhüttenzeremonie erhitzt worden war, wie es ihm ginge. Er war rot glühend zerborsten, nachdem er mit Wasser übergossen worden war. Ein kaum vernehmbares Ächzen hatte er dabei von sich gegeben. Er sagt, es sei eine große Ehre und auch für ihn ein Reinigungsprozess gewesen. Seine Seele nehme keinen Schaden, wenn er zerspringt. Dann sagt er noch etwas, und wieder fällt es mir schwer, das anzunehmen: Es habe sich herumgesprochen, dass eine Steine-Erzählerin gekommen sei. Es habe deswegen große Aufregung unter den Steinen gegeben. Jeder wollte in dieser Schwitzhütte sein. Für jeden von ihnen wäre es eine Ehre gewesen, uns zu dienen. Ich frage ihn, ob er einen Wunsch habe. Er sagt, es sei sehr schön für ihn gewesen, in das übrig gebliebene Kräuterbad getaucht zu werden. Ob ich die anderen Steine des Feuers nicht auch in diesen Genuss kommen lassen wolle. Ich tue es.

Während der heutigen Meditation im Lufttempel frage ich, was ich tun könne, damit dieser Zustand völliger Herzöffnung, des Friedens und der Liebe anhält. Ich bin mir fast sicher, dass schon bald wieder Zustände von Wut und Zweifel kämen. »Ja«, ist die Antwort, »sie werden kommen.« Es ist die Luft selbst, die hier spricht. Dann erscheint das Bild einer Bogenschützin. »Du bist diese Bogenschützen. Aber du bist auch der Bogen. Und du bist der Pfeil, der abgeschossen wird. Ist der Pfeil abgeschossen, so erleidet die Schützin einen Rückstoß. Der Pfeil aber ist auf seinem Weg und lässt sich nicht mehr aufhalten. Die Schützin, das bist du mit deiner Aufgabe. Der Pfeil ist deine Seele auf ihrem spirituellen Weg. Und der Rückstoß, das ist dein Ego mit all seinen Emotionen, die du so gern ausmerzen würdest. Akzeptiere beides, den Flug des Pfeils und den Rückstoß. Sie gehören zusammen, und sie gehören zu dir.«

Als Ana kommt, male ich für sie das Bild der Bogenschützin in den frisch geharkten Sand des Lufttempels. Sie versteht sofort, lächelt und sagt: »Das ist es. Und denke nicht, dass nicht auch mir noch mein Ego zu schaffen machen würde. Es gehört dazu, und es wird nicht einfach verschwinden.«

Ana sagt, sie habe noch viel über die Geschichte des Meteoriten vom Salcantai nachgedacht, und möchte, dass ich sie heute Abend im großen Tempel erzähle. Ich bin skeptisch. Irgendetwas hält mich zurück. Wie soll ich die Geschichte erzählen, ohne dass ich Angst und Schrecken verbreite? Der Stein hatte mich ausdrücklich auf meine besondere Verantwortung aufmerksam gemacht und gesagt, ich müsse vermeiden, Angst hervorzurufen. Ana versteht meine Bedenken nicht, und daher vermute ich, dass es wieder nur mein Ego ist, das mich da zu sabotieren versucht.

Als ich am Abend im Tempel die Geschichte des Meteoriten erzähle, bin ich befangen. Glaube ich selbst, was ich hier berichte? Vor allem aber bin ich traurig und fühle mich wie eine

Verräterin an dem Stein, den Steinwesen überhaupt, weil es mir nicht gelingt, die Geschichte so zu erzählen, dass Hoffnung statt Angst entsteht. Betroffenheit steht in den Gesichtern geschrieben und Ratlosigkeit, was angesichts solcher Nachrichten zu tun sei. Es gehe doch nur um das Bewusstsein, versuche ich zu beruhigen. Es gibt nichts zu tun, außer das eigene und damit auch das kollektive Bewusstsein anzuheben, was wir ohnehin schon alle miteinander tun. Aber ich dringe damit nicht durch. Ich bin entmutigt. Das nächste Mal werde ich besser vorbereitet sein.

Pan-Terra sagt, dass sie gern hierbleiben würde, ich würde sie ja nun nicht mehr brauchen. Der Abschied fällt mir schwer. Sie ist der einzige Stein, der mir jedes Mal Herzklopfen verursacht, wenn ich ihn mir auf die Brust lege. Sie ist mir inzwischen so vertraut, fast wie eine alte treue Freundin. Aber vielleicht brauche ich ihre kräftige, aufrüttelnde Energie wirklich nicht mehr. Zum Abschied setze ich sie noch einmal auf mein drittes Auge und sage: »Danke. Du warst diejenige, die mich dem Wissen der Steine gegenüber geöffnet, die als Erste mit mir gesprochen und die mich auf meinem Weg begleitet hat. Danke dafür.« – Pan-Terra antwortet: »Du hast ein so großes Herz, dass das ganze Universum darin Platz findet. Warum nur kannst du das nicht glauben? Es war mir eine große Freude, dir zu dienen.« So viel Liebe! Danke, Pan-Terra! Damit lege ich sie in den Bach nahe dem Wassertempel, wo sie sofort mit dem Schwarz des Wassers verschmilzt und so für mich unsichtbar wird. Ich wische mir eine Träne aus dem Auge, dann gehe ich zurück zu Ana, die alles aus der Ferne beobachtet hat und mich wortlos in die Arme nimmt.

Der Abschied von Ana und ihrem strahlend dunklen Kontinent ist gekommen. In den frühen Morgenstunden werden Sabine und ich mit unserem Gepäck zum Flughafen von Salvador de Bahia gebracht. Ana umarmt uns mit einem sanften leeren Blick. Es ist ein eigenartiges Auseinandergehen ohne viele Worte, das mich während des Fluges noch lange beschäftigt. Ich merke, dass ich einen unerklärlichen Groll gegen Ana hege. Sabine geht es ebenso. Wir können nicht darüber reden. Jede von uns ist in ihrem Groll gefangen wie in einer Einzelzelle, eifersüchtig aufeinander in unserem Groll, wie wir es in unserer Liebe zu ihr nie waren. Unser Abschied ist kühl.

Auf dem Flug reise ich zu meinen Gefährten. Ich laufe durch eine endlose unberührte Schneelandschaft, in der ich ehrfürchtig einen Fuß vor den anderen setze. Vor mir ist der Schatten der Rabin. Sie spricht: »Geh dorthin, wo noch nie zuvor ein Mensch seinen Fuß gesetzt hat.« Julian erklärt mir, dass mit dem Schnee Bewusstsein gemeint sei, der Schatten des Raben aber die dunklen Bereiche meine, die Ängste und Todeserfahrungen. Meine Quelle sei meine Wahrhaftigkeit, die Ehrlichkeit mir selbst und anderen gegenüber. Dieser Kern sei Licht spendend und unzerstörbar. Die Wahrheit braucht nicht verteidigt zu werden, sie ist. Das Einzige, wofür ich Sorge zu tragen hätte, sei es, den inneren Raum zu schaffen, in dem all dies geschehen könne. Dazu sei nur Hingabe notwendig. Materiell werde immer für mich gesorgt sein. Das ist tröstlich.

Eine harte Landung

Zu Hause falle ich völlig unvorbereitet in eine große graue Leere. So gründlich hatte ich vor diesem Abenteuer mit allem abgeschlossen, dass nun nichts mehr da ist, um mich aufzufangen. Verzweifelt durchsuche ich meine Schubladen nach der rettenden Liste, die mich meine Gefährten hatten schreiben lassen. Endlich finde ich sie, kann mich aber mit nichts darauf identifizieren. Die Liste ist wie aus einem anderen Leben. Meine Freunde können ebenso wenig mit mir anfangen wie ich mit ihnen. Am deutlichsten wird mir meine Beziehungslosigkeit, als ich immer wieder vergeblich versuche zu reisen. Es ist wie eine gestörte Telefonverbindung: »Kein Anschluss unter dieser Nummer.« Wahrscheinlich, nein, mit Sicherheit bin ich das Problem, und das ist das Schlimmste daran. Nach allem, was ich in Südamerika erlebt habe, habe ich einen inneren Widerwillen dagegen, mich noch tiefer einzulassen. Zwar hätte ich gern Antwort auf so viele Fragen, aber ich habe zu viel Angst, damit noch mehr Fragen aufzuwerfen, und vor allem davor, dass die Antworten unbequem sein könnten. Ich will mich nur noch ausruhen. Aber ich finde in dem Nebel, der immer dichter wird, keine Ruhe.

Ich weiß, dass ich zurzeit sehr viel träume, aber ich erinnere mich nur an Bruchstücke. Es ist, als wolle sich etwas in mir nicht erinnern. Ich weiß nur, dass ich wieder und wieder davon träume, dass mein Aquarium ausläuft und alle Fische sterben. Sie sind in meinen Träumen so riesig, dass das Aquarium viel zu klein ist. Ich sehe die sterbenden Riesenfische am Boden zappeln und fühle nichts. Gar nichts. Noch nicht einmal Ekel. Ich brauche Ruhe. Und dennoch ist es so, dass ich immer mehr leide, immer mehr innerlich friere, je weniger Kontakt ich mit meinen Gefährten habe. Sie fordern mich, aber sie fehlen mir auch. Ohne sie fühle ich mich kalt, unzufrieden und einsam. Es ist, als wäre ich abgeschnitten von meiner Quelle und würde langsam austrocknen.

Weil ich so verzweifelt bin, begebe ich mich wieder zu dem Schneefeld meiner letzten Reise, die ich vor zwei Wochen im Flugzeug unternahm. Ich hoffe, hier wenigstens wieder meiner Rabin zu begegnen. Und sie ist tatsächlich dort, ich erkenne sie an ihrem Schatten. Ich flehe sie an, mich mitzunehmen, ich sehne mich danach, mit ihr zu fliegen. Plötzlich bin ich die

Rabin und sehe mich unten im Schnee stehen und flehen. Ich bin zugleich der Vogel, sein Schatten, mein flehendes Selbst im Schnee und der Wind, der mich, die Rabin, trägt. Ich bin das Pfeifen des Windes und das Sternenlicht, das die unberührte Schneefläche zum Glitzern bringt. Ich bin das Glitzern und der Schnee. Ich bin auch der Mond, auf den wir zufliegen, während wir die Erde unter uns lassen. Und ich bin das Universum, das uns mit seinem Schwarz verschluckt. Und da verspüre ich Sehnsucht nach der Dunkelheit, in die wir fliegen. Alles erscheint mir plötzlich unwichtig gegen diese Dunkelheit. Jede Unberechenbarkeit des Lebens scheint diese Erfahrung wert, sofern sie nur in dieses herrlich stille Dunkel führt.

Da höre ich seit Langem wieder Milarepa zu mir sprechen: Er lädt mich ein, den Schmerz zu umarmen, der mich ins Dunkel führt, mich ihm mit ganzer Seele anzuvertrauen, auch wenn mein Verstand sich dagegen wehrt. Plötzlich bin ich für einen Augenblick jenseits der Angst, erkenne, dass Angst und Wut nicht existieren. In dieser Dunkelheit bin ich jenseits von Zeit und Raum.

»Was ist mit Ana? Warum empfinde ich diesen Groll, wenn ich an sie denke?«, frage ich meine Gefährten in der Hoffnung, dass sie da sind, selbst wenn ich sie nicht sehen kann. Zuerst kommt das Bild eines dunklen Tunnels, an dessen Ende kein Licht zu erahnen ist. Dann höre ich: »Das ist dein Groll. Durch diesen Tunnel musst du gehen, und durch ihn musst du allein. Es ist, wie es ist. Schäme dich nicht deiner Ängste und deines Grolls. Sie gehören zu dem Wesentlichen, das du gerade durchläufst. Es ist wie ein Geburtskanal. Der Tunnel muss dunkel sein, sonst wäre er kein Tunnel, und es wäre keine Transformation möglich. Deswegen halten wir, deine Gefährten, uns im Moment zurück. Du musst allein durch diesen Tunnel. Das liegt in der Natur dieser Phase. Wisse, wir sind immer bei dir, immer für dich da, aber wir würden deine Entwicklung hemmen, wenn wir es dir hier zu leicht machten. Die Natur deiner jetzigen Aufgabe ist es, allein zu sein in der Enge und der Dunkelheit. Deswegen geschehen im Moment so viele Dinge, die dir zuwiderlaufen.« Ich frage: »Aber wie weit ist es noch bis zum Licht? Wie finde ich zurück zum Licht?« – »Das Licht ist das Einverstanden-Sein mit allem, was ist, was war und was sein wird. Das Licht ist in dir, immer.« Ich weiß nicht, wer da gesprochen hat, aber ich bin ihm dankbar!

Heute hat mich ein Anruf von Sabine erschüttert: Seit wir zurück sind, trägt sie sich mit dem Gedanken, sich von ihrem Mann zu trennen. Nun hat sie ein paar Tage fastend in einer Höhle zugebracht, wo sie eine Vision hatte: Sie sah sich wieder in Brasilien bei Ana. Ihr Herz war von einem Nebel umgeben, und da wusste sie, dass der Drang, sich zu trennen, nicht aus ihr selbst heraus kam, sondern von außen, von diesem Nebel-Etwas.

Der Nebel, den sie beschreibt, ähnelt in seiner Kälte meinem eigenen Nebel. Auch ich bin innerlich immer mehr von Ana abgerückt, ohne dass ich sagen könnte, warum. Ich hielt es für trotzigen Widerstand gegen das Erlebte, die schiere Menge des Erlebten, und hatte mich dessen geschämt. Nun erzählt Sabine von ihrer zwanzigjährigen Tochter, die vor einiger Zeit mit Ana in Brasilien gelebt hat. Während sie beschreibt, wie es ihrer Tochter ergangen war und dass sie schließlich verzweifelt vorzeitig zurückgeflogen war, entstand vor meinem geistigen Auge wieder das Bild dieses Ortes, seiner Finsternis und Mühsal. Muss uns erst eine Zwanzigjährige darauf stoßen, mit welchen Mächten wir uns da eingelassen haben? Keinen Augenblick lang, da waren wir uns einig, glaubten wir, dass Ana schlechte Absichten verfolge. Aber die Geister, mit denen sie umgeht, sind nicht die Geister, mit denen wir uns umgeben wollen, und auch nicht die Menschen, mit denen sie sich umgibt und die sie aufsuchen. Das krank machende Sumpfland an der lauten Straße, das sie sich als Aufgabe gesucht hat, die Naturgewalten, die sie anzuziehen scheint. Wieder kommen die Bilder vom Dauerregen jedes Mal auf ihren Wanderungen durch die Berge, dem Sandsturm in der Wüste, dem Schneesturm in den Bergen, dem verfluchten Tal von Santa Teresa. Und dann ist da noch das Geld, das so viele in sie investieren und das dann spurlos in irgendwelchen Projekten versickert. Mein Gefühl war von Anfang gewesen, hier nicht zu investieren. Ich hatte es meinem Geiz zugeschrieben, um mir nicht meine Zweifel eingestehen zu müssen.

Auch die Art, wie sie auf die Geschichte des Meteoriten vom Salcantai reagiert und mich überredet hatte, allen davon zu erzählen, war mir noch in Erinnerung. Ich hatte mit ansehen müssen, wie die Geschichte, da sie so völlig ohne Kontext überliefert wurde, nur Panik ausgelöst hatte. Angst aber ist ein schlechter Ratgeber. Angst macht unmündig, betäubt die Intuition, verschließt alle Kanäle und verhindert, dass Energie fließen kann. Angst ist das größte Hindernis für die Liebe und wird auf der ganzen Welt dazu benutzt, Menschen unmündig und gefügig zu machen und so für Kriege und andere Machtinteressen zu missbrauchen. Wenn man einem Menschen begegnet, der Angst verbreitet, sollte man ihn meiden. Und nun hatte ich selbst Angst verbreitet. Dafür bin ich natürlich ganz allein verantwortlich. Dennoch steht mein Entschluss plötzlich fest: Ich werde, genau wie Sabine, Ana einen liebevollen Abschiedsbrief schreiben und sie loslassen. Und wenn ich mir wieder einen Lehrer suche, dann einen, der keine Angst verbreitet, der mit sich und den Geistern, vor allem denen der wilden Natur, in Frieden lebt und der Menschen um sich versammelt, die freudvoll, leicht und lebendig sind und selbstständig denken. Nur bei so einem Lehrer kann ich bleiben.

Sabine hatte mir schon viel von dunklen Energien erzählt,

denen sie in ihrer Arbeit begegnet sei. Ich hatte wenig mit ihren Schilderungen anfangen können, da ich selbst noch nie solchen Energien begegnet war. Das sollte sich nun ändern. Vor dem Einschlafen bitte ich Ana, den Kreis meiner Gefährten wieder zu verlassen, was sie auch widerspruchslos tut. Nun sitzen nur noch meine vier Gefährten Julian, Milarepa, Hor und Intschi vor mir, so als hätte es Ana hier nie gegeben. Ich bin erleichtert, dass es so leicht gehen soll. Doch Sekunden später bricht die Hölle los. Mit weit aufgerissenen Augen sehe ich draußen vor meinem Fenster Lichterscheinungen, dunkle und helle Schwaden, grellbunte Erscheinungen wie Nordlichter, die hin und her sausen, lautlos, aber mit einem ungeheuren inneren Getöse. Ich liege mit vor Angst geweiteten Augen in meinem Bett und traue meiner Wahrnehmung nicht. Ich weiß: Was ich sehe, ist vollkommen real, kein Traum und keine Reise, und kann es doch nicht glauben. Es ist so viel realer als alles, was ich zuvor je auf meinen Reisen erlebte. Es will durch die Fenster hinein, doch ich dränge es immer wieder kraft meines Willens hinaus. Ich kralle mich an meiner Matratze fest, weil es mich so hinauszieht. Ein ungeheurer Sog ist das, der mich hinauszieht zum Fenster und in den Abgrund. Ich sehe mich schon das Fenster öffnen und mich hinausstürzen, und es kostet mich ungeheure Kraft, dieses innere Bild immer wieder zu verscheuchen. Ich habe schon genug mit dem äußeren Höllenspektakel zu tun.

Plötzlich bin ich mir der Unterstützung meiner Gefährten bewusst. Sie helfen mir, dem Sog von draußen standzuhalten. Neben mir schläft außerdem eine Freundin aus Finnland, die auf der Durchreise bei mir Station macht, und allein ihre Anwesenheit hilft mir, ich weiß nicht, wie, auf meiner Matratze zu bleiben. Sie schläft auf der dem Fenster abgewandten Seite und dreht mir und dem lautlosen Spektakel draußen den Rücken zu. Sie kommt mir vor wie eine Insel in all dem Monströsen, was sich draußen gerade abspielt. Ich habe solche Angst, am liebsten würde ich sie wecken und bitten, mich in den Arm zu nehmen und mir zu sagen, dass all das nur meiner Einbildung entspringe. Aber ich wage nicht, ihren Schlaf zu stören.

Irgendwann, nach endlos langer Zeit, so will es mir scheinen, wird es draußen ruhiger. Die Lichtphänomene verblassen und verschwinden schließlich ganz. Schweißgebadet klammere ich mich noch eine Weile an meine Matratze. Ich wage nicht, aufzustehen und am Fenster vorbei ins Badezimmer zu gehen. In den frühen Morgenstunden schlafe ich endlich ein.

Am nächsten Morgen kommt mir die Erinnerung an diese Nacht wie ein böser Traum vor. Nur das nasse Kopfkissen zeugt noch von meinem Kampf. Hatte ich etwa so etwas wie einen psychotischen Schub? Ich erzähle meiner Freundin davon, gleich nachdem sie neben mir die Augen geöffnet hat. Sie hört sich alles ungläubig an. Dann will sie aufstehen, schreit aber auf, weil sie ihre linke Schulter und ihren Rücken kaum noch bewegen kann, genau die Seite, die dem Fenster zugewandt war. Nun haben wir beide keine Zweifel mehr an dem, was in der Nacht vorgefallen ist. Sie hat große Schmerzen und sagt, ich hätte sie doch um Himmels willen aufwecken sollen, schon allein um ihr die Möglichkeit zu geben, sich selbst zu schützen. Sie bittet mich, schnell etwas für sie zu tun, damit sie wenigstens aufstehen und auf die Toilette gehen kann. Sie hat solche Schmerzen, dass sie weinen muss, und Panik, dass etwas Irreparables mit ihrem Rücken geschehen sein könnte.

Ich fühle mich ganz elend vor schlechtem Gewissen und versuche, sie zu massieren. Aber es hilft nicht. In meiner Verzweiflung irre ich durch die Wohnung und bitte all meine Gefährten und alle anwesenden Geister um Unterstützung. Schließlich meldet sich ein Stein, den ich nicht kenne. Die Freundin muss ihn gestern mitgebracht und auf den Esstisch gelegt haben. Ich nehme den Stein und lasse mir von ihm sagen, was zu tun sei:

ein Wasserbad aufwärmen, ein Handtuch ins heiße Wasser tauchen, auswringen, ihn darin einwickeln und ihr auf den Rücken legen. Er zeigt mir, wie ich ihn über die schmerzenden Rücken- und Schulterpartien rollen muss und wie viel Druck ich dabei ausüben darf. Ich folge genau den Anweisungen des Steins, und es hilft! Meine Freundin schreit erst auf unter dem Druck, aber dann wird sie ruhig. Noch während der Behandlung geht es ihr besser. Ich spüre über uns die Regenbogenkuppel, die auch zur Heilung beizutragen scheint. Nach wenigen Minuten entspannt sie sich, und nach weiteren Minuten kann sie sich wieder bewegen. Beim Frühstück spürt sie kaum noch etwas von dem Schmerz.

Doch diese Nacht hat ihre Spuren hinterlassen. Ich weiß nun, dass es Energien gibt, Wesen, mit denen man sich besser nicht einlässt. Ich habe keinen Zweifel, dass nicht Ana es war, die diese Geister heraufbeschworen hat. Wenn es überhaupt mit ihr zu tun hatte und nicht allein mit mir, dann waren es die uralten Geist- und Elementarwesen, mit denen sie arbeitet und denen es vielleicht nicht so leicht fällt loszulassen wie ihr.

Genau zwei Jahre nach unserer ersten Begegnung schreibe ich Ana einen letzten E-Mail-Brief: »Ana, ich möchte mich von dir verabschieden. Für mich besteht das Leben darin, Liebe zu suchen, zu sehen, zu sprechen; wenn möglich Liebe zu sein. Für mich wird Liebe durch Angst verdunkelt. Ich weiß, Angst ist eine Illusion. Aber es ist eine machtvolle Illusion und ein machtvolles Instrument der Trennung. Ich möchte nicht mit jemandem zusammenarbeiten, der sich mit Kräften umgibt, die die Angst nähren. Leb wohl, Ana, und danke für alles, wirklich alles! Ich habe so viel von dir gelernt!«

Bevor ich den Brief abschicke, reise ich noch einmal zu den vier Elementen, die uns von Anfang an verbunden haben. Ich will mir wirklich sicher sein. Heute erscheinen mir die vier

Elemente wie eine Beschreibung meiner eigenen und vielleicht jeder spirituellen Entwicklung: Am Anfang (im Medizinrad der Süden) steht die Erde. Ich habe mich auf meinen Weg begeben, wozu ich zuallererst erkennen und annehmen musste, was mein Weg ist. Anfangen, sich aufraffen, sich auf die Suche begeben ist der erste, der wichtigste Schritt, das Fundament. Das hatte Ana immer gesagt, und es stimmt. Vom Süden begab ich mich in den Westen, ins Wasser. Hier geht es darum, im Fluss zu sein und zu bleiben. Es geht um aufmerksame Beobachtung, Achtsamkeit, darum, Erfahrungen zu machen und zuzulassen. Nach dem Annehmen (Erde) und der Hingabe (Wasser) wandte ich mich dem Norden zu, der Luft, der Erkenntnis. Erkennen, dass alles Liebe ist, gleich was einem zustößt, ja mehr noch als Liebe: pures wertfreies Sein. Es ist der Schritt hin zum Licht, zur Quelle. Aus ihr kommt Vergebung, vor allem sich selbst gegenüber, denn das ist die Voraussetzung für alles andere. Im Osten erwartete mich das Feuer, die Transformation, die Reinigung durch Schmerz, das große Loslassen und schließlich das Ankommen, das Nach-Hause-Kommen.

In guten Momenten kann ich fühlen, dass alles in mir ist und ich in allem. Dass alles eins ist. Ich weiß, dass ich bin und dass dieses Sein schon vollkommen genügt. Und es stellt sich Dankbarkeit ein. Mir ist klar, dass dieser Prozess mit dem Durchlaufen des Rades nicht vollendet ist. Das Rad und jedes der vier Elemente fordern einen immer aufs Neue heraus, wollen immer wieder neu entdeckt und erkundet werden. Es ist ja eine Spirale, kein geschlossener Kreis, und bei jeder Runde erwarten uns aufbauend auf der gesammelten Erfahrung neue Aspekte des dort angesiedelten Themas.

Ich bin Ana dankbar dafür, dass sie mich die letzten zwei Jahre begleitet und mir so viel gezeigt hat. Ich bin ihr auch dankbar dafür, dass sie mich mit der dunklen Seite konfrontiert hat. Aber nun ist es an der Zeit, meinen Weg allein weiterzugehen. Und jetzt, wo ich mich dazu entschlossen und ihr den Abschiedsbrief geschrieben habe, ist auch der Groll verschwunden. Ich ahne zwar, dass ich mich noch tiefer als bisher mit meiner eigenen Dunkelheit konfrontieren muss und nicht das ganze Thema Dunkelheit als Päckchen ohne Absender einfach an Ana zurücksenden kann. Aber ich will es auf meine Art tun, meinem Wesen und meiner Kultur entsprechend. Nun spüre ich, wie die Liebe wieder fließen und die Leichtigkeit in mein Leben zurückkehren kann.

Jetzt habe ich den Brief an Ana in die Weiten des virtuellen Raumes entlassen. Ich bin noch dabei, mir vorzustellen, wie er den Ozean überquert und in ihrem Postfach auftaucht, da ist bereits ihre Antwort da, so als hätte sie nur auf meinen Brief gewartet. Sie scheint nicht überrascht. Sie bedauert meine Entscheidung sehr, bedankt sich für alles und wünscht mir alles Gute. Ich bin erleichtert. Danke, Ana! Ein letztes Mal: Danke!

Das Lächeln des Träumers

Alles ist anders seit dieser Nacht und dem Abschiedsbrief an Ana. Es ist wie ein Auftauchen aus dem Nebel. Ich träume wieder klar, kann wieder reisen, Licht und Liebe sind in mein Leben zurückgekehrt. Endlich fühle ich mich wieder leicht, hell und glücklich. Ich fühle das Bedürfnis zu dienen, zu lachen und zu tanzen, ganz verspielt zu sein – und weiter zu lernen. Ich will noch einmal von vorn beginnen. Mit allen Gefährten, aber mit einem anderen Ansatz, vielleicht auch mit größerer Bescheidenheit.

Von der Wüstenreise habe ich einen Stein, mit dem ich noch nicht gesprochen habe. Eigentlich ist es nur ein halber Stein, denn er hat die Form eines Pilzes und ist genau in der Mitte, so wie man einen Champignon schneidet, geborsten. Ich fand nur die eine Hälfte. Ich erfahre, dass der Stein bereits ungeduldig auf mich gewartet habe. Seine Ungeduld erscheint mir seltsam angesichts der Ewigkeit, die er im Wüstensand zubrachte. Aber erst die zwei Jahre, die er darauf gewartet hat, mit mir sprechen zu können, waren ihm wie eine Ewigkeit erschienen, nicht die vielen tausend Jahre davor.

Zuerst erscheint eine orangefarbene Horizontlinie zwischen Himmel und Wüste. Über allem liegt etwas wie ein Lächeln. Der Stein spricht: »Das ist das Lächeln der Erde, wenn sie bei Sonnenaufgang ein- und bei Sonnenuntergang ausatmet.« Ich frage, woher er komme und ob er sich nicht nach seiner zweiten Hälfte sehne. Er sagt: »Ich war immer dort in der Wüste. Ich vermisse nichts, da meine Quelle in jedem kleinsten Teil ist. Selbst wenn ich zu Staub zerfalle, bin ich noch in jedem Staubkorn.« Ich frage nach seinem Namen. Er bittet mich, ihm einen Namen zu geben. Ich wähle Nur, den Sufi-Namen für »Licht«. Das gefällt ihm. Ich frage, wieso die Erde lächle, wo sie doch gegenwärtig so wenig zu lachen habe. Er sagt: »Die Erde besteht zum geringsten Teil aus ›Erde‹, obwohl wir sie so nennen. Den Planeten Erde wird es noch geben, wenn sein geringerer Erdanteil schon teilweise oder ganz im größeren Wasseranteil verschwunden sein wird.« Ob das zu befürchten sei, will ich wissen. »Möglicherweise«, sagte er, und ich sehe wieder den Titicacasee als Süßwasserreservoir der verbleibenden Menschheit wie eine Vision vor mir. La Paz ist dann die Hauptstadt der Welt. Ich höre: »Die Ärmsten werden die Einzigen sein.« Ich frage, ob denn alles vorherbestimmt sei und man gar nichts machen könne. Er sagt: »Nichts ist vorherbestimmt. Alles existiert gleichzeitig in einem Meer von Möglichkeiten. Daraus wird Realität, wenn wir etwas wählen und es in Raum und Zeit manifestieren.« – »Wer ist ›wir‹?«, will ich wissen. »Mit Willensfreiheit und Schöpfermacht ausgestattete Wesen wie die

Menschen und die Steine.« – »Was geschieht, wenn wir kraft unseres Willens und unserer Macht diesen Planeten vernichten?« – »Dieser Planet ist auch nur eine Möglichkeit – eine von vielen möglichen Welten, die gleichzeitig und nacheinander existieren.« Ich bitte um Erläuterung.

»Stell dir vor, die Welt sei ein Spiel. Die Regeln und das Spielmaterial sind überall gleich. Das Spiel wird gleichzeitig und nacheinander an verschiedenen Orten gespielt und verläuft jedes Mal anders. Die Spieler schöpfen aus dem gleichen Fundus an Möglichkeiten, nutzen die Regeln und das Material aber jeweils anders und mit unterschiedlicher Absicht. Es gibt Spieler, die mehr Wert auf das Material legen, wie ein Kleinkind, das lieber an der Spielfigur herumknabbert, als sie auf einem abstrakten Spielplan hin und her zu bewegen. Andere versuchen, einen tieferen Sinn in dem Spiel zu entdecken, und wieder andere sind vor allem daran interessiert, wie man es schnell gewinnt. Dazwischen entsteht die für das Spiel wichtige Spannung. Die einen wollen Raum und Materie beherrschen und bekommen damit unweigerlich die Zeit dazu, die Endlichkeit, den Tod, denn Raum und Zeit sind untrennbar miteinander verbunden. Diese Spieler betreiben das Ende des Spiels. Die anderen wollen den Sinn erkunden und setzen so Raum und Zeit außer Kraft. Für sie gibt es kein Ende des Spiels, obwohl sie es fürchten. Sie wissen nicht, dass allein ihre Furcht sie in Raum und Zeit gefangen hält. Es gibt also gewissermaßen eine horizontale und eine vertikale Spielrichtung. Kannst du mir folgen?« – »Ja, was ich aber nicht verstehe: Warum ist die Spannung so wichtig zwischen denen, die das Spiel so, und denen, die es anders spielen. Und was ist überhaupt der Sinn dieses Spiels?« – »Warum spielen Kinder? Um zu lernen und sich zu entwickeln. Das ist der Sinn. Unsere Seelen streben nach Entwicklung – hin oder besser zurück, aber das ist ja dasselbe, zur Quelle.« – »Was ist die Quelle?« – »Das Lächeln.« – »Wie bitte?« – »Quelle ist die Liebe, die kein Ziel, kein Objekt kennt, das Ein- und Ausatmen – das Sein an sich.« – »Das Lächeln ist also der ursprüngliche Seinszustand? – Woher weißt du das alles, wo du doch nur die Wüste kennst?« – »Wie du bin auch ich mit allem verbunden. Ich bin Teil deines Potenzials, genauso wie du für mich eine Möglichkeit bist. Ich träume dich, und du träumst mich.« – »Was ist damit gemeint?« – »Ich bin ein Spieler, genau wie du. Wir beeinflussen das Spiel, indem wir uns einander erträumen und uns dann austauschen. Wir erzeugen Bewusstsein mit- und ineinander.«

»Was ist mit den Prophezeiungen des Meteoriten vom Salcantai? Vieles scheint mit dem, was du sagst, übereinzustimmen.« – »Es stimmt überein, ja, aber zugleich ist es auch nur eine Möglichkeit – in diesem Fall eine verdichtete Möglichkeit, weil viel Energie hineingegeben wurde und wird. Eine Möglichkeit kann sich bis zur Wirklichkeit verdichten, muss es aber nicht. Nimm zum Beispiel den 21.12.2012, das Ende des Mayakalenders. Dieses Datum war zunächst nur als Anreiz gedacht, das Spiel zu beschleunigen, da durch die Zeitangabe die Spannung zwischen den Spielern erhöht wird, so als würde ein Spielleiter während des Spiels sagen: ›Ihr habt jetzt noch fünfzehn Minuten, dann muss euer Spiel enden.‹« – »Dann war dieses Datum also nur ein Trick, um die Entwicklung voranzutreiben und die kreative Spannung zu erhöhen?« – »Vor allem müsst ihr erkennen, dass alles nur dem Wachstum der Seelen dient bis hin zu völliger Klarheit. Was ihr ›Erleuchtung‹ nennt, ist das Lächeln des Träumers, das Lächeln der Welt beim Ein- und Ausatmen. Die Welt ist Ein- und Ausatmen. Die Welt ist das Lächeln des Träumers.«

Wie schön es ist, wieder regelmäßig zu reisen! Alles erscheint mir jetzt neu und zugleich so vertraut! Denn nicht nur Ana ist aus den Reihen meiner Gefährten verschwunden, sondern mit ihr auch Milarepa. Eines Morgens saß dort an seiner Stelle wieder Mahinda, mein kleiner dicker Mönch! »Mahinda, wie ich mich freue, dass du wieder da bist!« – »Ich freue mich auch darüber!« – »Warum hast du dann all die Zeit nichts gesagt, als ich dich mit Milarepa vertauschte?« – »Nun, für einen, der immer im Schatten des berühmten Milarepa stand, ist es eine Ehre, für den großen Meister gehalten zu werden …« – »Du hast mich also bloß aus Eitelkeit zum Narren gehalten?« – »Nicht ganz«, lacht Mahinda. »Es gehörte zur Lektion, die du zu lernen hattest.« – »Eine Lektion in Demut, nehme ich an?« – »Ja, wie im Grunde alle Lektionen.« Dann fügt er leiser, wie zu sich selbst, hinzu: »… auch für mich.« – »Aber wie konnte das passieren?« – »Deinem gut genährten Ego erschien es angemessener, nachdem du zu Anas Nachfolgerin auserkoren warst, den großen Milarepa zum Lehrer zu haben anstatt des kleinen unbedeutenden Mahinda.« Das trifft mich. »Aber du musst zugeben, dass es mir gut gelungen ist, für dich den großen Milarepa zu geben!« – »Vielleicht hast du mit der grünen Hautfarbe etwas übertrieben«, wende ich ein. Da schüttelt es ihn so vor Lachen, dass er sich seinen dicken runden Bauch halten muss. »Ich habe nur versucht, dem Bild auf deiner Postkarte gerecht zu werden.« – »Du bist ein Schurke, Mahinda! Aber ich bin so froh, dich endlich wiederzuhaben!«

Ich spüre eine feuchte Wolfsschnauze an meinem Kinn, und die Rabin fächelt mir mit ihrer großen Schwinge Luft zu. Doch es ist der schnelle Flügelschlag der Libelle, der genau die Unschärfe in meinem Blick bewirkt, die ich brauche, um sehen zu können. Ich sehe eine Perle. Sie dreht sich vor meinem inneren Auge und zeigt sich in all ihrer schillernden Pracht. Wieder ist es Mahinda, der spricht: »Nimm deinen Schmerz zu dir wie diese Perle. Er ist der Kern, der dich leuchten lässt. Diesmal ist es deine Perle, dein Schmerz. Alles, was die Menschen tun, entspringt der Sehnsucht nach Verbundenheit mit dem

All-einen. Daher ist nichts Schlechtes am All-ein-Sein. Alles, die Sehnsucht nach einem Partner, nach Kindern, nach Erleuchtung, alles entspringt derselben Sehnsucht nach Verbundenheit mit der Quelle. Jeder dieser Wege führt zum Ziel. Aber keiner führt ausschließlich dorthin. Nimm deinen Schmerz an wie eine Perle. Nimm dich an wie eine Perle, so wie du bist. Nimm alles, was kommt, und lass es dann los. Fließe durch alles, was kommt, hindurch, als wärst du selbst das Wasser.« Danke, Mahinda!

Auf meiner weiteren Reise komme ich mit schwerem Gepäck auf dem Rücken durch eine fruchtbare Landschaft. Ich bin auf dem Weg zu meinem neuen Meister, den ich zum ersten Mal aufsuche. Ich komme an einem Ring aus uralten Ahornbäumen vorbei und weiß, dass ich in deren Schatten einmal unterrichten werde. Dann passiere ich einen alten Friedhof mit alten moosbewachsenen Grabsteinen, von denen ein kalter Wind herabweht. Plötzlich verliere ich meine Schwerkraft und schwebe dicht über dem Pfad auf den Wald zu. Das Fliegen unterliegt nicht meiner Kontrolle. Ich kann nur hoffen, dass die Bäume mir ausweichen. Sie tun es, allerdings nicht ohne mich mit ihren Zweigen zu streifen, und ich weiß nicht, ob sie mich streicheln oder mir Hiebe versetzen wollen. Dann komme ich zum Ufer eines kleinen, tiefen tintenblauen Sees. Ich fliege darüber und fühle plötzlich, wie ich mit all meinem Gepäck wie ein Stein vom Himmel falle. Ich sehe unter mir Süßwasserdelfine, dann kämpfe ich nur noch darum, mit meinem schweren Rucksack nicht unterzugehen. Über eine Kiesbank gelingt es mir mühselig, ans Ufer zu gelangen. Als ich es geschafft habe, stehe ich meinem Meister gegenüber, der sich halb totlacht. Ich finde das gar nicht komisch, habe ich doch gerade noch ums Überleben gekämpft. Mein Meister aber lacht nur noch mehr und klärt mich darüber auf, dass dies die Begrüßung für all diejenigen sei, die gern abheben. Der Wald unterstütze das Fliegen und der See das Tauchen. Ich habe mich zum Spielball dieser Energien machen lassen. Sie seien meine Meister, nicht er. Er sei niemandes Meister. Ich könne aber trotzdem bleiben.

Nach all dem, was ich erlebt habe, will ich noch einmal ganz von vorn anfangen und melde mich zu einem »Basisseminar Schamanismus« an. Angeboten wird es von einem Arzt, dessen Einführungsbuch zum Schamanismus mir schön klar und bodenständig erscheint, undogmatisch und voller Humor. Nicht eine einzige Sekunde bereue ich von dem Erlebten und vor allem nicht von der magischen Zeit mit Ana. Trotzdem habe ich jetzt das Bedürfnis, unter Zuhilfenahme meines Verstandes und meiner wundervollen Gefährten noch einmal von vorn zu beginnen. Diesmal werde ich dabei dem westlichen Kulturkreis, dem ich entstamme, Rechnung tragen.

Ich lerne also wieder das schamanische Reisen und freue mich, dass es offenbar überall ähnlich gelehrt wird. Meine Gefährten sind verspielt und übermütig und verwöhnen mich mit allerlei buntem Budenzauber. Die Libelle schimmert in allen Farben des Regenbogens, und die Rabin versucht, mit einem papageienbunten Federkleid mitzuhalten. Auch die Bärin ist da, mein Kopf liegt wieder in ihrem warmen, weichen Schoß. Sonst geschieht nicht viel auf dieser Reise.

Später stelle ich mich für eine Demonstration zur Verfügung, bei der körperliche Beschwerden auf einen Stein übertragen werden sollen. Es geht ein Raunen durch die Gruppe, als sie sehen, wie mein Stein sich dabei verfärbt. Auch am nächsten Tag hat mein Stein seine alte Farbe nicht zurück und wird sie auch nie wieder zurückerhalten. Ich danke dem Stein und stelle währenddessen fest, dass meine Rückenschmerzen fast verschwunden sind. Danke!

Mir gefällt die unspektakuläre, humorvolle Art, wie dieser Mann uns in die schamanische Praxis einführt. Es wird auch gleich am Anfang über das Thema Drogen gesprochen. Das ist für ihn kein Tabu. Nicht zuletzt wurden und werden psychoaktive Substanzen in allen schamanischen Traditionen verwendet. Sie seien aber für die innere Öffnung nicht notwendig. Es sei, gebrauche man diese Substanzen verantwortungslos und ohne den rituellen Kontext, ohne den es in schamanischen Kulturen nie verwendet wird, eine Sackgasse. Ich muss an das Ritual von San Pedro denken. Und ich fühle mich auch an das Gespräch erinnert, das ich mit Ana führte, als sie noch unter meinen geistigen Gefährten war. Was ich hier höre, klingt ähnlich.

Der Arzt und Leiter hat mich während des Seminars genau beobachtet. Schließlich kommt er auf mich zu und fragt, wie ich denn in seinen Anfängerkurs geraten sei. »Ich suche einen Meister«, sage ich spontan. Da lacht er und sagt: »Abgesehen davon, dass mir das Meistersein viel zu anstrengend wäre, wozu brauchst du noch einen Meister? Du hast doch mächtige Gefährten und bist längst dein eigener Meister!« Ich spüre Stolz, vor allem aber Erleichterung. Meine Antwort war zwar nicht als Prüfung gedacht gewesen, aber wenn er gleich angeboten hätte, mein Meister zu werden, wäre ich doch enttäuscht gewesen und hätte zurückhaltend reagiert. Hier kann ich also vorerst bleiben.

Ich erzähle ihm von Ana, von den zwei Jahren mit ihr und meinen Erfahrungen in Südamerika. Er wird ernst und sagt, er habe nicht viel Erfahrung mit südamerikanischem Schamanismus, aber soviel er gehört habe, seien die starken Geister, die auf diesem Kontinent zu Hause sind, oft weniger am Individuum als am Fortbestand ihrer Überlieferung interessiert. Wer sich mit solchen Geistern einlasse, gehe durch eine harte Schule. Ana selbst habe da keine Wahl; sie entstammt dieser Tradition und muss sie fortführen.

Aber ich habe eine Wahl, denke ich mir und dass ich gut daran getan habe, mich letztlich gegen sie zu entscheiden. Zugleich habe ich mit dieser Entscheidung auch einen weiteren Schritt hin zu meiner inneren Vergebung getan, fort von Schuld und Scham, die mich wohl unbewusst versuchen ließen, etwas wiedergutzumachen, was Menschen aus unserem Kulturkreis auf dem amerikanischen Kontinent angerichtet haben, gerade auch bei der Bekämpfung uralter schamanischer Traditionen.

Was nun beginnt, ist eine andere Geschichte. Eine Geschichte davon, wie ich mich mehr und mehr von meinen Zweifeln verabschiede und lerne, spielerisch und freudig Verantwortung für meine eigene Schöpferkraft zu übernehmen. Und es ist auch eine Geschichte über die Liebe, die ich finde, teile, wieder verliere und immer wieder neu finde. Die Krafttiere und Gefährten sind dabei meine ständigen Begleiter, auch in der »realen Welt«. Besonders freuen mich die Libellen, wenn sie mir beim Picknick Fleischreste vom Teller stibitzen, mir von meinem großen Zeh aus beim Lesen zuschauen oder als blinde Passagiere auf meinem Surfbrett mit über den See rauschen – immer erinnert mich das kleine Insekt daran, in der Liebe zu bleiben. Und daran, dass es jenseits des Erklärbaren noch etwas anders gibt…

Epilog

Vier Jahre nach diesen Erlebnissen, die ich auch gern als meine »Vertreibung ins Paradies« bezeichne, kam Ana zum ersten Mal wieder auf einer schamanischen Reise zu mir. Sie war in Begleitung von Arturo, dem Kondor. Ich weiß nicht mehr, mit welchem Anliegen ich gereist bin. Arturo lächelte, und Ana sprach: »Meine kleine, große Schwester. Danke, dass du das Tor deiner Wahrnehmung heute wieder für uns geöffnet hast. Wir möchten dir sagen: Es ist gut, dass du deinen eigenen Weg gehst. Wir haben dich immer beobachtet und begleitet und uns über jeden deiner Schritte tiefer hinein in deine Schöpferkraft gefreut. Über jede Erkenntnis, jedes Dich-Öffnen, auch über jeden deiner ›Umwege‹ haben wir uns gefreut, denn du weißt ja: Es gibt keine Umwege. Jeder Weg ist ein Weg. Nun ist es an der Zeit, dass wir wieder zu dir sprechen. Wir sind immer für dich da gewesen und werden es immer sein, weit über unseren Tod hinaus. Und noch andere werden kommen, die jetzt schon darauf warten, durch das Tor deiner Wahrnehmung treten zu dürfen.«

Es berührt mich, die beiden zu sehen und zu hören, was sie mir zu sagen haben. Und zum ersten Mal kann ich ihre Liebe und auch meine eigene Größe zulassen und annehmen! Danke Arturo! Danke, Ana! Für alles!

Heinrich ist inzwischen ganz von seinem Krebs genesen. Er hat Orgel spielen gelernt und gibt bald sein erstes Konzert. Meine kleine Wohnung, die Heinrich einmal spöttisch »Wohnklo« genannt hat, ist für mich zum Tempel geworden, zum Bersten voll mit Glück, zu dem auch all die Geister beitragen, die hier mit mir zusammen Wohnung genommen haben: die Fische, die Pflanzen und vor allem die Steine. »Und du«, ergänzt Serpentina, die ich immer noch von meiner Meditation in der Hand halte, »du, die du uns bei dir aufgenommen hast und uns deine Aufmerksamkeit schenkst.«

Ob auf der Fahrt ins Büro oder im Gespräch mit einem lieben Freund, ob im Supermarkt oder im Wald; immer wieder halte ich in meinem Alltag inne und frage mich: Bin ich hier richtig? Will ich jetzt hier sein? Und immer häufiger lautet die Antwort: Ja! Hier will ich jetzt sein und nirgendwo sonst. Einfach nur ein Mensch auf dieser Erde.

Ich kann immer noch nicht fliegen, obwohl ich es eigentlich für möglich halte. Aber wahrscheinlich ist es genau dieses »eigentlich«, das mich am Boden hält. Und wahrscheinlich ist das auch ganz gut so.

Wer weiß?